헨리 조지와
지대개혁

헨리 조지와 지대개혁

Henry George

김윤상 외 지음

경북대학교출판부

강남훈 한신대학교 경제학과 교수. 기본소득한국네트워크 활동, 헨리조지포럼 공동 운영. 주요 저서로는 『4차 산업혁명 시대 기본소득이 노동시장에 미치는 효과 연구』(2016, 공저), 『기본소득 운동의 세계적 현황과 전망』(2014, 공저), 『정보혁명의 정치경제학』(2002) 등이 있다.

김윤상 경북대학교 명예교수. 사회정의/토지정책 전공. 저·역서로는 『이상사회를 찾아서』(2017), 『특권 없는 세상』(2013), 『지공주의』(2009), 『진보와 빈곤』(1997, 역서) 등이 있다.

남기업 토지+자유연구소 소장, 희년함께 공동대표. 대표 저·역서로 『부동산 권력: 투기와 거품 붕괴의 경제학』(2009, 공역), 『공정국가: 대한민국의 새로운 국가모델』(2010), 『희년, 한국 사회, 하나님 나라』(2012, 공저), 『토지정의, 대한민국을 살린다』(2012, 공저) 등이 있다.

박창수 사랑누리교회 협동목사, 전국철거민협의회 정책위원장, 주거권기독연대 공동대표, 희년사회를꿈꾸는사람들 연구위원.

이정우 경북대학교 명예교수. 노무현 대통령 정책실장, 한국경제발전학회 회장 역임. 저서로는 『불평등의 경제학』(2010), 『약자를 위한 경제학』(2014), 『불평등 한국, 복지국가를 꿈꾸다』(2015, 공저) 등이 있다.

이진수 토지+자유연구소 객원연구원, 고려대학교 정책학 박사과정. 불로소득 없이 모두가 토지의 기회를 균등히 누리는 정의로운 사회를 꿈꾼다.

이태경 토지정의시민연대 사무처장을 역임했고, 현재 헨리조지포럼 사무처장으로 근무 중이다. 『뉴스타파』, 『허프포스트』, 『프레시안』, 『시사인』 등에 다양한 주제로 칼럼을 기고하고 있다. 대한민국에 존재하는 온갖 유형의 '사유화'된 특권을 '사회화'해 평등한 자유가 실현되는 세상을 꿈꾼다. 저서로는 『한국사회의 속살』(2007), 『이명박 시대의 대한민국』(2008, 공저), 『부동산 신화는 없다』(2008, 공저), 『투기공화국의 풍경』(2009), 『위기의 부동산』(2009, 공저), 『토지정의, 대한민국을 살린다』(2012, 공저)가 있다.

전강수 대구가톨릭대학교 경제통상학부 교수. 토지+자유연구소 소장, 토지정의시민연대 정책위원장, 경제정의실천시민연합 토지주택위원장 역임. 저·역서로 『사회문제의 경제학』(2013, 역서), 『토지의 경제학』(2012), 『희년의 경제학』(2009, 역서) 등이 있다.

조성찬 중국인민대학에서 박사학위 취득 후 토지+자유연구소 통일북한센터장으로 일하고 있다. 주요 연구로 『중국의 토지개혁 경험』(2012, 공저), 「북한 경제특구 공공토지임대제 모델 연구」(『동북아경제연구』, 2014)가 있다. 2017년에 김기원 학술상을 수상했다.

헨리 조지와 지대개혁

초판 1쇄 2018년 5월 17일 • **초판 2쇄** 2018년 12월 21일
지은이 김윤상 외 • **펴낸이** 김상동 • **펴낸 곳** 경북대학교출판부
출판등록 1973년 10월 10일 ㉑97호 • **주소** 대구광역시 북구 대학로 80
전화 053-950-6741~3 • **팩스** 053-953-4692 • **이메일** press@knu.ac.kr
홈페이지 http://knupress.com
ISBN 978-89-7180-487-2 93330

정가는 뒤표지에 있습니다.
파본은 바꾸어 드립니다.

서문

이 책 『헨리 조지와 지대개혁』은 2002년 말에 출판된 『헨리 조지: 100년 만에 다시 보다』의 속편이다. 『헨리 조지: 100년 만에 다시 보다』는 1994년에 시작한 '헨리 조지 연구회' 참여자를 중심으로 한 저자 11명의 글을 이정우 교수가 편집한 책이다. 출판 후 15년 이상의 세월이 지나면서 헨리 조지에 대한 사회적 관심이 높아지고 새로운 연구 결과도 상당히 쌓임에 따라 속편을 내자는 의견이 자연스럽게 나왔다.

1990년대에는 세계적으로 부동산 가격이 소강 상태를 보였기 때문에 부동산 투기의 시대는 지나갔다고 속단하는 사람도 있었다. 그러나 우리는 헨리 조지 사상에 바탕을 둔 근본 대책이 없는 한 부동산 투기는 재연된다고 염려하면서 『헨리 조지: 100년 만에 다시 보다』를 출판했었다. 아니나 다를까, 노무현 정부 때 서울 강남 지역을 시작으로 부동산 시장이 들썩였다. 노무현 정부는 종합부동산세 등으로 대응하였지만 부동산에 이해관계를 가진 쪽에서는 이를 "세금 폭탄"이라고 매도하였다.

사실, 2007년 기준으로 주택에 대한 종합부동산세 과세 대상 세대는 불과 2% 정도였다. 그 대부분이 다주택 소유자였으며 실효세율도 공시가격 10억 원 주택의 경우 0.52%에 불과하였다. 그런데도 여론에 큰 영향력을 가진 몇몇 언론과 야권이 비판에 앞장서면서 이 세금과 무관한 상당수 국민들에게마저 오해를 사는 결과를 낳았다. 이런 상황에서 우리는 2005년 '토지정의시민연대'라는 시민단체를 결성하고, 2007년에는 '토지+자유연구소'를 만들었으며, 최근에는 '헨리조지 포럼'도 시작하였다. 한편으로는 헨리 조지 사상에 대한 편견과 오해를 불식시키고, 다른 한편으로는 그의 이론을 우리 현실에 접목시켜 근본 대책을 제시하기 위해 노력해 왔다.

그 후 부동산문제는 다시 잠잠해졌다. 종합부동산세를 포함한 정부 대응이 상당한 기여를 한 것으로 본다. 그러나 뒤이은 이명박 정부와 박근혜 정부는 노무현 정부의 부동산 대책을 무력화시켰다. 이들은 부동산과 금융이 합작하여 야기한 2008년 미국발 경제위기를 경험하고도 오히려 빚내서 집 사라는 식의 정책을 폈다. 그 여파로 최근 부동산이 다시 불붙기 시작했다.

문재인 정부가 전향적으로 대응하고는 있지만, 노무현 정부 때의 "세금 폭탄" 트라우마 때문인지 근본 대책인 보유세 강화를 망설이고 있다. 반면 희망적인 모습도 나타난다. 집권 여당의 추미애 대표가 2017년 정기국회 교섭단체 대표 연설에서 "지대개혁"의 필요성을 역설하였고, 대선에 도전했던 이재명 성남시장도 소신을 가지고 지대환수와 기본소득의 연계를 내세우고 있다. 헨리 조지의 명저 『진보와 빈곤』 등의 판매도 근래 호조를 보이고 있다. 이런 상황을 고려할 때 헨리 조지에 관한 새 책을 낼 적기라고 판단하여, 『헨리 조지: 100년 만에 다시 보다』의 공저자였던 김윤상·이정우·전강수 교수와 새로운 필진 6명이 마음을 합해 이 책을 집필하게 되었다.

헨리 조지 사상을 이렇게 요약할 수 있다. '토지정의는 특권 없는 세상의 필수조건이며 토지 정의를 실현하기 위해서는 보유세로 토지 불로소득을 환수하는 것이 최선이다.' 동서고금을 통해 수많은 사례가 증명하듯이, 이러한 단순한 진리를 외면하면 부당한 빈부격차와 경제 비효율로 인해 많은 사람이 고통을 겪게 된다. 이 책이 헨리 조지 사상을 일반 국민과 정치권에 널리 확산시켜 더 좋은 세상을 만드는 데 기여하기를 간절히 바란다.

독자께 알려 드릴 사항이 있다. 이 책의 제목에서 '지대개혁'이라는 용어를 사용했는데, '토지개혁'이라고 하면 흔히 토지 자체를 공평하게 분배하는 것이라고 오해하기 때문이다. 주로 경제학계에서 사용해 온 '지대'라는 용어가 일반 독자에게는 생소할 수도 있지만 최근에는 정치권에서도 더러 사용할 정도가 되었으므로 큰 무리는 없을 것으로 생각한다. 그리고 필자에 따라 헨리 조지가 제안한 'land value taxation'을 토지가치세제 또는 지대조세제라고 부르며, 조세의 명칭도 각기 토지가치세 또는 지대세라고 부른다. 또 헨리 조지 사상처럼 토지는 근본적으로 사유 대상이 아니라고 보는 철학적 입장을 지공(地公)주의라고 부르기도 한다. 굳이 용어를 통일시키지 않고 각 필자가 사용한 용어를 그대로 두었다. 그리고 실린 글 중에는 논문 등의 형태로 발표한 글을 이 책의 성격에 맞추어 개고한 것도 있다. 그 내역은 권말에 표시해 두었다. 또한 독자의 편의를 위해 각 장의 내용 요약을 목차 뒤에 실어 두었다.

책이 나오기까지 열성을 다하여 좋은 글을 써 준 공저자와 집필 및 원고 검토 과정에 큰 역할을 해 준 '토지+자유연구소'의 남기업 소장 외 여러분께 감사드린다. 아울러, 헨리 조지 사상에 깊은 관심을 가지고 이 책을 포함하여 여러 권을 출판해 온 경북대학교출판부에도 감사드린다.

2018년 5월
공저자 9명을 대표하여
김윤상 씀

헨리 조지와 지대개혁

목차

제3부 ❖ 지대개혁, 어떻게 할 것인가?

장별 내용 요약

이 책은 총 3부로 구성되어 있다. 제1부에서는 헨리 조지와 그의 사상을 이해하는 데 도움이 될 글을 담았다. 제2부에서는 세계적으로 주목받고 있는 경제적 불평등, 특히 토지로 인한 불평등의 모습을 진단하면서 불평등 연구의 중심에 선 학자 토마 피케티에 대해서도 다루었다. 제3부에서는 불평등을 해소하기 위해 토지 불로소득을 환수하는 개혁 방안을 제시하였다.

제1부 ❈ 헨리 조지 사상의 이해

제1장 · 헨리 조지의 경제사상 / 전강수

지공주의의 원조 헨리 조지의 경제사상을 형성 배경, 핵심 경제이론, 정책 처방을 중심으로 살펴본 다음, 오늘날 그의 경제사상이 재조명되어야 할 이유를 설명한다.

제2장 · 헨리 조지 사상의 잠재력 / 김윤상

19세기 후반 미국 상황에서 형성된 헨리 조지 사상은 지금도 여전히 유효할 뿐 아니라 우리가 직면하고 있는 다양한 불평등과 사회갈등 문제까지 효과적으로 해결할 수 있는 근거가 된다.

제3장 · 헨리 조지 사상에 대한 비판 검토 / 김윤상

헨리 조지에 대한 비판과 의문 중 최근 우리나라에서 실제로 제기된 주목할 만한 비판과 의문을 다룬다. 주된 검토 대상은 곽태원·김정호·이재율 세 분의 비판이며, 아울러 지대조세제를 긍정하는 입장에서 제기되는 의문도 다룬다.

제4장 · 존 롤스의 정의론과 토지정의 / 남기업

20세기 최고의 사상가인 존 롤스의 정의론이 상정하는 계약 테이블 위에 토지를 올려놓으면 어떤 결과가 도출되는지 검토한다. 롤스의 계약 당사자들은 토지가치인 지대를 전액 환수하고 환수한 지대는 기본소득의 재원으로 사용하는 것에 동의한다는 것을 보여 준다.

제5장 · 자유지상주의와 토지정의 / 남기업

개인의 자유를 최대한으로 보장하고 사유재산과 시장체계를 양대 기둥으로 삼고 있는 자유지상주의의 논리 구조에 토지를 투입하면 토지가치'사유'가 아니라 토지가치'공유'가 도출됨을 보임으로써, 헨리 조지가 주장한 '토지정의'가 이념을 초월한 보편성을 담지하고 있음을 확인한다.

제6장 · 헨리 조지의 생애 / 박창수

헨리 조지의 생애는, 불굴의 용기와 통찰의 지혜로 행한 의(義), 빈민과 인류를 위해 체휼과 헌신으로 실천한 인(仁), 하나님을 경외한 교회개혁가와 신학자의 신(信)을 나타낸 삶이었다.

제2부 ※ 토지와 불평등

제7장 · 토지문제, 한국 경제의 고질병 / 이정우

하늘을 찌르는 한국의 땅값은 경제성장의 장애물이며 불평등의 원천으로서 한국경제의 심각한 고질병이다. 이 문제의 근본 치유책은 토지보유세인데, 종부세 위헌 판결 이후 그 동력이 상실되어 지금에 이른다. 토지를 둘러싼 모든 신화와 거짓을 타파하고 토지보유세를 강화하는 것이 급선무다.

제8장 · 부동산과 불평등 / 남기업·전강수·강남훈·이진수

지금까지의 연구들이 부동산소득을 과소 추산한 이유를 밝히고 취득세를 활용하여 부동산소득을 새롭게 추산한다. 추산 결과 2007~2015년에 GDP의 30%를 초과하는 부동산소득이 발생했고, 그중 불로소득은 GDP의 21%를 넘었음을 확인한다. 부동산이 불평등의 핵심이라는 것이다.

제9장 · 주요 국가별 토지가격 장기 추이 비교 / 이진수

과거 150여 년간의 주요국의 토지가격 수준을 살펴보았다. 한국의 토지가격 수준을 나타내는 토지/소득 비율은 비교국들 가운데 월등히 높은 수준을 보여 왔으며 현재도 4.2배로 가장 높다.

제10장 · 피케티 현상을 어떻게 볼까? / 이정우

2014년 발간된 토마 피케티의 『21세기 자본』은 여러 나라의 장기 통계자료 분석에 바탕하여 불평등 심화 경향을 밝혀내고 그것을 막아 낼 방책까지 제시한 일대 야심작이다. 이 책의 주요 내용과 책이 나온 학설사적 배경을 소개하고 현실적·학문적 의의를 밝힌다.

제11장 · 헨리 조지의 눈으로 본 『21세기 자본』 / 전강수

토마 피케티의 『21세기 자본』을 간략하게 살펴본 다음, 헨리 조지의 시각에서 비판적으로 검토한다. 피케티가 뛰어난 불평등 분석을 수행한 것은 틀림없지만, 노력소득과 불로소득, 자본과 토지를 구분하지 않아서 큰 오류를 범했다는 것을 밝힌다.

제3부 ◈ 지대개혁, 어떻게 할 것인가?

제12장 · 국토보유세, 부동산 불평등 해결의 열쇠 / 전강수·남기업·강남훈·이진수

토지로 인한 불평등을 해소하기 위한 하나의 방안으로 국토보유세와 보유세 전액을 국민 전체에게 공평하게 배분하는 '토지배당'을 제시한다. 국토보유세의 세율체계를 디자인하고, 예상되는 징수액을 토지배당으로 나눠 줬을 때 국민 전체에게 어떤 영향을 미칠지를 시뮬레이션 결과를 통해 보여 준다.

제13장 · 기본소득과 국토보유세: 등장 배경과 도입 방안, 그리고 예상 효과 / 전강수·강남훈

토지보유세 강화 정책을 기본소득과 연계하는 방안을 모색한다. 토지보유세 수입 증가분을 모든 국민에게 똑같이 배당하는 것이 핵심이다. 한국에 도입 가능한 두 개의 모형을 소개하고 그 재분배 효과를 분석한다.

제14장 · 시장친화적 토지공개념과 도입 전략 / 김윤상

지대를 거의 100% 환수하는 지대조세제의 현실 도입 문제를 검토한다. 우선 지대환수가 자본주의에 반한다거나 헌법에 위배된다는 오해를 해명한 다음, 무리 없는 현실적인 도입 전략으로서 이자공제형 지대세를 제시한다.

제15장 · 종합부동산세의 역사와 의의, 그리고 한계 / 이태경

노무현 대통령의 참여정부 당시 만들어진 종합부동산세는 대한민국 역대 정부의 숙원이던 보유세를 현실화한 것으로 높은 평가를 받아 마땅하다. 정부는 이명박 정부와 헌법재판소에 의해 형해화된 종부세를 발전적으로 지양시켜 대표적인 특권인 토지불로소득을 사회화할 책임이 있다.

제16장 · 중국과 북한의 경제체제 전환을 위한 공공토지임대제 / 조성찬

헨리 조지의 이론체계는 사회주의 경제체제 전환국의 토지정책에도 중요한 시사점을 준다. 북한의 지속가능한 경제체제 전환을 위한 공공토지임대제 적용 방안을 모색하기 위해 중국의 경험을 비판적으로 살펴보고, '일반 원칙'을 제시한다.

제1부

헨리 조지 사상의 이해

제1장

헨리 조지의 경제사상

전강수

헨리 조지(Henry George, 1839~1897)는 자신의 경험을 뛰어난 이론으로 승화시킨 경제학자다. 성공회 기도문을 취급하는 출판업자였던 부친의 사업이 기울면서 가난의 나락으로 떨어진 그는, 20대 후반 뛰어난 글솜씨를 인정받아 신문 기자로 발탁되기까지 온갖 직업을 전전하며 어렵게 살았다. 정규 교육이라고는 중학교 2학년 때까지 받은 것이 전부였다.

결혼 후 둘째 아이가 태어난 날은 헨리 조지 가족의 가난이 극에 달한 때였다. 어느 친절한 이웃이 준 빵 한 덩이 외에는 집안에 먹을 것이라곤 없었으니 말이다. 음울하게 비가 내리던 그날 저녁, 헨리 조지는 길거리에서 처음 보는 한 신사에게 5달러를 구걸했다. 나중에 그는 "너무 절망적인 상황이어서 만일 그 사람이 돈을 주지 않았다면 살인을 할 수도 있었다."라고 회고했다(Andelson and Dawsey, 전강수 역, 2009: 246).

이처럼 빈곤의 기억이 뼛속 깊이까지 새겨져 있던 헨리 조지였지만, 지적인 관심을 가지고 빈곤 문제를 본격적으로 탐구하기까지는 또다른 특별한 체험이 필요했다. 어느 아일랜드 성직자에게 보낸 편지에서 그는 당시 자신의 체험을 다음과 같이 회상한 적이 있다.

어느 날 오후, 대로상에서 어떤 사상, 어떤 비전, 어떤 소명이 (달리 무엇이라 고 표현할지) 제게 다가왔습니다. 저의 모든 신경이 전율하였습니다. 저는 그 때 그 자리에서 맹세를 했습니다. 그 후 지금까지 저는 잘했건 못했건, 성취 했건 못했건, 그 맹세에 충실하였습니다(Andelson and Dawsey, 전강수 역, 2009: 248).

헨리 조지가 이런 체험을 한 곳은 1868년에 『헤럴드(*Herald*)』지 특파원으로 파견되어 일하고 있던 뉴욕이었다. 당시 뉴욕은 이미 서구에서 첫째가는 대도시였다. 헨리 조지는 뉴욕에서 극도의 사치와 비참한 가난이 공존하고 있음을 목도했고, 그 대도시의 대로 위에서 모든 신경이 전율하는 가운데 소명을 받았다. 그것은 바로 진보에 빈곤이 수반하는 현상을 해명하고 그 원인을 제거하는 것이었다. 그 후 헨리 조지는 경제학 서적을 여러 권 집필하고, 토지개혁운동에 참여하고, 뉴욕 시장 선거에 두 차례나 출마하는 등 다양한 활동을 펼쳤는데, 그 모든 활동은 자신이 뉴욕의 대로 위에서 받은 소명을 이루기 위한 것이었다.

1. 헨리 조지 경제사상의 배경

헨리 조지 경제사상의 핵심은 다음 네 가지 명제로 요약할 수 있다.

① 경제법칙과 도덕법칙은 하나다.

② 독점과 토지사유제는 도덕법칙에 어긋나는 경제적 불의이다.

③ 이와 같은 경제적 불의가 존재하는 한, 진보 속의 빈곤, 주기적 불황, 사회와 문명의 쇠퇴는 불가피하다.

④ 자유거래와 토지가치세제를 실행하지 않으면 이런 경제문제를 해결할 수 없다.

요즈음 한국에서 헨리 조지를 거론하면, 토지 몰수를 주장했다는 둥, '토지 공산주의자'라는 둥 어처구니없는 비판을 가하는 사람들이 있는데, 전혀 근거 없는 음해이다. 헨리 조지는 자유거래와 시장경제를 지지하고 자본의 역할을 긍정하는 자유주의 계열의 경제학자였다. 이는 그가 '최후의 고전학파'로 평가받는 것을 보더라도 쉽게 확인할 수 있는 사실이다. 헨리 조지가 일반 자유주의 계열의 경제학자들과 차이가 나는 점은 토지와 자연자원의 공공성을 강조하고 빈곤과 불평등을 맹렬히 비난했다는 것이다.

헨리 조지가 이와 같은 경제사상을 갖게 된 데는 그의 개인적인 성장 과정과 당시 미국의 경제 현실이 큰 영향을 끼쳤다. 그는 독실한 기독교 신앙을 가진 가정에서 태어나 성장했으며 청년기에 신앙을 버리고 방황했던 때 말고는 죽을 때까지 기독교 신앙에 충실한 삶을 살았다. 헨리 조지가 도덕법칙(자연법)의 관철을 확신하고, 그것을 경제 분석의 기준으로 삼아 '경제법칙과 도덕법칙은 하나'라고 공언했던 것은 바로 이 신앙에 힘입은 것이었다. 단, 그의 기독교 신앙은 오늘날 많은 교회에서 신봉하는, 개인 구원만을 지향하고 사회에는 무관심한 신앙과는 달랐다. 정의로운 하나님의 법이 이 땅 위에 실현될 수 있다고 믿고 그 일을 위해 헌신하는 사회개혁적 신앙이었다. 그것은 19세기 전후에 형성되어 미국의 개혁운동에 깊은 영향을 끼치는 기독교 개혁가들의 복음적 완전주의(Evangelical Perfectionism)에 뿌리를 두고 있다(Yanosky, 1993: 2~10).

19세기 미국의 사회개혁운동은 복음적 완전주의와 함께 생산자주의(Producerism)의 영향도 많이 받았다. 생산자주의는 계몽주의의 영향을 받아 사회를 생산자와 기생 계급으로 나누고, 생산자가 자신의 노동과 노동 생산물을 전부 소유해야 한다고 보는, 숙련 노동자 중심의 이념이었다(Yanosky, 1993: 10~16). 일찍부터 가게에서, 광산에서, 방앗간에서, 농장에서, 선상(船上)에서 온갖 노동에 종사했던 헨리 조지로서는 자연스럽게 생산자주의를 받아들였을 것이다. 불로소득에 대한 헨리 조지의 강한 혐오는 생산자주의에서 유래한다고 보아도 좋다. 독점과 토지사유제에 대한 반대도 마찬가지다.

헨리 조지가 살았던 당시 미국의 경제 현실은 어떠했을까? 미국은 1820~1860

년대에 산업혁명을 수행했다. 1인당 산출이 현저하게 증가했고, 특히 1850년 이후에는 증기력이 생산과정과 운송에 도입되어 경제구조를 크게 변화시켰다. 철도 건설은 이러한 변화에 중대한 영향을 미쳤다. 1830년에 처음으로 철도 건설이 시작된 이후 철도 연장 거리는 급속하게 증가했다. 1869년 최초로 대륙간 횡단철도가 건설되었고 1880년대 말에는 간설 철도 대부분이 완성되었다(Bruchey, 1972: 107). 철도는 미국의 국내시장을 통일했고 서점운동(西漸運動)을 자극했으며, 농지의 확대와 공장제 생산의 파급을 촉진하였다. 그 결과 1840년 전 세계 공업생산의 11%를 차지했던 미국의 공업생산액은 1880년에 28%를 차지하며 영국과 함께 공동 1위로 올라서더니, 1890년에는 31%를 차지하면서 영국을 제치고 세계 1위의 자리에 올랐다(김종현, 1996).

이와 같은 엄청난 물질적 진보는 심각한 부작용을 수반했다. 빈곤과 실업이 대도시 지역에서 만연했고 토지가치는 투기적으로 상승했으며 1877년 마침내 불황이 도래했다. 헨리 조지는 이렇게 진보 속에 빈곤이 발생하는 수수께끼 같은 현상을, 1858년 신흥 캘리포니아 지역에서, 그리고 1860년대 후반 『헤럴드』지 특파원으로 지내던 뉴욕에서 자기 눈으로 직접 목격했다. 뉴욕 특파원 생활을 마치고 캘리포니아로 돌아간 직후 그는 진보 속에서 빈곤이 발생하는 원인이 바로 토지가치의 투기적 상승에 있음을 깨닫게 된다. 당시 캘리포니아에는 토지 투기의 광풍이 불고 있었다.

진보 속의 빈곤과 주기적 불황의 근본 원인을 토지문제에서 찾는 헨리 조지의 경제사상은 이와 같은 경제 현실의 체험에서 배태되고 있었다.

2. 헨리 조지 경제이론

지금부터 『진보와 빈곤(*Progress and Poverty*)』의 내용을 중심으로 헨리 조지의 경제이론을 살펴보기로 하자. 이 책은 1879년 발간된 후 19세기 말까지 논픽션 분야에서 성서 다음으로 많이 팔릴 정도로 큰 성공을 거두었다.

헨리 조지가 가장 역점을 둔 경제 분석은 분배이론이었다. 당시에는 분배이론을 중시하던 고전학파 경제학의 영향이 남아 있기도 했지만 그의 집필 동기가 진보 속에서 빈곤이 발생하는 원인을 밝히는 데 있었던 만큼, 그것은 당연한 일이었다. 분배문제보다 비중은 훨씬 작았지만 경기변동도 중요하게 취급되었다. 두 가지 문제 모두 토지가치의 급격한 상승 때문에 생기는 현상이었다. 그의 정책 처방이 토지에 초점을 맞추게 된 것도 자연스러운 일이었다. 정책 처방은 다음 절에서 다루기로 하고, 여기서는 헨리 조지의 분배이론과 불황이론에 대해 살펴보기로 하자.

1) 분배이론

분배란 한 사회에서 새롭게 만들어지는 생산물(또는 생산액)이 사회 구성원의 소득으로 나뉘는 과정을 일컫는 말이다. 소득은 생산에 참여한 사람이 얻는 것이므로, 경제학에서는 그것을 크게 임금, 지대, 이자(또는 이윤)로 구분해 왔다. 임금은 생산과정에 노동을 제공한 사람이 얻는 소득이고, 지대는 토지를 제공한 사람이, 그리고 이자(또는 이윤)는 자본을 제공한 사람이 얻는 소득이다. 헨리 조지는 자본 제공의 대가로 이자와 이윤을 혼용하는 데 반대하고 이자로 일원화하자고 주장했다. 이윤에는 자본 사용의 대가인 이자 외에도 기업 관리의 대가인 임금이나 위험부담에 대한 보상이 들어 있다는 이유에서다. 이 글에서는 그의 주장에 따르기로 하자.

헨리 조지는 생산물이 임금, 지대, 이자 셋으로 분배된다는 단순한 사실을 보여 주는 다음의 항등식에서 분배이론을 시작한다.

$$생산량 \equiv 임금 + 이자 + 지대$$
$$생산량 - 지대 \equiv 임금 + 이자$$

많은 사람들이 물질적 진보에 의해 생산량이 증가하면 임금, 이자, 지대 등 모든 소득이 증가해서 모두가 더 잘살게 될 것으로 생각하지만, 그것은 착각이다.

위의 두 번째 항등식에서 유추할 수 있듯이, 생산량이 증가하더라도 지대가 그보다 더 빠른 속도로 증가한다면, 임금과 이자의 합계는 생산량보다 느린 속도로 증가하거나 아니면 감소하게 된다. 임금과 이자의 합계가 이런 양상을 보인다는 것은, 주로 그 두 소득으로 살아가는 일반 대중이 상대적으로 혹은 심한 경우 절대적으로 빈곤해진다는 이야기다.

관건은 물질적 진보에 의해 생산량이 증가할 때 과연 지대가 그보다 더 빠른 속도로 증가하는가이다. 헨리 조지는 『진보와 빈곤』 제4권에서 물질적 진보를 특징짓는 경제 현상으로 인구 증가, 기술 개선, 미래 토지가치 상승에 대한 기대를 들고, 이 세 현상이 지대의 크기와 소득분배에 각각 어떤 영향을 미치는지 상세하게 분석했다. 이때 그가 활용한 이론은 차액지대론이었다.

차액지대론은 고전학파 경제학자 데이비드 리카도(David Ricardo, 1772~1823)가 설파한 지대 결정이론으로 유명하다. 이 이론의 핵심은 모든 토지에 노동과 자본을 동일하게 투입한다고 가정할 때, 한 토지의 지대는 그 토지의 생산액과 한계지 생산액의 차이에 의해 결정된다는 것이다. 투입을 동일하게 하는데도 생산액이 달라지는 이유는 토지의 자연적 생산력과 위치가 다르기 때문이다. 한계지란 사용 토지 가운데 생산성이 가장 떨어지는 토지로 수요보다 공급이 많기 때문에, 거기서는 지대가 발생하지 않는다. 따라서 한계지의 생산액은 이자와 임금으로만 분배된다. 한계지보다 생산성이 높은 토지에서는 생산액 가운데 한계지 생산액을 초과하는 부분은 지대로 분배되고, 나머지(한계지 생산액과 같다)는 이자와 임금으로 분배된다. 한계지 생산액을 초과하는 부분이 생산에 기여하지 않는 지주에게 지대로 분배되는 것은, 보다 좋은 토지를 두고 생산자들이 경쟁을 벌이기 때문이다. 다른 토지보다 질이 좋은 토지에서는 투입이 동일하더라도 생산액이 많다. 생산자에게 초과수익이 생기는 것이다. 여러 경쟁자들 중에서 한 사람이 초과수익을 노리고 좋은 토지를 차지하려면 토지 주인에게 대가, 즉 지대를 지불해야 한다. 토지 취득 경쟁에서 승리하는 사람은 가장 많은 대가를 지대로 지불하는 사람이다.

처음에는 토지사용에 대한 대가가 없었다고 하더라도 생산자들 간의 경쟁 때문에 그 값은 점점 올라간다. 어디까지 올라갈까? '그 토지의 생산액-한계지 생산액'까지다. 지대가 이 수준에 도달하면 초과수익은 사라진다. 만일 지대가 그보다 더 높이 올라가면, 생산자는 다른 토지에서 생산하는 편이 낫다고 여겨 더 이상 그 토지를 사용하려고 하지 않는다. 결국 지대는 그 토지의 생산액과 한계지 생산액의 차이로 결정된다.

헨리 조지는 리카도가 농지 지대 결정이론으로만 활용했던 차액지대론의 적용범위를 광공업용지와 상업용지를 포함하는 모든 토지로 확대했다. 그리고 그것이 지대의 결정 원리뿐 아니라 임금과 이자를 합한 것의 결정 원리도 담고 있다는 사실을 분명히 했다. 그에 의하면, 지대는 각 토지의 생산액과 한계지 생산액의 차이로 결정되고, '임금+이자'는 한계지의 생산액에 의해 결정된다. 그 다음에 '임금+이자' 부분은 노동과 자본의 자유로운 상호 전환 과정에서 성립하는 균형에 의해 임금과 이자로 나뉜다. '임금+이자'가 임금과 이자로 나뉘는 과정에 관한 설명에 문제가 있다는 지적이 있지만(이재율, 2002), 어쨌든 이렇게 하여 헨리 조지는 각 소득법칙(지대법칙, 임금법칙, 이자법칙) 간의 상호 조화성과 연관성을 확보한 소득분배이론을 만들어 낼 수 있었다.

물질적 진보가 진행되어 인구가 증가하고, 기술이 개선되고, 미래 토지가치 상승에 대한 기대가 형성될 때, 지대의 크기는 어떻게 달라지고 소득분배는 어떻게 변화할까? 차액지대론에 따르면, 어느 토지의 지대는 그 토지의 생산성이 올라가거나 한계지가 바깥으로 밀려날 경우에 증가한다. 즉 그 토지의 질(質)이 좋아질수록, 그리고 한계지의 질이 나빠질수록 지대가 증가한다는 말이다. 헨리 조지에 따르면 이는 바로 인구가 증가할 때 생기는 일이다.

인구가 증가하면, 기존 개발 지역에서 '집적의 이익'이 발생해서 그 지역 토지의 생산성이 높아지고 지대가 증가한다. 사람들이 한곳에 모여 살고 경제활동이 특정 지역에 집중되는 경우, 분업이 용이해지고 한 분야의 기술개선이 다른 분야로 쉽게 이전되며 거래 비용이 감소한다. 그 경우 특정 토지의 생산성이 높아지는 것과 유사한 현상이 발생하는데, 이를 집적의 이익이라 부른다. 게다가 인구가 증가하면 토지에 대한 신규 수요가 발생해서 예전에 사용되지 않던 열등지로 한계지가 변경되기 마련인데, 이 또한 기존 개발 지역의 지대를 증가시킨다. '집적의 이익'과 한계지 변경의 지대 증가 효과가 강할 경우, 생산량이 증가하더라도 지대가 더 빨리 증가해서 '임금+이자'가 그보다 느린 속도로 증가하거나 아니면 감소하게 된다. 진보 속의 빈곤이 발생하는 것이다.

헨리 조지에 따르면 기술 개선의 효과도 이와 유사하다. 기존 개발 지역에서는 모든 토지에서 생산액이 증가한다. 한계지가 어떻게 될지가 관건인데, 헨리 조지는 기술 개선에 의해 생산이 증가하면 토지와 토지 생산물(식량을 의미하는 것으로 보인다)에 대한 신규 수요가 발생하여 한계지가 밖으로 밀려난다고 보았다. 기존 개발 지역에서 생산액이 증가하고 한계지가 밖으로 밀려나면, 지대는 급속하게 증가하고 '임금+이자'는 상대적으로 감소한다는 것이 헨리 조지의 생각이었다. 그래서 기술이 아무리 개선되더라도 그 혜택은 일반 대중에게 돌아가는 것이 아니라 토지소유자에 의해 독점되고 만다. 기술 개선과 마찬가지로 생산성을 증가시키는 지식, 교육, 정부, 치안, 예절, 도덕 등의 사회적 개선도 지대를 급속히 상승시켜서 지주의 배만 불릴 뿐 대중의 경제적 지위를 개선하지는 않는다.

하지만 실제로 기술이 개선될 때 한계지가 밖으로 밀려날지 여부는 단언하기 어렵다. 농업 부문만을 대상으로 분석하기는 했지만, 리카도는 농업 생산성이 상승할 때 한계지가 단기적으로 안쪽으로 들어간다고 예측했다. 한계지가 안쪽으로 들어갈 경우 분배는 악화되는 것이 아니라 오히려 개선된다. 기술 개선이 일어날 때에도 반드시 분배는 악화된다고 본 헨리 조지의 견해에는 논리적 허점이 있다. 헨리 조지 사후 자본주의 경제의 전개를 보더라도 그의 견해를 지지하기는 어렵다. 토지소유자들이 가만히 앉아서 기술개선의 혜택을 일부 차지한다고 주장하는 정도로 그쳤다면 적절하지 않았을까?

물질적 진보가 진행될 때 형성되기 쉬운 미래 토지가치 상승에 대한 기대(expectation)는 토지의 투기적 보유와 토지이용의 유휴화(遊休化)를 초래하여 한계지를 바깥으로 밀어내는 작용을 한다. 이 경우 기성 지역의 토지 생산성에는 변화가 없지만 한계지의 질이 하락하기 때문에 지대는 증가하고 '임금+이자'는 감소한다.

요컨대 물질적 진보에 수반하는 인구 증가, 기술 개선, 토지가치 상승에 대한 기대와 같은 요인은 모두 지대를 증가시키는 대신 '임금+이자'를 상대적·절대적으로 감소시켜 빈곤을 초래한다는 것이 헨리 조지의 주장이다. 그는 기술 개선의 분배 효과에 관해 일부 무리한 견해를 펼치기는 했으나, 물질적 진보에 의해 생산량이 증가할 때 지대가 그보다 더 빠른 속도로 증가한다는 것을 자신이 정립한 소득분배이론으로 근사하게 입증했다.

2) 불황이론

앞서 언급했지만, 헨리 조지는 물질적 진보가 소득분배에 미치는 영향을 분석하면서 미래 토지가치 상승에 대한 기대에 주목했다. 그는 『진보와 빈곤』을 집필하면서 미래 토지가치에 대한 기대가 소득분배뿐만 아니라 경기변동에도 영향을 미친다는 사실을 깨달은 듯하다. 그래서 제4권의 내용을 요약하는 단계에 와서 갑자기 '반복적으로 발작하는 산업불황의 근본 원인'이라는 제목의 장을 삽입하고는, 그것과 제4권의 내용을 요약하는 장을 묶어 제5권으로 편성했다.

『진보와 빈곤』 제5권 제1장은 분량이 19페이지밖에 되지 않는다. 하지만 거기에 담긴 헨리 조지의 불황이론은 기대를 불황의 기본 원인으로 파악했다는 점에서 획기적이다. 케인스 이전의 경제학자들 중 기대를 불황의 기본 원인으로 파악한 이는 헨리 조지밖에 없다. 토지가치 상승에 대한 기대가 토지 투기를 유발하고 그것이 생산을 압박하여 불황이 야기된다고 설명하는 헨리 조지의 불황이론은 그의 계승자들에 의해 계속 발전하여 최근에는 조지스트(Georgist)들이 가장 자신 있게 주장하는 이론이 되었다.

우선, 헨리 조지의 불황이론을 요약해 보자. 인구가 증가하고 기술 개선을 비롯한 사회적 개선이 계속되는 사회에서는 토지가치(여기서 헨리 조지가 말하는 토지가치는 지가가 아니라 지대다)가 지속적으로 상승한다. 토지가치가 꾸준히 상승하는 경우 사람들은 그 추세가 미래에도 계속될 것이라고 기대하게 되고, 그런 기대가 사회에 확산되면 토지 투기가 발생한다. 그러면 토지가치는 정상적인 상승 속도를 초과하여 상승하기 시작한다. 헨리 조지는 이를 토지가치의 투기적 상승이라고 표현했다. 토지가치의 투기적 상승이 심해져서 노동과 자본이 통상의 대가를 얻지 못할 정도가 되면, 토지와 관련성이 높은 부문에서부터 생산 중단이 일어난다. 한 부문의 생산은 원료나 중간재 등 다른 부문 생산물에 대한 수요를 동반한다. 그러므로 한 곳에서 일어나는 생산 중단은 다른 부문의 생산물에 대한 수요 중단을 유발하고, 그것이 심할 경우 또 다른 생산 중단이 일어난다. 생산 중단이 수요 중단을 초래하고 그것이 다시 생산 중단을 초래하는 연쇄작용이 일어나서 중지되지 않고 계속되면, 전체 경제가 불황에 빠져든다. 헨리 조지는 복잡한 생산 장치, 화폐의 결함, 변동이 심한 상업신용, 보호관세 등 다수의 요인들이 불황을 야기할 수 있다고 말했지만, 가장 중요한 요인은 토지가치의 투기적 상승이라고 보았다.

부동산 거품의 발생과 붕괴(Boom and Bust)에 기인하는 금융위기와 경제 불황이 세계 곳곳에서 빈발하고 있는 요즈음, 토지 투기를 불황의 주요 원인으로 보는 헨리 조지의 불황이론은 새삼 빛을 발하고 있다. 멀게는 1990년대 초반에 시작된 일본의 불황과, 가깝게는 2008년 전 세계에서 가공할 금융위기를 유발한 미국의 서브프라임 위기(Subprime mortgage crisis)는 모두 엄청난 부동산 투기의 쓴 열매였다. [표 1-1]은 미국의 지가 변동과 불황의 관계를 보여 주는 표인데, 이에 의하면 지가가 최고점에 도달한 지 1~3년 후에 매번 불황이 시작되었다. 이런 현상은 미국에서만 나타난 것이 아니다. 영국, 일본, 한국에서도 토지 투기의 광풍이 불고 난 몇 년 후에 불황이 도래했음을 확인해주는 연구 결과가 나와 있다(Harrison, 1983; 전강수·한동근, 2002). [표 1-1]은 시간적 선후관계만을 보여 주고 있을 뿐이지만, 세계 곳곳에서 동일한 현상이 발견되는 것은 그것이 인과관계일 가능성이 높음을 말해 준다.

헨리 조지의 불황이론에 결함이 없는 것은 아니다. 가장 결정적인 것은 토지 투기로 인해 투기적으로 상승하는 것이 지대라고 보는 점이다. 그는 현재 토지가치의 상승이 미래 토지가치 상승에 대한 기대를 만들어 내고 그것이 다시 현재 토지가치를 더 빠른 속도로 상승시킨다는 사실을 간파하는 뛰어난 통찰력을 보여 주었지만, 그런 일은 지대의 변동이 아니라 지가의 변동에서 일어난다는 간단한 사실을 이해하지 못했다. 이는 아마도 토지가치 상승과 생산 중단을 바로 연

[표 1-1] 지가 폭등과 불황 발발의 시간적 선후관계(미국)

지가가 고점에 도달한 연도	불황 시작 연도
1818	1819
1836	1837
1854	1857
1872	1873
1890	1893
1907	1918
1925	1929
1973	1973
1979	1980
1989	1990
2006	2008

출처: Foldvary(2007).

결시키려다가 저지른 실수가 아닌가 생각된다.

투기를 유발하는 것도, 투기의 영향을 받는 것도 지가이지 지대는 아니다. 실제로 토지사용권 혹은 토지 서비스의 가격인 지대의 변동은 매우 안정적인 양상을 보인다. 미래 지대에 대한 기대가 현재 지대에 직접 영향을 미치는 일도 없고, 투기열풍이 불 때 지대가 투기적으로 상승하는 일도 없다. 반면 지대와는 대조적으로 지가는 변동성이 매우 크다. 미래 지가에 대한 기대가 현재 지가에 큰 영향을 미치며, 투기 열풍이 불 때 지가는 폭등한다. 헨리 조지는 지가에 적용했어야 할 '기대→투기→토지가치의 투기적 상승' 사이의 연관을 엉뚱하게 지대에 적용함으로써 잘못된 결론을 도출하고 말았다.

3. 헨리 조지의 정책 처방

헨리 조지는 진보 속의 빈곤이 지대의 급속한 상승에서 초래된다고 보았기 때문에 빈곤 해소의 열쇠도 지대에서 찾았다. 즉 지대를 지주가 전유(專有)하도록 허용할 것이 아니라 정부가 세금으로 대부분 환수해야 한다고 본 것이다. 그는 지대의 대부분을 징수하는 세금을 토지가치세(Land Value Tax)라고 불렀다. 형식상 토지소유권은 기존 소유자의 수중에 그대로 둔 상태에서 지대의 대부분을 조세로 징수하고 그 수입을 모든 사람에게 균등하게 혜택이 돌아가도록 사용한다는 것이 그 취지였다. 여기에는 진보 속의 빈곤을 해소하고, 토지 투기로 인한 주기적 불황을 방지할 뿐만 아니라, 모든 사람에게 토지에 대한 평등한 권리(平等地權)를 보장하고자 하는 의도가 담겼다.

헨리 조지는 토지가치세가 토지이용자에게 배타적 이용을 허용하면서 동시에 모든 사람에게 평등지권을 보장할 수 있는 절묘한 대안이라고 생각했다. 토지이용자가 공공의 자산이어야 할 토지로부터 얻는 특별 이익을 정부가 공적으로 환수하여 모든 사람에게 똑같이 혜택이 돌아가도록 사용한다면, 배타적 이용과 평등지권을 동시에 보장할 수 있다는 것이다. 토지이용자에게 배타적 이용을 보장하는 것은 매우 중요하다. 그렇게 하지 않을 경우 '공유지의 비극(Tragedy of the Commons)'이 불가피하기 때문이다. '공유지의 비극'이란 사적 권리가 성립하지 않은 자원은 오남용되어 황폐화가 불가피함을 표현하는 말이다.

헨리 조지에 따르면, 토지가치세를 제대로 징수할 경우 국가가 필요로 하는 공공경비를 모두 조달하고 남는다. 그래서 그는 토지가치세를 제대로 걷는 대신 다른 세금들을 모두 철폐하자는 토지단일세(Single Tax) 주장까지 펼쳤다. 이는 지금은 다소 황당하게 들리겠지만 당시에는 그다지 특별한 주장이 아니었다. 오늘날에 비해 정부의 규모가 작고 지대의 규모가 커서 토지가치세 수입만으로도 정부 세입을 충분히 조달할 수 있었기 때문이다.

세금이란 부과 대상이 되는 행위를 위축시키기 때문에, 철폐하거나 감면하면 경제가 활성화된다. 게다가 대부분의 세금은 인간의 노력에 벌금을 매기는 것과 같아서 본질적으로 정의롭지 않다. 그러므로 헨리 조지의 토지단일세 주장은 분명 상당한 논리적 근거를 갖는다고 봐야 한다. 헨리 조지에 앞서 프랑스 중농주의자들이 토지단일세를 주장했으니 든든한 학문적 배경도 가진 셈이다.

하지만 토지가치세 수입을 다른 세금을 철폐하는 데 사용하는 것이 헨리 조지가 의도했던 목적에 부합하는지는 의문이다. 토지단일세가 지대 상승으로 인한 빈곤을 직접 완화할 수 있을지, 세금 철폐가 모든 사람에게 평등지권을 보장하는 방법이 될지 따져 봐야 할 문제가 존재하기 때문이다. 사실 빈곤 완화와 평등지권 보장이라는 목적을 달성하려면, 토지가치세 외의 다른 세금을 철폐할 것이 아니라 토지가치세 수입을 인구수로 나누어 모든 사람에게 똑같이 나누어 주는 것이 가장 확실한 방법이다(전강수·강남훈, 2017). 헨리 조지는 이 방법에 대해 말하지 않았지만, 그의 후계자들은 거기에 사회적 배당금(social dividend)이라는 이름을 붙이고 평등지권 보장의 유력한 수단으로 취급하고 있다. 단일세 방식이 갖는 문제점과, 복지가 시대정신으로 떠오르는 상황을 감안할 때, 우리나라에서는 세금 감면보다는 사회적 배당금 지급을 중심으로 토지가치세 수입을 사용하는 것이 더 바람직하다.

단일세 방식과 관련하여 논란이 있을 수 있지만, 토지가치세 자체는 탁월한 처방임을 기억할 필요가 있다. 토지가치세는 모든 세금 가운데 제일 좋은 세금으로 꼽힌다. 중립성, 경제성, 투명성, 공정성 등 조세를 평가하는 주요 기준 모두에서 최고의 점수를 받기 때문이다. 중립성은 조세가 경제를 위축시키지 않아야 한다는 원칙이고, 경제성은 조세 징수에 따르는 행정비용이나 사회적 비용이 적어야 한다는 원칙이다. 투명성은 세원이나 조세 징수 과정이 투명해야 한다는 원칙이고, 공평성은 사회로부터 혜택을 많이 받을수록 많은 부담을 지게 해야 한다는 원칙이다. 게다가 토지가치세는 보유비용 효과를 발휘하므로 투기를 억제하고 부동산 가격을 하락시키는 효과가 강력하다. 토지가치세에 대해서는 애덤 스미스(Adam Smith), 존 스튜어트 밀(John S. Mill), 알프레드 마샬(Alfred Marshall), 아서 피구(Arther C. Pigou), 존 코먼스(John R. Commons), 콜린 클라크(Colin G. Clark), 윌리엄 비크리(William Vickrey) 등 쟁쟁한 경제학자들이 우수성을 인정했고, 신자유주의의 양대 산맥으로 일컬어지는 프리드먼(Milton Friedman)과 하이에크(Friedrich August von Hayek)조차 상찬을 아끼지 않았다. 이는 토지가치세가 조세로서 갖는 탁월성 때문이다.

4. 재조명해야 할 헨리 조지 경제사상

『진보와 빈곤』이 엄청난 성공을 거둔 덕분에, 헨리 조지는 자신이 연사로 참석한 공개 강연회에 알프레드 마셜이 찾아와 청중석에서 질문을 던지고, 칼 마르크스(Karl Marx)와는 글을 통해 조롱조의 비판을 주고받을 정도로 유력한 경제학자의 반열에 올랐다. 헨리 조지의 경제사상은 영국의 극작가 버나드 쇼(George Bernard Shaw), 영국 페이비언 협회(Fabian Society)의 시드니 웹(Sidney Webb), 러시아의 대문호 톨스토이(Leo Tolstoy), 중국의 국부 쑨원(孫文) 등 전 세계의 위대한 사상가들에게 큰 영향을 주었다. 잘 알려지지 않았지만, 1880년대 중반 헨리 조지의 『진보와 빈곤』과 『사회문제의 경제학(*Social Problems*)』을 접한 톨스토이는 죽을 때까지 헨리 조지의 편에 섰으며 그의 경제사상을 전파하기 위해 갖은 노력을 다했다. 헨리 조지는 사회운동에도 지대한 영향을 미쳐서 19세기 말~20세기 초에는 전 세계적으로 헨리 조지를 따르는 조지스트의 세력이 마르크스주의자들의 세력보다 더 컸다고 한다.

영국 수상을 지낸 로이드 조지(Lloyd George)와 처칠(Winston Churchill), 미국 대통령을 지낸 우드로 윌슨(Woodrow Wilson), 호주 수상을 지낸 빌리 휴즈(Billy Hughs), 러시아 수상을 지낸 케렌스키(Aleksandr F. Kerenskii) 등 20세기 전반의 유력 정치인들도 헨리 조지로부터 영향을 받았다(Gaffney, 1994b). 헨리 조지의 정책 대안도 전 세계에서 다양한 형태로 실행에 옮겨져 놀라운 성과를 거두었다. 쑨원의 민생주의 위에 세워진 대만, 1950년대 말의 덴마크, 미국의 펜실베이니아 주 도시들과 단일세 마을들, 19세기 말~20세기 초의 호주와 뉴질랜드 등이 대표적인 사례다. 반면, 미국의 캘리포니아 주는 거꾸로 이런 정신을 후퇴시킴으로써 심각한 경제적 후퇴를 경험했다.

19세기 말~20세기 초의 상황과 비교하면, 현재 헨리 조지의 영향력은 미미하다. 20세기를 지나면서 그의 사상이 점차 퇴조한 결과다. 클라크(John B. Clark)를 비롯한 미국 신고전학파의 선구자들이 헨리 조지 한 사람을 제압하기 위해 토지를 경제학으로부터 제거하는 '작전'을 벌였고, 그것은 결국 성공했다. 클라크는 헨리 조지 경제학을 논파하기 위해 책을 24권이나 썼다고 하니 그가 얼마나 헨리 조지 추방에 몰두했는지 쉽게 짐작할 수 있다. 그들이 사용한 방법은 토지와 자본, 나아가 토지와 다른 생산요소의 차이를 흐릿하게 만드는 것이었다. 토지와 다른 생산요소 간에 차이가 없다면, 굳이 경제학에서 토지를 특별하게 다룰 필요가 없지 않겠는가? 다른 중요한 사정을 하나 더 꼽자면, 1917년 러시아에서 볼셰비키 혁명이 성공한 이후 세계의 체제와 이념이 좌우 두 가지로 굳어졌다는 점을 이야기할 수 있다. 학계도 좌파와 우파로 주도권이 양분되면서 헨리 조지의 사상은 철저히 무시당했고 점차 설 자리를 잃었다.

미국 신고전학파 선구자들이 토지와 헨리 조지를 경제학에서 추방한 결과는 참혹하다. 수많은 경제학자들이 토지에 대해 한 번도 배우지 않은 채로 박사학위를 받는다. 그러고는 토지와 부동산으로 인해 금융위기나 불평등 등의 경제문제가 발발하면, 일반 상품이나 자본에나 적용되는 '시장의 자기조절 메커니즘'을 운운하며 엉터리 진단과 처방을 내놓는다. 시장의 자기조절 메커니즘이란 시장에 초과수요나 초과공급이 발생할 때 가격이 움직여서 금방 수요량과 공급량이 일치하는 균형을 회복하는 것을 가리킨다. 경제학자들이 엉뚱한 소리를 하는 사이에 경제는 심각한 타격을 입고 사람들은 고통 속으로 빠져든다. 경제학자를 현실 경제의 질병을 진단하고 치유하는 의사로 본다면, 시도 때도 없이 수요-공급의 법칙과 시장의 자기조절 메커니즘을 되뇌는 현대 주류 경제학자들은 돌팔이 의사라 부를 수밖에 없다.

세계 여러 나라에서 부동산 거품으로 인한 금융위기를 겪기 일쑤고, 토지가치의 급속한 상승에 기인하는 불평등이 완연해지고 있는 지금, 헨리 조지의 경제사상은 어느 때보다 더 필요하다. 헨리 조지 경제사상을 왜 재조명해야 하는지, 그 필요성을 간단하게 정리하고 글을 마무리하기로 하자.

첫째, 사회주의가 붕괴하고 자본주의는 유례없는 불안정과 위기를 겪고 있는 현 상황에서 헨리 조지의 경제사상은 유력한 체제 대안을 제공한다. 현대의 조지스트들에 의하면, 자본주의는 토지사유제를 허용함으로써 소득분배의 불평등, 주기적 불황, 실업, 환경 파괴 등의 심각한 문제를 겪어 왔고, 사회주의는 토지를 비롯한 모든 생산요소의 이용을 국가의 계획과 통제에 맡김으로써 극도의 비효율을 경험했다. 조지스트들은 헨리 조지의 진정한 자유거래(자유시장이 실현되고 토지가치세제가 시행되는 상태)의 사상을 현실에 적용한다면, 자본주의의 장점인 효율과 사회주의의 장점인 평등을 조화롭게 결합시킬 수 있다고 믿는다. 효율과 형평을 조화롭게 결합시킬 수만 있다면 그런 경제체제야말로 진정한 제3의 경제체제라 할 수 있을 것이다.

둘째, 1980년대 이후 세계 도처에서 금융위기와 그에 뒤이은 불황이 빈발하고 있다. 많은 학자들이 금융과 자본의 자유화에서 그 원인을 찾지만, 그 배후에 부동산 거품의 형성과 붕괴가 놓여 있다는 것을 놓쳐서는 안 된다. 1990년대 초반 일본에서의 거품 붕괴, 1990년대 후반 아시아 금융위기, 2008년 서브프라임 사태 등 세계경제를 공포로 몰아넣은 경제위기들은 공통적으로 부동산 거품 붕괴에서 비롯되었다. 바야흐로 부동산 거품에 대한 이론을 갖추지 않고서는 현대 경제를 수시로 괴롭히는 금융위기를 분석하는 것은 불가능한 상황이 되었다. 토지의 중요성과 특수성을 충분히 고려하는 '투기의 경제학'이 절실히 요청되는 상황인데, 이는 헨리 조지 경제학에 대한 검토에서부터 시작되어야 한다.

셋째, 21세기 들어 전 세계 선진국에서 소득과 자산의 불평등이 심각해지고 있다. 『21세기 자본(*Capital in the Twenty-First Century*)』을 출간하여 세계 경제학계에 경종을 울린 토마 피케티(Thomas Piketty)는 20세기 중반 역사상 유례없는 분배 개선을 경험했던 자본주의가 점차 세습자본주의로 전락하고 있다고 주장했다. 그는 소득과 부가자산을 가진 상위계층에 점점 더 집중되고 있어서 21세기 말에는 불평등이 극심했던 벨 에포크 시대가 부활할 것이라 예언했다. 피케티의 연구를 검토한 많은 경제학자들은 20세기 후반 이후 심각해지고 있는 불평등은 다름 아닌 토지가치의 상승에 기인한다는 사실을 발견했다. 이는 이미 헨리 조지가 130년 전에 주장했던 내용이 아닌가? 오늘날 최대 경제문제인 불평등을 올바로 분석하기 위해서도 헨리 조지 경제사상을 재조명할 필요가 있다.

넷째, 금융위기, 불평등과 함께 현대사회를 괴롭히는 또 하나의 문제는 환경파괴와 그로 인한 이상기후의 도래이다. 전 세계의 환경에 엄청난 해악을 끼치고 있는 아마존 열대 강우림 파괴가 토지의 투기적 보유에서 비롯되었다는 사실을 아는 사람이 얼마나 될지 모르겠다. 브라질에서 토지를 무상으로 취득할 수 있는 곳은 아마존 강 유역의 강우림 지대(地帶)라고 한다. 도시와 농촌에서 자기 땅을 차지하지 못한 사람들이 이곳으로 대거 이주해서 삼림을 벌목하고 불을 지른 후 농사를 짓는다. 이 지역의 무른 표토(表土)는 장기간의 경작을 견디지 못하기 때문에 이주자들은 다른 토지를 찾아 계속 강우림 속으로 들어간다. 만일 이들이 도시와 농촌에서 자기 땅을 차지할 수 있었더라면, 아니 소작지라도 괜찮은 조건으로 구할 수 있었더라면, 강우림이 파괴되는 일은 없었을 것이다(Andelson and Dawsey, 전강수 역, 2009: 182~183). 토지의 투기적 보유는 토지이용 양태와 환경에 영향을 끼친다. 쓸모 있는 땅들이 유휴화하거나 저이용(低利用)되는 대신, 보존되어야 할 땅들이 무분별하게 개발되는 일이 일어나는 것이다. 토지의 투기적 보유는 도시의 과잉 확장, 난개발, 환경 파괴 등을 유발하는 주범이다. 도심의 입지 좋은 땅에 2, 3층짜리 낡은 건물이 들어서 있는 것을 본 적이 있을 것이다. 그리고 도시 외곽이나 농촌에서 공장이 들어서기에는 부적합한 땅에 버젓이 공장이 들어서서 환경을 파괴하고 있는 것을 본 적도 있을 것이다. 모두 토지의 투기적 보유가 만들어 낸 풍광(風光)이다. 토지의 투기적 보유를 억제하는 최적의 방책은 바로 헨리 조지의 토지가치세이다.

헨리 조지 사상의 잠재력

김윤상

1. 토지문제를 넘어

헨리 조지는 생전에 세계적으로 커다란 영향력을 가졌던 인물이다. 그의 사상은 톨스토이를 비롯한 많은 이상주의자들의 열렬한 지지를 받아 왔고 오늘날에도 우리나라를 포함하여 세계 각국에서 헨리 조지 사상을 보급하고 실천하려는 움직임이 맥을 잇고 있다. 그러나 그가 활동하던 19세기에 비하면 오늘날에는 거의 무시되고 있다고 해도 과언이 아니다.

이렇게 된 가장 큰 이유는, 20세기 내내 세계를 양분했던 자본주의와 사회주의의 이론적 근거인 신고전학파와 좌파 경제학이 헨리 조지 사상과 양립할 수 없었기 때문이다. 헨리 조지 사상이 토지문제를 핵심으로 하는 데 반해 신고전학파와 좌파 경제학은 모두 토지의 독자성을 인정하지 않았다. 신고전학파는 헨리 조지 사상의 토대인 고전학파의 토지관을 버렸고 헨리 조지가 환수해야 한다고 주장한 토지 지대도 다른 생산요소의 대가와 다름없다고 보았으므로 헨리 조지 사상과 양립할 수 없었다. 사회주의는 생산수단의 사회화 및 계획경제를 기반으로 하기 때문에 토지를 제외한 재산의 사유 및 경제활동의 자유를 추구하는 헨리 조지 사상과 융화될 수 없었다.

헨리 조지 사상이 현대의 세계적 추세와 일치하는 부분이 있다면 그것은 자유무역 사상이다. 세계무역기구(WTO) 체제와 국가 간 자유무역협정(FTA)을 통해 세계는 자유무역으로 나아가고 있기 때문이다. 그러나 헨리 조지는 지대환수를 전제로 하는 자유무역을 주장하였으므로 오늘날의 자유무역과는 거리가 있다.

이처럼 헨리 조지의 현실적 영향력은 줄어들고 말았으나 그의 사상은 아직도 우리 사회에 커다란 영향을 미칠 수 있는 잠재력을 가지고 있다. 헨리 조지 사상의 실천적 표현인 지대조세제는 시장경제와 잘 어울리는 토지공개념 제도이자 가장 공평하고 효율적인 조세제도이다. 오늘날에도 토지문제는 끊임없이 사회를 괴롭히고 있으며 조세로 인한 초과부담이 경제를 억누르고 있기 때문에 이 점에서 지대조세제는 당시나 오늘이나 변함 없이 유효하다. 특히 토지 투기 열풍으로 인해 깊은 상처를 입은 우리나라에서는 더욱 큰 의미를 지닌다. 뿐만 아니라 헨리 조지 사상에는 토지문제, 조세문제 이상의 잠재력이 있다. 이 장에서는 헨리 조지 사상의 잠재력을 다음과 같이 살펴보고자 한다.

- 헨리 조지의 토지 사상을 확대하면 자원고갈과 환경오염에 대처할 수 있는 자연공개념의 근거가 된다.
- 특권으로 얻는 이익은 토지 지대와 본질적으로 다르지 않다는 점에 착안하면 부당한 소득불평등 문제를 해결할 수 있다.
- 특권이익을 환수하여 재원으로 삼으면 좌파의 이상인 사회연대와 복지를 우파의 방식인 개인책임과 시장경제를 통해 달성할 수 있다.
- 자본주의와 사회주의의 대립을 지양하는 제3의 이데올로기가 될 수 있다.
- 세계 지대조세제를 실시하면 국가 간 영토 분쟁을 근원적으로 해소할 수 있다.

2. 자연공개념

헨리 조지는 자원고갈과 환경오염의 문제가 심각하지 않던 시대에 살았기 때문에 천부된 자연 가운데 주로 토지에 관련된 문제를 다루었고 그 해결책으로서 토지 지대를 모두 환수하고 다른 조세를 감면하는 지대조세제를 주창하였다. 그러나 헨리 조지도 토지라는 용어를 인간이 생산하지 않은 천부된 자연 전체를 대표하는 뜻으로 사용하였다. 토지 외에도 천연자원 고갈과 환경오염 문제가 심각하게 대두되고 있는 오늘날에는, 헨리 조지 사상을 자연공개념으로 확대할 수 있다.

자연은 다음과 같은 세 가지 종류로 나누어 볼 수 있다.

첫째로, 넓은 의미의 토지가 있다. 여기에는 흙으로 덮인 지구의 표면이라는 좁은 의미의 토지 이외에 토지처럼 위치와 존재량이 고정되어 있는 자연이 포함된다. 고정되어 있는 자연에 대한 사용 수요가 늘어나면 혼잡이 발생하고 그에 따라 지대가 발생한다. 오늘날 혼잡이 발생하는 새로운 예로는 전파대역, 위성궤도 등을 들 수 있다. 전파대역은 라디오, 텔레비전, 이동통신 등의 전파를 실어 나르는 통로로서 오늘날 수요가 급속히 늘어나고 있어 주목된다. 이런 종류의 자연을 특정인이 단독으로 사용하면 타인을 배제하는 결과가 생긴다는 점에서 토지와 공통점이 있다.

둘째로, 토지 이외의 천연자원이 있다. 예를 들면 광물, 석유, 천연 동식물, 오존층 등이다. 이러한 자원은 특정인의 사용이 같은 시대의 타인을 배제한다는 점 이외에 사용에 의해 존재량이 줄어들기 때문에 후손도 배제한다는 점에서 공통점이 있다. 따라서 환수액에는 현 세대를 배제하는 대가뿐 아니라 고갈 피해액 내지 자원대체 비용처럼 후손에 미치는 피해도 포함되어야 한다. 오존층의 파괴는 아래에서 언급하는 오염 대상의 하나이기도 하지만, 고갈이 될 뿐 회복이 되지 않는다는 점에서 천연자원의 하나로 포함시켰다.

셋째로, 공기, 물 등 오염 대상으로서의 환경이 있다. 이런 것들 역시 특정인의 사용이 현 시대의 타인을 배제할 뿐 아니라 오염으로 인해 후손에게도 피해를 주

[표 2-1] 토지, 천연자원, 환경의 비교

대상	사용 결과	형평 비교 대상	환수액의 내용
토지	배제	타인	지대
천연자원	배제+고갈	타인+후손	지대+고갈 피해액, 자원대체 비용
환경	배제+오염	타인+후손	지대+오염 피해액, 환경회복 비용

고 원상회복에 비용이 든다. 따라서 이 경우에도 지대뿐 아니라 오염 피해액 내지 환경회복 비용까지 환수되어야 한다.

토지, 천연자원, 환경을 비교하면 [표 2-1]과 같다.

3. 특권 없는 세상

헨리 조지는 그 시대의 심각한 병폐였던 토지문제에 초점을 맞추었지만, 그가 해결하려고 애썼던 문제를 일반화하면 특권의 문제가 된다.

소득과 같은 결과에 영향을 미치는 원인에는 자신의 노력, 인간의 의지와는 무관하게 작용하는 운, 그리고 특권이 있다. 특권이란 '노력과 운에 비해 다른 사람보다 더 유리한 결과를 얻을 수 있는 원인'이다. 노력, 운, 특권 중 자신의 선택과 무관하게 작용한 운의 결과를 어느 정도 인정할 것인지에 대해서는 의견 차이가 있을 수 있다. 그러나 자신의 선택에 따라 노력해서 벌어들인 소득이 정당하다는 점에는 누구나 동의할 것이고, 노력과 운이 동일하여도 차별적인 결과를 낳는 특권이익이 부당하다는 데에도 의견이 일치할 것이다.

이러한 특권이 존재하더라도 그것을 누구나 쉽게 취득할 수 있다면 더 이상 특권이 아니게 될 것이다. 따라서 특권 취득을 제약하는 사정에 따라 분류해 보면 이해에 도움이 될 것이다. 특권 취득이 자연적으로 제약되어 있는 경우도 있고 사회경제적 사정으로 인해 취득이 어려운 경우도 있다. 또 이런 특권 중에는 사회

[표 2-2] 특권의 분류와 예시

공인 여부 \ 제약	자연적 제약	사회경제적 제약
공인	A 토지소유권, 탄소배출권	B (일부) 면허, 특허
비공인	C 남성특권, 인종특권	D 학벌특권, 정규직특권

가 공익의 관점에서 의도적으로 인정하는 특권도 있고, 의도와는 무관하게 현실적으로 존재하는 비공인 특권도 있다. 이런 기준으로 특권을 분류하고 각 유형의 대표적인 사례를 예시해 보면 [표 2-2]와 같다.

공인된 특권 중 유형 A, 즉 비특권자의 진입에 자연적 제약이 존재하는 특권의 대표적인 예는 토지소유권이다. 토지의 위치와 면적은 자연에 의해 한정되어 있는데, 누군가 특정 토지의 소유권을 취득하면 다른 사람의 취득 기회는 그만큼 사라지거나 줄어들기 때문이다. 탄소배출권도 여기에 속한다. 환경에는 오염을 허용할 수 있는 자연적 한도가 존재하는데, 탄소배출권은 그 한도 내에서 탄소를 배출할 수 있도록 공인하는 권리라는 점에서 토지소유권과 다르지 않다. 그 밖에도 만약 존재량이 한정되어 있는 자원을 채취할 권리를 설정한다면 이 역시 토지소유권과 동일한 성격의 특권이 될 것이다.

유형 B는 사회가 공인하지만 비특권자의 진입에 사회경제적인 제약이 존재하는 특권이다. 가장 쉬운 예로는 봉건시대의 신분특권을 들 수 있다. 지금도 존재하는 예로는 면허, 특허 등이 있다. 의사 면허의 경우, 토지와 달리 면허의 총량이 물리적으로 고정되어 있는 것은 아니지만, 아무에게나 면허를 준다면 제도의 의미가 없어진다. 토지소유권이 그렇듯 합당한 이유가 있다면 면허제도 자체가 부당한 것은 아니다. 다만 그로 인해 면허 취득자가 자신의 노력과 기여에 비해 과다한 소득을 얻는다면 면허는 특권이 된다. 많은 학부모가 자녀의 진로로서 의사를 선망하고 있는데 이는 의사 면허에서 특권이익이 발생한다는 현실을 반영하는 것이다. 특권은 인간의 평등과 양립할 수 없기 때문에 적게 존재할수록 좋지만, 토지소유권이나 면허처럼 불가피한 경우라면 반드시 적절한 대책이 따라야 한다. 특권을 공인할 때는 그것이 공익을 증진시킨다는 사실을 철저하게 입증해야 하며, 공인하지 않았는데도 현실적으로 존재하는 경우라면 특권 자체를 줄이기 위해 노력해야 한다. 또 공인이든 비공인이든 특권이 일단 존재한다면 적어도 그 취득 기회라도 균등하게 보장해 주어야 한다. 그러나 이 정도로도 충분하지 않다. 특권에서 생기는 이익을 모두 환수하여 국민을 위해 공평하게 사용해야 한다. 이를 요약하면 다음과 같은 특권 대책 3원칙이 된다.

- 첫째로, 꼭 필요한 최소한도의 특권만 인정한다.
- 둘째로, 특권 취득 기회를 균등하게 보장한다.
- 셋째로, 특권이익을 환수하여 공평하게 처리한다.

4. 사회 갈등 해소

헨리 조지 사상은 진보 진영과 보수 진영이 서로 이해하고 연합하여 갈등을 해소하게 만드는 매개 고리가 될 수 있다. 우선, 현실의 진보 진영과 보수 진영에 속하는 사람들의 지향을 [표 2-3]과 같이 분류해 보자.

A, B, C, D는 각기 해당 지향을 갖는 집단을 의미한다. A와 B는 자신의 지향에 합리적인 근거를 제시하면서 자신이든 상대방이든 동일한 원리에 의해 공평하게 대우받기를 바라는 집단이다. 그중 A는 평등과 사회연대를 통한 따뜻한 공존을 지향한다. 하지만 사회 속에서 개인에게 주어진 선택 폭이 너무 좁기 때문에

[표 2-3] 진보/보수 진영의 지향

태도 \ 진영	진보(좌파)	보수(우파)
공존	A 평등, 사회연대, 복지(따뜻한 공존)	B 자유, 개인 책임, 시장(차가운 공존)
이기	C 무임승차, 타인 의존	D 승자 독식, 기득권 보호

A는 개인의 책임보다는 사회연대가 더 중요하다고 본다. 또 시장은 사회계층을 1%와 99%로 양극화하는 부작용을 가지고 있으므로 정부가 적극 개입하여 높은 수준의 복지를 구현해야 한다고 믿는다. 반면 B는 자유와 개인 책임을 통한 차가운 공존을 지향한다. 개인은 각자 자신의 자유로운 선택에 따라 인생을 스스로 책임져야 한다고 보는 것이다. B는 시장 작용에 대한 기대가 크고, 시장에 결함이 있다고 해도 정부의 결함보다는 덜하다고 믿는다.

합리와 공존을 바탕으로 하는 A, B와는 달리 C, D는 타인에게 손해를 끼치더라도 자신에게 유리한 것을 추구한다. C는 스스로 노력하기보다는 공짜를 바라면서 남에게 기대려고 한다. D는 경쟁을 통해 획득한 것을 독차지하는 것이 당연하다고 여기며 일단 자신에게 유리하게 형성된 사회 구조는 선악을 불문하고 지키려고 한다.

이기적인 집단인 C 또는 D를 대변하는 정당보다는 합리적 집단인 A 또는 B를 대변하는 정당이 집권하는 것이 사회를 위해 바람직하다. 한국에서는 네 집단 중 B의 비율이 제일 높지만 B 단독으로는 집권이 어려울 수 있기 때문에 다른 집단과 연합을 모색하는 것이 보통이다. B가 선택할 수 있는 연합 대상은 A 또는 D이다. 그런데 A와는 세계관이 너무 달라 연합이 어렵다고 생각할 뿐 아니라 사회적 강자로 구성된 D와 연합하면 현실적으로 이득이 된다는 얄팍한 계산도 하게 된다. D 역시 평등을 강조하는 A는 자신의 이익에 위협이 되므로 자유를 지향하는 B를 지원하는 것이 기득권 유지에 도움이 될 것으로 판단한다. 그래서 보수 진영은 B+D 연합을 구성하면서 겉으로는 B라고 위장한다. 한편 A도 이에 대항하기 위해서는 C의 지지가 필요하기 때문에 사실상 A+C 연합이 이루어진다. 그리고는 서로 상대 진영의 이기적인 모습만을 지적하면서 비난한다.

필자는 이런 상황을 다음과 같이 묘사한 바 있다.

> 진정한 이념은 인간에 대한 사랑에서 나온다. 그러므로 이념을 주창한 사람이나 깊이 있는 동조자는 입장이 다르더라도 서로 통하기 마련이다. 그러나 이해관계와 정서로 뭉친 현실의 이념사단(理念師團)은 상대방을 존중하지 않는

다. 진보의 입장에서 보는 현실의 보수는, 이상사회를 향해 진지하게 고민하지 않는 속물이며 부당한 기득권을 누리면서 추호도 양보하지 않는 이기집단이다. 반면 보수의 입장에서 보는 현실의 진보는, 물정도 모르면서 설치는 하룻강아지이며 '사회정의'라는 이상한 깃발을 들고 떼를 쓰는 집단이다. 그러다 보면 인간에 대한 사랑은 사라지고 혐오만 남는다.(김윤상, 2009: 21~22)

지각 있는 국민은 이런 파괴적 갈등에 진저리를 친다. 진영 논리를 넘어 좀 더 나은 사회로 나아갈 수는 없을까? 지공주의가 그 가능성을 열어 준다. 진보-보수의 갈등은 남북한 문제와 복지 문제에서 두드러진다. 남북한 문제에는 한국전쟁이라는 트라우마가 깔려 있기 때문에 이성적 해결이 어렵다. 한일 문제의 이성적 해결이 어려운 것과 비슷하다. 그러나 복지 문제는 지공주의를 매개로 하면 이성적으로 풀어낼 수 있다.

보수 진영에서는, 복지는 정의롭지 못한 재분배 정책이라는 시각을 가지고 있다. 복지는 개미의 돈으로 베짱이를 먹여 살리는 일이라고 여긴다는 것이다. 그래서 '복지 포퓰리즘'이라거나, '돈으로 표를 사는 행위'라는 말을 쉽게 뱉게 된다. 그런데 지공주의로 특권의 폐해가 줄어들면 부당한 빈부격차가 상당 부분 예방되므로 복지 수요 자체가 대폭 줄어든다. 또 모든 국민이 동등한 지분을 가지는 특권이익을 징수하여 복지 재원을 마련한다면 누구나 자기 돈으로 자기 삶을 보장받는 결과가 된다. 즉 재분배 없는 복지, 시장친화적 복지가 이룩된다. 이렇게 되면 개미와 자신을 동일시하는 보수 진영도 베짱이를 '거지 근성'이라고 비난할 수 없다.

필자는 이러한 접근을 좌도우기(左道右器)라고 표현한다. 좌파인 A가 추구하는 가치를 우파인 B가 원하는 방식으로 달성한다는 뜻이다. 좌도우기의 세상에서는 진보-보수 진영이 복지가 우선이냐 시장이 우선이냐를 놓고 싸울 이유가 없어진다. 성장이 먼저냐 분배가 먼저냐 하면서 다툴 필요도 없게 된다. B가 추구하는 차가운 공존만으로도 A가 추구하는 따뜻한 공존을 이뤄 낼 수 있다. A+B 연합을 통해 평화롭고 건강한 사회로 나아갈 수 있다.

5. 제3의 체제

헨리 조지 사상은 자본주의와 사회주의를 지양하는 제3의 이데올로기이다. 자본주의는 토지와 자본의 사유를 원칙으로 하고 사회주의는 양자의 공유를 원칙으로 하지만 이는 모두 인간의 상식에 어긋난다. 자본주의가 토지 사유를 인정하는 것은 그것이 옳기 때문이 아니라 현실을 어찌할 수 없었기 때문이다. 이러한 자본주의 체제에서는 토지의 사유로 인한 빈부격차, 토지 투기 등의 문제가 그칠 수 없다. 반면 사회주의는 자본을 사회화하는데, 이것은 인간의 이기적인 본성을 외면하는 지나친 이상주의이다. 자본의 사유화를 막는다면 극히 일부의 이타적인 사람을 제외한 대부분의 인간은 자본을 생산하려고 하지 않을 것이기 때문이다.

반면 헨리 조지 사상은 자본의 사유와 토지의 공유를 바탕으로 한다. 즉 노력에 의해 생산한 것에 대해서는 생산자의 사유를 인정하여 효율성을 달성하고 사람의 노력과 무관하게 천부된 토지는 사유의 대상에서 제외함으로써 형평성을 달성하자는 것이다. 오해의 소지를 없애기 위해 덧붙이자면, 토지를 공유한다고 해서 토지의 단독사용을 금지하는 것은 아니다. 자본주의를 견제하는 역할을 해온 사회주의가 퇴조해 버림으로써 자본주의의 병폐가 더욱 심해지지 않을까 염려되고 있는 이 시점에는 이와 같은 제3의 체제에 특히 주목할 필요가 있다. 필자는 이런 이념을 지공주의라고 부른다. 세 체제를 비교하면 [표 2-4]와 같다.

뿐만 아니라 우리나라는 아직도 남북이 분단된 채 각기 자본주의와 사회주의

[표 2-4] 자본주의·사회주의·지공주의 체제의 비교

체제	토지	자본
자본주의	사유	사유
사회주의	공유	공유
지공주의	공유	사유

를 기본 체제로 삼으면서 대립하고 있다. 또 남북한은 모두 통일을 염원하지만 통일 후에도 서로 자기 체제를 고수하는 것을 당연시하고 있는 실정이다. 남북한이 서로 마음을 열고 제3의 체제에 진지한 관심을 가진다면 이상적인 절충안인 헨리 조지의 체제에 합의할 수 있을 것이다.

헨리 조지 사상은 대립된 두 이념의 어정쩡한 절충안이 아니다. 진정한 사유재산제, 진정한 자본주의를 추구한다고도 할 수 있다. 진정한 사유재산제란 노력과 기여의 결과를 소유할 수 있도록 하는 동시에 개인의 노력이나 기여와는 무관한 것의 소유는 인정하지 않는 제도이어야 한다. 이런 점에서 보면 현실의 자본주의는 불완전한 사유재산제 위에 서 있는 반면, 헨리 조지의 체제는 진정한 사유재산제 위에 서 있다. 사유재산제를 자본주의의 근간으로 본다면, 진정한 사유재산제 위에 서 있는 헨리 조지의 체제야말로 진정한 자본주의라고 하겠다.

지공주의를 구현하는 조세제도인 지대조세제의 내용을 살펴보더라도 헨리 조지의 체제가 진정한 사유재산제임을 알 수 있다. 현재 자본주의 사회에서는 소득세와 부가가치세 등 인간의 생산적 노력의 결과에 부과하는 세금이 조세수입의 큰 비중을 차지한다. 이것은 진정한 사유재산제에 어긋난다. 반면 지대조세제는 불로소득, 그중에서도 가장 악성 불로소득인 지대를 조세로 징수하며, 그것으로 세수가 부족할 경우에 한하여 노력소득에 과세하게 된다.

자본주의 사회의 세제와 헨리 조지의 세제를 비교하면 〈그림 2-1〉과 같다.

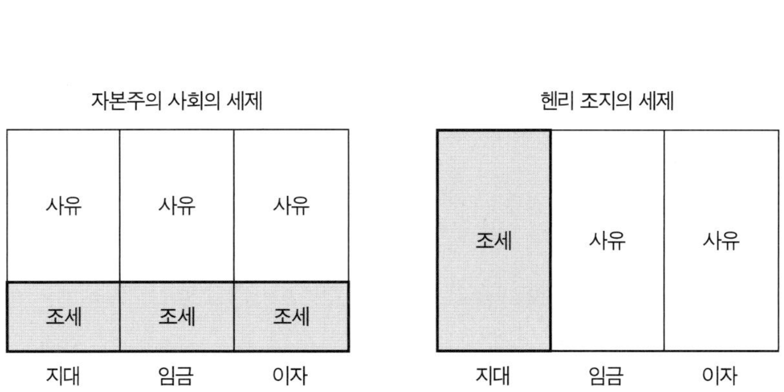

〈그림 2-1〉 자본주의 사회의 세제와 헨리 조지의 세제 비교

6. 국제 영토 분쟁

사람들은 생존 극대화를 위해 토지와 자원을 탐낸다. 국제적인 영토 분쟁도 마찬가지 이유에서 발생한다. 영토가 넓을수록, 그리고 부존자원이 많을수록 잠재적인 국부가 늘어나기 때문에 나라마다 기회가 있으면 더 많은 땅을 차지하려고 한다. 더구나 요즘에는 해양과 해저를 이용하고 개발하는 기술이 발달하면서 그에 대한 국가 간 경쟁도 치열하다. 한국과 일본이 독도 영유권을 놓고 첨예하게 대립하는 이유도 여기에 있다.

모든 인류가 자연에 대해 평등한 권리를 가지고 있다고 전제한다면 이런 문제가 발생할 수 없다. 그렇다면 국제적으로 자연에 대한 평등한 권리를 보장하려면 어떻게 하는 것이 좋을까? 헨리 조지가 제안한 지대조세제, 즉 자연을 소유하는 자가 다른 사람에 비해 더 유리해지는 정도를 반영하는 지대를 징수하여 공평하게 사용하는 제도를 전 세계가 수용하면 된다.

이 제도가 실시되면, 세상은 현재의 우리로서는 상상하기 어려운 모습으로 변할 것이다. 모든 나라는 실수요 목적이 아닌 자연(토지만이 아니라, 해양, 자원, 우주공간 등까지)을 취득하려고 하지 않을 것이고, 현재 기득권을 가지고 있는 자연 중에서도 실수요와 무관한 부분은 포기하려고 할 것이다. 필요도 없는 자연을 소유하면, 지대만 그만큼 더 납부해야 하기 때문이다. 석유 등 천연자원을 확보하기 위한 중동 전쟁 같은 일도 발생하지 않는다. 석유의 가치만큼 지대를 더 내야 하므로 천연자원이 풍부하다고 해서 유리해지는 점이 없기 때문이다. 남북극 관할을 놓고 신경전을 벌이지도 않을 것이고 무리하게 우주 개발을 서두르지도 않을 것이다.

또한 환경오염은 인류 공동의 삶의 조건인 환경을 훼손하여 타인의 사용을 배제하는 행위이므로, 그 대가는 역시 지대에 해당하며 따라서 당연히 징수 대상이 된다. 이로써 국제적 환경오염도 많이 사라질 것이다. 지구온난화 방지를 위한 국제연합 기후변화협약도 이런 취지를 갖고 있기는 하지만 가장 최근의 성과인 1997년 교토의정서도 아직 이 수준에는 훨씬 못 미친다. 아니, 오히려 배출권 거래제를 도입하여 환경오염권을 사유화했다는 점에서 염려스럽기까지 하다.

세계 지대기금이 조성되면 이를 좋은 용도로 널리 활용할 수 있다. 가장 단순한 활용 방법은 각국의 인구수대로 나누는 것이다. 가난한 나라는 이런 배당금 덕에 극심한 빈곤에서 벗어날 수 있다. '이런 건 국내에서도 실현 불가능하다.'라고 생각하여 미리 포기하는 독자가 계실까 봐 하나의 사례를 소개한다. 현재 미국 알래스카 주에서는 석유채굴세(severance tax) 수입을 주민에게 균등하게 나누어 주는 배당금제도가 있다. 공동의 천연자원을 채굴하는 대가, 즉 지대를 징수하여 나누는 사례다. 지대기금의 일부를 별도로 유보해 두었다가 국민소득이 일정 수준 이하로 떨어지거나 천재지변으로 어려움을 겪는 국가를 돕는 데 사용하는 것도 좋겠다.

이처럼 세계 지대조세제가 실시되면 세계 평화와 환경 보전, 빈곤 퇴치에 크게 이바지할 수 있다. 그러나 현재의 국제관계는 이런 제도를 수용할 만한 수준에 올라 있지 못하다. 소아적 국익을 추구하는 각 나라를 적절히 통제할 장치가 마련되어 있지 않기 때문이다. 인격 수양이 각 개인의 고귀한 목표이듯이 국가의 품격 고양 역시 인류의 고귀한 목표이므로, 세계의 집단지성을 한 걸음씩이라도 그 방향으로 움직여 나가야 한다.

7. 헨리 조지 사상의 앞날

1) 헨리 조지의 예상

위에서 본 바와 같이 헨리 조지 사상은 그가 타계한 지 100년이 지난 오늘의 사회에도 커다란 의미를 가지고 있다. 그렇다면 앞날은 어떠할까? 지난 100여 년 간처럼 망각 속에 묻히고 말 것인가? 아니면 사회문제의 해결책으로서 폭넓게 수용될 것인가? 이 점에 대해서는 우선 헨리 조지 자신의 말을 들어 보자.

> 지금까지 내가 밝히려고 노력한 진리는 쉽사리 수용되지 않을 것이다. 수용이 쉬운 진리였다면 벌써 수용되었을 것이다. 수용이 쉬운 진리였다면 은폐되지

도 않았을 것이다. 그러나 이 진리에도 지지자는 반드시 있다. 이 진리를 위해 수고하고 고통받고 심지어는 죽기도 할 것이다. 바로 이것이 진리의 힘이다.

이 진리가 언젠가는 실현될 수 있을까? 궁극적으로는 그렇다. 그러나 우리가 생존하는 동안 실현될지, 사람들이 우리를 기억할 수 있는 시간 내에 실현될지 누가 알 것인가?

궁핍과 비참, 무지와 야만이 부정의한 사회제도에 의해 생긴다는 사실을 알고 힘이 자라는 데까지 이를 시정하기 위해 노력하는 사람은 곧 실망과 쓰라림을 맛보게 된다. 이러한 현상은 과거에도 있었고 현재에도 있다. 그러나 정말로 쓰라린 것은 노력과 희생을 해 보았자 희망도 결과도 없다는 생각이다. 심지어 매우 훌륭하고 용기 있는 인물도 이런 생각을 하는 수가 있다. 사실, 역사상 씨를 뿌린 사람 중에 그 씨가 자라는 것을 본 사람은 드물며, 그 씨가 도대체 자라기나 할 것인지를 확실히 안 사람도 드물다.

사실을 위장하지 말자. 이 세상에서 진리와 정의는 되풀이해서 세워져 왔다. 그러나 진리와 정의는 되풀이해서 무너지고 말았으며 유혈사태가 발생한 경우도 적지 않았다. 만일 진리에 반대하는 세력이 약하다면 어떻게 오류가 그토록 오랫동안 지배할 수 있을까? 정의의 여신이 고개를 들기만 해도 부정의를 쫓을 수 있다면 압박받는 사람들의 통곡이 그토록 오래 그치지 않을 수 있을까?

그러나 진리를 알고 따르려는 사람이나 정의를 인식하고 이를 위해 일어서려는 사람에게는 성공이 유일한 목적은 아니다. 성공! 성공은 거짓으로 이루기도 하고 부정의로 이루기도 한다. 진리와 정의는 본래의 권리로서 그 자신의 것인—우연이 아니라 본질에 의해 자신의 것인—그 무엇을 주지 않는가?

진리와 정의의 존귀함을 느껴 본 사람이면, 진리와 정의가 지금 이 자리에서도 무언가를 준다는 사실을 안다.(George, 1879, 김윤상 옮김, 2016: 556~557)

이 글에서 보듯이 헨리 조지도 자신의 사상이 순탄하게 수용될 것으로 보지 않았다. 그러나 헨리 조지는 비관만 하지는 않았다. 고난을 무릅쓰고 정의를 세

우려는 사람들이 반드시 나타날 것이고, 언젠가는 정의가 실현될 것으로 보았다. 또 개인 차원에서는 비록 당대에 성공을 거두지 못하더라도 정의를 위해 노력하는 것만으로도 인생을 바칠 만한 가치가 있다고 하였다.

2) 그래도 희망은 있다

현실 사회는 원칙과 정의의 사회라기보다는 이해관계와 편견으로 얽힌 사회다. 필자도 사회의 기득권 세력의 이해관계에 어긋나는 헨리 조지의 사상이 쉽사리 수용될 것으로 기대하지는 않는다. 그러나 우리나라는 토지공개념이 수십 년간 중요한 정책의제로 등장해 온 나라다. 또 국민 다수가 한편으로는 부동산을 재테크 수단으로 삼으면서도 다른 한편으로는 여러 차례의 여론조사에서 나타났듯이 부동산 투기는 옳지 않다고 인식하고 있다. 그런 점에서 상당한 희망이 잠재되어 있다.

그러나 이것이 실현되려면 두 가지 조건이 갖추어져야 한다. 첫째로, 기존의 제도에 적응해 온 국민이 동의할 수 있는 적절한 도입 전략이 제시되어야 하고, 둘째로, 국민이 원하는 바가 그대로 국정에 반영되는 정치제도가 갖추어져야 한다. 이 중에서 첫째 조건은 제14장(시장친화적 토지공개념과 도입 전략) 중 제3절(지대조세제 도입 전략) 부분에서 다루게 되므로 여기에서는 생략하고 둘째 조건인 정치제도에 대해서만 간략히 언급하려고 한다.

민주주의를 표방하는 국가에서 국민의 의사가 국정에 제대로 반영되지 못한다면 포장만 민주주의일 뿐 알맹이는 그렇지 않다는 뜻이 된다. 국회의원 선거제도를 예로 들어 보자. 1등만 당선되는 현행 소선거구제는 사회적 강자에게 유리하다. 1등 이외의 후보와 정당을 지지하는 표는 모두 사표가 되어 사라진다. 이런 선거제도 때문에 국민의 뜻과는 다른 사람이 국회의원으로 뽑힌다. 투표에 나타난 지지율과 국회의원 의석수를 일치시키는 연동형 비례대표제가 필요하다. 또 정치적 자질과 비전을 가진 사람이라면 돈이 없어도 후보로 나서서 공정하게 경쟁할 수 있도록 선거공영제가 철저히 시행되어야 한다. 정당 설립의 문턱도 낮추어 정치 수요의 다양성에 걸맞게 정치 생태계를 다양화해야 한다. 사회적 약자는 먹고사는 문제에서 벗어나 여유를 가져야 비로소 정치에 관심을 둘 수 있기 때문에, 국민 누구에게나 기본생계가 보장되어야 한다. 이것이 대의민주주의가 제대로 작동하기 위한 전제조건이다.

아울러 직접민주주의도 확대해야 한다. 종래에는 다수의 국민이 한자리에 모여 국정을 논의하는 데 물리적 한계가 있었기 때문이 부득이 대의민주주의 방식을 채택할 수밖에 없었다. 그러나 지금은 인터넷의 발달 덕에 국민의 의견을 수렴하기가 쉬워졌다. 또한 직업 정치인은 재선 등 자신의 이익을 염두에 두는 경우가 많기 때문에 일반 국민과 유리된 의사결정을 하는 경우가 적지 않다. 그래서 프로와 아마추어의 건강한 결합을 위해 직접민주주의 방식을 병행하는 것이 좋다. 예를 들면 비례대표 선거로 구성하는 선거의회와 일반국민 중 무작위 추첨으로 구성하는 추첨의회를 같이 두는 것도 필요하다. 보통의 안건은 직업 정치인으로 구성되는 선거의회에서 처리하되 국민의 상식을 반영해야 하는 중요 안건, 정당 간 의견이 심히 엇갈리는 안건, 국회 또는 국회의원의 이해관계가 걸린 안건은 추첨의회에서 다룬다. 추첨의회는 숙의민주주의 원칙에 따라 심도 있는 토의를 하면서 필요하면 인터넷 등의 수단으로 일반 국민의 여론을 반영할 수 있다.

추첨의회 수준까지는 아니었지만, 일반 시민에 의한 직접민주주의의 한 사례로 2017년 신고리 원자력발전소 5·6호기 건설 중단 또는 재개 여부를 판단하는 공론화위원회와 시민참여단이 있었다. 시민참여단은 일반국민 중 무작위로 선출된 500명으로 구성되었으며, 대의민주주의의 폐단을 극복하는 대안으로 주목받고 있는 숙의민주주의의 좋은 선례를 만들어 내어 주목을 받았다.

민주주의를 민주주의답게 만드는 이런 기본적인 장치가 마련되면 국민의 상식에 부합하는 헨리 조지 사상이 비교적 용이하게 현실에 뿌리를 내릴 수 있을 것으로 예상한다. 국민의 의견을 국정에 반영하는 방식에 관한 더 자세한 설명은 필자의 다른 연구(김윤상, 2017: 제1장)를 참조하기 바란다.

● 제3장

헨리 조지 사상에 대한 비판 검토

김윤상

1. 여러 가지 의문과 비판

헨리 조지의 사상과 그가 제안한 지대조세제(land value taxation)에 대해서는 여러 가지 의문과 비판이 제기되어 왔다. 이런 의문과 비판은 동기에 따라 세 유형으로 분류할 수 있다. 첫째로, 그의 사상이 생소하기 때문에 제기되는 유형이다. 현재 세계 각국의 토지소유제도는 토지사유제 아니면 토지공유제를 기반으로 하고 있기 때문에, 토지에 대한 배타적 권리를 인정하는 가운데 토지가치를 환수하는 중간적 제도인 지대조세제는 생소할 수밖에 없다. 또한 완전경쟁시장을 전제로 한 교과서적인 시장이론을 신봉하는 주류 경제학자들은 교과서에 나오지 않는 이론과 제도에 대해 일단 경계하는 태도를 갖기 쉽다.

둘째로, 기득권 수호 차원에서 제기되는 유형이다. 지대조세제는 토지를 재산증식의 수단이 될 수 없게 하므로 부동산 부자들의 기대를 어그러뜨리는 제도이다. 그래서 이런 계층은 반감을 갖고 지대조세제의 흠을 찾아내려고 한다.

셋째로, 지대조세제에 대해 긍정적인 관심을 가지는 이들이 염려 차원에서 제기하는 의문이 있다. 새로운 제도를 현실에 도입할 때는 그 원리에 대한 확신이 필요함은 물론이지만, 그 밖에도 기술적인 문제 및 제도 이행에 부수하는 문제를 해결해야 하기 때문이다.

대표적인 의문과 비판을 예시해 보자. 우선 제도 자체에 대한 의문을 여섯 개만 들어 본다.

- 지대세로 토지가치를 모두 환수하는 것은 사유재산제와 시장경제를 핵심으로 삼는 자본주의에 위배되지 않나?
- 토지의 임대가치인 지대를 모두 징수하면 이론상 토지의 매매가격이 0으로 고정되는데, 이처럼 가격이 변하지 않으면 시장에 의한 토지 배분을 할 수 없지 않나?
- 지대 상승분이 토지소유자에게 돌아가지 않으면 누가 토지를 소유하고 개발하려 하겠는가?
- 부동산에는 토지 외에 건물도 포함되는데 왜 토지만 문제 삼나?
- 토지 투기도 기여하는 점이 있지 않나?
- 지대세를 토지소유자에게 부과하더라도 토지소유자가 세금을 다른 사람에게 전가하면 효과가 없지 않나?

또 제도 도입 및 실무에 대한 의문도 여섯 개만 들어 본다.

- 토지사유제를 부정하는 것은 헌법에 위배되지 않나?
- 지대세로 인해 토지 매매가격이 0으로 하락한다면 기존 토지소유자에게 보상해야 하지 않나?
- 지금처럼 토지사유제가 뿌리 깊게 자리 잡고 있는 상황에서 지대세를 부과하려면 어려움이 크지 않을까?
- 지대세를 징수하려면 지대를 평가해야 하는데, 필지 수도 많고 위치마다 지대도 다른 상황에서 지대 평가가 어렵지 않나?
- 지대를 모두 징수한다 하더라도 금액이 미미하지 않을까?

• 현실에서나 학계에서 어느 정도 수용되고 있나?

우리나라에서는 헨리 조지 사상이 1980년대부터 학계에서 조금씩 거론되기 시작했고, 사회적으로 어느 정도 알려진 것은 노무현 정부가 부동산 투기 억제 정책을 펴던 2000년대 중반이었다. 언론에서는 당시 청와대 정책실장이었던 이정우 교수를 헨리 조지 사상을 지지한다는 의미에서 '조지스트'라 지칭하는 기사를 내기도 하였다. 그러자 여러 동기에서 비롯된 의문과 비판이 쏟아지기 시작했다. 헨리 조지를 연구해 온 필자로서는, 무시되는 것보다는 우호적이지 않더라도 주목과 토론의 대상이 되는 것이 낫기 때문에 이러한 변화를 고무적으로 받아들였다.

위에 예시한 대표적 의문과 비판에 대해서는 필자가 다른 지면을 통해 이미 해명한 바 있다(김윤상, 2009). 따라서 이 장에서는 우리나라에서 실제로 제기된 비판 사례를 다루기로 한다. 우선 본격적인 관심을 가지고 비판을 제기한 대표적인 인물인 곽태원 교수와 김정호 박사의 견해를 검토한 후, 헨리 조지에 대해 호의적이면서도 염려를 표해 온 학자인 이재율 교수의 견해를 검토한다. 추가하여 지대조세제 도입을 지지하는 쪽에서 제도의 연착륙과 관련하여 흔히 갖는 염려에 대해서도 다룬다.

2. 곽태원의 견해에 대한 검토

곽태원 교수는 우리나라에 가장 성의 있게 헨리 조지를 비판한 분이다. 그는 참여정부 시절인 2005년에 발행한 『토지는 공유되어야 하는가?』라는 제목의 연구보고서에서 헨리 조지의 『진보와 빈곤』을 세세히 검토하고 비판하였다.

이 보고서는 한국경제연구원에서 발행한 것이다. 한국경제연구원은 1981년 전국경제인연합회(이하 전경련) 산하 (사)경제·기술조사센터를 확대 개편하여 설립한 사단법인으로서 자유시장경제 이념을 바탕으로 하여 제도와 정책을 연구하는 기관이다. 초대 회장은 정주영, 원장은 신태환이었으며, 연구원의 주소는 서울여의도의 전경련회관 46층이다. 이런 배경으로부터 짐작할 수 있듯이 한국경제연구원은 토지 불로소득을 철저히 막아야 한다는 헨리 조지의 사상이 정책에 반영되는 것을 경계했을 것이고, 그에 따른 여러 가지 대응책 가운데 이 연구보고서와 같은 이론적 대응도 포함된 것으로 보인다. 그러나 곽태원 교수의 의견을 검토할 때는 이러한 배경과는 무관하게 이론과 논리만을 기준으로 삼기로 한다.

곽태원 교수의 연구보고서가 나오자 한국경제연구원은 헨리 조지를 비판하는 보도자료를 2006년 2월에 배포하였는데, 이 보도 자료는 연구보고서 제8장 맺음말을 인용하고 있다. 맺음말이 연구보고서의 핵심을 담고 있기 때문일 것이다. 맺음말에서 제시하는 중요 의문 다섯 가지를 하나씩 검토해 보자.

1) 세계 지대조세제

첫 번째 비판의 핵심은 다음과 같다. 헨리 조지가 주장하는 이념에 철저하려면 국가나 민족을 초월하여 모든 인류가 지구의 모든 토지자원을 공유해야 하므로, 헨리 조지가 미국의 토지제도 개혁을 주장한 것은 인류를 위한 개혁이 아니라 미국 국민만을 위한 개혁일 뿐이라는 것이다.

국가마다 주권이 따로 존재하고 제도와 정책이 국가 단위로 결정·시행되는 현실에서, 헨리 조지가 미국의 토지제도 개혁을 부르짖은 것을 비판하는 것, 그것도 이를 가장 첫 번째로 내세운 것은 이상하다. 톨스토이는 헨리 조지 사상에 공명하여 러시아 농노 해방을 위해 노력했고, 중국 신해혁명의 지도자 쑨원(孫文)은 삼민주의 속에 헨리 조지 사상을 녹여 넣었는데, 곽 교수의 논리에 따르면 그들이 토지 때문에 고생하는 모든 인류의 해방을 추진하지 않고 각기 러시아와 중국의 개혁을 부르짖었기 때문에 잘못되었다고 비판하는 것과 같다.

그러나 헨리 조지의 사상이 국경을 넘어 적용되어야 한다는 곽태원 교수의 지적에는 공감한다. 인간이 지구상의 모든 토지에 대해 평등한 권리를 가진다면 당연히 미국만의 지대조세제가 아니라 세계 지대조세제가 실현되어야 한다. 이에 대해서는 제2장(헨리 조지 사상의 잠재력) 중의 제6절(국제 영토 분쟁)에서 더 자세히 다룬다.

2) 시장메커니즘

두 번째 비판의 핵심은 다음과 같다. 토지는 자유재도 아니고 공공재도 아니기 때문에 원천적으로 모든 사람들이 공동으로 자유롭게 사용하는 것이 불가능하다. 따라서 동시에 모든 사람들이 이용할 수 없기 때문에 토지의 이용권을 배분하는 어떤 질서가 필요한데, 사유재산제도에 근거한 시장메커니즘은 매우 효율적이고 합리적인 배분의 시스템을 제공한다는 것이다.

헨리 조지도 곽태원 교수처럼 토지의 배타적 사용을 인정하였고 사유재산제도와 시장메커니즘을 존중하였다. 다만 사유재산제도는 노력해서 일구어 낸 결과만을 노력한 자가 소유할 수 있게 하는 제도이므로 토지와 같은 천부된 자연물은 사유의 대상이 될 수 없으며, 부득불 토지에 대한 우선권을 개인에게 부여해야 한다면 그로 인해 불리해지는 다른 사람을 위해 우선권의 대가를 사회가 징수하여 공평하게 처리하자고 하였다. 곽태원 교수도 노력의 대가가 아닌 것을 타인을 불리하게 하면서까지 사유화하는 제도가 정당한 제도라고 생각하지는 않을 것이다.

또 이러한 헨리 조지의 제안이 시장 메커니즘과 맞지 않는 것처럼 비판한 것도 잘못이다. 설령 정당하지 못한 방식으로 토지가 사유화된 경우라도 그 이후 완전경쟁시장을 통해 토지가 배분된다면 최초의 취득자 외에는 토지 불로소득을 얻을 수 없고 투기도 있을 수 없다. 매매가격에 미래의 모든 지대가 반영되기 때문이다. 하지만 정보가 불완전하여 토지 불로소득이 발생하는 현실의 시장에서는 이를 얻기 위한 투기가 성행한다. 곽태원 교수는 시장메커니즘이 매우 효율적이고 합리적인 배분 시스템이라고 했는데 아마도 완전경쟁시장을 전제한 것으로 보인다. 곽태원 교수의 비판이 설득력을 가지려면 현실의 시장도 완전경쟁시장과 거의 비슷하게 작동한다는 사실을 입증해야 한다. 지가가 토지가치를 잘 반영하여 토지 투기가 거의 발생하지 않고, 일시적으로 발생한다 해도 규모가 미미하거나 시장 작용에 의해 금방 사라진다는 사실을 입증해야 한다. 이 비판은 아래 '4) 지대 평가와 시장 기능'에 관한 비판과도 연결되므로 참조하면 좋겠다.

헨리 조지가 제안했듯이 지대를 환수하면 토지 불로소득이 사라지고 따라서 투기도 없어진다. 즉 지대조세제는 현실의 토지시장을 완전경쟁시장처럼 시장답게 만드는 수단이다.

3) 토지소유자에 대한 보상

세 번째 비판의 핵심은 다음과 같다. 지대세를 부과하면 지가가 0으로 하락하는데 헨리 조지가 주장했듯이 하락한 지가에 대해 보상하지 않는다면 현 토지소유자가 모든 손실을 부담하게 된다. 토지사유제도라는 기존의 사회질서를 용인했던 모든 사람들이 공범자인데, 현 토지소유자에게만 모든 책임을 떠넘기는 것은 정의롭지 못하다는 것이다.

토지사유제라는 정의롭지 못한 제도를 시정하는 과정도 공평해야 하며, 거악을 개혁하는 과정에서 소악도 범하지 않는 것이 좋다. 그런 점에서 이 비판은, 악의 경중을 가리지 않았다는 단점은 있지만, 일리가 있다. 또한 부동산 담보 대출이 많은 금융 현실에서 지가가 단기간에 0이 되면 담보가치가 하락하여 금융기관의 대출금 회수가 어려울 수 있다. 2008년 미국발 금융위기가 바로 담보가치 하락 때문에 발생하였다는 점을 생각하면 정의의 문제를 떠나서라도 지가 폭락을 막는 장치가 필요하다.

이런 고려에서 필자는 현 토지소유자가 손해 보지 않고 지가가 폭락하지도 않는 가운데 토지 불로소득을 없애는 방법을 강구하였다. 매입지가에 대한 이자를 매년 지대에서 공제하고 나머지 금액만을 징수하는 방법이다. 이런 세금을 이자 공제형 지대세 또는 지대이자차액세라고도 부른다. 이렇게 하면 토지소유자가 매입지가에 대한 이자를 보장받기 때문에 토지매매가격은 그 이자에 상응하는 원금인 매입지가 수준에서 일정하게 유지된다. 즉 별다른 보상 조치가 없어도 모든 토지소유자에게 매입지가와 그 이자가 보장된다. 동시에 지가 폭락으로 인한 금융위기가 발생할 우려도 없다. 이자 공제형 지대세에 대해서는 제14장(시장 친화적 토지공개념과 도입 전략)에서 더 자세히 다룬다.

4) 지대 평가와 시장 기능

네 번째 비판의 핵심은 다음과 같다. 지대세의 과세표준인 지대를 제대로 평가할 수 없으며 지대의 100%를 조세로 흡수하는 체제에서는 시장원리가 작동할 수 없다는 것이다.

여기에 포함된 비판은 두 가지다. 하나는 지대 평가가 어렵다는 것이고 다른 하나는 지대를 모두 환수하면 시장 기능이 상실된다는 것이다. 지대 평가가 어렵다는 지적은 헨리 조지에 대한 비판적 견해에 자주 등장한다. 조세행정에서 과세표준의 평가는 중요하고도 어려운 업무다. 이 비판이 타당하려면 지대가 소득 등 다른 과표보다 평가하기가 더 어려워야만 한다. 그러나 토지는 다른 과세 대상보다 평가 실무가 오히려 더 쉽다. 그 이유를 세 가지만 들어 보자. 첫째로, 토지는 다른 과세 대상과는 달리 물리적으로 숨길 수 없다. 둘째로, 인접한 토지 간에는 유사성이 있고 인접하지 않다고 하더라도 위치와 용도에 따라 유사한 가치를 가지는 경우가 많아 상호 참조에 의해 좀 더 정확한 가치에 접근할 수 있다. 셋째로, 개인의 프라이버시나 영업상의 비밀과 관련될 수도 있는 소득이나 부가가치와는 달리 토지는 평가액을 완전히 공개하여 일반인의 검증을 받을 수 있다. 토지의 경우에는 당해 토지를 누가 소유하고 있는지에 관계없이 토지의 위치별 가치 평가액만 공개하면 된다. 지금도 우리나라를 비롯한 많은 나라에서 토지 과세표준을 공개하고 있다.

지대를 모두 환수하면 시장 기능이 상실된다는 비판도 근거가 없다. 토지시장에는 지가를 매개로 하는 토지매매시장과 지대를 매개로 하는 토지임대차시장이 있다. 지대세를 부과하면 지가는 0이 되고, 위에서 필자가 제시한 이자 공제형 지대세를 부과하더라도 지가가 매입지가 수준에서 거의 고정된다. 따라서 지가를 매개로 하는 토지매매시장의 토지 배분 기능이 상실된다는 지적은 옳다. 그러나 토지매매시장은 매우 불완전한 시장이다. 지가는 미래 지대와 현재 이자율에 의해 결정되는데 미래, 특히 먼 미래의 지대는 예측이 매우 어렵다. 설령 미래 지대 예측이 정확하다고 해도 현재의 이자율에 의해 지가가 달라진다. 그래서 지가는 토지 배분을 위한 적절한 신호가 되기 어렵고 토지매매시장도 제대로 기능하기 어렵다. 토지 투기가 흔히 일어나는 이유도 바로 여기에 있다. 토지매매시장의 방해가 사라지면 토지임대차시장은 오히려 더 잘 작동할 것이다.

또한 부동산시장을 통해서도 토지의 효율적 배분이 이루어진다. 지대조세제를 실시하면 단순한 토지소유만으로는 아무 이익이 없게 되므로 개량물을 포함하는 부동산 전체가 관심 대상이 되는데, 시장을 통해 부동산 전체의 효율적 배분이 이루어진다면 부동산의 일부인 토지의 효율적 배분도 아울러 이루어진다.

5) 헨리 조지의 예언

다섯 번째 비판의 핵심은 헨리 조지가 예언한 여러 가지 상황들이 실제로 일어나지 않았다는 것이다. 구체적으로 곽태원 교수는 토지사유제도하에서는 경제적 진보 속에서 빈곤은 더 심해질 것이라는 헨리 조지의 예언은 실현되지 않았고, 토지사유제도 때문에 반복적이고 발작적인 불황이 일어났다는 증거도 찾기 어려우며, 토지의 사유를 인정하고 있는 자유주의 시장경제체제의 국가들이 그렇지 않은 국가들에 비해 월등한 경제성장과 그에 따른 빈부격차의 완화, 절대빈곤의 감소 등을 이룩하였다고 주장한다.

빈부격차가 심해지지 않았다는 곽태원 교수의 지적은 근거가 충분하지 않다. 특히 근래 활발히 이루어진 빈부격차와 불평등에 관한 세계적 연구, 예를 들어 피케티(Piketty, 2014)의 연구 등을 접했다면 그런 주장을 쉽게 하지 못했을 것이다. 또 이 책 제8장(부동산과 불평등) [표 8-6]에도 우리나라의 부동산소득, 즉 실현자본이득과 임대소득의 합계가 GDP의 30%를 상회한다는 통계가 나와 있다.

둘째로, 곽태원 교수는 토지사유제가 불황의 원인이라는 증거도 없다고 하였는데, 2008년 미국발 금융위기를 겪은 후에는 생각이 달라지지 않았는지 모르겠다. 지대를 적절히 환수하지 않았기 때문에 부동산 투기가 발생했고, 그런 상황에서 금융기관이 부동산 담보만 있으면 비우량대출까지 감행한 결과 경제위기가 촉발되었기 때문이다.

셋째로, 곽태원 교수는 자본주의 국가가 사회주의 국가에 비해 월등한 경제성장과 그에 따른 빈부격차의 완화, 절대빈곤의 감소 등을 이룩하였다는 사실을 들어 반론을 폈다. 이게 사실이기는 하지만 그 원인이 토지사유제 덕인지, 아니면 토지사유제에도 불구하고 다른 원인에 의해 그런 결과가 생긴 것인지는 언급하지 않았다.

3. 김정호의 견해에 대한 검토

김정호 박사는 연구보고서 한 권을 낸 곽태원 교수보다 헨리 조지 비판에 공을 더 들인 분이다. 김정호 박사는 2003년부터 2012년까지 자유기업원장으로 재직하였으며 이 시기에 헨리 조지에 대한 비판이 담긴 단행본을 두 권 내는 등(김정호, 2005; 2006), 지속적으로 비판 활동을 하였다. 자유기업원은 전경련이 1997년에 "자유시장경제와 자유민주주의 체제에 대한 교육·홍보·계몽 사업을 체계적이고 종합적으로 전개할 수 있는 독립된 기관"으로 설립하였다. 연구를 주목적으로 하는 한국경제연구원이 할 수 없는 "경제교육사업, 정책홍보사업, 그리고 기업 및 기업이미지 개선사업"이 필요했기 때문이다. 설립 당시의 명칭은 '자유기업센터'였으나 그 후 자유기업원으로 변경되었고, 현재는 자유경제원이 되어 있다. 김정호 자유기업원장이 헨리 조지를 열심히 비판한 것은 바로 이런 성격을 가진 기관의 목적을 달성하기 위해서라고 생각된다.

김정호 박사가 원장 시절에 낸 두 저서 중 뒤에 나온『땅은 사유재산이다: 사유재산권과 토지공개념』중 제9장 '아! 헨리 조지'는 헨리 조지를 집중 비판하는 내용이다(김정호, 2006: 311~349). 하나씩 소개하면서 검토해 보기로 하자.

1) 남 좋은 일만 시킨다

첫째로, 김정호 박사는 지대세를 징수하면 토지가 국유화된다고 하였다. 토지소유자는 "잘해봤자 본전인데, 무엇 때문에 힘들여가면서 땅으로부터 수익을 내려고 애 쓰겠는가.", "아무리 열심히 일해 봤자 남 좋은 일(세금 납부)만 시키는 활동을 무엇 때문에 하겠는가."라고 하면서 "모든 사람이 토지소유권을 포기하게 된다."라고 하였다(김정호, 2006: 314~315).

이 비판은 상식에 어긋난다. 김정호 박사의 지적이 옳다면 남의 부동산을 임차해서 사업하는 사람은 아무도 없을 것이다. 부동산을 임차하면 임차료를 내는데, 김정호 박사의 논리대로라면 이런 사업자는 잘해 봤자 본전이고 남 좋은 일만 시키는 것이 아닌가? 생산자가 모든 생산요소를 제값을 내고 쓸 때 자원배분이 최적화된다는 것이 바로 시장원리가 아닌가? 이에 대한 필자의 견해를 인용해 둔다.

> 토지를 취득하는 목적은 실수요 목적과 투자 목적의 두 가지로 나누어 볼 수 있다. 지대조세제는 실수요 목적의 토지 취득은 촉진한다. 토지를 임차하여 사용하는 실수요자가 추가비용 없이 토지를 소유할 수 있다면 당연히 소유권을 취득하려고 할 것이다. 임차권은 토지소유자의 권리에 의해 제약되는 반면 소유권은 그런 제약이 없기 때문이다. 지대조세제에서는 지가 즉 토지소유권의 가격이 0이며 토지소유자가 된 후에도 종전에 임차인으로서 토지소유자에게 지불하던 토지임대료와 같은 금액을 지대세로 납부할 뿐 다른 비용이 들지 않는다. 따라서 실수요 목적의 토지이용자는 토지소유권을 적극 취득하려고 할 것이다. 이런 단순한 사실에 대해서도 오해하는 이유는 토지를 재테크 대상으로 간주하는 잘못된 풍토에 길들어 있기 때문이다. 반면, 투자 목적의 토지소유는 사라진다. 지대조세제에서는 토지를 단순히 소유하는 것만으로는 아무런 이익이 발생하지 않고 토지를 제대로 이용하지 않으면 오히려 손실을 입기 때문이다. 그러나 이 점은 지대조세제의 문제점이 아니라 오히려 장점이다.(김윤상, 2009: 397~398)

2) 토지 용도의 결정

둘째로, 김정호 박사는 "땅이 자연에 의해 만들어진 것은 사실이지만, 언제 어떠한 용도에 어떻게 사용할 것인지는 소유자가 결정하게 하는 것이 가장 바람직하다."(김정호, 2006: 321)라며 헨리 조지를 비판하였다. 또 "땅의 용도를 정부가 직접 결정한다면 그야말로 재앙이 닥칠 것이다."(김정호, 2006: 317)라고도 하였다.

김정호 박사가 언급한 토지 '소유자'는 '토지이용 결과가 귀속되는 사람' 또는 '토지이용자'로 대치해야 더 정확한 표현이다. 소유자와 이용자가 동일인이 아닐 경우, 토지이용 결과가 토지 자체의 가치를 훼손하는 결과를 초래하지 않는 한 소유자는 용도에 관계없이 임대료만 받으면 만족한다. 지대조세제도 같다. 지대를 국가에서 환수하지만 국가는 공익을 해치지 않는 한 용도 결정권을 개인에게 부여하므로 김정호 박사가 바라는 대로 된다. 김정호 박사는 지대조세제를 실시하면 토지를 소유할 사람이 없어져 결국 토지가 국유화된다고 오해하여 이런 비판을 한 것으로 보이는데, 이런 오해에 대해서는 앞서 이미 해명하였으므로 재론하지 않겠다. 하지만 설령 토지를 국유화하고 공공임대제를 취할 경우에도, 국가가 지대 징수권만을 갖고 토지 용도 결정권은 토지사용권자가 갖는다면 김정호 박사의 염려는 근거가 없어진다.

3) 개발의 타이밍

셋째로, 김정호 박사는 지대세를 부과하면 유휴지가 억지로 개발되어 저밀도 개발이 이루어진다고 하였다. 그는 "토지시장의 현실을 이해하는 사람이라면 빈 땅의 존재가 효율적 토지이용을 위해 반드시 필요함을 이해할 것이다."(김정호, 2006: 325)라고 하였다. 또 "투기 때문에 땅을 못 쓰는 것이 아니라 정부가 법적으로 사용하지 못하도록 규제하고 있기 때문에 못 쓰는 것"(김정호, 2006: 327)이라며 정부의 토지이용 규제를 풀어야 한다고 주장하였다.

토지이용이 외부효과를 발생시키고 토지이용 결과가 장기간 후속 이용에 영향을 주기 때문에 토지이용 시에는 공간적·시간적 조화를 위한 공적 배려가 필요하다. 또 김정호 박사의 지적처럼 전체적·장기적 관점의 토지이용 최적화를 위해 일부 토지를 일시적으로 유휴화 내지 저사용하는 것이 바람직한 경우도 있다. 즉 도시계획이 필요하다는 것이다. 이런 맥락에서, 시장주의의 기수 하이에크도 도시토지의 이용은 이웃효과(neighborhood effect, 외부효과와 같은 뜻)를 발생시키기 때문에 토지이용을 개별 토지소유자에게 맡기면 비효율을 초래하며, 따라서 도시계획이 필요하다고 하였다(Hayek, 1960: Ch. 22). 김정호 박사가 토지이용 규제에 관한 하이에크의 견해를 수용한다면 자신의 비판을 되돌아보아야 한다. 그래도 토지이용 규제가 필요 없다고 주장한다면, 자신이 사는 집 근처에 공해를 배출하는 공장이 들어서더라도 이를 방치하는 정부에 항의해서는 안 될 것이다.

4) 다른 불로소득도 있다

넷째로, 김정호 박사는 불로소득이 토지에서만 나오는 것이 아닌데 토지 불로소득만 환수하자고 하는 것은 옳지 않다고 비판하였다. 예를 들면 "토지가격 상승으로 인한 토지소유자의 이익 중에 자신의 노력 때문이 아닌 부분이 포함된 것은 사실이다. 하지만 그런 사정은 가격이 수요와 공급에 의해서 결정되는 모든 것에 대해서 똑같이 나타난다."(김정호, 2006: 338)라고 항변한다.

김정호 박사의 지적처럼 불로소득에는 여러 종류가 있다. 우선, 노력소득과 불로소득을 〈그림 3-1〉처럼 구분해 보자.

노력소득과 불로소득 중에서 노력소득이 더 정당하다는 데에는 김정호 박사도 동의할 것으로 믿는다. 여기에서 노력소득이란 운이 가미되었더라도 생산적 노력이 주동이 되어 발생하는 소득을 말한다. 예를 들어 농사를 짓는 데는 날씨가 영향을 주지만, 수확은 모두 노력소득으로 분류한다. 불로소득의 원인 중 운은 인간의 선택과 무관하게 주어지는 원인으로서 한 사람의 행운과 불운은 다른

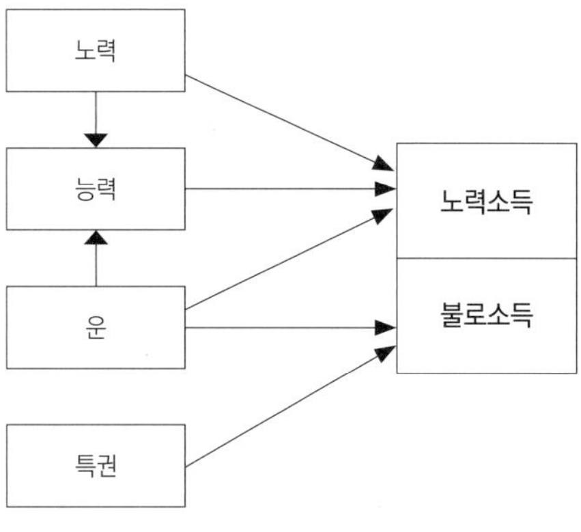

〈그림 3-1〉 분배의 원인과 결과

사람의 운에 영향을 주지 않는다. 반면 특권은 같은 원인을 제공한 남보다 더 많은 이익을 차지할 수 있는, 또는 더 적은 불이익을 받을 수 있는 권한 또는 자격으로서 누군가가 특권을 가지면 다른 사람이 그만큼 차별을 받게 된다. 이런 차이를 고려한다면 운과 특권 중 특권이 더 부당한 원인이라는 점에 많은 사람이 공감할 것이다. 특권은 없을수록 좋겠지만 부득이한 사정으로 인해 특권이 존재하는 경우라면 노력이나 운에 의한 소득보다는 특권에 의한 불로소득을 먼저 과세 대상으로 삼아야 한다.

토지소유권은 사회가 공인하는 특권이다. 토지는 아무도 생산하지 않은 물자이자 모든 인간의 필수품이며 존재량이 한정되어 있다. 누군가가 토지를 차지하면 다른 사람의 인생 전망이 그만큼 불리해질 수밖에 없으므로 토지소유권처럼 토지를 배타적으로 지배하는 권리는 특권이다. 따라서 토지소유권이라는 특권에서 발생하는 이익, 즉 토지 불로소득은 가장 우선적인 환수 대상이 되어야 한다. 김정호 박사는 노력과 무관하게 가격 상승이 발생하는 현상은 "가격이 수요와 공급에 의해서 결정되는 모든 것에 대해서 똑같이 나타난다."라고 지적하지만, 그로 인한 이익이 특권에 의한 것인지 운에 의한 것인지는 구별해야 한다.

또 흔히 증권 시세차익이나 이자소득을 불로소득의 예로 꼽기도 한다. 이런 소득은 특권 때문에 발생하는 것이 아닐 뿐 아니라, 사회적 기능에서도 차이가 있다. 증권 거래는 생산에 필요한 자본 조달에 도움이 될 수 있고, 이자는 자본의 축적과 융통을 도울 수 있다. 그러므로 아무런 사회적 기능이 없고 오히려 정의와 효율을 해치는 토지 불로소득이 더 우선적 징수 대상이 되는 것은 당연하다.

4. 이재율의 견해에 대한 검토

이재율 교수는 1994년부터 필자와 같이 '헨리조지연구회'에서 꾸준히 활동해 온 분이다. 이 연구회의 주제는 처음부터 지금까지 헨리 조지 사상이지만 참석자 사이에는 온도 차가 어느 정도 존재하였다. 이재율 교수는 적극 지지파라기보다는 회의파로 분류할 수 있다. 이런 태도 차이는 모임에 생산적인 지적 자극을 주었으며 필자 개인에게는 논리를 다시 점검하는 기회가 되었다. 이재율 교수는 헨리 조지 사상에 관한 글을 여러 차례 발표한 바 있는데, 여기에서는 최근 발표된 논문(이재율, 2012)에 제시된 견해를 검토한다.

1) 제도 자체의 공평성

이재율 교수는 지대조세제의 공평성에 의문을 제기한다. 이재율 교수가 사용하는 토지가치세는 지대조세제의 지대세와 같은 뜻이다.

> 토지가치세는 일종의 인두세에 해당하며 노동소득 및 자본소득과는 전혀 무관하다. 이것은 능력원칙과 편익원칙이라는 조세의 공평성 원리와는 매우 동떨어져 있다.
>
> 토지사용 이외에 국가로부터 받는 서비스를 무시한 토지가치세는 전반적으로 편익의 원칙과 부합하지 않는다.
>
> 만일 토지가치세가 다른 편익과 관련된 조세와 함께 부과된다면 보다 더 편익의 원칙에 부합할 수 있다.
>
> 조지는 조세의 공평성 기준에서, 담세능력이라는 측면을 무시해 버렸다. 지대소득 이외의 소득[이] 아무리 많아도 전혀 세금을 부담하지 않는 것은 애덤 스미스가 말한 능력의 원칙과 상반된다.(이재율, 2012: 312~313)

이재율 교수는 토지가치세가 능력원칙과 편익원칙에 위배되어 공평하지 않다고 하였다. 그런데 이 두 원칙은 과세 대상인 소득 내지 재산이 동등한 정당성을 갖는다는 전제가 있을 때 적용할 수 있는 원칙이다. 만일 개인의 소득이나 재산 중 정당하지 못한 것이 있다면 이를 시정한 다음에 두 원칙에 따라 과세하는 것이 옳다.

정당성 측면을 검토하기 위해 분배의 원인과 결과를 나타낸 〈그림 3-1〉을 다시 보자. 이 그림에서 특권이 가장 부당한 원인이므로 특권이익이 가장 우선적으로 과세되어야 한다는 점은 이미 지적하였으므로 재론하지 않겠다. 그렇다면 공공재 편익과 운에 의한 소득의 과세 우선순위만 비교하면 된다. 국방, 치안 등의 공공재는 본인의 노력과 무관하게, 그리고 그에 상응하는 대가를 지불하지 않아도 소비할 수 있다는 점에서 그 혜택을 불로소득으로 볼 수도 있다. 이재율 교수가 편익원칙을 중시하는 이유도 여기에 있을 것으로 추측한다. 그러나 운은 사람마다 다른 반면 공공재는 모든 국민에게 동일한 내용이 제공된다. 이런 특성을 감안하면, 공공재 편익에 대한 과세의 우선순위는 특권 및 운에 의한 소득 다음이 되는 것이 공평하다. 즉 이재율 교수가 말하는 편익원칙이란 특권과 운에 의한 소득을 환수하고 난 다음에 비로소 적용할 후순위 원칙이라는 것이다.

능력원칙은 동일한 원인에 의한 소득에 과세할 경우에만 적용할 수 있는 원칙이다. 원인을 따지지 않은 채 결과적인 납세능력만 보고 과세한다면, 조세 행정의 편의성에는 도움이 될지도 모르겠다. 하지만 소득 원인별 과세 우선순위가 있다는 입장에서 보면 공평하지 않다.

한 사람의 토지소유는 타인의 토지소유를 배제하며 지대소득은 타인의 노력소득에서 생긴다. 즉 토지소유권은 특권이다. 그러므로 원인에 따른 과세의 우선순위를 인정한다면 지대는 최우선적인 과세 대상이다. 다만 토지사유제가 확립된 후에는 토지를 취득할 기회가 (적어도 형식적으로는) 균등하다는 점에서 토지 불로소득은 운에 의한 소득과 비슷한 면도 있으므로, 지대 역시 운에 의한 소득과 같은 순위로 과세해도 좋다는 의견이 있을 수는 있다. 그러나 이 경우에도 토지 불로소득은 공공재에 의한 편익보다는 과세 순위가 앞선다.

또 이재율 교수는 토지가치세는 인두세와 다름없다고 지적한다.

> 토지가치세가 그대로 실시되면 겉으로는 지주가 세금 전부를 부담하는 것으로 보인다. 그런데 한 단계 더 나아가면 그 지대에 대한 평등한 권리를 가진 국민 모두가 동일한 금액을 세금으로 납부하는 결과가 된다. 즉 일종의 인두세를 납부하는 셈이다. 이것은 편익의 원칙과 능력의 원칙에 위배된다.(이재율, 2012: 314)

토지가치세는 지대에 대한 모든 국민의 지분이 동일하다는 전제를 갖고 있으므로 지대에 과세하면 모든 국민이 동일한 금액을 부담하는 결과가 된다. 이재율 교수는 이 점에 주목하여 토지가치세는 결국 편익과 능력에 따른 과세라는 원칙에 위배되며, 이런 점에서는 인두세와 똑같은 문제가 있다고 지적한다. 납세능력과 무관하게 모든 국민에게 동일한 금액을 과세하는 인두세는 조세의 공평성 면에서 나쁜 평가를 받는 세금이다. 그런데 이미 설명했듯이, 편익·능력의 원칙에 우선하는 과세 순위가 있다면 모든 사람이 동일액을 부담하건 말건 아무 문제가 되지 않는다.

2) 제도 전환 과정의 공평성

이재율 교수는 제도 전환 과정의 공평성에도 의문을 갖는다. "이미 오래 전에 사유제가 시행되어 많은 사람들이 토지를 거래하여 현재에 이르렀"(이재율, 2012: 314)으며 "현재의 지주는 법적으로나 도덕적으로 정당한 방법으로 토지를 매입하였는데… 현재의 지주에게 전적인 책임을 지우는 것은 불공정하다."(이재율, 2012: 314)라고 하였다.

이 의문은 곽태원 교수의 비판을 검토할 때 이미 다루었기 때문에 간략하게 언급해 본다. 현 지주에 대한 보상 문제는 헨리 조지에 대해 우호적이건 비판적이건 간에 제기될 수 있으므로 지대세를 도입할 때 반드시 고려해야 할 문제임을 알 수 있다. 예를 들어, 오래 관행화된 노예제도를 철폐할 때 기존 노예소유자에게 어떤 보상이 필요한가? 오랜 차별을 시정하기 위해 적극적 평등조치(affirmative action)를 도입할 때 역차별의 문제를 어떻게 할 것인가? 제도 전환 과정에서 발생할 이런 문제를 최소화해야 한다는 말은 맞다. 그러나 혹 전환 비용이 너무 커서 전환의 이익을 초과할 것이 분명하다면 모를까, 그렇지 않다면 옳지 않은 제도를 그대로 둘 수는 없지 않을까? 이재율 교수도 과거 논문에서 부분보상을 전제로 토지가치세를 시행하는 방안으로 미래의 지대 상승분만 환수하는 Mill의 방식, 점진적 실시, 부분적 실시를 제시한 바 있다(이재율, 2001: 261). 그런데 이번 논문에서는 "최근의 조지스트들의 주장대로 상당히 완화된 방식, 즉 토지보유세의 강화 혹은 지대이자차액세 등의 방법"이 "조지 식의 100% 토지가치세가 정당하지만, 오직 조세저항 등 현실적인 어려움 때문에 완화된 방식을 제시하는 것이라면, 그것에 대해서는 동의할 수 없다."라고 하였다(이재율, 2012: 318). 지대이자차액세는 매입지가의 원금과 이자가 보장되므로 현재의 지주가 불로소득을 얻을 수 없을 뿐 적극적인 손해를 보지 않도록 하는 수단이다. 그런데 왜 동의할 수 없다고 할까? 이재율 교수의 마음속에 지대세의 정당성 자체에 대한 의문이 남아 있기 때문으로 추측한다.

5. 연착륙을 위한 염려

지대조세제를 지지하는 사람들 중에서도 새로운 제도가 성공적으로 정착하려면 과도기에 발생할 수 있는 문제에 잘 대처해야 한다고 염려하는 사람이 적지 않다. 이 중 가장 대표적인 것은 지대세 전가의 문제와 조세 납부 능력의 문제다.

1) 지대세의 전가

논리적으로 볼 때, 지대세의 전가 가능성이 지대조세제 도입에 반대할 근거가 되는 것은 아니다. 필자의 견해를 다시 인용해 보자.

> 예를 들어 누진소득세는 고소득층에 높은 소득세를 부과함으로써 소득재분배를 통한 과세공평을 달성하는 것이 목적이다. 그러나 고소득층인 기업경영자는 기업의 이윤 분배에 있어 소득세 공제 후의 가처분소득을 기준으로 의사결정을 함으로써 자신의 소득세를 다른 계층에 전가시킬 수 있다. 고소득층에 대한 누진소득세가 전가된다면 누진소득세의 목적은 그만큼 제한된다. 또 일반노동자에 대한 소득세 역시 다른 계층에 전가될 수 있다. 노조가 임금협상을 할 때 소득세 공제 후의 가처분소득을 기준으로 협상에 임한다면 결국 소득세는 기업 또는 소비자에게 전가된다. 그러므로 전가를 이유로 지대

세를 비판한다면 같은 이유에서 소득세도 비판해야 옳다.

이러한 점을 고려한다면 판단의 기준은 전가가 되느냐 안 되느냐에 있는 것이 아니라 전가의 정도가 극심하여 조세 부과의 본래 목적을 달성할 수 없을 정도이냐 그렇지 않으냐에 두어야 한다. 만일 현실에서 지대세의 전가율이 매우 높고 앞으로도 전가율이 낮아질 전망이 없다면 지대세의 이론상 효과가 아무리 뛰어나더라도 구태여 기존 세제를 개혁하여 지대조세제로 전환해야 할 이유가 없을 것이다. 그러나 전가율이 그리 높지 않거나, 당장은 전가율이 높더라도 점차로 전가율이 낮아진다면 전가 가능성은 지대조세제에 반대할 근거가 될 수 없다.(김윤상, 2009: 404)

완전경쟁시장에서는 토지보유세가 전가되지 않는다. 지대세가 부과될 때 토지소유자가 조세부담을 피하기 위해 계약지대액을 인상하여 임차인에게 전가하려 한다고 가정해 보자. 이런 경우에 임차인이 정상적인 지대보다 더 높은 지대를 지불하면 정상이윤 또는 임금 등이 잠식되므로 임차인은 그 토지의 이용을 기피하게 된다. 반면 토지는 공급이 일정하므로 토지소유자가 공급량을 줄여 지대를 높일 수도 없다. 따라서 토지소유자는 지대세를 스스로 부담하지 않을 수 없고 지대세는 전가되지 않는다.

그러나 완전경쟁시장이 아닌 현실 시장에서 조세 전가 여부는 거래 당사자의 시장지배력에 따라 결정된다. 우리 현실에서 지대세가 정착되기 전까지는 토지소유자가 임차인에 비해 시장의 강자라고 보아도 무리가 없다. '조물주 위에 건물주가 있다.'라든가 '갓물주'와 같은 풍자적인 표현이 설득력을 갖는 것이 우리의 현실이므로 지대세를 토지소유자에게 부과하더라도 토지소유자가 이 중 상당액을 임차인에게 전가시킬 것이라는 우려는 일리가 있다. 지대세가 전가된다면 지대세의 효과는 그만큼 축소되면서 세입자의 부담이 늘어나기 때문에 신중하게 대처해야 한다.

임차인이 토지소유자의 인상 요구에 맞서기 위한 무기는 당해 토지사용을 포기하고 다른 토지로 장소를 이전하거나 토지사용을 완전히 포기하는 것뿐이다.

그런데 이전할 만한 후보지의 토지소유자도 기존 위치의 토지소유자와 비슷한 요구를 한다든가 장소 이전 내지 토지사용 포기에 따르는 희생이 클 경우에는 임차인이 부득이 자신의 이윤을 줄임으로써 현 위치 토지소유자의 인상 요구에 타협할 가능성이 있다. 또 임차인이 생산물의 공급을 독과점하는 지위에 있다면 생산물 가격을 인상하면서 토지소유자의 임대료 인상 요구를 어느 정도 수용할 수도 있다. 이처럼 토지소유자의 시장지배력이 강한 현실에서는 적어도 제도 도입 초기에는 지대세가 다소간 전가될 수 있다고 보아야 할 것이다. 그렇다면 지대세 도입과 더불어 한시적 대책을 마련할 필요가 있다.

대책의 예를 들어 보자. 지대조세제가 정착한 후에는 정부가 평가한 객관적인 지대를 과표로 삼아 과세하면 되지만 과도기에는 그렇게 놓아둘 수 없다. 토지소유자의 임대료 인상 욕구를 억제하려면 사전에 적정 인상 폭을 정하고 그 이상으로 올린 금액을 모두 징수하면 된다. 이렇게 하면 토지소유자가 적정 지대 이상의 임대료를 요구할 유인이 사라진다. 임차인이 조세 전가의 피해를 입지 않게 하려면 평가 지대 이상으로 부담한 임차료에 전액 세액 공제 혜택을 주면 된다. 이렇게 하면 임차인이 임대차 계약을 사실대로 신고하여 혜택을 보려 할 것이므로 계약지대 파악도 매우 쉬워진다. 세액 공제를 위한 재원은 토지소유자로부터 징수하는 세입 증가분으로 충당하면 된다.

초기에는 이런 강한 조치를 통해 토지소유자의 시장지배력 남용을 방지하고 임차인을 보호해야 하지만 이런 조치를 계속할 수는 없다. 시간이 지나면서 토지소유자의 시장지배력이 상당히 줄어들면 임대료 인상 폭 규제 정도만 남겨 두었다가, 실수요자와 소유자가 상당히 일치하는 경향이 나타나면 이런 규제까지 풀고 시장에 맡겨도 좋을 것이다.

2) 납부 능력

토지보유세는 현금 수입이 없어도 납부해야 하므로 납세 능력에 대한 염려가 있다. 사실 자동차세는 보유세인데도 납부 능력에 관한 염려는 제기되지 않는다. 자동차는 세금 납부 능력이 없으면 소유하지 않으면 그만이기 때문이다. 그러나 토지는 생존과 생활의 필수품이라는 점에서 성격이 다르다. 이런 염려를 잘 나타내는 예로 다른 소득 없이 부동산 하나만 소유한 채 살아가는 은퇴자의 경우가 흔히 제시된다.

현금 납부 능력이 부족한 납세자를 구실 삼아 좋은 제도에 반대하는 것은 옳지 않지만 그 대책은 필요하다. 이 문제는 간단히 해결할 수 있다. 세금을 당해 회계연도에 현금으로 납부하도록 하고 있는 조세행정을 약간 수정하여, 특별한 사정이 있는 경우에는 정부가 조세 납부를 유예해 주고 토지를 처분할 때 이자를 붙여 징수하면 된다. 거래 안전을 위해서는 다른 사람도 그 사실을 알아야 하므로 체납 사실을 부동산 등기부 또는 토지대장에 기입해 둘 필요가 있다.

3) 정치적 실현 가능성

헨리 조지 사상에 공감하는 사람 중에도, 지금과 같은 현실에서 사회적 강자의 이익에 반하는 정의로운 제도가 도입될 수 있을지에 대해 강한 의문을 품는 사람이 적지 않다. 물론 이런 의문에는 일리가 있다. 하지만 바람직한 제도라는 데 동의한다면 지레 포기할 것이 아니라 성사시킬 방법을 모색하는 것이 옳다고 본다. 구체적인 내용은 제2장(헨리 조지 사상의 잠재력) 중 제7절(헨리 조지 사상의 앞날) 부분과 졸저(김윤상, 2017)를 참고해 주기 바란다.

제4장

존 롤스의 정의론과 토지정의

남기업

1. 불평등과 정치철학

존 롤스(John Rawls)는 20세기의 가장 뛰어난 정치철학자다. 롤스의 영향력은 그의 반대편에서 롤스와 치열한 학문적 논쟁을 벌였던 로버트 노직(Robert Nozick)의 진술 "정치철학자들은 이제 롤스의 이론 내에서 연구를 하든가, 아니면 왜 그렇게 하지 않은가를 설명해야 한다."(Nozick, 1974, 강성학 역, 1991: 279)에 잘 드러나 있다.

모름지기 학문이란 시대에 대한 반성이다. 여기서 '시대'라 함은 '해결해야 할 과제'를 의미하는데, 오늘날 시대의 과제는 '불평등'이다. 불평등은 한국 사회의 과제일 뿐만 아니라 전 세계적 이슈이기도 하다. 불평등을 시대적 과제의 핵심으로 부각시킨 학자는 토마 피케티(Thomas Piketty)다. 피케티는 자신의 주저 『21세기 자본』에서 자본주의는 그냥 놔두면 불평등이 심화될 수밖에 없고, 능력이나 노력보다 상속이 위력을 발휘하는 세습자본주의로 귀결된다는 것을 '간단한' 수식과 300년에 걸친 방대한 시계열 자료 분석으로 보여 주었다. 노벨 경제학상에 빛나는 조셉 스티글리츠(Joseph Stiglitz)도 『불평등의 대가』에서 불평등이 시대적 과제임을 지적하면서 하위계층의 소득을 상위계층으로 이전시키는 '지대추구'를 불평등의 핵심 원인으로 지목했다. 그런데 재미있는 것은 둘 다 정치(민주주의)에서 답을 찾고 있다는 점이다. 불평등을 시정할 수 있는 동력은 올바른 정치의 역할에서, 민주주의 강화에서 나올 수밖에 없다는 것이다.[1] 정치는 '국가의 일'이다. 불평등 해소를 떠맡을 단위가 결국 '국가'일 수밖에 없다는 것이다.

불평등을 해소할 국가의 역할을 찾기 위해서는 근본에서부터 검토하는 것이 필요한데, 그런 학문 분야가 바로 '정치철학'이다. '정치'철학은 말 그대로 국가의 역할을 철학적 지평 위에서 다루는 학문이다. 국가가 개인의 재산권을 얼마나 어떻게 인정해야 하는지, 경제를 운영하는 제도의 원칙이 무엇인지, 개인의 타고난 능력 차이와 각 사람이 처한 사회적·환경적 조건의 차이를 어떻게 다룰지 근본에서부터 검토하는 것이 정치철학의 주된 임무다. 정치철학의 주된 분야가 분배정의인 까닭도 여기에 있다. 이렇게 정치철학에서 분배정의에 관한 분명한 근거가 제시되면 시대적 과제인 불평등을 해소할 정치의 역할과 민주주의의 내용을 논하기가 한결 수월해진다.

이런 관점에서 필자가 다루려는 바는 세 가지다. 첫 번째는 존 롤스의 정치철학에서 불평등을 해소할 수 있는 토지정의 사상을 도출하는 것이다. 롤스의 정의론에서 토지정의에 관한 분명한 원칙을 도출할 수 있다면, 롤스의 정치철학이 지닌 추상성과 모호함은 구체성과 확실성의 옷을 입게 될 것이다. 두 번째는 이를 통해 헨리 조지의 토지정의 사상이 존 롤스의 정의론과 일치한다는 것을 보이는 것이다. 그리고 마지막으로 롤스의 정의론에서 도출한 토지정의가 그 자신이 인생 후반부에 체제 대안으로 제시했던 재산소유민주주의(property-owning democracy)의 내용을 채우는 데도 도움이 된다는 점을 보이는 것이다.

그런데 아쉽게도 롤스는 토지를 다루지 않았다. 그래서 이 장 제2절은 롤스의

---

1 스티글리츠(2013: 44)는 "클린턴 대통령의 표현을 빌리자면, 해답은 '바보야, 문제는 정치야!'다."라고 했고, 피케티(2014: 691)는 "우리가 자본주의에 대한 통제력을 되찾으려면 민주주의에 모든 것을 걸어야 한다."라고 했다.

사상이 어찌해서 토지를 다루지 않았는지 규명하는 것부터 시작한다. 이어지는 제3절에서는 롤스의 정의론이라는 테이블 위에 토지를 올려 놓으면 어떤 결과가 도출될지를 검토한다. 마지막 제4절에서는 지금까지의 논의를 정리하고 롤스가 제시하는 체제 대안인 '재산소유민주주의'와 롤스의 토지정의 간의 관계를 살핀다.

2. 롤스가 '토지'를 간과한 이유

1) 계약론과 토지

잘 알려져 있듯이 롤스는 계약론자다. 계약론은 '계약'이라는 사고실험을 통해 사회의 기본제도가 어떻게 구성되는지 논증해 내는 이론이다. 처음 사회를 구성할 때, 특히 분배와 관련한 원칙을 제정하려 할 때 핵심 쟁점은 두 가지다. 하나는 인간이 만들지 않은 토지를 어떻게 분배할 것인가이고, 다른 하나는 개인의 능력을 어떻게 바라볼 것인가이다. 롤스처럼 개인의 능력을 '공동자산(common assets)'으로 간주하면 생산된 생산수단인 자본과 자본 사용의 대가인 이자, 그리고 노동의 임금에 대한 재분배가 정당화된다. 하지만 개인의 능력보다 더 중요한 것은 토지 재산권을 어떻게 설정하느냐이다. 왜냐하면 인간이 토지를 만든 것이 아닐뿐더러 인간은 토지가 없으면 생존이 불가능하기 때문이다. 이런 까닭에 대부분의 계약론자들은 토지를 독자적으로 중요하게 다뤘다.

대표적으로 17세기 계약론자 로크(John Locke)는 재산권을 논하는 장에서 토지와 인공물이 명확히 다르다는 것을 전제한 다음, 토지 재산권을 별도로 다뤘다. 나의 몸은 내 것이기 때문에 내가 노력한 산물도 나의 것이라는 소유권 이론을 창안한 것으로도 유명한 로크는 토지 그 자체는 노동의 산물이 아니라 생산의 기반이라는 것이 자명하다고 보았기 때문이다. 그는 토지는 공유물임을 전제한 후, 공유물인 토지를 사유화하려면 '충분단서(sufficiency proviso)', 즉 "토지를 자신의 소유물로 하려면 다른 사람에게도 충분히 좋은 토지가 남아 있어야 한다(at least where there is enough, and as good left in common for others)."라는 조건을 제시한다. 로크가 이런 단서를 둔 까닭은 공유물인 토지에 대한 사유화가 타인의 권리를 침해하거나 손해를 끼쳐서는 안 된다고 보았기 때문이다. 물론 로크는 토지의 효율적 사용이 토지사유제의 근거가 된다고 주장했기에, 이런 주장과 충분단서 간의 충돌로 인해 로크 이후 수많은 논쟁이 벌어졌다. 그가 자신의 계약론에서 토지를 중요하고 특별하게 다룬 것만은 분명하다(남기업, 2007: 347~349).

18세기 계약론자 루소(Jean Jacques Rousseau)는 자신의 주저 『사회계약론』 제1부 9장에서 토지를 직접 다루었을 뿐 아니라 또 다른 저작 『인간불평등기원론』에서 토지를 매우 중요하게 취급했다. 이 책에서 루소는 자연 상태의 인간이 자유롭고 평등했음을 보인 후 불평등이 발생한 기원을 밝히는 첫 문장에서 토지의 사적 소유에 대해 다음과 같이 서술한다. “어떤 토지에 울타리를 둘러치고 그곳을 내 것이라고 선포하거나 그런 선포를 고지식하게 믿는 단순한 사람들을 이용해 왔던 자들, 이런 사람들이 지주들로 이 사회를 건설한 최초의 족속들이다. 담의 말뚝을 뽑아서 담 대신이던 도랑을 메우고 ‘주의하라. 기만자를 믿지 말라. 만약 그대들이 토지는 어떤 한 사람의 사유로도 안 된다는 것, 토지의 수확은 모든 사람들에게 속한다는 것을 잊어버린다면, 멸망해 버릴 것이다.’라고 부르짖는 사람이 있었다면, 인류는 얼마나 많은 죄악을 피할 수 있었을 것인가?”(Rousseau, 최현 역, 1995: 75) 루소는 토지 사유화가 인류 재앙의 시작이었음을 말하는 것이다. 잘 알려져 있듯이 그는 자신의 모든 권리를 공동체에 양도하고 모든 사람들이 같은 조건에서 ‘일반의지(general will)’에 복종하는 사회계약론을 주장했는데, 토지에 대한 사적 소유가 불평등의 원인이었다는 그의 인식을 통해 우리는 사회 구성원들의 자유와 평등을 최대한 보장하려는 ‘일반의지’ 안에서 토지가 어떻게 다뤄질지를 충분히 짐작할 수 있게 된다.

롤스와 반대편에 있었던 20세기의 계약론자 노직(Robert Nozick) 역시, 로크보다는 완화되었지만, 인공물과 토지가 다르다는 것을 분명하게 인식하고 토지를 독자적으로 취급했다. 노직의 소유권 이론은 취득의 원리, 이전의 원리, 교정의 원리로 요약되는데, 이 세 가지 원리 중 가장 중요한 것은 취득의 원리이다. 그의 주장에 따르면 최초의 취득이 잘못되었을 경우 ‘교정의 원리’에 회부되어야 하므로, 생산물이 아닌 토지에 대한 최초의 취득이 정당했느냐를 묻지 않을 수 없다. 그는 토지소유권을 논할 때 로크가 제시했던 충분단서를 자신의 논리에 맞게 "타인의 입장을 악화시키지 않는 것"으로 해석하고, 만약 "어떤 사람의 (토지-인용자) 사유화가 이 단서를 위반하는 것이었다 할지라도 타인의 입장이 악화되지 않도록 배상한다면 그의 사유화는 허용"되고, 만약 "그가 이 타인들에게 배상하지 않는다면, 그의 (토지-인용자) 사유화는 취득에 관한 정의원리의 단서를 위반하는 것이자 부정하는 것이 될 것"이라고 하였다(Nozick, 1974, 강성학 역, 1991: 272~273). 이처럼 노직 역시, 로크보다 강도가 덜하기는 하지만, 토지가 일반재화와 다르다는 것을 인식하여, 그것을 독자적으로 다룬 것만은 분명하다고 하겠다.

이렇게 대다수의 계약론자들이 자연 상태인 계약 상황에서 토지를 독자적으로, 중요하게 다루었는데, 왜 같은 계약론 전통에 있는 롤스는 그렇게 하지 않았을까? 다시 말해서 롤스가 무지의 베일을 쓴 계약 당사자들이 토지의 독자성과 중요성을 모르도록 설정한 이유는 과연 무엇일까?

2) 롤스의 경제학과 토지

롤스는 『정의론』 서문에서 자신의 정의론이 단순히 철학적 검토에만 머물지 않을 것임을 다음과 같이 밝히고 있다. "우리가 흔히 잊기 쉬운 것은 흄이나 애덤 스미스, 벤담, 그리고 밀 등의 위대한 공리주의자들이 일급의 사회이론가요 경제학자들이라는 점이며, 따라서 그들이 제시한 도덕이론은 그들의 보다 광범위한 관심사들에 대한 요구를 만족시키면서도 이를 보다 포괄적인 체계로 종합하기 위해 구성된 것이라는 사실이다."(Rawls, 1999, 황경식 역, 2003: 26) 그의 이론체계가 이런 문제의식을 바탕으로 해서 구성되었기 때문에 철학뿐만 아니라 정치학과 경제학, 심리학 등 거의 모든 학문이 공리주의에 대한 그의 비판과 대안 제시에 활용되고 있다고 볼 수 있다.

그렇다면 그는 어떤 경제학에 영향을 받았을까? 보다 구체적으로 질문하면 그는 어떤 경제학에 입각하여 시장을 바라보고 분석한 것일까? 경제학이 여타 학문에 끼치는 영향력이 크다는 것을 감안하면 그가 의존한 경제학은 그가 구상한

정의의 원칙에 중요한 영향을 줄 수밖에 없는 까닭에 이 질문은 매우 중요한 의미를 가진다. 결론부터 미리 말한다면 롤스가 채택한 경제학은 "경쟁적 균형 모델을 준거점으로 하는 신고전파 미시경제학"(민경국, 2007: 128), 즉 주류경제학이라고 할 수 있다(박순성, 1998: 108). 이것은 그가 신고전주의의 분배이론인 한계생산성이론을 설명하는 데서 잘 드러난다. 그는 "정의로운 기본 구조를 배경으로 갖는 완전히 경쟁적인 경제 체제에 있어서의 임금의 문제를 생각해 보자." 라고 제안하면서 "한 기업의 노동자에 대한 수요는 노동이 갖는 한계생산성, 다시 말하면 재화의 판매 가격에 의해 측정된 노동의 한 단위가 기여하는 순수 가치에 의해 결정"(Rawls, 1999, 황경식 역, 2003: 404)된다고 하는 노동의 한계생산성이론을 자연스럽게 설명한다. 물론 그가 신고전주의의 한계생산성이론을 그대로 받아들인 것은 아니다. 그는 한계생산성이론이 범한 중대한 오류, 즉 그 이론이 작동할 수 있는 기본 구조가 갖춰지지 않았음을 지적하면서(Rawls, 1999, 황경식 역, 2003: 408 각주 38) 이 조건이 충족되면 노동은 자신이 기여한 한계생산만큼 대가를 분배받을 수 있다고 보았다. 즉 착취가 있을 수 없다고 본 것이다. 요컨대 그는 한계생산성이론 자체를 비판한 것이 아니라, 그것이 작동할 수 있는 전제가 중요함을 지적한 것이다.

그런데 여기서 필자가 주목하는 바는 신고전주의 경제학에는 토지의 중요성을 간과하는, 더 정확하게 말하면 토지를 다른 생산수단과 동일하게 간주하는 전통이 면면히 흐르고 있다는 점이다. 한계생산성이론의 창안자로서 신고전주의 경제학의 주춧돌을 놓았다고 평가되는 클라크(John Bates Clark)는 경제학에서 토지와 자본의 차이를 없애기 위해 상당히 노력한 인물로 알려져 있다(Hunt, 김성구·김양화 역, 1983: 477; Gaffney, 1994b: 48; Henry, 1995: 38). 클라크가 창안한 한계생산성이론에 의하면 하나의 생산요소에 대한 대가는 그 생산요소의 마지막 단위가 만드는 생산물의 가치다. 임금은 노동의 한계생산이고, 이자는 자본의 한계생산이며, 지대는 토지의 한계생산인데, 이처럼 세 가지 생산요소에 대한 대가가 모두 동일한 원리에 의해 결정된다는 것은 세 가지 생산요소 사이에 본질적인 차이가 없음을 암시한다(전강수, 2012: 26). 토지가 다른 생산수단과 별 차이가 없다는 생각은 클라크의 제자이자 시카고 학파(Chicago School)의 창시자인 프랭크 나이트(Frank Knight)에게로 전수된다. 제임스 뷰캐넌(James Buchanan), 밀턴 프리드먼(Milton Friedman), 조지 스티글러(George Stigler) 같은 쟁쟁한 경제학자들의 스승이기도 한 그는 자신의 스승 클라크의 주장을 따라 토지의 요소소득인 지대와 자본의 이자 간에는 차이가 없기 때문에 토지와 자본을 구분하는 것마저도 불필요하며 심지어 지대에 대한 세금은 자본에 대한 세금과 마찬가지로 비효율을 초래할 것이라는 그릇된 주장을 펼치기도 했다(Tideman and Plassmann, 2004: 382~383). 이렇게 신고전주의가 토지의 독특성과 중요성을 무시하기 위해 동원했던 방법은 토지와 다른 생산수단의 근본적 차이를 제거하는 것이었다. 오늘날 주류경제학인 신고전주의 경제학 교과서에 토지가 거의 등장하지 않는 것은 결코 우연한 일이 아니다(전강수, 2012: 27~28).

사실 토지를 독자적으로 다루지 않은 것은 케인스 경제학이나 마르크스 경제학도 마찬가지다. 마르크스는 토지를 자본에 포함시켜 '불변자본'이라는 틀 안에 가둬 버렸고,[2] 케인스는 토지는 농경시대에나 중요했다고 하면서 그 중요성을 격하시켜 버렸다(Keynes, 1997: 242). 당대의 경제학 조류가 이러한 상황이라, 롤스의 정의론에 등장하는 계약 당사자들이 토지를 특별하게 취급하지 않는 것이 오히려 자연스러웠을 것이다.

롤스는 원초적 상황에서 무지의 베일을 쓴 개인들이 각종 경제이론이나 인간 심리의 법칙들을 이해할 수 있는 사람이라고 했다(Rawls, 1999, 황경식 역, 2003: 196). 그렇다면 계약 상황에 있는 사람들은 토지의 독특성과 중요성을 충분히 이해하고 있는 사람이어야 한다. 또한 토지 불로소득을 용인하게 되면 사회 구성

---

2 그렇다고 해서 마르크스가 토지를 다루지 않은 것은 아니다. 하지만 그의 토지사상은 『자본론』 3권의 잉여가치가 분배되는 곳에서만, 그리고 시초축적의 과정에서만 등장하고 마르크스 경제학의 정수(精髓)가 담겨 있는 『자본론』 1권의 상품분석과 절대적·상대적 잉여가치 생산에서는 등장하지 않는다. 그의 이론에서 가장 중요한 위치를 점하고 있는 잉여가치의 생산 과정에서 토지는 자본과 같은 범주로 묶여 '불변자본'으로 간주된다.

원들 마음속에 투기 심리가 발동하며, 이로 인한 토지 투기는 생산을 제약하고 분배를 악화시키며 사회갈등을 유발한다는 것도 충분히 알고 있을 만한 이들이어야 한다. 그리고 무엇보다 계약 당사자들은 자신들이 토지 투기의 수혜자가 아니라 피해자가 될 수 있다는 점도 충분히 인지하고 있다고 봐야 한다. 그런데 롤스의 정의론에서 계약 당사자들은 이런 점들을 전혀 알지 못한 채 계약에 임하는 것처럼 나온다. 이는 롤스가 토지의 독자성과 중요성을 간과하는 신고전주의 경제학에 영향을 받았기 때문이라는 것이 필자의 생각이다. 일반균형이론의 창시자인 레옹 왈라스(Léon Walras)가 왜 토지국유화를 그토록 강하게 주장했는지를 롤스가 이해하고 있었더라면,[3] 그리고 애덤 스미스(Adam Smith)나 존 스튜어트 밀(J. S. Mill)과 같은 고전학파, 그중에서도 헨리 조지의 토지관을 깊게 검토했더라면 그의 정의론에 등장하는 계약 당사자들은 분명 토지를 가장 중요하게 취급했을 것이고, 따라서 계약 내용도 상당히 달라졌을 것이다.

그렇다면 토지의 중요성과 독특성을 인지한 계약 당사자들은 "공정한 협동체계(a fair system of cooperation)"와 "질서정연한 사회(well-ordered society)"를 구성하기 위해 토지라는 독특한 생산수단을 처리하는 방식 중 어떤 것에 합의할까? 절을 바꿔서 살펴보도록 하자.

3. 롤스의 토지정의 사상 검토

1) 토지는 제1원칙의 검토 대상

먼저 토지가 롤스의 정의론 어디에서 다루어져야 하는지 살펴보자.

주지하듯이 롤스 정의론의 기본 구조는 제1원칙이 제2원칙에 우선하고, 제2

3 왈라스의 일반균형이론은 "토지국유화 계획이라는 단서조항을 달고" 있다(Schumpeter, 2013: 399). 왈라스의 토지관에 대해서는 Foldvary(2008: 94~100)과 Cililo(1984) 참조.

원칙에서 공정한 기회균등은 차등의 원칙에 우선하는 것으로 구성되어 있다. 그리고 제2원칙의 쟁점 사항은 도덕적으로 임의적인 요인, 즉 운에 속하는 영역인 개인의 사회적 우연성과 자연적 우연성을 어떻게 중립화(neutralizing)하느냐이다. 롤스는 제2원칙의 4가지 대안, 즉 자연적 자유체계, 자연적 귀족주의, 자유주의적 평등, 민주주의적 평등 체계를 하나하나 검토하면서 공정한 기회균등과 차등의 원칙이 결합된 민주주의적 평등 체계가 선택된다는 것을 논증한다. 그런데 여기에서 다루는 것은 '개인의 능력'이다. 한마디로 말해서 토지는 제2원칙의 대상이 아니라는 것이다. 토지는 인간의 능력으로 만들 수 있는 것이 아니기 때문이다.

그렇다면 토지를 다룰 수 있는 곳은 제1원칙, 즉 평등한 자유의 원칙밖에 없다. 평등한 자유의 원칙은 모든 사람에게 "기본적인 권리와 의무의 할당에 있어서 평등을 요구"하기 위한 것인데(Rawls, 1999, 황경식 역, 2003: 49), 앞에서 다뤘듯이 토지는 어느 누구도 생산하지 않았고, 토지가 없으면 어떤 사람도 경제활동뿐만 아니라 생존 자체가 불가능하므로 토지에 대한 권리는 롤스에게 있어 '기본적인 권리'일 수밖에 없다. 더 정확히 말하면 모든 사람에게 토지에 대한 권리는 기본권에 속하는 것이고 우리는 그것을 평등한 토지권, 줄여서 '평등지권(平等地權)'이라고 부를 수 있을 것이다.

이런 주장에 대해 혹자는 롤스의 정의론에서 제1원칙인 평등한 자유 원칙은 정치적 원리이고 제2원칙은 사회경제적 원리이므로 토지는 제2원칙으로 보내져야 한다고 반론을 제기할 수도 있다. 하지만 제1원칙에 포함되어 있는 사유재산권을 곰곰이 생각해 보면 토지를 제1원칙에서 다뤄야 한다는 것이 더욱 분명해진다. 모든 사람에게 주어지는 기본적인 권리인 사유재산권을 보장하기 위해서는 평등지권이 전제되어야 하기 때문이다. 사유재산의 대상은 본인의 생산물이다. 그런데 언어학적으로 보면 생산(production)이란 '앞으로(pro)'와 '끌어내다(ducre)'의 합성어인데, 사유재산권을 모두에게 보장하려면 '끌어낼 수 있는 유일한 원천'인 토지에 대한 접근권이 평등하게 보장되어야 한다. 요컨대 사유재산권 보장은 평등지권을 기반으로 한다는 것이다.

토지가 제1원칙에서 다루어진다는 것은, 토지의 독특성과 중요성으로 볼 때 토지권은 기본권 중의 기본권이라는 것이고 사회경제적 원칙을 논하기 전에 당연히 전제되어 있어야 한다는 것이다.

2) 지대환수와 지대기본소득

계약 당사자들이 평등지권을 적용하는 구체적인 방법을 검토해 보자.

평등지권을 구현하는 방식에는 세 가지가 있을 수 있다. 첫째는 계약 당사자들 모두가 토지를 공동으로 사용하는 것, 둘째는 토지를 계약 당사자들 모두에게 균등배분하는 것, 마지막으로 토지가치인 지대를 환수하는 것인데, 필자는 자신의 능력뿐만 아니라 출신도 모르고 '상호 무관심한 합리성(mutually disinterested rationality)'이라는 특징을 지니고 있는 계약 당사자들은 세 번째 방식을 선택할 것이라고 본다. 왜 그런지 하나하나 살펴보자.

우선 공동사용 방식은 계약 당사자들이 선택하지 않을 가능성이 매우 높다. 공동사용을 하게 되면 생산의 결과를 분배하기가 매우 까다롭고 복잡하기 때문이다. 계약 당사자들은 불가피하지 않으면 토지를 개별 사용하려 할 것이다.

두 번째 방법은 균등분배 방식이다. 우리는 이 방식을 토지가치인 지대를 기준으로 토지를 균등하게 분배해 개별 사용하는 것으로 정의할 수 있다. 지대를 기준으로 삼는다는 것은 지대가 높은 토지는 좁은 면적이, 지대가 낮은 토지는 넓은 면적이 분배됨을 뜻한다. 그런데 이 방식에도 계약 당사자들이 꺼릴 수밖에 없는 이유가 두 가지 있다. 무엇보다도 이 방식은 인구증가를 반영하기가 매우 어렵다. 인구증가를 반영하기 위하여 정기적으로 분배하는 것이 번거롭기도 하거니와 이렇게 하면 단독사용권이 침범당할 수 있다. 또 다른 문제는 인구 변수를 고려하지 않는다 하더라도 사회변화를 반영하기가 매우 어렵다는 점이다. 예를 들어 어떤 지역은 인구증가로 인하여 농지가 택지로 바뀌어 가치가 급등할 수 있고, 어떤 지역은 정반대로 인구가 줄어들어 토지가치가 떨어질 수 있는데, 이런 것을 고려하려면 너무나 복잡한 문제가 생긴다. 따라서 균등분배 방식도 계약 당사자들이 선호하기는 어려울 것으로 보인다.

그래서 필자는 계약 당사자들이 지대환수를 선택할 것이라고 본다. 원론적으로 보면 경쟁적 시장에서는 동일한 자본과 동일한 노동을 투입하면 동일한 이익이 발생한다. 그런데도 차이가 난다면 그것은 토지의 지대 때문이다. 노동과 자본을 우등한 토지에 투입하는 것과 열등한 토지에 투입하는 것에서 발생하는 산출액의 차이는 결국 지대인 것이다. 그런데 지대를 환수하면 어떻게 될까? 기술력과 투입한 비용이 같다면 어느 토지를 사용해도 이익은 같아진다. 이런 이유로 합리적인 계약 당사자들은 지대환수를 선택할 것이라고 본다.

그렇다면 계약 당사자들은 환수한 지대를 어떻게 사용하려고 할까? 헨리 조지가 제안한 방식대로 지대를 100% 세금으로 환수하는 대신 생산에 부담을 주는 다른 세금을 모두 감면하는 방식 — 헨리 조지는 그것을 지대조세제(land value taxation)라고 불렀다. — 을 선택하여 경제효율을 극대화시킬 수 있지 않을까? 그러나 우리는 롤스의 논리를 통해 계약 당사자들이 지대를 사회 구성원 모두에게 동일하게 지급하는 지대기본소득을 채택할 것임을 유추할 수 있다. 롤스는 계약 당사자들이 "자기 자신의 기본 권리와 이해관계에 미칠 결과를 고려하지 않고, 전체 이득의 산술적인 총량을 극대화한다는 이유만으로"(Rawls, 1999, 황경식 역, 2003: 49) 기본 구조를 선택하지는 않는다고 했다. 지대를 환수하면서 다른 세금을 감면하면 전체 이득의 총량은 분명히 증대한다. 다른 변수가 없는 한 생산 활동에 부담시키는 세금이 낮을수록 생산자 잉여와 소비자 잉여가 모두 커지기 때문이다. 그런데 어떤 경우에는 소득이 인간의 존엄성을 지킬 수 있는 수준 이하로 떨어지는 상황이 발생할 수도 있기 때문에, 계약 당사자들은 자존감의 경제적 기반이 될 수 있는 지대기본소득을 선택할 가능성이 매우 높다. 더구나 롤스는 "원초적 입장에 있는 사람들이 그들의 기본적 자유가 효과적으로 발휘된다는 점을 안다면, 그들이 작은 자유나마 더욱 큰 경제적 이득과 교환하려 하지는 않을 것이라는 점을 가정해 왔다."(Rawls, 1999, 황경식 역, 2003: 692) 그렇다면 지대기본소득이 채택될 가능성은 더 높다고 하겠다.

요약하면 다음과 같다. 토지는 제1원칙에서 다뤄져야 하고, 토지의 독특성과 중요성을 인식한 계약 당사자들은 '평등지권'을 당연한 것으로 받아들인다. 또한 평등지권 구현 방식은 공동사용 방식과 균등분배 방식이 아닌 지대환수 방식으로 결정된다. 그리고 환수된 지대는 정부의 운영경비로 사용하면서 생산에 부과하는 다른 세금을 감면하는 지대조세제 방식이 아니라 모두에게 똑같이 분배하는 지대기본소득으로 결정된다.

4. 롤스의 토지정의와 재산소유민주주의

전술했듯이 존 롤스의 정의론은 토지를 중요하게 취급하지 않았다. 토지의 중요성과 독특성을 고려하면 이는 이해하기 어려운 일이다. 무지의 베일 뒤에서 계약에 참여한 당사자들은 경제이론과 개인적 유불리를 계산할 수 있는데, 왜 토지를 전혀 모르는 것처럼 전제된 것일까? 그것은 롤스가 토지를 무시하는 신고전주의 경제학에 기초해 자신의 논리를 전개했기 때문이다. 롤스라고 해서 모든 학문을 완전히 재구성하는 것은 아니다. 그도 기타 인접 학문의 영향을 받을 수밖에 없는데, 경제학은 아쉽게도 신고전주의 학파에 영향을 받은 것으로 보인다. 이것은 피케티도 마찬가지다. 그는 신고전주의 분배론을 비판하면서 노동소득과 자본소득의 분배를 주된 연구 대상으로 삼았던 19세기 정치경제학의 문제의식으로 되돌아가야 한다고 했지만, 19세기 정치경제학이 중요시했던 토지문제는 간과하는 모순을 범했다(전강수, 2015). 토지는 그의 정의론에서, 그것도 제1원칙에서 다루어져야 한다. 왜냐하면 2원칙의 대상은 인간의 능력에 관한 것이기 때문이다. 무지의 베일 뒤에서 계산 능력이 있는 합리적 개인은 결국 토지에서 발생하는 지대를 재원으로 하는 지대기본소득에 동의할 것이다.

이 지점에서 흥미로운 점은 그의 지대기본소득이 그가 인생 후반부에 강조해 마지않았던 '재산소유민주주의'의 가능성을 높여 준다는 것이다. 잘 알려지지 않았지만 롤스는 『정의론』 개정판 서문에서 자신의 정의론이 복지국가 자본주의를 옹호하는 것으로 오해되는 것을 불식시키고 싶다고 말했을 정도로 재산소유민주주의를 자신의 정의론의 핵심으로 삼았다(Rawls, 1999, 황경식 역, 2003: 20). 롤스는 단지 형식적 평등만을 보장하는 자유방임 자본주의도 거부했지만, "실물자산(생산적 자산과 자연자원)의 소유에서 매우 큰 불평등을 허용하며, 그래서 경제의 통제와 정치적 삶의 많은 부분이 소수의 손에 놓이게"(Rawls, 2001, 김주휘 역, 2016: 245) 되는 복지국가 자본주의도 자신의 정의론에 부합하지 않는다고 주장했다. 그는 복지국가 자본주의가 부와 자본의 소유 편중과 타고난 재능의 원초적 분배에서 발생하는 실질적 불평등을 어쩔 수 없는 것으로 보고 사후적인 소득 재분배에만 집중한다고 본 것이다. 그 대안으로 그는 사전에 부와 자본을 고르게 분배하여 출발부터 사람들이 평등한 상태를 유지하고 모두의 실질적 정치 참여가 보장될 수 있도록 해 주는 재산소유민주주의를 주창한 것이다. 요컨대 재산소유민주주의가 주목하는 것은 바로 초기 상태에서부터 부와 자본을 평등하게 분배하는 것이었다.

그러나 킴리카(Kymlicka, 장동진 역, 2006: 126)가 재산소유민주주의에 대해서 지적했듯이 롤스는 "상속을 제한하는 다소 조심성 있는 제안을 제외하고, 그러한 재산소유민주주의를 어떻게 실행할지 또는 우리 사회의 뿌리 깊은 계급불평등을 어떻게 제거할지에 관한 구체적 생각을 제시하지" 않았다. 그런데 롤스의 정의론을 통해 도출되는 지대기본소득의 효과를 검토해 보면 재산소유민주주의의 내용은 좀 더 구체화되고 실현 가능성이 높아진다.

먼저 롤스의 지대기본소득은 평등한 출발에 큰 도움이 된다. 출발 국면에서의 토지소유 여부는 중요한 차이를 낳는다. 토지소유자와 비소유자의 출발이 평등할 수 없다. 이것은 마치 지주와 소작농의 출발과도 같다. 더구나 토지 비소유자는 출발 자체를 할 수 없는 경우도 상당하다. 그런데 지대기본소득을 실시하면, 다시 말해서 토지를 고르게 소유할 수 있는 실질적 조치를 취하면 지금까지 토지가 초래한 불평등한 출발 문제는 시정된다. 또한 정기적으로 지급되는 지대기본소득을 실시하면 각자가 원하는 교육과 숙련된 기술, 즉 인적 자본의 광범위한 소유를 보장할 수 있게 된다(Rawls, 2001, 김주휘 역, 2016: 248). 그리고 지대기본소득을 통해 토지독점을 해체하면 자본에 대한 소수의 독점도 상당히 완화된다. 왜냐하면 토지독점은 모든 독점의 어머니이기 때문이다.

그뿐이 아니다. 롤스의 토지정의를 확립하면 소득분배도 크게 개선된다. 우선 토지 불로소득이 완전히 사라지기 때문에 그것이 초래한 소득불평등은 완전히 해소된다. 또한 토지소유자와 비소유자 간 힘의 비대칭이 초래한 문제도 해소된다. 지대기본소득을 통해 실현되는 토지정의는 대기업보다는 중소기업에, 사용자보다는 노동자에,[4] 정규직보다는 비정규직에 더 유리하게 작동하기 때문이다. 그리고 토지정의는 시장을 경쟁적으로 만드는데, 이것 역시 분배 개선에 큰 도움이 된다. 요컨대 존 롤스의 토지정의 사상은 그가 제시한 체제 대안인 재산소유민주주의의 공백을 메꾸는 데도 크게 기여할 수 있다는 것이다.

이상을 통해 헨리 조지의 토지정의 사상은 롤스에게서도 자연스럽게 수용됨을 볼 수 있다. 물론 조지는 지대조세제를 주창했고 롤스에게서는 논리적으로 지대기본소득이 도출되지만, 이것은 적용 방법의 차이라고 할 수 있다. 여기서 우리는 정의로운 사회에 대한 대가들의 사상은 대동소이함을 다시 한번 발견하게 된다.

4 마르크스는 토지를 국유화하면, 다시 말해서 토지임대료를 징수하면 "노동과 자본 간의 관계가 완전히 변화하며 공업생산이건 농업생산이건 간에 자본제적 생산형태로부터 이탈하게 된다."(Marx, 김태호 역, 2002: 155~156)라고 했는데, 여기서 노동과 자본의 관계가 변화한다는 것은 노동이 더 이상 착취되지 않는다는 것이다. 즉 토지정의는 노동의 위상을 높이는 반면 자본의 위상을 낮춘다는 것이다.

● 제5장

자유지상주의와 토지정의

남기업

1. 자유지상주의의 논리로 토지정의를 옹호하다

개인의 자유와 권리의 중요성을 강조하면서 국가의 개입이나 간섭을 최소화할 것을 주장하는 자유지상주의(libertarianism)는 정치철학 분야에서 가장 오른쪽에 있는 사상으로 알려져 있다. 자유지상주의의 논리에 따르면 개인의 권리에서 가장 중요한 것은 소유의 자유다. 소유 없는 자유는 무의미하므로 모든 생산요소와 요소소득에 대한 사유(私有)는 인정되어야 하고, 그랬을 때 자유지상주의가 금과옥조처럼 여기는 자기소유권(self-ownership)이 가장 잘 유지될 수 있다고 본다. 아울러 자원배분에 관해서도 시장 방임을 주장한다. 시장이 개인의 자유를 최대화할 수 있다고 보는 것이다. 요컨대 자유지상주의를 떠받쳐 주는 두 기둥은 '사적 소유'와 정부 개입이 최소화된 '시장'이라고 할 수 있다.

그렇다면 자유지상주의의 논리에 토지를 투입하면 어떤 결과가 나올까? 아마도 자유지상주의는 그 어떤 정치철학보다도 토지 사유(私有)를 지지한다고 생각할 것이다. 그리고 그렇게 하는 것이 당연히 시장의 효율성을 증진시킨다고 볼 것이다. 그러나 일반적으로 알려진 것과는 달리 자유지상주의의 논리는 '토지정의'를 지지한다. 좀 더 구체적으로 말해, 자유지상주의의 전제와 그로부터 도출된 핵심 명제들을 토지에 대입시켜 보면 '토지가치사유'가 아니라 '토지가치공유'가 도출되고, 이것이 시장의 효율성을 더 높여 준다.

이런 관점하에 이 장은 다음과 같이 구성된다. 제2절에서는 자유지상주의의 내부 논리를 정교하게 다듬어서 그 안에 토지를 투입하여 토지정의의 한 형태인 '토지가치공유'라는 결론을 도출한다. 제3절에서는 토지가치공유가 토지가치사유보다 효율적임을 논증한다. 제4절에서는 지금까지 논의를 요약하고 헨리 조지가 주장한 '토지정의'가 이념을 초월한 보편성을 담지하고 있음을 확인한다.

2. 자유지상주의를 통한 토지소유권 도출

1) 로크와 노직의 (토지)소유권 원리

자유지상주의의 태두(泰斗)인 로크는 최초로 근대적 의미의 소유권 이론을 체계화한 사람이다. 그는 국가가 개인의 자유를 억압하고 사유재산을 침해하는 것을 반박하기 위해, 개인은 국가보다 선행하는 존재이고 국가는 '자연스러운 것'이 아니라 합리적인 개인들이 자신의 생명과 재산을 보호하기 위해 합의해서 만든 '인위적 산물'에 불과하다고 주장하였다. 이 말에 따르면 정부는 계약자들의 생명과 재산을 지키는 데 충실해야 하고, 그렇기 때문에 소유권은 신성불가침의 영역이어야 한다.

로크의 소유권론은 '자신의 몸은 자신의 것', 이른바 자기소유권에 대한 적극적인 옹호부터 출발한다(Locke, 이극찬 역, 1990: 50). 다시 말해 신체에 대해서는 본인 외에 아무도 권리를 갖지 못한다는 것이다. 이 명제는 논증하기 불가능한 자연권적 개념이지만, 우리는 자유지상주의 내에서 소유권을 논하고 있기 때문에 일단 이 전제를 당연한 것으로 받아들이고자 한다. 두 번째는 "하느님이 이 모든 세상을 공유물로 주셨다."라는 것이다(Locke, 이극찬 역, 1990: 49). 이것은 로크의 새로운 주장이 아니라 중세로부터 이어져 내려오던 소유권론의 전제였다. 그리고 마지막은 "공유물인 자연에 자신의 노동을 투여하면 결과물은 그의 소유가 된다."(Locke, 이극찬 역, 1990: 50)라는 것이다.

그런데 여기서 중요한 것은 소유의 대상에 노동의 산물뿐만 아니라 천부(天賦)된 토지 자체도 포함되어 있다는 점이다. 로크는 이에 대해 다음과 같이 말한다.

> 그러나 오늘날에 와서는 소유권의 중요한 대상은 이 땅 위에서 나는 과실이나 땅 위에서 생존하는 짐승들만이 아니고, 다른 일체의 것을 수용하고 그 위에 존재케 하는 땅[토지] 그 자체이다. **나는 이러한 땅의 소유권도 분명히 앞에서 말한 것과 같은 모양으로 획득되어지는 것으로 생각한다.**(Locke, 이극찬 역, 1990: 53. 강조는 인용자)

다시 말해서 노동이 투하된다면 토지도 사적 소유의 대상이 될 수 있다는 것이다.

그러나 로크는 토지를 정당하게 소유하려면 충족시켜야 할 '단서(Locke's proviso)'가 있다고 말한다. 그것은 "다른 사람이 충분히 이용할 수 있을 정도의 것(토지-인용자)을 남겨 놓기만 한다면" 가능하다는 것, 즉 '충분단서(sufficiency proviso)'이다(Locke, 이극찬 역, 1990: 54). 로크가 이런 단서를 둔 이유는 공유물인 토지에 대한 개인의 사유화가 타인의 권리를 침해하거나 손해를 동반해서는 안 된다고 보기 때문이다.

그러나 이런 단서는 토지가 가지는 '비동질성(非同質性)'이라는 특성을 생각해 보면 처음부터 충족되기 어려운 조건임을 알 수 있다. 인간이 만들어 낸 상품은 어디에 있으나 가치가 동일하지만, 토지의 경우에는 위치가 어디냐에 따라 그 가치가 달라진다. 흔히 로크의 충분단서는 인구가 토지에 비해 희소한 자연 상태에서는 가능하다고 주장하는데, 토지의 특성을 생각해 볼 때 이런 추론은 잘못된 것이다. 같은 노동을 해도 어디에서 일하느냐에 따라 결과가 달라지기 때문이다. 이런 이유로 로크는 자신의 단서를 다음과 같이 변형시킨다.

> 그러나 그 이전에 사람들은 스스로 이용할 수 있는 한도의 자연의 산물을 노

동에 의해 제각기 점유할 수 있는 권리를 가지고 있었다. 그렇지만 그것은 그렇게 많지는 않았으며, 또한 다 같이 노동하는 사람들에게는 똑같이 자연의 산물이 풍부하게 남겨져 있었으므로 다른 사람에게 아무런 손해도 끼치지 않았다는 것은 확실하다. 이것에 대해서 나는 한마디 첨가하고자 하는 것이 있으니, **그것은 곧 자기의 노동으로써 어떤 토지를 자기의 것으로 만드는 사람은 인류의 공동재산을 감소시키기는커녕 도리어 그것을 증가시켜 준다는 사실이다.** 그 까닭은 울타리로 둘러싸여져서 경작된 1에이커의 토지로부터 산출되는, 인간생활의 유지에 필요한 식량은 — 과장하지 않고 대충 줄잡아 보아도 — 황폐된 채로 방치된, 같은 정도로 기름진 1에이커의 공유지에서 산출되는 식량보다 열 배는 더 많을 것이기 때문이다. **그러므로 토지를 울타리로 둘러싸서 10에이커의 토지로부터, 자연 있는 그대로 방치해 둔 100에이커로부터 얻어지는 것보다 훨씬 더 많은 의식주의 편의를 얻는 사람은 실로 90에이커의 토지를 인류에게 부여해 주었다고 말할 수 있을 것이다.**(Locke, 이극찬 역, 1990: 57. 강조는 인용자)

위 인용문에서 로크는 공유지의 사유화 과정에서 타인에게 남겨져야 할 것이 반드시 동질(同質)의 토지가 아니어도 된다고 말하고 있다. 개간이나 다른 종류의 생산 활동, 즉 노동을 통해 보다 많은 생산이 가능하면 충분단서는 충족될 수 있다는 것이다.

그런데 여기서 한 가지 흥미로운 사실은 로크의 토지 사유화 옹호 논변이 사유화된 토지는 '효율적'으로 이용되는 반면, 공유화된 토지는 '방치될' 것으로 전제하고 있다는 점이다. 그 반대, 즉 사유화된 토지의 비효율적 사용, 공유화된 토지의 효율적 사용도 가능할 수 있는데, 로크는 이것을 전혀 고려하지 않았다. 그뿐 아니라 로크의 논리에는 토지가 모두 사유화된 이후 더 이상 사유화할 토지가 없을 때 비(非)지주계층에게 어떤 일이 일어날지에 대한 고려가 전혀 없다. 다만 그는 토지를 사유화했을 때가 공유 상태로 남아 있을 때보다 훨씬 생산성이 높고 그 결과를 많은 사람들이 향유할 수 있다고 할 뿐이다. 아무튼 간명하고 설득력 있는 논리 전개에도 불구하고 이런 가능성에 대한 논의가 부재한 것은 그의 소유권 이론의 큰 약점이어서 후대 학자들의 비판을 받게 되었다.

노직은 로크의 주장을 계승·발전시켰다고 평가되는 대표적인 자유지상주의자(libertarian)로서 롤스와 대비되는 정치철학자이다. 롤스의 『정의론(*A Theory of Justice*)』을 주된 비판대상으로 설정한 그의 주저 『자유주의의 정의론(*Anarchy, State, and Utopia*)』의 핵심 내용은 소유권에 있다. 그가 최소 국가론(minimal state)을 주장한 것도 자신이 주장한 소유권을 옹호하려는 차원에서 나온 것이다(황주홍, 1989). 그가 비록 로크의 '노동을 통해서만 소유권이 인정된다.'라는 주장에 흔쾌히 동의하지는 않지만(Nozick, 1974, 강성학 역, 1991: 268), 자신의 소유권리론(entitlement theory)의 논거를 로크의 그것에 두고 있는 것만은 분명하다. 그가 말하는 정당한 소유의 권리는 소유물의 최초 취득과 이전 과정이 올바른 절차를 따랐을 때 인정된다. 그리고 만일 현재의 소유 상태가 이 두 원리에 근거하지 않았다면, 과거의 불의를 교정하는 것이 필요하다고 보았다. 이것을 '취득의 원리', '이전의 원리', '교정의 원리'라고 부른다(Nozick, 1974, 강성학 역, 1991: 236~237). 그는 국가가 만약 이 원리 외에 다른 것, 예컨대 재분배를 시도한다면 그것은 개인에게 강제노동을 시키는 것과 같다고 보았다. 요컨대 한 사람의 자유를 위해 다른 사람의 자유가 침해받는 것은 정당화될 수 없다는 것이다.

노직에게 있어 이 세 가지 원리 중 가장 중요한 것은 '취득의 원리'이다. 그의 소유권론에 따르면 취득이 잘못되었을 경우 '교정의 원리'에 회부되어야 하므로, 최초의 취득이 정당했느냐가 중요할 수밖에 없는 것이다. 취득의 원리는 로크의 '노동소유권'에 해당된다고 할 수 있는데, 로크가 노동소유권을 주장할 때 충분단서를 제시했기 때문에 노직은 취득의 원리에 설득력을 더하기 위해 로크의 충분단서를 자신의 논리에 맞춰 새롭게 해석한다. 하지만 노직은 로크의 충분단서를 엄격하게 적용하면 사적 소유권이 발생하기 어렵다고 보아, 보다 완화된 조건을 제시한다. 즉 "타인의 입장을 악화시키지 않는 것"(Nozick, 1974, 강성학 역, 1991: 272)을 제시하고, 만약 "어떤 사람의 사유화가 이 단서를 위반하는 것이었다 할지라도 타인의 입장이 악화되지 않도록 배상한다면 그의 사유화는 허용된다."라고 하였다. 그리고 "그가 이 타인들에게 배상하지 않는다면, 그의 사유화는 취득에 관한 정의원리의 단서를 위반하는 것이자 부정하는 것이 될 것"이라고 덧붙였다(Nozick, 1974, 강성학 역, 1991: 273). 그러므로 노직의 소유권론에서 결국 중요한 것은 '천부적인 토지를 소유하는 데 있어 다른 사람의 삶을 악화시키지 않는 가장 좋은 방법이 무엇인가?'인 것이다.

충분단서를 제시한 로크도 토지를 사유화해야만 공유 상태에 있을 때보다 더 많은 생산물을 냄으로써 토지 없는 사람들도 많은 것을 향유할 수 있다고 주장하고 있고, 노직도 타인의 처지를 악화시키지 않으려면 사유화가 가장 좋은 수단이라고 단정하고 있다. 특히 노직은 로크의 충분단서를 엄격하게 적용하면 아예 재산권 자체가 성립되지 않을 수 있다고 하면서 사유화의 불가피성을 역설하는 데까지 나아간다(Nozick, 1974, 강성학 역, 1991: 270). 다른 사람의 상황을 악화시키지 않은 방법은 '사유화'뿐이라는 것이다.

그러나 위와 같은 토지 사유화가 자유지상주의의 자연스런 논리적 귀결이라고 주장하는 것은 성급한 결론이다. 로크와 노직이 단정한 토지 사유화 외에도 다른 소유 방식이 있을 수 있고, 그것이 그들이 제시한 단서를 더 잘 충족시킬 수도 있는데, 그들의 논리전개에서 그런 비교는 전혀 발견되지 않는다. 이런 것 때문에 두 사람의 사유화 논리는 다른 방식의 소유 가능성을 봉쇄하여 결국 정해진 답인 '사유화'를 도출하려는 의도로 비춰지는 것이다. 이런 오해를 피하기 위해서는, 그리고 보다 설득력을 얻기 위해서는 다양한 소유 방식을 등장시켜 두 사람이 제시한 단서를 어떤 방식이 가장 잘 충족시킬 수 있는지를 비교해야 한다. 이를 위하여 필자는 자유지상주의자들이 가정하는 '계약 상황'을 활용하여, 계약 당시로 돌아가 과연 계약자들이 어떤 토지소유 방식에 동의하는지를 도출하고자 한다. 다시 말해 로크와 노직이 말한 사유화가 아니더라도 로크보다 더 '로크적'이고 노직보다 더 '노직적'인 소유 방법이 있다는 것을 주장하려 한다.

2) 새로운 토지소유 방식 도출

그러면 자유지상주의의 성향을 지닌 개인들이 새로운 개척지에 이주한다는 가정하에 어떤 토지소유 방식에 합의·계약할지 검토해 보자. 필자가 최초의 계약상황을 가정하는 이유는 자유지상주의가 계약론의 전통 위에 있고, 무엇보다도 토지소유권처럼 복잡다단한 문제는 이해관계를 보다 단순하게 만들어야 명확한 결론을 얻을 수 있기 때문이다. 산악인들에게는 "산에서 길을 잃었을 때는 정상에 올라가서 다시 내려다보라."라는 유명한 경구가 있듯이, 토지를 둘러싼 제도도 자유지상주의에 관점에서 '정상'이라 할 수 있는 계약 상황으로 거슬러 올라가 사고해야 한다는 것이다. 물론 로크와 노직은 자신들이 계약 상황을 가정했을 때는 토지소유 방식의 형태가 계약의 목적이나 내용이 아니었다고 이의를 제기할 수도 있다. 즉 그들에게 있어 소유권은 계약을 통해 확정되는 것이 아니라 '선(先)계약적인 것', '자연적인 것'이기 때문에 소유권을 계약의 테이블 위에 올려놓는 것은 적어도 두 사람에게는 낯설다는 반론이다. 그러나 두 사람의 논리를 자세히 들여다보면 그들이 자연 상태에서 토지의 사적 소유권을 정당화할 수 있다고 주장하는 것은 틀림없는 사실이다. 그들은 자연상태에서부터 검토해 봐도 토지에 대한 소유권은 일반 물자와 마찬가지로 '사적 소유'라는 동일한 결론에 도달한다고 설명하고 있다. 따라서 로크와 노직의 단서를 이용해 토지소유권의 방식을 검토해 보는 것은 문제가 없다고 본다. 그러면 먼저 자유지상주의가 전제하는 계약 상황의 특성부터 정리해 보자.

자유지상주의가 가정하는 전제와 개인의 특성

1. 자유지상주의의 대전제: 자기소유권
   1) 노동소유권 존중
   2) 모든 구성원(후대(後代)도 포함)에게 평등한 토지권 보장
2. 자유지상주의에서의 개인의 특성
   1) 합리성
   2) 독립성

전술했듯이 자유지상주의는 무엇보다 자기소유권을 적극 옹호한다. 그런데

여기서 자기소유권이 유의미하기 위해서는, 로크가 말했듯이 노동의 결과를 내 것이라 할 수 있는 노동소유권이 존중되고 토지사용에 대한 권리가 모두에게 평등해야 한다. 이런 까닭에 두 가지 하위 조항을 두었다.

이 중 '노동소유권'은 몰라도 '모든 구성원에게 평등한 토지권 보장'에 대해서는 설명이 필요할 것 같다. 먼저 로크를 보면 "하느님이 모든 인류에게 이 세상(토지)을 공유물로 주셨다."(Locke, 이극찬 역, 1990: 49)라는 주장에서 평등한 토지권 보장을 유추할 수 있다. 여기서 말하는 '모든 인류'는 당연히 후대까지 포함한 모든 사람이다. 모든 사람에게 토지를 공유물로 주셨다는 것은 동등한 권리를 가지고 있다는 뜻으로 간주할 수 있다. 물론 앞서 살펴보았듯이 로크는 토지의 사적 소유를 주장했지만, 적어도 소수의 사람들이 사회를 구성하려고 하는 계약 단계에서, 또한 토지가 비동질적이라는 것을 아는 상태에서 이 조항을 포기할 가능성은 매우 낮다. 노직의 경우도 마찬가지다. 그는 다른 사람의 상황을 악화시키지 않는 가장 좋은 방법이라는 측면에서, 또한 토지를 효율적으로 배분할 수 있다는 측면에서 토지사유제를 옹호하지만, 사회가 처음 구성되는 계약 상황에서부터 인간이 만들지 않은 토지에 대한 평등한 권리를 거부한다고 보기는 어렵다. 평등한 권리를 거부하면 개인이 누릴 수 있는 자유도 차이가 나게 마련이다. 인간이 만든 물자에 의해 자유를 누릴 수 있는 정도가 차이가 나는 것은 어찌 보면 당연할 수 있지만, 천부된 물자의 소유 여부에 따라 누릴 수 있는 자유의 정도에 차이가 발생하는 것은 어떤 논리로도 정당화될 수 없다. 따라서 자기소유권이라는 전제하에서 두 가지 하위 조항을 추가하는 것은 큰 무리가 없다고 하겠다.

또한 두 번째 개인의 특성에서 '합리성'이라고 함은 계약 참여자 각자가 자신의 유불리를 계산할 수 있는 능력을 지녔음을 뜻한다. 그리고 '독립성'이란 자유지상주의가 사회, 나아가 국가라는 조직을 개인의 생명과 재산, 행복 등이 침해받지 않기 위해 만든 '인위적 산물'로 간주한다는 데서 도출한 것이다.

위와 같은 자유지상주의의 특성을 지닌 개인들이 새로운 개척지에 오면 어떤 토지소유 방식에 합의할까? 거론될 수 있는 선택지를 하나씩 평가해 보자.

우선 가장 쉽게 생각해 볼 수 있는 것은 '선점 방식'이다. 이 방식은 로크와 노직이 옹호한 것으로 무슨 수단을 쓰든 다른 사람의 신체에 해만 가하지 않았다면 먼저 비옥한 토지를 선점한 자에게 소유를 인정하는 방식이다. 그러나 이와 같은 소유 방식은 자기소유권에서 도출한 '평등한 토지권 보장'에 위배될 가능성이 크다. 누구나 가장 좋은 위치, 혹은 최고의 비옥도를 지닌 토지를 소유하고 싶어 하는데, 단지 선점했다는 이유만으로 위치와 비옥도의 이익을 지속적으로 누린다는 것은 평등한 토지권을 존중하는 것이라고 볼 수 없다. 왜냐하면 똑같은 노력을 해도 위치나 비옥도의 차이에 따라 생산량이 달라지기 때문이다. 따라서 이 방식은 로크와 노직의 단서 둘 다에 위배된다고 할 수 있다. 로크의 충분단서가 충족되려면 모든 토지의 위치와 비옥도의 차이를 상쇄시킬 수 있는 장치가 필요한데, 선점 방식에는 그런 것이 부재하다. 또한 위치와 비옥도의 차이라는 것은 달리 말하면 다른 사람의 상황을 악화시키는 것이라 할 수 있고, 이는 노직의 단서에도 위반되므로 '교정의 원칙'이 적용되어야 하는데, 선점 방식에는 이 원칙이 적용될 여지가 없다. 그리고 이 방식은 인구가 성장했을 때, 즉 후대에도 동등한 토지사용의 기회가 주어지지 않는다는 것에 대해 아무런 대책도 내놓을 수 없기 때문에, 로크와 노직의 단서를 지속적으로 위반할 수밖에 없다.

두 번째로 생각해 볼 수 있는 것은 '제비뽑기 방식'이다. 정착하는 사람들이 모여서 제비를 뽑는데, 좋은 제비를 뽑은 사람은 좋은 땅을, 그렇지 않은 제비를 뽑은 사람은 그에 맞는 토지를 소유하는 방식이다. 이 방식은 첫 번째 것보다 '기회 균등'이라는 측면에서 다소 진일보했다. '운(luck)'이라는 방식을 동원했지만, 제비를 뽑을 당시만 해도 가장 좋은 토지를 소유할 가능성은 모두에게 열려있다. 그러나 이 방식 역시 후대에 평등한 토지권을 보장하는 데는 한계가 있다. 만약 후대를 고려한다면 인구가 늘 때마다 제비뽑기를 새로 해야 하는데, 그때마다 발생하는 이주비용, 생활의 불안정성을 생각했을 때 합리적이고 독립성을 추구하는 개인들은 이것을 꺼릴 가능성이 크다.

세 번째로 고려해 볼 수 있는 것은 '공동생산-공동분배 방식'이다. 이것은 앞의 두 방식과 비교할 때 후대에게도 동등한 기회를 준다는 측면에서 더 나은 방식이라고 할 수 있다. 후손들도 함께 일해서 분배하면 되기 때문이다. 그러나 이 방법은 자유지상주의의 특징인 노동소유권과 충돌할 가능성이 크다. 노동소유권이 확보되려면 노동한 자가 노동의 결과를 모두 소유할 수 있어야 하는데, 공동생산-공동분배 방식은 이를 위반할 소지가 있기 때문이다. 물론 노동한 만큼 분배하는 것이 전혀 불가능하다고 할 수는 없지만, 이 방법도 '노동의 양(量)과 질(質)을 어떻게 측정할 것인가?'라는 난관에 봉착할 가능성이 크고, 측정 주체의 부패와 이를 방지하기 위한 감시 등을 생각하면 독립성이 강한 합리적 개인들은 꺼릴 가능성이 높다. 무엇보다 노동소유권을 옹호하는 이들은 토지도 단독으로 소유·이용하는 방식을 선호할 것이다.

마지막으로 생각해 볼 수 있는 것은 다른 사람보다 좋은 위치나 높은 비옥도의 토지를 소유하고 있는 자들이 그 위치의 유리함과 비옥도, 즉 경제학에서 말하는 지대(rent)만큼을 사회에 납부하여 공유하는 '토지가치공유 방식'이다. 이 방식을 짧게 요약하면 소유권 중 처분권과 이용권은 개인에게 주고 수익권만 환수하여 공유하는 시스템이다. 이 방식은 같은 기술과 자본을 투여한다면 어느 위치에서나 같은 양을 생산할 수 있으므로, 로크의 충분단서와 노직의 단서를 동시에 충족시킬 수 있다. 다시 말해서 이 방식은 개인의 독립성과 노동소유권을 전혀 침해하지 않으면서 아무도 천부된 토지의 위치나 비옥도의 유리함을 독차지할 수 없게 할 수 있는 방식인 것이다. 필자는 이 방식이 자유지상주의의 원리를 가장 잘 충족시키면서도 토지 접근 기회를 균등하게 배분하는 가장 좋은 방법이라고 생각한다. 그 이유를 좀 더 자세히 살펴보자.

토지는 자본과 달리 '부증성(不增性)'과 '비동질성(比同質性)'이라는 특성을 지니고 있기 때문에, 필연적으로 한 사람의 소유는 타인의 배제를 수반한다. 그러나 타인을 배제하는 것을 막기 위해 토지를 공동으로 사용하게 하면 앞서 검토했던 '공동생산-공동분배 방식'에서 나타났던 문제점에 직면하게 된다. 그러므로 ①'평등한 토지권'이라는 정신을 살리고, ②단독사용에서 나타나는 배제의 문제 극복, 다시 말해 로크와 노직의 단서를 충족시키며, ③공동으로 토지를 사용하는 데서 나타날 수 있는 비효율과 부패를 극복할 수 있는 방법을 찾아야 하는데, 토지를 소유한 사람이 타인을 배제한 대가를 사회가 환수해서 공유하는 '토지가치공유 방식'이 이 세 가지를 동시에 충족시킬 수 있다는 것이다. 이렇게 하면 ①과 ②는 자연스럽게 해결되고 꼭 필요한 사람만 토지를 단독으로 소유·이용하게 되기 때문에 ③도 해결된다. 무엇보다도 이 방식을 이용하면 후대에게도 토지에 대한 동등한 권리를 부여하는 것이 실제로 가능하다. 그리고 배제에 대한 대가를 사회가 환수하여 공유하는 것은, 로크의 말로 하자면 충분조건을 만족시키는 것이고, 노직의 소유권 원리로 설명하자면 다른 사람의 상황을 악화시키는 것에 대한 보상을 하는 것과 같다고 할 수 있다.

그러나 '배제에 대한 대가'가 무엇을 의미하는지가 불분명하다 할 수 있으므로, 이 부분에 대해 좀 더 자세히 설명할 필요가 있을 것 같다. 여기서 말하는 배제에 대한 대가는 토지가치인 '지대'이다. 앞서 말했듯이 지대를 공유하게 되면 어느 위치(토지)에서 노동을 하더라도 조건이 동일하다면 같은 결과를 얻는다. 예를 들어 같은 농기구로, 같은 날씨 속에서, 같은 시간의 노동을 투여했는데 최상급지에서는 100가마, 그 다음 등급에서는 90가마, 최열등지에서는 80가마의 쌀이 생산된다고 한다면, 최상급지는 20가마, 다음 등급지는 10가마, 최열등지는 0가마가 다른 사람을 배제한 대가인 '지대'이고, 토지가치공유 방식으로 지대인 20가마와 10가마를 환수하여 공유하면 되는 것이다. 이렇게 되면 어디서 농사를 지어도 생산물은 똑같아진다.

혹시 필자가 농업을 예로 들었기 때문에 복잡한 산업사회에서는 적용하기 불가능하다고 생각할 수 있는데, 조금만 생각해 보면 그렇지 않다는 것을 알 수 있다. 복잡한 것도 사실 따지고 보면 단순한 원리에서 출발하기 때문이다. 농업과 마찬가지로 산업사회의 중심지에서 노동하게 되면 주변부나 변두리에서 노동하는 것보다 더 많은 결과(생산물)를 얻을 수 있는데, 앞에서 말했듯이 그 차이가 바로 경제학적 의미의 '지대'이다. '토지가치공유 방식'은 이 지대를 공유하자는 것이므로 농업사회, 산업사회 가릴 것 없이 똑같이 적용될 수 있다. 예를 들어 A는 사람들의 왕래가 빈번한 사거리에서, B는 사거리에서 좀 떨어져 있는 곳에서 같은 패스트푸드점을 운영한다고 해 보자. 이 두 사람의 인적 노력과 투하 자본이 같다면 당연 A가 더 많은 소득을 올릴 것이다. 그러나 이 차이는 개인의 노력이 아니라, 지대의 차이에서 비롯된 것이다.

그리고 여기서 중요한 것은 토지가치인 지대가 개별 토지소유자에 의해 발생하는 것이 아니라 자연적·사회경제적·정부적 원인에 의해 발생한다는 점이다. '자연적 원인'이라 함은 예컨대 수려한 경관과 같이 천부적으로 주어진 것에 의해 가치가 발생·상승하는 것을 말하고, '사회경제적 원인'이라 함은 인간이 공동체를 이루고 살면서 중심지, 주변지, 한계지가 자연스럽게 형성되어 가치의 차이가 발생하는 것을 말하며, '정부적 원인'이라 함은 정부가 국민들이 낸 세금으로 도로와 학교, 가로등, 경찰서, 기차역 등을 건설하기 때문에 토지가치가 발생·상승하는 것을 말한다. 이처럼 토지가치인 지대는 사회 전체의 노력에 의해 발생·상승하므로 원칙적 소유자는 그것을 만든 '사회'라고 해야 하고, 그렇게 하는 것이 노동소유권을 주장하는 자유지상주의의 원리에도 부합한다고 할 수 있다.

이렇듯 토지가치공유 방식은 토지의 독립적 사용권과 노동소유권을 침해하지 않을 뿐 아니라 평등한 토지권 정신을 실질적으로 구현할 수 있고, 로크와 노직의 단서를 동시에 충족시킬 수 있다. 하지만 로크와 노직은 토지가치인 지대를 사유화해야만 그들이 제시한 단서를 만족시킬 수 있다고 하였는데, 그 이유는 (토지)사유제가 자원을 효율적으로 배분시킨다고 봤기 때문이다. 이에 대해 노직은 다음과 같이 쓰고 있다.

> 사유화를 할 수 없는 사람들의 상황은 사유화와 항구적인 소유권을 허용하는 체제에 의해 악화되는가? 여기에서, 사유재산제를 찬성하는, 익히 알려진 다양한 사회적 이유들을 볼 필요가 있다. **그 이유들이란, 생산수단을 가장 효율적으로 사용할 수 있는 사람의 수중에 생산수단이 있게 함으로써 사회적 생산물을 증대시킨다;**…사유재산제는 평판이 좋지 않은 사람들에게도 대체적인 고용원을 제공하여 그들이 자신을 고용하도록 한 개인 또는 소수 집단을 설득할 필요가 없게끔 한다 등등이다. 이런 이유들로… **사유재산의 전유가 "충분한 양과 동**

> 질의 것이 남겨져 있어야 한다"는 단서의 배후에 있는 취지를 충족시킨다고 하는 주장을 뒷받침한다. 그것들은, 이 단서가 위반되기 때문에 사유재산에 대한 어떤 자연권도 로크적 과정으로는 발생할 수 없다고 하는 주장을 반박하는 데 기여한다.(Nozick, 1974, 강성학 역, 1991: 271. 강조는 인용자)

이렇듯 노직은 토지가치를 사유화하는 것이 효율성을 증진시켜 토지소유에서 제외된 다른 사람의 상황을 악화시키지 않을 뿐 아니라, 실제적으로 충분한 양과 동질의 것이 남겨져 있어야 한다는 로크의 충분단서도 충족시킨다고 주장한다. 그러나 우리는 이미 앞에서 로크와 노직의 단서를 충족시킬 수 있는 최선의 방법은 지대공유임을 도출하였다. 따라서 과연 토지가치공유제가 사유제보다 더 효율적인가가 논란이 될 수 있는데 이에 관해서는 다음 절에서 다뤄 보고자 한다.

3. 토지가치사유제와 토지가치공유제의 효율성 비교

자유지상주의의 소유권 논리를 통해 도출한 토지가치공유제와 로크와 노직이 주장한 토지가치사유제의 효율성 비교는 자원배분을 시장에 방임하는 시장체계를 전제로 해서 진행되는데, 그 이유는 자유지상주의가 기본적으로 시장을 자유 극대화의 전제조건으로 여기기 때문이다(Nozick, 1974, 강성학 역, 1991: 278).

시장체계 내에서 두 제도의 효율성을 구체적으로 비교하는 또 다른 이유가 있다. 그것은 추상적 원리를 통한 제도의 도출이 구체적 검토와 결합하지 않으면 확실성과 설득력이 떨어지기 때문이다. 노직 자신도 구체적인 검토가 중요함을 여러 군데에서 밝히고 있다. 그는 롤스를 비판할 때 롤스가 "차등 원리는 모든 상황에 적용되는 것이 아니라 오직 사회의 기본 구조에만 적용된다."(Rawls, 1985: 276)라고 한 것에 대해 "차등 원리가 사회의 기본 구조에 적용되는지 안 되는지 우리가 어떻게 결정할 수 있을까?"라고 의문을 제기하면서, "자신의 판단이 틀리거나 실수임을 발견하는 것에는 미시적 차원에 기초를 두고 있는 원리들의 엄격한 적용에 의해 그 판단을 전복시켜 가는 것이 확실히 포함될 것이다. 이런 이유 때문에, 원리들을 미시적으로 테스트하는 것을 제외시킴으로써 그것들을 보호하려 하는 것은 바람직하지 못한 것"(Nozick, 1974, 강성학 역, 1991: 309)이라고 하며 구체적인 검토의 필요성을 역설하였다. 이런 이유로 필자는 시장 시스템 안에서 토지가치공유제와 사유제의 효율성을 구체적으로 비교·검토하려 한다.

1) 비교 대상의 선택

비교 분석에는 비교 대상이 필요하다. 필자가 비교의 대상으로 삼은 것은 다음 세 가지이다.

첫째, 천부된 자원인 토지가 어떤 제도하에서 더 효율적으로 배분되는가를 비교·평가한다.

둘째, 기본적으로 시장은 독점 상태보다 경쟁 상태에 가까울 때 높은 효율성을 보인다는 것에 착안하여, 어떤 토지소유 제도가 경쟁시장을 만드는 데 유리한지를 비교·평가한다.

셋째, 조세를 통한 비교·평가이다. 아무리 '최소국가'라 하더라도 국가의 공공경비는 반드시 필요하기 때문에 세금을 징수할 수밖에 없다. 하지만 일반적으로 자유지상주의가 옹호하는 시장은 세금이 없을 때 가장 효율적이다. 세금이 부과되면 '보이지 않는 손'인 가격이 왜곡되어 '순손실'이 발생하기 때문이다. 이런 이유로 여기서는 어떤 제도가 조세로 인한 비효율을 피할 수 있는지를 비교·평가하려고 한다.

2) 자원(토지)의 효율적 배분을 통한 비교

자원배분이 효율적이기 위해서는 '소유자=효율적 사용자'라는 등식이 성립해야 한다. 그렇다면 토지에 대해서는 어떤 제도가 이 등식을 더 잘 충족시킬 수 있을까? 먼저 토지가치사유제를 평가해 보자.

토지가치사유제에서는 이 등식이 성립하지 않을 가능성이 높다. 자본과는 달리 토지는 거의 대부분의 경우 가치가 하락하지 않고 상승한다. 시간의 경과에 따라 감가(減價)되는 자본의 경우에는 효율적으로 사용하지 못하면 손해가 되므로 소유하지 않으려 할 것이다. 하지만 토지처럼 가치가 증가(增價)하는 경우에는 이익이 되므로 효율적 사용자가 아니더라도 토지를 소유하려고 한다. 그리고 이런 목적으로 토지를 소유한 자들 중에는 토지를 효율적으로 사용하지 않고 유휴화시키거나 저밀도로 사용하는 경우가 많은데, 그 이유는 그렇게 하는 것이 매매를 손쉽게 하여 더 큰 이익을 남길 수 있기 때문이다. 요컨대 토지가치사유제하에서는 이와 같은 토지의 유휴화나 저밀도 사용이라는 비효율이 일상적으로 발생한다는 것이다.

반면에 토지가치공유제하에서는 위 등식이 성립할 가능성이 상당히 높다. 다른 사람을 배제한 대가인 지대를 사회에 납부하면서까지 토지를 유휴화하거나 저밀도로 사용할 사람은 거의 없을 것이기 때문이다. 토지의 가치는 정기적으로 환수되어 사회 전체가 공유하기 때문에 효율적으로 사용할 자신이 없으면 소유를 포기하게 되는데, 결국 이렇게 되면 그 토지는 가장 효율적으로 이용할 수 있는 사람에게 이전될 것이다.

결론적으로 말해서, 자원배분의 효율성이라는 관점에서 볼 때 노직은 토지가치사유제가 토지를 가장 잘 이용할 사람이 소유하도록 유도할 것이라고 하였지만(Nozick, 1974, 강성학 역, 1991: 271), 검토 결과 토지가치사유제는 토지가치공유제보다 훨씬 못하다는 것을 알 수 있다.

3) 시장 형태를 통한 효율성 비교

시장경제의 기수 밀턴 프리드먼이 말했듯이, 시장경제의 가장 큰 적 중 하나는 독점시장의 출현이다(Friedman, 1990: 29). 일반적으로 시장이 효율적이기 위해서는 독점시장이 아니라 경쟁시장에 가까워야 한다. 왜냐하면 독점시장은 독점가격을 낳고, 독점가격은 경쟁시장에서보다 적은 생산량으로 더 많은 이윤을 확보할 수 있게 해 주기 때문이다. 그러면 두 제도 중 어느 것이 독점시장이 될 가능성이 큰지 살펴보자.

먼저 토지가치사유제하에서는 높은 지가가 진입장벽으로 작용하기 때문에 독점시장의 가능성이 높을 수밖에 없다. 지가(地價)는 토지에서 미래에 발생할 모든 지대를 현재 시점으로 할인해서 합한 것이기 때문에 일반적으로 고가(高價)이다. 그렇기 때문에 형식적으로는 모든 사람의 토지소유가 가능하다고 할 수 있지만, 실제로는 목돈이 없는 자의 토지소유는 크게 제한될 수밖에 없다. 진입장벽의 높고 낮음이 시장 형태를 결정하는 중요한 원인이 된다는 점을 고려하면, 토지가치를 사유화하는 것은 독점시장을 낳는 하나의 원인이라고 할 수 있다. 사실 토지소유자는 금융기관과 접촉하기가 더 쉬우므로 토지를 소유할 가능성도 그만큼 더 높아진다. 시장진입을 위해 토지가 반드시 필요하다는 점에서 보면 결국 토지독점의 심화는 자본독점, 더 나아가 독점시장의 강화로 이어질 가능성이 크다고 할 수 있다. 이와 관련해서 처칠(Winston Churchill)의 연설과 마르크스의 말에 주목할 필요가 있다. 처칠은 어느 연설에서 "토지독점은 존재하는 유일한 독점은 아니지만, 단연 최고의 독점이다. 그것은 영원한 독점이며 다른 모든 독점의 형태의 어머니"라고 하였다(Kyriazi, 2000: 52에서 재인용). 마르크스도 "오늘날의 사회에서 노동 수단은 토지소유자(**토지소유의 독점은 더구나 자본 독점의 토대이다**)와 자본가의 독점이다."(Marx, 최인호 역, 1995: 373. 강조는 인용자)라고 할 정도로 토지독점이 자본독점, 독점시장의 주된 원인이라고 보았다.

반면에 토지가치공유제하에서는 토지 때문에 발생하는 독점시장의 경향이 제거된다. 이 제도하에서는 지가가 '0'이 되기 때문이다. 일반적으로 지가는 '토지를 통해서 얻을 수 있는 수익-토지소유 비용'으로 결정되는데 토지가치공유제하에서 지가는 토지를 통해 얻게 되는 수익과 토지소유로 인한 비용이 일치하기 때문에 결국 '0'이 된다. 이러한 지가의 '제로(zero)화'는 두 가지 면에서 경쟁시장을 촉진시켜 준다. 하나는 이것이 자금력이 부족한 자들의 토지소유 가능성을 높여주기 때문이고, 또 다른 하나는 창의(創意)와 기술력을 가진 신(新)기업들의 금융권 접근이 용이해지기 때문이다. 이런 이유로 토지가치공유제하에서 경쟁시장의 가능성은 상당히 높아질 수밖에 없다.

결론적으로 보면, 토지가치공유제는 사유제에 비해 시장의 독점화 억제 기능이 훨씬 뛰어나고, 그렇기 때문에 보다 효율적이라 할 수 있다.

4) 조세를 통한 효율성 비교

앞서 말했듯이 자유지상주의의 관점에서 시장의 기능은 생산자에게 생산물에 대한 권리를 보장하고 생산자 간의 자발적인 교환을 보장할 때 극대화된다. 이런 점에서 보면 세금은 대체로 반(反)시장적이다. 세금의 주요 대상이 되는 소득이나 부가가치는 노력의 소산인데, 여기에 세금을 부과하면 생산자의 권리를 침해하고 거래를 제한하게 되기 때문이다(Harrison, 1998). 또한 세금은 대가성이 없기 때문에 시장과도 상치된다. '상품과 서비스의 교환'으로 정의되는 시장은 철저하게 대가성을 원칙으로 한다. 그러나 세금은 납세하는 자가 그만큼의 대가를 국가로부터 받는지 확인할 길이 없기 때문에, 즉 '대가성 원칙'이 적용되지 않기 때문에 시장 참여자들은 되도록이면 세금을 피하려고 한다. 따지고 보면 지하경제의 발생도 바로 여기에서 연유하는 것이다.

그러나 아무리 자유지상주의를 토대로 하고 있는 국가(사회)라 하더라도 운영자금이 필요하므로 세금을 부과하지 않을 수 없다. 그렇다면 토지사유제를 원칙으로 하고 있는 사회에서는 자본과 노동에 세금을 부과할 수밖에 없는데, 이것은 대가성도 없을 뿐 아니라 가격체계를 왜곡시켜 자원배분의 효율성을 저해한다.

그러면 토지가치를 환수해서 국가의 공공경비로 사용하는 토지가치공유제는 토지가치사유제처럼 시장의 기능을 저해하는가? 그렇지 않다. 토지에 대한 세금이 경제에 전혀 부담을 주지 않는 중립적(neutral)이라는 것은 아래와 같은 학자들의 언급에 잘 나타나 있다.

> 이 조세는 생산물의 양을 감소시키는 경향은 없기 때문에 가격을 인상시키는 경향을 가질 수 없다. 이 조세는 국민들의 근면을 해치지 않으며 납세하는 불가피한 불편 이외에는 지주에게 일체 불편을 끼치지 않는다.(Smith, 1998: 320)

> 지대에 대한 조세는 지대에만 영향을 미칠 것이다. 그것은 전적으로 지주들이 부담할 것이며 또 어떤 부류의 소비자들에게도 전가될 수 없을 것이다. (Ricardo, 정윤형 역, 1991: 246)

> 어느 것이 가장 덜 나쁜 세금일까? 내 생각에, 가장 덜 나쁜 조세는 미개량 토지가치에 부과하는 재산세이다. 그것은 오래전에 헨리 조지가 주장했던 것이다.(Wenzer, 1999, 표지에서 재인용)

이뿐 아니다. 앞서 살펴보았듯이 지대에 부과하는 세금은 오히려 토지이용의 효율성을 높이는 데 기여한다(George, 1997: 383~388). 게다가 토지가치를 세금으로 환수하는 것은 대가성이라는 측면에서 생각해 보아도 시장 친화적(market friendly)이다. 어떤 토지를 사용한다는 것은 그 토지가 제공하는 서비스를 활용한다는 것을 뜻한다. 따라서 토지가 위치마다 다르다고 하는 것은 각각의 토지가 제공하는 서비스가 다르다는 것이다. 그러면 여기서 말하는 '서비스'가 구체적으로 무엇일까? 그것은 '지대(rent)'다. 요약하면 각각의 토지는 지대라는 서비스를 토지사용자에게 제공하는 것이다. 그런데 지대는 토지사용자가 아니라 사회가 만들어 낸 가치다. 따라서 지대를 세금으로 환수한다는 것은 지대를 사회로부터 제공받은 토지사용자가 그것의 대가를 지불한다는 뜻이 된다.

결국 조세를 통한 시장의 효율성 측면에서도 토지가치공유제가 사유제보다 훨씬 효율적이라고 할 수 있다.

4. 보편타당한 가치로서의 토지정의

사적 소유의 절대성과 정부 개입이 최소화된 시장을 옹호하는 정치철학인 자유지상주의에서는 토지도 사적 소유의 대상이며 그랬을 때 시장의 효율성이 증대된다고 일반적으로 알려져 있지만, 실제로 검토해보면 그렇지 않다. 자유지상주의의 소유권 원리를 토지에 대입해 보면 토지가치사유가 아니라 토지가치공유가 도출되고, 그것은 토지가치사유보다 훨씬 효율적이다. 필자는 이를 논증하기 위해 먼저, 자유지상주의의 대전제인 자기소유권에 대한 절대적 옹호와 이것에서 도출할 수 있는 노동소유권 및 평등한 토지권 존중, 그리고 합리성을 지니고 독립성을 추구하는 특성을 지닌 개인들이 계약 상황에서 토지가치인 지대를 공유하는 방식에 합의한다는 결론을 도출하였다. 또한 그것이 로크의 충분단서와 노직의 '다른 사람의 삶을 악화시키지 말아야 한다.'라는 단서를 가장 잘 충족시킨다는 것을 설명하였다. 그리고 토지가치공유제가 토지사유제보다 훨씬 효율적이라는 것을 여러 가지 측면에서 비교·검토하였다.

이를 통해 우리는 토지공개념의 원류인 헨리 조지의 토지정의 사상이 가장 오른쪽에 있는 사상인 자유지상주의로도 옹호 가능함을 다시 한 번 확인하게 된다. 사실 재분배를 강력하게 옹호하는 자유평등주의자 롤스의 논리를 통해 토지정의는 어렵지 않게 도출되며(제4장 참조), 더구나 생산수단의 사회화를 주창하는 사회주의자 마르크스의 입장에서도 토지정의는 자연스럽게 도출된다. 지금까지 자유지상주의로 토지정의를 도출한다는 것은 불가능하다고 간주되었다. 그러나 이처럼 '토지정의'는 시대와 사상의 차이를 막론하고 합의할 수 있는 보편타당한 가치에 속한다고 하겠다.

제6장

헨리 조지의 생애

박창수

1897년 10월 29일, 뉴욕 시장 선거에 출마했던 한 사람이 타계했다. 향년 58세였다. 그 사람의 죽음을 애도하며 하루에만 무려 10만 명이 조문을 하였는데, 그의 장례식에서 오랜 친구이자 동지였던 에드워드 맥글린(Edward McGlynn, 1837~1900) 신부가 다음과 같은 조사를 했을 때, 자발적인 박수가 터져 나왔다.

> 고인은 단순히 철인이나 현인이 아니었습니다. 꿰뚫어 보는 자요, 선구자요, 선지자였습니다. 하나님께서 보내신 스승이었습니다. 고인에 대해서 다음과 같은 성경 구절로 비유할 수 있습니다. “하나님께로부터 보내심을 받은 사람이 있으니 그의 이름은 요한이라.” 제가 감히 성경을 본떠 말씀드리고 싶습니다. 하나님께로부터 보내심을 받은 사람이 있으니 이름이 헨리 조지라!(de Mill, 1950: 239; Andelson, 1992, 전강수 역, 2009: 239에서 재인용)

그렇다. 그 사람의 이름은 헨리 조지(Henry George, 1839~1897)였다. 에드워드 맥글린 신부가 신약성경에 있는 한 구절(요한복음 1장 6절)을 인용하여, 그를 “하나님께로부터 보내심을 받은 사람”이라고 압축해서 표현했다면, 필자는 그의 생애를 구약성경에 있는 다음 구절을 인용해서 표현하고 싶다. “사람아, 주께서 선한 것이 무엇임을 네게 보이셨나니, 여호와께서 네게 구하시는 것은 오직 정의를 행하며, 인자를 사랑하며, 겸손하게 네 하나님과 함께 행하는 것이 아니냐?”(미가서 6장 8절) 이 성구는 선한 인간에 대한 그리스도교의 세 가지 기준을 제시하고 있는데, 헨리 조지는 그 기준들에 부합한 사람이었다. 그 기준들을 각각 한 글자로 표현하여 의(義)와 인(仁)과 신(信)이라고 할 수 있는데, 이 장에서는 그의 생애를 이 세 개의 범주로 나누어 그의 생애를 기술하고자 한다.

1. 의(義)

헨리 조지는 의(義)의 사람이었다. 오직 정의를 행한 사람이었다. 그런데 오직 정의를 행하기 위해서는 반드시 필요한 것이 두 가지 있다. 하나는 어떤 위협과 위험에도 불구하고 정의를 행할 수 있는 ‘용기’이다. 그리고 다른 하나는 정의가 무엇인지 통찰할 수 있는 ‘지혜’이다. 그는 바로 이 이 두 가지를 겸비하였다.

용기만 있고 정의를 통찰할 수 있는 지혜가 없으면, 그것은 쿠데타를 일으키는 군부의 어리석은 혈기와 같아서, 사회에 해롭기 그지없다. 반대로 지혜만 있고 정의를 행할 수 있는 용기가 없으면, 그것은 학문을 왜곡하여 권력자에게 아부하는 사이비 지식인들의 위선적인 지식과 같아서, 나라에 큰 해를 끼친다. 인류의 역사에서 비극은, 어리석은 혈기로 가득한 자들이 피 묻은 칼로 권력을 차지하여 자기 욕망을 극대화했고, 바로 그런 자들의 밑에서 위선적인 지식으로 가득한 자들이 더러운 붓으로 그 불의한 체제를 합리화하며 그 떡고물을 챙겨 먹은 반면, 절대 다수의 힘없는 백성들은 칼로 억압받고 붓으로 세뇌되어 끊임없이 수탈당해 왔다는 사실이다.

무릇 용기는 무(武)의 알맹이요, 지혜는 문(文)의 알속이다. 그래서 무와 문을 겸비했다는 것의 참된 의미는, 단순히 칼싸움 잘하고 글줄깨나 읽었다는 뜻이 아니라, 바로 용기와 지혜를 갖추었다는 뜻이다. 인류의 역사에서 비록 매우 드물기는 하지만 선하고 위대한 업적을 남긴 인물들은 모두 용기와 지혜를 갖춘 사람들이었다. 헨리 조지가 바로 그런 사람이었다.

1839년 9월 2일, 헨리 조지는 미국 필라델피아에서 영국계 부모 사이에 열 남매의 장남이자 둘째로 태어났다. 그는 정규 교육의 혜택을 많이 받지 못했는데, 그 이유는 바로 집안의 가난 때문이었다. 부친이 세관 서기로 일했지만 수입이 너무 적었으므로, 그는 고민 끝에 가족을 설득하여 14세에 스스로 학교를 중단하고, 첫 일자리로 도자기 수입 가게의 점원으로 취직했고, 나중에는 해상보험 사무소에서도 일했다(박호정, 2002: 1~2; Andelson, 1992, 전강수 역, 2009: 244). 이처럼 어린 나이에 가족의 경제문제를 스스로 고민하여 학교를 그만두고 취직을 하기로 결단한 다음 그것을 실행에 옮기는 것에서, 그의 내면에 깃들어 있는 용기의 싹을 볼 수 있다. 이런 결단과 실행은 평범한 사람이 할 수 있는 것이 결코 아니다.

1855년, 헨리 조지는 16세 때 사랑하는 가족을 떠나 선원이 되어 1년 동안 호주의 멜버른과 인도의 캘커타까지 항해하였고, 잠시 귀국해서는 고향 필라델피아의 어느 출판사에 취직해서 식자공으로 일하다가, 1857년 12월 18세의 나이로 다시 배에 올라 6개월 동안 여객선의 승무원이 되어, 미국 동부 연안에서 라틴 아메리카 남단의 마젤란 해협을 지나 미국 서부 연안의 샌프란시스코에 도착했다(박호정, 2002: 2; Andelson, 1992, 전강수 역, 2009: 245). 이처럼 그는 미성년의 나이에 두 차례나 뱃사람이 되어 대서양과 인도양과 태평양을 항해했다. 그 드넓은 바다에서, 그의 호연지기(浩然之氣)가 자랐을 것이다. 대자연에서 느끼는 호연지기는 용기의 원천이다. 바다에서 보낸 그 1년 6개월 동안 잔잔한 날도 있었겠지만 비바람이 몰아치고 파도가 일렁이는 날도 있었을 것이다. 그런 바다에서 그의 육체가 점점 단련되고 강인해진 것처럼, 그의 내면에서도 굳센 뱃사람 특유의 용감한 기질이 자라났을 것이다.

성인이 되기 전의 헨리 조지에게서는 이런 용기와 더불어 지혜의 싹도 발견된다. 비록 그의 정규 교육은 일찍 중단되었지만, 어린 시절 그는 가정에서 셰익스피어의 책들과 각종 시집, 역사서, 여행기 등을 가까이했고, 성경도 끊임없이 읽었으며, 퀘이커 도서관(Quaker Apprentice's Library)에 자주 가서 책을 읽었고, 프랭클린 기념관(Franklin Institute)에서 열리는 과학강좌에도 참석했으며, 친구들과 토론회를 만들어 아리스토파네스, 바이런 등 다양한 주제에 대해 열심히 토론하였다(Andelson, 1992, 전강수 역, 2009: 244). 정의를 통찰할 수 있는 지혜의 원천은 독서와 탐구인데, 그는 어린 시절부터 이처럼 독서와 탐구에 힘썼던 것이다. 이런 치열한 노력이 있었기 때문에, 선원이 되어 배를 탄 기간에도 그의 지혜는 더욱 예리해질 수 있었다. 그가 호주와 인도까지 항해할 때 쓴 편지나 항해일지에는 성숙해 가는 관찰력이 나타나 있고, 또한 전제 권력에 희생된 가난한 사람들에 대한 동정심이 묻어 있다(Andelson, 1992, 전강수 역, 2009: 245).

헨리 조지의 지혜는 노예제도에 대한 통찰에서 잘 드러났다. 그는 청소년시절에 어머니와 노예제도에 대해 토론한 적이 있다. 그의 어머니는 노예제도를 찬성하지는 않았지만, 노예들이 받는 고통이 과장되어 있으며 소수의 노예주들은 잔인할지 모르지만 대다수의 노예주들은 인간적인 애정을 갖고 있다고 주장하면서, 노예해방에 대해서도 찬성하지 않았다(박호정, 2002: 3). 이에 대해 그는 노예를 재산으로 인정하는 제도 아래에서는, 노예주가 자기 마음대로 노예를 다룰 수 있고 심지어 죽일 수도 있다고 논박하면서, 그의 어머니가 원칙에 주목하지 않고 있다고 정확히 지적했다(박호정, 2002: 3). 이 대화에서 잘 드러난 것처럼, 그는 무엇이 정의인지 명확하게 통찰할 수 있는 지혜를 가지고 있었다.

헨리 조지의 지혜는 독서와 탐구뿐만 아니라 극심한 가난의 체험으로부터도 나왔다. 그가 항해를 마치고 샌프란시스코에 도착했을 때는 미국 서부 해안에도 경제 불황이 휩쓴 직후였기 때문에, 그는 입에 풀칠이라도 하기 위해 가게에서, 광산에서, 인쇄소에서, 방앗간에서, 농장에서 닥치는 대로 온갖 일을 다 해야 했는데, 그 가운데 인쇄공으로 일한 기간이 제일 길었으며, 노동조합에 가입하였다(Andelson, 1992, 전강수 역, 2009: 245). 21세에 그는 애니 팍스(Annie Corsina Fox, 1845~1904)와 결혼했다. 호주 출신인 그녀는 부모를 여의고 부유한 삼촌 댁에서 살고 있었는데, 그녀의 삼촌이 무일푼 인쇄공이자 직장도 없었던 헨리 조지를 탐탁지 않게 여겨 결혼을 승낙하지 않자, 그들은 도망을 쳐서, 신랑이 결혼식 비용에다 결혼 예복까지 빌려 식을 올린 것이다(Andelson, 1992, 전강수 역, 2009: 245). 혼자 지낼 때에도 가난 때문에 힘들었지만 결혼해서 늘어나는 가족을 부양해야 할 때에는 더욱 힘들었는데, 특히 둘째 아이가 태어난 날이 가장 처절했다(Andelson, 1992, 전강수 역, 2009: 246). 의사가 굶주린 산모에게 무엇이라도 먹을 것을 주라고 하였으나 어느 친절한 이웃이 준 빵 한 덩이 외에는 집안에 먹을 것이 없었기 때문에, 비가 내리던 그날 저녁, 그는 수입금이 있는지 확인하려고 인쇄소에 들렀다 나오는 길에 처음 만난 어느 신사에게 해산한 아내를 위해 무엇을 좀 먹여야 한다고 말하고는 5달러를 구걸하였다(Andelson, 1992, 전강수 역, 2009: 246). 훗날 그는 "너무 절망적인 상태였기 때문에, 만일 그 사람이 돈을 주지 않았다면 살인을 할 수도 있었다."라고 회고하였다(Andelson, 1992, 전강수 역, 2009: 246). 그런데 이런 비참한 빈곤의 경험은 결코 무의미하지 않았다. 몸소 겪은 이 처절한 가난을 통해, 그는 왜 노동자가 그토록 열심히 일을 하는데도 가족을 먹여 살리기 힘든지, 또 왜 실직자가 그토록 애쓰는데도 일자리를 구할 수 없는지에 대한 근본적인 질문을 자신의 머리뿐만 아니라 가슴에도 새길 수 있게 된 것이다. 무릇 좋은 답변은 좋은 질문에 달려 있다. 그는 가난을 겪음으로써, 사회문제의 핵심에 도달할 수 있는 근본적인 질문을 갖게 된 것이다. 이 질문은 장차 빈곤 문제의 원인을 꿰뚫어 보게 될 혜안의 시작이었다.

헨리 조지는 26세가 된 1865년, 링컨 대통령이 피살되었다는 비극적인 소식을 듣게 되자, 이에 격분하여 짧지만 격정적인 추도문을 써서 자신이 인쇄공으로 일하고 있던 신문인 샌프란시스코의 『알타 캘리포니아(*Alta California*)』에 기고하였는데, 그 글이 신문의 머리글로 실리게 되었다(Andelson, 1992, 전강수 역, 2009: 246~247). 그의 지혜만큼 그의 문장도 탁월하게 연마되고 있었던 것이다. 그 신문의 편집인은 그 글을 쓴 사람이 헨리 조지라는 것을 알고는 그가 계속해서 기고할 수 있도록 해 주었는데, 이로써 그는 난생 처음으로 보수를 받는 자유기고가가 되었다(Andelson, 1992, 전강수 역, 2009: 247). 곧 청년 시절의 그는 노예제도의 불의를 통찰할 수 있는 지혜를 가지고 있었을 뿐만 아니라, 링컨의 죽음에 분노하며 열정적인 추도문을 기고할 만큼 뜨거운 가슴도 가진 사람이었다. 그리고 이런 자질이 향후 그가 문필가의 길을 걷게 된 계기가 되었던 것이다.

그 후에 헨리 조지는 자신이 만들어 세운 신문인 샌프란시스코의 『이브닝 포스트(*Evening Post*)』 편집인으로 4년 동안 일했는데, 이 신문은 부정부패를 과감하게 파헤쳐 많은 사람들의 뜨거운 지지를 받았다(Andelson, 1992, 전강수 역, 2009: 247). 이 신문사에서 일하는 동안 그는 여러 차례 위협에 맞서 용기를 발휘했는데, 어린 원생들을 잔인하게 다루는 소년원 관계 기사 때문에 원장이 권총을 휘두를 때도 있었고, 도박업계와 유착관계에 있었던 경찰서장에 대한 보도 때문에 경찰서장의 심복이 권총으로 위협하기도 했다(Andelson, 1992, 전강수 역, 2009: 247). 또 한번은 쇠 난간에 한 손으로 매달린 술 취한 선원 한 명을 위험을 무릅쓰고 구해 내기도 했다(Andelson, 1992, 전강수 역, 2009: 247). 이런 에피소드들에서 청년 시절의 그가 얼마나 용감한 사람이었는지 잘 알 수 있다. 그는 옳은 일을 위해서라면 어떤 위협에도 굴하지 않았고, 사람을 구하는 일이라면 어떤 위험도 무릅썼다.

헨리 조지의 지혜가 빛난 것은, 그의 대표작인 『진보와 빈곤(*Progress and Poverty*)』(1879)에서였다. 장년의 나이에 접어든 40세에 쓴 이 책에서 그는 생산력이 증가하는 '진보'에도 불구하고 생존 최저임금과 실업이라는 '빈곤'이 발생하는 이유를 탐구하였는데, 그것은 바로 생산에 아무런 기여도 하지 않는 지주가 지대(地代, 토지사용의 대가)를 독차지하는 불의를 합법화하는 토지사유제도 때문이었다. 인구 증가와 기술개선에 의해 부가 증가하는 물질적 진보가 이루어지는 것과 동시에, 지대의 절대 총액이 증가함은 물론이고 지대가 총생산 중 차지하는 비중도 커지기 때문에, 노동자는 생존 최저임금으로 고통받게 된다. 그리고 토지사유제도 아래에서 불가피하게 발생하는 토지 투기 때문에 생존 최저임금 문제는 더욱 악화될 뿐 아니라, 산업 불황이 주기적으로 발생하여 노동자는 실업으로 고통받게 된다. 따라서 진보와 동행하는 빈곤을 타파하려면 토지사유제도를 철폐하여야 한다. 그러나 이미 토지사유제도가 관습화된 나라에서는 토지를 무리하게 공유화할 필요가 없고, 단지 사회가 지대에 과세하여 그것을 환수하면 된다. 이와 같은 주장을 담고 있는 이 책은 다른 정치경제학 서적들과는 달랐는데, 딱딱한 통계나 수학 대신 시와 철학을 인용하였고, 책을 읽는 누구나 쉽게 이해할 수 있도록 글쓴이의 경험에서 우러나온 분명하고 친숙한 예를 들었다(Andelson, 1992, 전강수 역, 2009: 250).

한편 헨리 조지의 용기가 빛난 것은, 그의 강연 여행지인 영국에서였다. 1881년, 그의 나이 42세 때의 일이다. 이 당시 서구 세계에서는 영국의 식민통치를 받고 있던 아일랜드의 토지문제가 가장 심각했는데, 아일랜드의 소작 농민들은 터무니없이 많은 소작 지대 때문에 고통받고 있었고, 대부분이 영국인인 부재지주들에 의해 언제든지 그 땅에서 쫓겨날 수 있는 위험에 처해 있었다(Andelson, 1992, 전강수 역, 2009: 251). 그는 자신의 사상을 요약하여 「아일랜드의 토지문제(*The Irish Land Question*)」라는 작은 책을 발행하였는데, 이 책은 대서양 양쪽의 미국과 유럽에 큰 충격을 주었고, 이 책의 출판을 계기로 뉴욕의 아일랜드계 최대 신문인 『아이리쉬 월드(*Irish World*)』는 취재를 겸한 강연을 위해 그를 아일랜드와 영국으로 파견하였다(Andelson, 1992, 전강수 역, 2009: 251). 그런데 그가 떠나기 이틀 전에 아일랜드 토지개혁운동의 지도자 세 사람이 영국 당국에 의해 교도소에 수감되었고, '아일랜드전국토지연맹'은 정부가 악법을 철회하기 전까지 소작 지대의 납부를 거부하는 선언문을 채택하는 등 양측의 대립 상황이 극단으로 치달았다(박호정, 2002: 19). 이런 상황에서 헨리 조지가 영국으로 가는 것은 위험한 일이었다. 그가 영국에 도착했을 때, 영국 정부에 체포되지 않도록 헨리 조지라는 이름 대신에 가명을 쓸 것을 권한 사람들까지 있었으나, 그는 자신의 이야기에 귀 기울이는 모든 사람들이 강연회에 올 수 있도록 자신의 이름을 그대로 사용했다(박호정, 2002: 19). 그가 영국에 머무는 1년 동안 영국으로부터 파견된 아일랜드 총독부의 새 관료 두 명이 공원에서 암살되자, 영국군이 아일랜드 사람들에게 무력으로 보복할 것이라는 소문이 나돌았고, 아일랜드 지도자들은 프랑스로 망명하라는 권유를 받았다(박호정, 2002: 20). 헨리 조지는 골웨이(Galway)에서 영국 당국에 의해 두 차례나 체포되고 잠시 투옥되기도 했는데, 이 사건으로 그는 전 세계 뉴스의 중심인물이 되었다(Andelson, 1992, 전강수 역, 2009: 251). 그러나 그는 온갖 위험을 무릅쓰고 강연을 이어 갔고, 그 결과 수많은 청중을 열광시켰다. 그리고 이런 용기 덕분에, 귀국했을 때 그는 이미 유명인사가 되어 있었다. 『진보와 빈곤』도 크게 성공해 판을 거듭하였고, 10여 개의 외국어로 번역되었는데, 1900년까지 영어로 쓰인 논픽션 분야의 책들 중 성경 다음으로 많이 팔린 책이 되었다(Andelson, 1992, 전강수 역, 2009: 251).

헨리 조지는 미국과 아일랜드와 영국에서뿐만 아니라 캐나다, 호주, 뉴질랜드 등 영어를 사용하는 국가들에서도 강연을 했다. 그는 가는 곳마다 선풍적인 인기를 끌었고, 이 나라들에서 지대공유제 운동이 불타오르게 만들었다. 그는 과감하게 뉴욕 시장 선거에도 뛰어들었다. 뉴욕 시장 후보 지명을 수락하는 연설에서 밝힌 것처럼 그는 한때 공직 선거에 출마하기도 했었지만 그 후에는 그런 생각이 없었고, 자신을 "정치에 앞서가면서…수백만이 밟게 될 길을 개척하는 사람"(George Jr., 1900: 467; Andelson, 1992, 전강수 역, 2009: 254에서 재인용)이라고 생각하고 있었다. 그런 그였지만, 165개 노동조합 등으로 결성된 연합노동당(United Labor Party)이 그를 뉴욕시장 후보로 추대하자, 지대공유제를 실현하기 위해 그것을 받아들인 것이다. 1886년, 그의 나이 47세 때였다. 비록 세 후보 가운데 2등으로 낙선하고 말았지만, 개표가 그에게 불리하게 조작되었다고 의심하는 사람이 많았는데, 대부분의 역사가에 의하면 헨리 조지가 "투표에 이기고 개표에 졌다."고 한다(Andelson, 1992, 전강수 역, 2009: 255).

헨리 조지의 용기는 그의 생애 마지막에서 가장 잘 드러났다. 사람의 진가는 맨 마지막에 가서야 알 수 있는 법이다. 1897년, 미국 뉴욕 시장 선거가 다가오자, 그가 두 번째로 출마한다는 소문이 돌았다(박호정, 2002: 35). 당시 58세였던 그는 건강이 아주 좋지 않았다. 그래서 그는 애초에 출마할 뜻이 없음을 표명하기도 했었다. 의사들 역시 그의 건강이 정치활동을 견뎌 낼 수 없다며 출마 포기를 권유하였다(Andelson, 1992, 전강수 역, 2009: 265). 그러나 그는 사사로운 일신의 안위에 얽매이지 않고 대의명분의 원칙에 입각하여 결정을 내리고 행동에 옮기는 사람이었다. 그는 친구들을 불러 자문을 구했는데, 토론 결과 그는 참석한 사람 모두가 뉴욕 시장 선거 후보 활동이 지대공유제에 대한 그들의 신념을 널리 전파하고 실현하는 데 기여할 것으로 본다고 정리하였고, 따라서 후보 지명을 수락하는 것은 분명한 의무에 속한다는 결론을 내렸다(Andelson, 1992, 전강수 역, 2009: 265~266). 결국 그는 출마를 결정하였다. 사람들로 가득한 후보 지명 수락 연설장에서 그는 처음에는 힘이 없어 목소리도 거의 들리지 않았으나 나중에는 점점 더 큰 목소리로 이렇게 말했다.

> 여러분이 저를 후보로 지명하신 뉴욕시장직은 제 견해를 완전하게 실천할 권한이 없는 자리이지만 저와 생각을 같이하는 분들을 대변할 수는 있을 것입니다.… 모든 사람은 자유롭고 평등하게 태어났습니다.… 이런 가치를 위해 사는 것보다 더 큰 영광은 없습니다. 자신이 갖고 있는 모든 것을 자기 시대와 자기 세대에 바치는 것보다 더 큰 봉사는 없습니다. 저는 이를 위해 죽을 각오가 되어 있습니다. 몇 년 더 산다는 것이 무슨 대수입니까? 자신의 국가, 민족, 시대를 위해 죽는다면 그보다 더 값지고 숭고한 일이 어디 있겠습니까?(de Mill, 1950: 229; Andelson, 1992, 전강수 역, 2009: 266에서 재인용)

헨리 조지는 경쟁관계에 있던 다른 세 후보들보다 더 강행군을 했는데, 마지막 12일 동안은 30회나 연설하면서, 기진맥진한 상태에서도 모여 있는 청중 모두에게 들리도록 온 힘을 다해 외쳤다(Andelson, 1992, 전강수 역, 2009: 267). 그는 사망하기 전날 밤에도 네 차례나 연설했는데, 그 가운데 하나는 노동자들이 대규모로 모인 집회에서였다. 그 자리에서 그는 오랫동안 노동조합원이었을 뿐만 아니라 연합노동당의 후보로 출마한 경력도 있었기 때문에 노동자의 위대한 친구라고 소개받았으나, 그는 이렇게 연설했다.

> 저는 노동자의 특별한 친구라고 자처한 적이 없습니다. 노동자에게 특권을 달라는 요구는 하지 맙시다. 저는 노동 계층에게 특별한 권리를 부여하거나 배려를 하여야 한다고 주장한 일도 없습니다. 저는 누구에게나 평등한 권리가 돌아가도록 노력할 뿐입니다.(George Jr., 1900: 605; Andelson, 1992, 전강수 역, 2009: 267에서 재인용)

한 표가 귀중하고 아쉬운 치열한 선거전에서, 그것도 노동자들의 지지를 얻기 위해 대규모 노동자 집회에 참석한 상황에서 노동자의 위대한 친구라는 소개까지 받은 사람이, 연단에 올라 정작 자신은 노동자의 특별한 친구라고 자처한 적도 없고 또 노동자에게 특별한 권리를 부여해야 한다고 주장한 일도 없으며 오직 만민의 토지평등권을 위해 노력할 뿐이라고 연설한 것이다. 이것은 정녕 용기 있는 사람만이 할 수 있는 말이다.

더 정확하게 말하면 이것은 지혜와 용기를 겸비한 사람만이 할 수 있는 말이다. 곧 정의를 통찰하는 지혜를 갖추고 있을 뿐만 아니라, 그 정의에 투철한 용기를 가지고 있는 사람만이 할 수 있는 말이다. 이처럼 헨리 조지는 지혜와 용기로 정의를 행한 사람이었다.

2. 인(仁)

헨리 조지는 의(義)의 사람이었을 뿐만 아니라, 인(仁)의 사람이었다. 그의 인자(仁慈)는 가난한 사람들의 처지를 이해하여 불쌍히 여기는 체휼(體恤)로 나타났다. 또한 그의 인자(仁慈)는 가난한 사람들을 빈곤의 고통에서 건져 내기 위해 빈곤을 초래하는 사회제도를 변혁하는 일에 자기 인생을 바친 헌신(獻身)으로 나타났다. 이런 체휼과 헌신이 집약되어 그의 인자를 잘 드러낸 대표적인 것이 바로 '뉴욕의 맹세'이다.

1869년, 헨리 조지는 30세의 나이로 반 년 동안 샌프란시스코 『헤럴드(*Herald*)』의 뉴욕 특파원으로 파견되었다. 뉴욕에는 극도의 부와 비참한 빈곤이 공존했는데, 그는 뉴욕의 거리를 거닐면서 그 이유를 스스로에게 묻고 생각했다. 부가 증대하면서 문명이 진보하고 있었지만, 그 진보는 일방적이어서, 부는 소수에게만 집중되고, 거리에는 빈곤이 만연했다(박호정, 2002: 10~11). 그는 당시 학교에서 가르치던 것처럼 빈곤은 해결책이 없는 불가피한 문제라는 주장을 도저히 받아들일 수 없었고, 부가 증가하는 물질적 진보가 일어나는데 빈곤은 사라지지 않고 오히려 더 증가하는 원인을 밝히는 것이 자신의 소명이라는 강렬한 생각에 사로잡히게 되었다(박호정, 2002: 11). 이에 대해 훗날 그는 어느 아일랜드 성직자에게 보낸 편지에서 이렇게 회고하였다.

> 어느 날 낮, 큰 길 위에서, 어떤 사상, 어떤 비전, 어떤 소명이…제게 다가왔습니다. 저의 모든 신경이 전율하였습니다. 저는 그 자리 그 시점에서 맹세를 하였습니다. 그 후 지금까지 저는 잘했건 못했건, 성취했건 못 했건, 그 맹세에 충실하였습니다.(George Jr., 1900: 193, 311; Andelson, 1992, 전강수 역, 2009: 248에서 재인용)

헨리 조지가 한 뉴욕의 맹세는, 생산력이 증가하는 물질적 진보가 일어나는 사회에서 많은 사람을 빈곤으로 몰아넣는 원인을 제거하는 일에 전력을 다하겠다는 것이었다. 캘리포니아로 돌아온 어느 날 뉴욕의 맹세를 다시 생각하던 그는, 진보와 빈곤이 동행하는 이유를 순간적으로 깨닫게 되었는데, 이에 대해 그는 훗날 이렇게 술회했다.

> 생각에 빠져 야산을 달리다 보니 말이 지치고 말았다. 숨을 돌리기 위해 잠시 쉬면서 지나가는 일꾼에게 인사 삼아 땅값이 얼마나 되느냐고 물어 보았다. 그 사람은 멀리서 쥐만 한 크기로 풀을 뜯는 소를 가리키며 말했다. "잘은 모르지만 저 너머 땅을 팔려는 사람이 있는데 1에이커(1,224평)에 1천 달러라고 합니다." 이때 부의 증가와 빈곤의 증가가 동행하는 이유가 영감처럼 번쩍였다. 인구가 증가하면 토지가치가 오르고, 이 토지가 필요한 사람은 돈을 더 내야 한다. 나는 이 이치를 깊이 생각하였고 그 뒤로 나에게서 떠나지 않았다.(George Jr., 1900: 210; Andelson, 1992, 전강수 역, 2009: 249에서 재인용)

헨리 조지는 이 이치를 발전시켜, 32세에 「우리의 토지와 토지정책(*Our Land and Land Policy*)」(1871)이라는 소책자를 발간했는데, 그 속에는 그가 향후 펼칠 지대 공유 사상의 싹이 나타나 있었다(Andelson, 1992, 전강수 역, 2009: 249). 그리고 그는 이 주제를 본격적으로 다루기 위해 더 큰 책을 쓰기로 마음먹었다. 1877년, 38세 때 그는 자신의 일기에 "『진보와 빈곤』을 시작하다."라고 썼다(Andelson, 1992, 전강수 역, 2009: 249). 이 책을 완성하는 데는 1년 반이 걸렸는데, 탈고한 날 밤 그는 벅찬 감격 가운데 무릎을 꿇고 어린이처럼 울면서, "나머지는 주님의 손에 달려 있습니다."라고 기도했다(Andelson, 1992, 전강수 역, 2009: 249~250). 뉴욕의 맹세를 지킨 이때는 1879년, 그의 나이 40세였다. 그 이후에도 그는 죽을 때까지 뉴욕의 맹세를 충실히 지켰다.

이처럼 헨리 조지는 인(仁)의 사람이었다. 『진보와 빈곤』에서 고백한 대로 그는 "대도시 속의 비참한 생활을 접했을 때 당혹스럽고 괴로웠으며 그때부터 그 원인이 무엇인지 그리고 그 치유방안은 무엇인지를 생각하느라 편안하게 지낼 수 없었을"(George, 1879, 김윤상 역, 1997: 542) 만큼, 참으로 어진 사람이었다. 그는 가난한 사람들의 처지를 이해하여 불쌍히 여겼다. 그런데 그의 인자는 단지 자기만족적인 구제에 국한되는 것이 아니었다. 그는 가난한 사람들을 빈곤의 고통에서 건져 내기 위해 빈곤을 초래하는 사회제도를 근본적으로 변혁하는 일에 자기 인생을 바쳤다. 그는 진보와 동행하는 빈곤의 원인을 규명하고 그 원인을 제거하는 일에 전력을 다하겠다는 맹세를 자신의 온 삶으로 충실히 지켰다.

3. 신(信)

헨리 조지는 의(義)와 인(仁)의 사람이었을 뿐만 아니라, 신(信)의 사람이었다. 하나님에 대한 그의 신앙은, 앞서 소개한 일화처럼 『진보와 빈곤』을 탈고한 밤 그가 드린 기도에 잘 나타나 있다. 그는 청년 시절 감리교회에 출석했으나, 나중에는 신자 자격이 소멸되도록 그대로 놔두었으며, 다른 교파로 바꾸지도 않았다(Andelson, 1992, 전강수 역, 2009: 259). 그는 그리스도교의 특정 교파에 속하지는 않았지만, 하나님에 대해 매우 강한 경외심을 갖고 있었다(박호정, 2002: 14).

그의 가정은 매일 아침저녁으로 기도를 했고 찬송가도 자주 불렀다(Andelson, 1992, 전강수 역, 2009: 259).

헨리 조지가 동지들과 함께 결성하였고, 자신이 부회장을 맡았던 빈곤추방협회(Anti-Poverty Society)는 교회와 비슷했다. 당시 회장은 헨리 조지를 지지하다가 천주교에서 파문당한 에드워드 맥글린 신부였는데, 그는 '새로운 십자군의 십자가(The Cross of the New Crusade)'라는 유명한 연설을 통해 토지는 창조주 하나님이 모든 사람에게 주신 선물이라는 사상에 바탕을 둔 '사회적 기독교'를 강조하기도 했다(Andelson, 1992, 전강수 역, 2009: 258). 그는 몇 년 후에 복권되었다. 빈곤추방협회는 매주 일요일 저녁마다 대규모 집회를 가졌는데, 연설 내용이 성경적이었으며, 연설도 설교와 비슷했고, 음악 지휘자는 에드워드 맥글린 신부가 재직하던 성당의 성가대 지휘자였으며, 연보함 같은 것이 도는 등 교회와 여러 가지 면에서 비슷했다(Andelson, 1992, 전강수 역, 2009: 258).

헨리 조지는 사회철학자, 경제학자, 사회개혁가이기 전에 그리스도인, 교회개혁가, 신학자였다. 먼저 그의 모든 저술에는 하나님을 경외하는 신앙인의 경건함이 가득 차 있다. 그 가운데 대표적으로 교황 레오 13세에게 보낸 공개서한인 『노동 빈곤과 토지 정의(*The Condition of Labor: An Open Letter to Pope Leo XIII*)』(1891)를 살펴보자. 이 책의 첫 장에서 그는 "이 세상은 하느님께서 창조하신 것"(George, 1891, 김윤상 역, 2012: 19)이라고 고백했다. 또 이 책에서 그는 토지가 하나님의 것이므로, 토지를 잃어버린 가난한 사람이 희년(禧年, 제50년)에 그 토지를 되찾음으로써, 모든 사람이 토지 평등권을 회복해야 한다는 성경의 토지법에 대한 정확한 이해를 보여 주었다. "모세의 법은 "땅은 아주 팔아넘기는 것이 아니다. 땅은 내 것이요, 너희는 나에게 몸 붙여 사는 식객에 불과하다."는 선언과 함께 매 50년마다 토지를 되물리도록 하였습니다."(George, 1891, 김윤상 역, 2012: 59) 이처럼 창조주 하나님에 대한 굳건한 신앙 속에서, 그는, 토지가 하나님이 모든 사람에게 주신 선물이기 때문에 토지사유제도는 인정될 수 없다고 강조했다.

성경의 그 어느 곳에도 노동 생산물에 대한 재산권과 같은 권리를 토지에 대해 인정하는 제도를 정당화하는 구절은 없습니다. "너희 하느님 야훼께서 주시는 땅"이라는 표현처럼 어디에서나 토지를 하느님의 대가 없는 하사물로 다루고 있습니다.(George, 1891, 김윤상 역, 2012: 59)

이와 같이 하나님을 경외하는 헨리 조지의 신앙은 그 동지들에게도 자연스럽게 공유되었다. 대표적인 예로, 스코틀랜드의 공장 노동자였던 해리 데이비스(Harry L. Davis)가 요약한 「노동 문제(*The Labor Question*)」(1907)에는, 하나님의 뜻대로 순종하는 것이 지대 공유제 운동의 강령이라며 다음과 같이 명시하고 있다.

우리가 하려는 것은 하나님의 사역을 더 잘해 보려고 애쓰는 것이 아니다. 다만 그분의 뜻에 맞게 행할 뿐이다.(Davis, 1907: 39; 안흥철, 1999; 34에서 재인용)

다음으로 헨리 조지의 대표작인 『진보와 빈곤』의 곳곳에는 교회의 문제를 통찰할 수 있는 안목을 가진 한 교회개혁가의 탁월한 비판이 잘 드러나 있다. 그는 토지사유제도에서 파생되는 불의한 현실의 사례로 "교회의 뒷 켠에 매음굴이 들어서고"(George, 1879, 김윤상 역, 1997: 327) 있는 현실을 예리하게 지적했다. 그의 눈에는 교회와 매음굴이 공존하는 현상이 결코 자연스럽지 않았다. 그것은 한마디로 불의한 현상이었으며, 그 이면에는 토지 불의라는 근본적인 문제가 존재한다고 그는 통찰했던 것이다. 더 나아가 그는 진보와 빈곤이 동행하는 현실을 지적하면서, 대형 교회의 등장을 비판적으로 언급했다. "거대한 교회가 생기면, 빈민구호소와 감옥도 틀림없이 생기게 마련이다."(George, 1879, 김윤상 역, 1997: 7) 이 말에는, 물질적 진보는 교회의 대형화를 가능케 하는데, 그 대형 교회의 반대쪽에서는 빈곤의 참상 때문에 빈민구호소와 감옥도 생기게 된다는 탁월한 신학적 통찰이 담겨 있다고 할 수 있다. 또한 그는 부자가 대우받는 교회의 현실을 정면으로 비판했다. 곧 사기와 부정으로 부자가 되더라도 그 부자는 "교회에서도 상석을 차지하고, 기품 있는 성직자가 개인적 관심을 보이면서 그리스도의 이름으로 부자의 복음을 설교하고 낙타와 바늘구멍의 비유를 무의미한 장식적 동

방 설화로 격하시킨다."(George, 1879, 김윤상 역, 1997: 445)

헨리 조지는 당대의 교회들이 정의에는 무관심한 채 자선에만 관심을 보일 뿐이라고 비판했는데, 이 비판은 현대의 교회들에도 그대로 적용된다. 그런데 교회가 정의에는 무관심하고 자선에만 관심을 보이는 중요한 이유는, 이 세상에서 정의를 행하면 고난을 당하지만 자선을 행하면 칭찬을 받기 때문일 것이다. 그러나 정의를 행하지 않은 채 자선만을 베푸는 것으로는 빈곤의 문제를 결코 해결할 수 없다. 먼저 정의를 행하여 하나님이 모든 인류에게 평등하게 주신 토지에서 일하기를 원하는 사람은 누구든지 일할 수 있게 하고 그 정당한 노동의 대가를 받을 수 있게 해야 한다. 그런 후에 그렇게 해도 남게 되는 소수의 사회적 약자들을 자선으로 구제하면 빈곤의 문제를 해결할 수 있다. 그는 하나님을 믿는다고 말하는 영어권 국가들 곳곳에서 본 빈곤의 참상을 이야기하면서, 그 책임은 하나님의 섭리가 아니라 인간의 불의에 있다고 역설했다. 그는 스코틀랜드의 글래스고 시청에서 행한 연설에서, 인간의 불의 때문에 발생하는 빈곤의 참상을 하나님의 탓으로 돌리는 것은 성령을 거스르는 용서받지 못할 죄라고 비판했다.

마지막으로 『진보와 빈곤』을 비롯하여, 헨리 조지가 성경에서 직접 제목을 딴 유명한 연설문들인 「모세(*Moses*)」(1878), 「도적질하지 말라(*Thou Shalt Not Steal*)」(1887), 「아버지의 나라가 오게 하시며(*Thy Kingdom Come*)」(1889)에서는 한 신학자의 뛰어난 통찰이 번뜩인다. 그는 하나님 나라의 내세적 측면과 개인적 측면뿐 아니라, 현세적 측면과 사회적 측면까지 모두 강조한 탁월한 신학자였다. 그는 『진보와 빈곤』에서 그 마지막 결론의 제목을 '개인의 삶의 문제'로 삼고, 내세를 이야기했다. "그러나 예상하지 못했던 무엇이 탐구를 통해 나에게 나타났고 죽어 있던 어떤 신념이 솟아났다."(George, 1879, 김윤상 역, 1997: 542) 그 신념은 바로 내세에 대한 신앙이었다. 현세에 대한 탐구를 정직하게 끝까지 밀고 나간 결과, 역설적으로 내세에 대한 신앙이 부활한 것이다. 그리고 그는 "하나님이 영혼의 지도자이자 왕이"(George, 1879, 김윤상 역, 1997: 549) 되는, 내세적이고 개인적인 하나님 나라에 대한 소망으로 『진보와 빈곤』을 마무리했다. 그런데 이와 같이 하나님 나라의 내세적 측면과 개인적 측면을 간과하지 않은 그는 동시에, 하나님 나라의 현세적 측면과 사회적 측면을 무시하는 그리스도교를 강하게 비판했다. 그는 샌프란시스코의 히브리청년협회에서 행한 연설 「모세(*Moses*)」에서, '지금 여기' 계시는 하나님을 역설하면서, 하나님은 "성전의 하나님일 뿐 아니라 시장터의 하나님"(George, 1878, 김윤상, 2013: 152)이라고 강조했다. 또한 그는 연설문 「정의는 목적이고 과세는 수단이다(*Justice the Objective—Taxation the Means*)」(1890)에서, 주기도문을 정의의 나라를 위해 싸우라는 뜻으로 해석했다.

> 주님이 제자들에게 가르쳐 주신 기도, "아버지의 나라가 오게 하시며, 아버지의 뜻이 하늘에서와 같이 땅에서도 이루어지게 하소서!"라는 기도는 단지 형식적인 말이 아닙니다. 이 기도를 사람들에게 가르쳐 주신 의미는 정의의 나라를 위해 싸우라는 것입니다.(George, 1878, 김윤상, 2013: 255)

이와 같이 헨리 조지는 하나님 나라를 통합적으로 인식하고 있었다. 그에게 하나님 나라는 내세적이고 개인적일 뿐만 아니라, 현세적이고 사회적이었다. 그리고 하나님 나라의 내세적이고 개인적인 차원은, 현세적이고 사회적인 차원과 밀접하게 결합되어 있었다. 그런데 그의 이런 하나님 나라 신학은 사회복음주의자들의 신학 노선에 큰 영향을 끼쳤다. 대표적 사회복음주의자인 월터 라우션부시(Walter Rauschenbusch, 1861~1918)는 1886년에 뉴욕 시장 선거에 출마한 헨리 조지의 연설을 통해 개인적 차원과 사회적 차원을 통합하는 '하나님 나라' 사상에 대한 영감을 받았다고 고백하였다(Cort, 1988: 249; 안흥철, 1999: 39~40에서 재인용). 이처럼 사회복음주의자들은 헨리 조지의 하나님 나라 신학에 담긴 현세성과 사회성의 개념은 신학적으로 발전시켰지만, 그것을 실현시킬 수 있는 방법론적 대안으로는 헨리 조지가 아닌 칼 마르크스를 택하는 오류를 범하고 말았다(Cort, 1988: 249; 안흥철, 1999: 45에서 재인용). 사회복음주의의 이런 문제는 지난 20세기에 미국에서뿐만 아니라 한국에서도 그대로 재연되었다.

역사에 가정은 없지만, 만약 사회복음주의자들이 신학뿐 아니라 대안에서도 헨리 조지를 택했다면, 하나님을 경외하고 그 뜻에 순종하며 개인과 내세를 중시하고 성경의 근거를 갖춘 그의 대안에 대해, 하나님을 경외하고 그 뜻에 순종하며 개인과 내세를 중시하고 성경의 근거를 중시하는 근본주의자들도 받아들였을 가능성이 크다. 그랬더라면 사회복음주의와 근본주의가 분열한 20세기의 교회사 대신 그리스도교계의 사회복음주의와 근본주의가 헨리 조지의 신학과 대안을 매개로 사회정의를 세우기 위해 함께 협력하는 새로운 교회사가 전개될 수도 있었을 것이다. 실제로 당대에 근본주의를 대표한 무디 성경 학교(Moody Bible Institute)의 교장이었던 르우벤 아처 토레이(Reuben Archer Torrey, 1856~1928) 목사가 교장 재직 중에 헨리 조지의 경제학적 대안이 옳다고 공식적으로 발표한 적이 있었다는 사실을, 그의 손자인 대천덕(Reuben Archer Torrey Ⅲ, 1918~2002) 신부가 증언하기도 했다. 그러나 안타깝게도 사회복음주의자들이 대안으로 칼 마르크스를 택한 결과, 근본주의자들은 사회복음주의자들이 선택한 이 무신론적이며 유물론적인 대안을 도저히 받아들일 수 없었고, 근본주의와 사회복음주의는 완전히 분열될 수밖에 없었다. 내세와 현세를 모두 포괄하고 개인과 사회를 모두 강조하는 헨리 조지의 하나님 나라 신학은 균형 잡힌 통합의 신학으로서, 그리스도교계의 사회복음주의와 근본주의를 잇는 가교가 충분히 될 수 있었다. 그리고 그것은 지금도 그러하다.

헨리 조지는 뉴욕시장 선거를 불과 닷새 남겨 둔 날 운명했는데, 그날 새벽, 그가 안색이 창백한 채 서 있는 모습을 그의 아내가 보았다(Andelson, 1992, 전강수 역, 2009: 220~221). 그는 마치 보이지 않는 어떤 존재와 이야기하는 것처럼 "예"라는 말을 거듭한 후에 곧 심한 뇌일혈로 의식을 잃은 채 쓰러졌다(Andelson, 1992, 전강수 역, 2009: 220~221). 그는 인류를 위해 참으로 성실하고 치열하게 살아 온 한평생을 마감하고 영원한 안식에 들어갔다.

헨리 조지는 의(義)와 인(仁)과 신(信)의 사람이었다. 먼저 그는 의(義)의 사람이었다. 어떤 위협과 위험에도 불구하고 정의를 실천할 수 있는 용기뿐 아니라 정의가 무엇인지 통찰할 수 있는 지혜도 갖추고서, 그는 일생 동안 정의를 행하였다. 다음으로 그는 인(仁)의 사람이었다. 가난한 사람들의 처지를 이해하여 불쌍히 여기는 체휼뿐만 아니라 가난한 사람들을 빈곤의 고통에서 건져 내기 위해 빈곤을 초래하는 사회제도를 변혁하는 일에 자기 인생을 바친 헌신으로, 그는 인자를 나타냈다. 마지막으로 그는 신(信)의 사람이었다. 그는 하나님을 경외한 신앙인이었고, 교회의 문제를 통찰하고 예리하게 비판한 교회개혁가였으며, 하나님 나라의 내세적이고 개인적인 측면뿐만 아니라 현세적이고 사회적인 측면까지 모두 강조한 탁월한 신학자였다.

제2부

토지와 불평등

● 제7장

토지문제, 한국 경제의 고질병

이정우

1. 토지, 왜 문제인가?

세계 공통의 현상이긴 하지만 우리나라에서도 최근 불평등, 양극화가 심각한 문제다. 실제로 한국에서는 1998년 외환위기 이후 커진 불평등이 줄어들지 않고 고착화 또는 심화되는 경향을 보이고 있다. 젊은이들의 취업난은 상상을 뛰어넘는 수준이고, 설사 운 좋게 취업이 된다 하더라도 상당 기간 비정규직으로서 차별과 고통을 감내해야 한다. 게다가 부모 세대는 열심히 노력하면 집 한 채 장만할 꿈이 있었고, 꽤 많은 사람이 그것을 실현할 수 있었으나 지금 청년들에게는 부모를 잘 만나지 않은 한 집 장만은 불가능한 꿈이 돼 버렸다. 개천에서 용 나는 시대는 끝났다. 사방은 깜깜한데 위로 올라갈 사다리가 보이지 않는다. 그러다 보니 대다수의 청년들은 아무리 노력해도 성공할 가능성이 희박한 현실에 좌절, 분노하면서 이른바 '금수저', '흙수저'를 구분하고, '3포' 세대임을 한탄하고, 심지어 '헬조선'이란 극단적 표현까지 내뱉는다.

우리나라에서 경제적 불평등은 여러 갈래로 나타난다. 노동시장에서의 정규직과 비정규직 간의 불평등은 세계 최고 수준이다. 이는 젊은이들에게는 생사가 달린 절박한 문제다. 남녀 간 임금 격차도 다른 나라에 비해 높은 편이다. 학력 간 불평등도 수많은 젊은이들에게 절벽처럼 다가온다. 서울, 지방 사이의 경제적 격차도 심각하다. 그러나 많고도 많은 불평등 중에서 가장 심각한 것은 아마 토지(주택)에서 발생하는 불평등이 아닐까 한다. 지난 반세기 동안의 한국 현대사를 보면 땅을 통해 일확천금하여 팔자를 고친 땅 부자들이 있고, 그 화려한 무대의 뒤편에는 집 없는 사람들의 설움이 있다. 한편에 성공담과 무용담이 넘치는가 하면, 반대편에 간난과 고통의 높은 산이 있다.

1990년 우리나라는 시민단체와 정부의 선의에 기초하여 세입자들의 전세 기간을 1년에서 2년으로 연장하는 정책을 도입하였다. 거기까지는 좋았다. 그러나 이는 하나만 보고 둘은 보지 못한 정책이었다. 아뿔싸! 전혀 예상치 못한 후폭풍이 몰려왔다. 전세금을 앞으로 2년 동안 못 올린다고 생각한 집 주인들이 미리 올려놓으려고 대폭 인상을 요구하는 바람에 세입자들에게 일대 위기가 닥친 것이다. 월세와는 달리 전세는 목돈을 필요로 하는데, 가난한 세입자들에게 무슨 목돈이 있겠는가. 이들에게 돈을 빌려줄 은행도 없다. 갑자기 폭등한 전세금을 장만치 못해 길거리에 나앉게 된 사람들이 한 명, 두 명 자살이란 극단적 선택을 했고, 그것이 보도되면서 점차 전국적 연쇄 자살로 이어졌다. 이때 생을 마감했던 사람이 대략 20명, 이 사건은 우리나라 정책사에 남을 만한 대실수였고, 비극의 한 페이지였다. '선의가 좋은 정책을 낳지 않는다.'라는 말이 있지만 이 사건만큼 그것을 비극적으로 보여 준 예는 드물 것이다.

땅을 가진 자와 갖지 못한 자 사이에 벌어졌던 희비 쌍곡선은 우리 주위에 차고 넘친다. 아파트 한 채 샀다가 일확천금한 사람의 자랑스런 성공담을 들으며 박수 쳐 주기엔 그 반대편에 존재할 피해자들의 고통이 너무나 크다. 부동산 투기는 어디까지나 제로섬 게임이기에 거액의 이득이 있다면 그만큼의 손실이 있을 수밖에 없다. 그래도 최근에는 과거와 같은 땅값, 집값의 광란적 상승은 볼 수 없으니 불행 중 다행이다. 하지만 아직은 우리나라에서 토지(주택)문제가 해결되었다고 볼 수 없고, 상당한 불안 요소가 남아 있다.

과거 세계적으로 토지문제가 심각하기로 악명 높았던 일본은 1990년 부동산 거품이 꺼지면서 지난 4반세기 동안 땅값이 폭락하였고, 그 과정에서 심각한 경기 후퇴와 일부 금융기관의 도산 등 경제의 장기침체를 경험했다. 소위 '헤이세이 불황(平成不況)'이 20년간 계속되었으나 장기침체를 벗어날 기색은 좀처럼 보이지 않는다. 최근 아베 총리가 소위 '아베노믹스'라 불리는 세 개의 화살을 쏘고 있으나 일본 경제는 별로 소생할 기미를 보이지 않는다. 장기간 복지의 소홀로 인해 저출산고령화 현상이 고착화하여 노동시장에서 일을 할 생산가능인구가 줄어들고 있고 직장마다 구인난이 심각하다. 일본은 앞으로 인구가 가장 크게 감소할 나라로 지목되고 있다.

비슷한 상황에 있던 한국에서는 과거와 양상이 많이 바뀌었다. 우리가 1960~1970년대에 흔히 보던 '자고 일어나면 땅값이 오르는' 폭등 현상은 다행히 더 이상 나타나지 않고 있다. 특히 IMF 사태 직후인 1998년에는 땅값이 13.4%나 하락한 바 있다. 그러나 1998년을 제외하고는 1990년대 이후 거의 매년 상승을 계속하고 있다는 점에서 일본과는 많이 다르다. 한국의 땅값은 일본과는 달리 거품이 빠졌다고 보기 어렵다. 한국에서는 땅에 투자하는 것이 최고라고 믿는 이른바 '토지 신화', '부동산 신화'가 건재하며, 부동산에 돈을 묻어 두려는 사람이 아직도 많다.

이명박, 박근혜 정부는 말로는 경제를 살린다고 하면서도 근본적 경제철학과 전략이 부재하여 부동산 경기부양에 의존하는 구래의 악습을 부활시켰다. 두 정부는 경기불황을 타개하기 위해 수단으로 부동산 경기 활성화에 의지하면서 토지나 주택에 대한 세금 감면 등 정책적 혜택을 제시했다. 빚을 내서라도 집을 사라는 것이 정부의 노골적인 방침이었다. 이것은 과거 미국의 부시 정부에서 장려했던 정책—소유자 사회(the ownership society)—을 연상시킨다. 개인이 집을 사서 살아가는 사회는 일견 그럴듯하게 보였지만 잘못된 정부 정책으로 인해 미국의 부동산 및 금융시장에 심각한 장애가 발생했고, 급기야 2008년 엄청난 파국을 맞았다.

한국도 비슷하다. 과거 한국에서 토지문제의 해악이 얼마나 컸던가를 인식하지 못하고 우선 당장 눈앞의 경기를 살리고 보자는 지극히 근시안적 처방이 이명박, 박근혜 정부의 부동산 대책이었는데, 그 결과 두 정부 집권 기간 동안 부동산 경기 활성화 대책이 수십 차례 발표됐다. 경기 문제도 물론 중요하지만 그보다 훨씬 더 중요한 것은 경제의 체질을 얼마나 튼튼하게 유지하느냐 하는 것이다. 결국 장기적인 관점에서 볼 때, 한국 경제가 지금처럼 허약한 체질을 갖게 된 원인 중 가장 큰 요인은 바로 부동산문제에 있다. 부동산을 통한 경기부양책은 그야말로 위험한 불장난이다. 잘해 봐야 그 효과는 일시적일 뿐이며, 장기적으로는 부작용이 더 크므로 절대로 의지해서는 안 될 정책이다. 그럼에도 불구하고 부동산을 통한 경기 활성화가 버릇처럼 반복된 이유는 성장지상주의의 나라인 한국에서 경제관료들이 대통령에게 눈앞의 성과를 보여 주는 가장 손쉬운 방편이 바로 부동산 경기 살리기였기 때문일 것이다. 그러나 이것은 마약과 다를 바 없다. 나쁜 버릇은 한시바삐 버려야 한다.

사실 1990년대 말 한국을 비롯한 아시아 몇몇 나라가 겪은 경제위기도 토지문제와 전혀 무관하다고 볼 수 없다. 아시아에서도 1990년대 말 경제위기를 겪은 나라가 있고 그렇지 않은 나라가 있는데, 위기를 겪은 나라들—태국, 인도네시아, 한국, 일본—은 공통적으로 토지문제를 안고 있었던 반면, 위기를 모면한 나라들—싱가포르, 대만—은 일찍이 토지문제를 해결했다는 점은 유의할 만한 대목이다. 몇 년 전 유럽을 강타했던 소위 남유럽 경제위기에서도 소위 PIGS 국가들(포르투갈, 아일랜드, 그리스, 스페인)이 경제위기를 맞은 중요한 배경요인으로 부동산 투기가 있었다는 점을 간과해서는 안 된다. 적어도 아일랜드, 그리스, 스페인에서는 확실히 부동산 투기가 위기의 중요한 원인이었다. (물론 남유럽 국가의 부패나 연고주의도 위기의 원인으로 작용했다.) 이처럼 여러 나라의 경험으로 미루어 볼 때 우리는 토지문제가 경제위기의 근본 원인이라고까지 주장하지는 않더라도 적어도 경제위기를 가져오는 중요한 원인 중 하나라는 점을 인식해야 한다.

이런 관점에서 본다면 한국의 토지문제는 아직 해결된 것이 아니다. 말하자면 현재는 다소 소강상태 혹은 잠복기에 들어간 고질병이므로, 상황에 따라서는 언제든지 재발할 수 있다고 봐야 한다. 그러므로 우리는 절대로 안이한 태도로 부동산문제에 접근해서는 안 되며, 국민경제의 체질을 강화한다는 목표를 가지고 부동산문제에 대한 근본 대책을 세워야 할 것이다. 부동산을 손쉬운 경기 부활의 성냥개비로 쓴 것이 역대 정부의 공통적 병폐였고, 그것이 누적된 결과가 현재 우리가 겪고 있는 부동산 지옥이다.

2. 하늘을 찌르는 한국의 땅값

부동산 투기가 한창이던 1990년대에 한국 땅을 팔면 미국 땅의 절반을 살 수 있고, 저 넓은 캐나다를 6번 살 수 있고, 프랑스를 8번 살 수 있다는 말이 있었다(세계 주요국의 영토 면적을 보면 한국은 남북한 합쳐서 22만 km^2이고, 남한은 10만 km^2, 캐나다는 998만 km^2, 미국은 981만 km^2, 중국은 960만 km^2, 프랑스는 55만 km^2, 일본은 38만 km^2이다).

최근의 땅값이 어느 정도인지 궁금하던 차에 2017년 봄 경향신문과 경실련이 공동으로 기획한 '지주의 나라-불로소득이 문제다' 시리즈에서 그 값을 밝힌 것은 아주 반갑다. 그러나 그중 한국의 땅값 상승을 주도한 것이 노무현, 김대중 정부였다는 주장은 옳지 않으므로 여기에서 시시비비를 밝혀 둔다.

지난 반세기 동안 한국의 땅값 상승이 천문학적이었다는 것은 주지의 사실이다. 우리의 관심은 어느 정권 때 땅값이 많이 올랐나 하는 것이다. 경실련은 노무현 정부 때 땅값이 제일 많이 올랐고, 뜻밖에도 박정희, 전두환 정부는 잘했다는 놀라운 주장을 편다. 기사를 읽어 보자. "땅값 상승을 정권별로 보면 노무현 정부에서 3,123조 원이 상승해 가장 많이 올랐고, 임기 동안 연평균 상승액도 625조 원으로 전체 평균(연 131조 원)의 약 5배나 됐다.…노무현 정부 다음으로 김대중 정부 시절 243조 원씩 총 1,214조 원 땅값이 올랐다." 경실련은 이렇게 주장했다. "오히려 박정희·전두환 정부는 강력한 분양가상한제로 건설사 이윤을 제한해 서민들을 위한 저렴한 주택을 공급했다.…땅값, 집값 거품을 급격히 키운 건 이른바 '민주정부' 때였다. 김대중 정부는 1997년 말 국제통화기금(IMF) 외환위기 이후

[표 7-1] 정권별 지가총액과 상승률

정권	기간	정권 초기 전국 지가총액 (조 원)(1)	정권 말기 전국 지가총액 (조 원)(2)	지가상승 불로소득 (조 원)(3) =(2)-(1)	불로소득/ 생산소득 비율(%) (4)	지가총액 /GDP비율 (배수) (5)	연평균 지가 상승률(%) (6)	지가상승 책임(%) (7)	경제 성장률(%) (8)
이승만	1953~1960	0.176	0.690	0.514	43	3.1	21.6	13	4.7
박정희	1962~1979	1.7	325	323	243	12.0	36.2	50	9.1
전두환	1980~1987	325	667	342	61	6.5	10.8	7	8.7
노태우	1987~1992	667	1,795	1,128	111	7.9	21.9	9	8.3
김영삼	1992~1997	1,795	2,186	391	19	5.8	1.8	2	7.1
김대중	1997~2002	2,186	3,400	1,214	38	5.5	9.2	4	5.2
노무현	2002~2007	3,400	6,523	3,123	68	6.9	13.9	6	4.5

대거 규제 완화를 추진했다. 선분양 때 분양가 자율화 허용, 그린벨트 해제 등이 대표적이다. '부동산과의 전쟁'을 선포했던 참여정부에서 땅값이 폭등한 것도 아이로니컬하다." 이것이 경실련의 주장인데, 독자들은 이를 사실이라고 믿으면 안 된다. 왜냐하면 이것은 백을 흑이라 하고, 흑을 백이라 한 잘못된 해석이기 때문이다. 정확한 해석을 위해 필자가 계산한 결과를 [표 7-1]로 요약해 놓았다.

[표 7-1]은 이승만부터 노무현까지 역대 정권의 땅값 통계를 보여 준다. 정권 초기와 말기의 땅값이 1열, 2열에 나와 있고, 그 차액(3열)은 정권 집권기 동안의 땅값 상승액이다. 땅값 상승으로 인한 차액을 토지 불로소득이라고 정의하고, 국내총생산을 생산소득이라고 정의한 다음, 불로소득이 생산소득에 비해 어느 정도 비중을 차지했느냐를 보이는 게 4열이다. 또 각 정권 말기 전국 땅값 총액이 국내총생산의 몇 배나 되는지를 보여 주는 것이 5열에, 각 정권별 연평균 땅값 상승률은 6열에 제시되어 있다.

먼저 정권별 땅값 상승률을 보면 박정희 정권 때가 연평균 36%로서 압도적 1위이고, 노태우, 이승만 정권 때가 22%로 그 뒤를 잇는다. 지가 상승으로 인한 불로소득이 생산소득에 대해 차지하는 비중을 봐도 박정희 정권 때가 243%로 압도적 1위이고, 노태우(111%), 노무현(68%) 때가 그 뒤를 잇는다. 박정희 정권 때의 토지 불로소득이 생산소득의 2.4배라는 사실은 믿기 어려울 정도다. 이 숫자는 당시 우리나라가 투기꾼 천국이었고, 땀 흘려 일하는 사람들은 철저히 소외되었음을 단적으로 보여 준다. 땅값 총액이 GDP의 12배라는 기록적 수치까지 올라간 것이 박정희 정권 말기의 일이었다.

역대 정권의 무분별한 토지정책이 누적된 결과로서 현재 한국 땅값은 세계 1위인데, 이렇게 높은 땅값에 대해 각 정권이 얼마나 책임이 있는가가 7열에 표시돼 있다. 예상대로 박정희(50%)가 1위로서 전체 절반의 책임이 있으니 단연 타의 추종을 불허한다. 2위는 이승만(13%), 3위는 노태우(9%)다.

이렇게 본다면 땅값 상승의 책임은 박정희, 이승만, 노태우, 전두환 순이며, 김영삼, 김대중, 노무현 정권의 책임은 훨씬 낮다. 즉, 독재정권이 땅값을 대부분 올렸고, 민주정부의 책임은 훨씬 적다. 세 차례 민주정부의 책임을 다 합해도 12% 밖에 안 된다. 그리고 노무현 정부 때 땅값 상승의 주요 원인은 이 시리즈가 나올 무렵 『경향신문』 칼럼(2017. 3. 15.)에서 이준구 교수가 정확히 지적했듯 김대중 정부가 외환위기 극복을 위해 전방위적으로 규제를 완화한 데 있다. 따라서 노무현 정부가 집값, 땅값을 폭등시켰다는 비난은 사실 옳지 않다.

이 표는 독재정권이 땅값을 폭등시켰고, 민주정부는 상대적으로 덜 올렸다는 명확한 차이를 보여 준다. 땅값 상승률로 계산하지 않고 경실련처럼 액수로 계산하면 당연히 땅값이 비싼 후기 정권들이 땅값을 많이 올린 것 같은 착각에 빠지게 된다. 그러면 경실련 같은 엉뚱한 결론에 도달하는데, 자칫 잘못하면 시민들이 독재를 찬양하고 민주정부를 경시할까 두렵다. 독재는 언제 어디서나 악이며, 땅값 폭등과 불로소득 창궐에 있어서도 주범이라는 사실을 잊어서는 안 된다.

지금 한국의 땅값은, 평당 가격으로 따지면, 아마 일부 도시국가를 제외하고는 세계 1위다. 오래전에는 일본 땅값이 세계 최고였으나 지난 20여 년간 일본 땅값이 폭락한 이후 한국이 그 자리를 차지했다. 그리고 지가총액을 국가의 경제규모에 대비시켜 보면 한국은 역시 거의 세계 1위일 것이다. 한국의 지가총액은 국민소득(GNP) 대비 국제적으로 가장 높은 수준에 있다. 이 값은 지가·소득비율이라고 부른다면 선진국 대부분은 이 값이 1 내외인 데 비해 일본과 한국은 훨씬 높은 값을 가지고 있다. 다만 일본은 지난 4반세기 동안 토지 거품의 붕괴로 지가·소득비율이 거의 정상 범위 부근으로 되돌아갔으나 한국은 아직 4 정도의 높은 값을 유지하고 있다. 이는 아마 세계 최고 수준일 것이다(한국과 OECD 주요국의 지가 비교는 제9장 참조).

물론 한국의 지가·소득비율은 지가의 하락 없이도 국민소득이 조금씩 상승함에 따라 하락하고 있는 것이 사실이다. 이런 방식으로도 선진국 수준으로 접근해 갈 수 있을 것이다. 하지만 시간이 너무 오래 걸린다. 예를 들어 국민소득이 매년 5%씩 성장하고, 지가는 그대로 유지된다고 가정했을 때, 지가·소득비율이 1이 될 때까지는 30년이 넘게 걸린다. 그동안 우리가 겪어야 할 고통은 너무 길고 너무 크므로 보다 적극적으로 땅값, 집값을 떨어뜨릴 방도를 모색하지 않으면 안 되겠다.

3. 피케티와 한국

2014년 출판된 프랑스의 소장 경제학자 피케티(Thomas Piketty)의 책 『21세기 자본』이 세계적으로 선풍을 불러일으켰고, 한국에서도 엄청난 관심을 모았다. 성장지상주의를 신봉하는 한국에서 소득이나 부의 불평등 문제는 과거에는 금기 비슷하게 취급되거나 뒷전으로 밀려나 있었다고 해도 과언이 아니다. 또 이에 관한 통계자료도 부족하고, 자료의 한계를 극복하려는 노력도 저조했던 것이 사실이다. 그저 한국은 세계 다른 나라와 비교하면 그래도 상대적으로 평등한 나라라는 것이 정부의 일관된 입장이었고, 여기에 반기를 드는 사람은 적었다. 그런데 갑자기 불평등을 전면에 내세운 피케티 현상이 세계를 강타했다. 그리하여 한국에서도 피케티의 α(자본분배율, 즉 국민소득 중 자본에 돌아가는 몫), β(자본계수, 일명 자본/소득 비율, 피케티 책이 나온 뒤로는 보통 피케티계수라고 부른다)를 추정하는 연구 결과가 나오고 있다.

2014년 5월 한국은행과 통계청이 '국민대차대조표'라는 새로운 자료를 발표했다. 이 자료를 갖고 새사연(새로운 사회를 여는 연구원)과 건국대 주상영 교수가 추계한 바에 따르면 한국의 β값은 놀랍게도 7을 넘는다. 피케티의 연구에서 β값이 현재 세계에서 가장 높은 나라는 일본과 이탈리아인데, 5~6 정도의 값이다. 한국의 β값이 현재 세계 최고 수준이며, 그 값이 7을 넘는다는 것은 100년 전 프랑스의 소위 '아름다운 시대(belle epoch)'와 어깨를 나란히 하는 수준이다. 이 시대에 프랑스의 문화, 예술이 찬란하게 꽃피었으나 동시에 불평등도 역사상 가장 컸다는 점에 주목해야 한다.

한국의 β값이 '아름다운 시대'의 프랑스와 비슷하게 나온다는 것은 결코 반가운 현상이 아니다. 추측건대 세계에서 제일 높은 한국의 땅값이 피케티의 자본 개념에 포함되기 때문에 이렇게 높은 β값이 나온 게 아닐까 한다. 다만 이 추정치는 아직 잠정적 계산에 불과하다. 어떤 경우에도 분명한 사실은 한국 땅값이 세계 최고로 높고, 피케티의 자본 개념 중 부동산이 차지하는 비중도 압도적으로 높기 때문에 한국의 피케티계수는 세계 최고 수준을 벗어날 수 없다는 것이다. 그 결과 노동소득은 낮아지고, 자본소득은 높아져 경제적 불평등은 클 수밖에 없는 것이 한국의 운명이다. 우리가 이 운명에 안주하거나 체념하지 않고 운명을 바꾸려면 비상한 노력이 필요하다.

4. 높은 땅값의 문제점

한국의 땅값이 이렇게 높다는 것은 어떤 영향을 미칠까? 우선 땅을 가진 소수의 사람들에게는 엄청난 개인적 이익을 가져다주겠지만 그 이익은 그 대신 높은 땅값으로 인해 고통을 겪는 사람들의 손실과 상쇄되므로(제로섬 게임) 우리나라 전체로 보면 조금도 이득이라 할 수가 없다. 높은 땅값은 실제로는 국민경제 전체에 여러 가지 악영향을 미친다. 한국 경제의 고비용·저효율 구조가 문제가 되지만 고비용을 일으키는 요인 중에는 고임금, 고규제 등과 더불어 고지가를 들지 않을 수 없다. 고지가 문제는 특히 심각하다. 왜냐하면 고지가는 단순히 그 자체로서 고비용을 일으킬 뿐 아니라 직간접적으로 파급효과를 일으켜 여러 가지 측면에서 고비용 구조를 한층 더 악화시키기 때문이다.

첫째, 한국의 공장용지는 총 188km^2(국토의 0.2%)인데, 지나치게 높은 땅값은 한국의 제조업자들에게 선진국보다 훨씬 비싼 공장부지 가격을 강요함으로써 우리나라의 국제경쟁력을 약화시키는 요인이 되고 있다. 오래전 일본 국토청이나 한국의 전경련이 조사한 결과를 보면 한국의 공장용지 가격은 미국, 유럽의 5배에 달한다(『중앙일보』, 1995. 4. 24.). 서울의 대표적 공단지역이었던 구로공단의 분양가는 1965년부터 1996년까지 31년간 무려 1천 배 이상 상승하였다(『중앙일보』, 1996. 12. 5.).

사정이 이러하니 한국 공장의 해외이전이 급속히 진행되는 이유에는 공장부지 값의 차이도 상당히 큰 몫을 차지할 수밖에 없다. 대우그룹이 부도 나기 전 한때 호기롭게 '세계경영'을 외친 적이 있는데, 대우의 영국 공장의 부지 값이 한국과 비교가 안 될 정도로 저렴했다는 사실이 많은 사람들을 놀라게 했다.

둘째, 주택문제를 악화시킨다. 우리나라에서 집을 지을 수 있는 대지는 1,854 km^2(국토의 1.9%)로서 가구당 평균 택지는 51평에 불과하다. 땅값이 비싸니 당연히 주택가격도 비싸고, 주택부족 문제는 만성적이 될 수밖에 없다. 우리나라에서 자기 집을 가진 가구가 대략 전체의 절반을 조금 넘는 수준인데, 장기적으로 이 비율을 높여 나가야 하겠으나 그것도 비싼 땅값 때문에 실현하기가 쉽지 않다. 1960년대에는 집을 지을 때 땅값과 건축비가 반반이었다고 하는데, 지금은 80% 이상이 땅값에 들어간다. 비싼 땅값은 당연히 주거비를 상승시키며, 비싼 주거비는 다시 노동자들로 하여금 임금 인상을 요구하게 만든다. 사실 우리나라의 비싼 주거비 문제는 비싼 교육비와 더불어 노동자들로 하여금 임금 인상을 요구하게 만드는 악순환 요인이라 할 수 있다.

셋째, 교통체증을 악화시킨다. 교통체증을 완화하는 정책으로서 도로의 증설이 반드시 최선은 아니지만 현재 한국 도시의 도로 비율은 외국에 비해 낮은 편이므로 도로의 증설이 요구된다는 점은 인정할 수 있다. 그러나 이것도 실행하기가 매우 어렵다. 왜냐하면 해방 후 국유지의 계속된 불하로 인해 국·공유지가 거의 남아 있지 않아서 도로를 새로 건설하려면 민간에서 토지를 매입하지 않고는 불가능한데, 땅값이 이렇게 비싸졌으므로 정부가 예산을 가지고 민간에서 토지를 사들여 도로를 건설한다는 것은 거의 불가능하기 때문이다. 이처럼 비싼 땅값이 교통지옥의 해결도 어렵게 만들고 있다.

우리나라의 교통혼잡비용은 매년 상승일로에 있는데, 최근에는 1년에 수십조 원에 이른다는 보고가 나올 정도다. 그러나 현재의 땅값이 유지되는 한, 정부예산으로 도로건설을 하는 것은 거의 불가능하다. 이와 같은 교통 혼잡은 기업의 물류비를 상승시키고, 결국은 고비용을 가져와 국제경쟁력을 약화시키게 된다.

넷째, 토지에서 발생하는 막대한 불로소득은 빈부격차를 심화시켜 첨예한 계층갈등을 일으키고 있다. 사실 우리나라의 소득분배는 몇 가지 통계지표상으로 보면 외국에 비해서 그렇게 불평등하다고 보기 어려우나 많은 사람들이 굉장히 큰 상대적 박탈감을 가지고 있는데, 그 근본에는 부동산문제가 자리잡고 있다. 2014년 가액 기준으로 개인 토지소유자 중 상위 10%가 전체 개인 소유지의 64.7%를, 법인 토지소유자 중 상위 1%가 전체 법인 소유지의 75.2%를 소유하고 있다. 또 하나 유의할 사항은 2000년대 후반 이후 재벌·대기업의 토지소유가 급증했다는 점이다. 2008~2014년 상위 1% 기업이 소유한 부동산 가치(재산세 부과 기준)는 546조 원에서 966조 원으로 77% 늘었다. 특히 상위 10개 기업이 소유한 부동산은 180조 원에서 448조 원으로 급증했다. 재벌 대기업이 종합부동산세 무력화로 인한 보유세 부담 감소와 법인세 완화로 인한 사내유보금 증가를 틈타 토지 투기에 눈을 돌리는 것이 아닌가 하는 해석이 가능하다(『경향신문』, 2018. 1. 19.).

우리나라의 노동소득 격차는 외국에 비해 큰 편이지만 그 격차 중 상당 부분은 능력이나 생산성, 교육, 경력 등의 요인으로 격차가 정당화될 수 있는 부분이 많다. 반면 토지소유에서 발생하는 불로소득과 자본이득은 합리화, 정당화하기 어렵기 때문에 가난한 사람들의 원망을 달래 주기 어렵다. 최근 젊은이들 사이에 금수저, 흙수저, 헬조선 담론이 유행하는 이유도 상당 부분 부동산에서 발생하는, 정당화될 수 없는 천문학적 불로소득에 뿌리를 두는 것으로 보인다.

5. 토지 관련 세금의 문제점

토지 투기에서 발생한 불로소득은 어떤 이유로도 정당화할 수 없는 것이므로 근본적으로 사전에 봉쇄하는 것이 최선이지만 만일 그것이 어렵다면 적어도 사후적으로라도 과세를 통해 환수해야 한다. 그러나 한국의 토지보유세는 외국에 비해 아주 작고, 양도소득세에는 여러 가지 형태로 빠져나갈 구멍이 마련되어 있다.

원래 우리나라의 토지 관련 과세의 특징은 아래와 같았다. 첫째, 1990년에 종합토지세가 도입되는 등 토지에 대한 과세가 강화됨으로써 1988년 이후 매년 토지 관련 세수가 많이 늘어난 것은 사실이나 아직도 외국에 비하면 미흡하다. 몇 가지 토지공개념적 제도 개선에도 불구하고 토지 관련 조세는 토지매매에서 생긴 불로소득이나 토지가치 총액에 비하면 여전히 미약한 수준에 그치고 있다.

둘째, 토지보유에 대한 과세(재산세, 종부세, 도시계획세 등)보다는 토지이전에 관한 조세(양도소득세, 법인세 특별부가세, 취득세, 등록세)가 주종을 이루어 왔다. 대략 토지이전 과세가 토지 관련 과세의 8할을 차지하고, 토지보유 과세는 2할 정도에 불과했다. 반면 영국, 미국, 호주, 뉴질랜드에서는 비교적 토지보유 과세가 높다는 점을 알 수 있으며, 다른 유럽 나라에서도 대체로 한국보다는 훨씬 높은 비율로 토지보유에 대해 과세를 한다.

토지 과세가 이전 과세 중심으로 된 결과 자연히 '토지매매의 기피→토지공급 감소→가격유지'로 이어지는 소위 '동결효과(lock-in effect)'라 불리는 부작용이 나타난다. 즉 토지를 보유하는 데 따르는 세금 부담은 상대적으로 가볍고, 토지를 내다 팔 때 무는 세금은 무겁기 때문에 땅 가진 사람들이 땅을 팔기를 기피하게 되고, 그 결과 토지시장에 공급이 나오지 않아 땅값이 떨어지지 않는 것이다. 지금의 강남 집값 고공행진은 바로 이런 현상 때문이라고 본다.

지금까지 지나치게 낮았던 토지보유 과세를 강화함으로써 토지로부터의 불로소득을 조세로 환수함은 물론, 불필요한 토지·주택을 많이 가진 사람들의 토지 공급을 자극하여 가격인하를 촉진할 필요가 있다는 데 대해서는 거의 대부분의 학자들이 동의할 정도다. 다만 역대 정부에서 기득권 집단의 저항을 무릅쓰고 그것을 실천할 의지가 부족했다. 노태우, 김영삼, 김대중 정부에서 토지보유의 과표 현실화율을 높여 보유세를 강화하겠다고 약속했으나 실천으로 이어지지는 않았다.

그래서 결국 공은 참여정부로 넘어왔다. 참여정부 첫 해인 2003년에 나온 10·29 부동산 대책은 보유세의 점진적 인상, 3주택 이상 보유자에 대한 양도세 강화, 서민들을 위한 임대주택 확대를 기조로 했는데, 이는 우리나라의 부동산문제에 대한 새로운 접근이었다. 과거 어느 정부도 토지보유세 강화를 위한 노력을 기울인 적이 없었기 때문이다.

참여정부는 임기 초 36% 수준에 불과했던 토지과표 현실화 비율을 매년 3%씩 높여 임기 말에는 50% 수준으로 올릴 것이라고 예고했고, 점진적 인상을 위해 노력했다. 그리고 2003년 10·29 대책에서 예고한 뒤 2005년 드디어 종합부동산세를 도입하였다. 이 세금은 보유세 강화의 첫 시도로 평가할 만하다. 문제는 그 뒤 투기가 고개를 숙이는 기미가 보이자 참여정부 역시 안이한 태도를 보여 우왕좌왕했고, 그것이 부동산 투기를 재발시켰다는 점이다. 당시 여당이던 열린우리당에서는 선거 때 표 떨어질까 봐 좌고우면하느라 보유세 강화 의지를 보여주지 못했다. 다주택자 양도소득세 중과를 예고해 놓고 그 시행시기가 임박하자 이헌재 경제부총리가 느닷없이 유예 조처를 시사함으로써 시장의 신뢰를 잃은 것도 패착이었다. 정부가 한 입으로 두 말을 하니 국민이 어찌 신뢰할 것인가. 정부, 여당이 한 목소리로 문제 해결에 나서도 강적 '부동산 신화'를 격파하기가 쉽지 않은데, 이런 초보적·상식적 실수가 속출하자 시장은 다시 투기로 돌아섰고, 참여정부의 부동산정책은 힘을 잃고 말았다. 참여정부 부동산정책의 시행착오 과정을 회고하면 애당초 호미로 막을 수 있었던 것을 나중에는 가래로도 못 막은 아쉬움이 있다.

이와 같이 토지 과세는 단순한 문제가 아니다. 무엇보다도 토지를 가진 우리나라의 기득권층—이들의 손에 권력, 부, 언론, 정보, 정책결정권 등이 집중되어 있다.—과 일반 국민의 일대 갈등이라는 사실을 직시할 필요가 있다. 토건국가라는 별명을 가진 일본에서는 소위 '토건족'이라는 집단이 장기간 부동산 투기를 조장하면서 사적 이익을 누려 왔는데, 한국도 그와 흡사한 상황이다. 아니 어떻게 보면 한국 토건족의 폐해는 일본 토건족의 폐해를 능가한다고 할 수 있다.

토지문제의 근본적 개혁이 이루어지지 않는 이유는 무엇일까? 그것은 땅을 가진 사람들이 비록 소수이지만 정치적 세력이 워낙 막강하기 때문일 것이다. 과거 땅값이 폭등한 지역에 미리 넓은 땅을 사 둘 수 있었던 사람은 돈과 정보, 권력을 가진 사람들이었다. 이들은 막강한 정치적 영향력을 통해 자신의 기득권을 보호하는 데 유능하며, 정부는 이들의 눈치를 보고, 세금폭탄이란 언론의 비난을 두려워하고, 민심 이반이 두려워 감히 개혁에 착수하지 못하는 것이 현실이다. 그 결과 부자·강자들의 기득권은 수호되고, 다수 국민은 계속 고통을 겪어야 한다. 토지문제를 해결하지 못하는 한 한국 경제의 체질 개선은 기대하기 어렵다. 그러므로 이 문제는 정부가 철저한 문제의식과 고질병을 뿌리 뽑겠다는 사생결단의 의지를 갖지 않으면 이기기 어려운 싸움이다. 역대 정부의 시행착오와 실패의 역사는 우리에게 준엄한 역사적 교훈을 준다.

6. 최근의 추세: 전·월세 대란

최근 한국 부동산 시장에는 과거에 볼 수 없던 새로운 현상이 나타나고 있다. 가장 큰 특징은 전·월세가 단기간에 폭등하여 서민들을 울리고 있다는 사실이다. 전세는 다른 나라에서 유례를 찾기 어려운, 우리나라에만 있는 독특한 주택 임대차 제도이다. 이 제도가 시작한 것은 20세기 초인데, 당시 집 가진 사람들의 목돈 필요성에서 도입되었다는 설이 있으나 정확한 유래는 아무도 모른다.

과거 금리가 높았을 때는 전세가 세입자에게 큰 고통이었다. 목돈 마련도 부담스럽고, 은행에 맡겨 두었을 때 얻을 수 있는 잠재적 이자 수입, 즉 기회비용도 꽤나 높았기 때문이다. 그러나 저금리 기조가 계속되자 요즘은 오히려 세입자들이 전세를 더 선호하고, 집주인들은 월세로 전환하는 추세가 몇 년째 이어지고 있다. 그리하여 연립주택, 다세대주택 등 서민주택의 경우 이미 월세 비중이 절반을 넘어섰다. 과거에는 전세가 우리나라의 표준이었다면 지금은 급속히 월세로 전환하는 과도기다.

문제는 전세든, 월세든 인상률이 너무 가파르다는 점이다. 단기간에 주택임대비용이 이렇게 폭등하는 나라는 좀처럼 없을 것이다. 저금리가 전세금 인상을 부추기고 있으며, 동시에 월세 전환을 촉발하고 있다. 사실 전세나 월세나 금리를 잘 적용하면 큰 차이가 없어야 하는데, 현재는 전세가 월세로 전환하는 과정에서 적용하는 금리가 시중 금리에 비해 너무 높다는 점(1년 정기예금 금리가 2% 수준인데, 월세 전환 금리는 7~8%가 예사다)이 세입자들에게 크나큰 고통을 주고 있다. 그러니 사람들이 전세를 선호하고 월세를 기피하는 것이 당연하다. 과거 세입자들에게 고통을 주었던 전세가 지금은 오히려 인기 종목이니 세상은 돌고 도는가.

최근 전세가 평균이 매매가의 7할을 넘어섰고, 심지어 100%가 넘는 소위 '깡통전세'도 있다. 매매가와 전세가가 비슷해지는 것은 비정상의 정상화라고 할 수 있지만 이것이 매매가 하락이 아닌 전세가 인상으로 이루어진다는 게 문제다. 과거 부동산 투기의 피해자가 이번에는 전·월세 대란의 피해자로 등장하고 있다. 집 가진 사람들은 과거에는 집값 상승으로 폭리를 챙겼고, 지금은 전·월세 상승으로 이익을 보호받는다. 반면 집 없는 사람들은 과거 집값 폭등으로 큰 손해를 본 것도 억울한데 지금은 전·월세 폭등으로 울고 있다. 정부는 이 문제를 풀기 위해 전·월세 상한제, 임대차계약 자동갱신제, 그리고 임대주택 공급 확대에 적극 나서야 한다.

7. 부동산 신화와의 일대 결전

한국의 비싼 땅값을 낮추는 것은 한국 경제의 수출경쟁력 회복, 기업과 구멍가게의 수익성 회복, 영세 서민의 고통 경감, 양극화 축소 등 엄청나게 큰 플러스 효과를 가질 것이다. 다만 비싼 땅값을 갑자기 떨어뜨리는 것은 일본이 그랬듯

경착륙 충격을 낳을 가능성이 너무 커 경제 전체에 위험하므로 땅값을 서서히 낮추어 가는 소위 연착륙이 바람직하다. 땅값 인하를 위해 가장 중요한 것은 토지보유세 강화다. 그러나 보수 쪽에서는 보유세에 대해 이런저런 시비를 건다. 박근혜의 경제민주화 전도사 노릇을 했던 김종인 박사는 토지보유세를 믿지 않는 눈치다. 그는 '세금으로는 부동산문제를 해결할 수 없다.'라고 여러 번 말했다. 과연 세금 말고 부동산문제를 해결할 수 있는 좋은 수단이 무엇인지 물어보고 싶다. 부동산보유세 강화는 부동산 투기를 해결하는 만병통치약은 아니지만 가장 중요한 정책수단이다. 세금을 누구보다 싫어하는 시카고 대학의 경제학자 밀턴 프리드먼도 이렇게 말하지 않았던가. "오래전 헨리 조지가 주장했던 토지가치세는 이 세상에서 가장 덜 나쁜 세금(the least bad tax)이다." 바꾸어 말하면 토지보유세가 가장 좋은 세금이라는 찬사가 아니고 무엇이랴.

한국처럼 토지 투기로 인한 고질병이 고황에 이른 나라일수록 토지보유세는 반드시 필요한 정책이다. 그런데도 보수언론과 보수야당은 종합부동산세에 대해 '세금 폭탄' 운운하며 반대했고, 헌법재판소는 야당이 제기한 모든 시비에 대해 하나하나 문제없다고 변호하면서도 딱 한 가지 '가족합산'에 대해서만 위헌이라고 판시했다. 생각해 보자. 주택이란 시계나 칫솔처럼 개인이 사용하는 물건이 아니라 가족 단위로 구입하는 물건이니 가족합산이 옳지 않은가. 그리고 부동산 투기꾼은 원래 전국 여기저기에 가족 명의로 땅을 사서 투기를 하므로 이걸 막으려면 전국에 산재한 부동산을 가족합산해서 무겁게 누진과세함이 옳지 않은가. 그럼에도 부동산의 가족합산을 위헌이라고 하는 헌법재판소의 판결은 설득력이 부족하며 투기꾼에게 면죄부를 주는 것과 다를 바 없다. 보수 언론, 보수 정당, 보수 학계, 헌재는 종합부동산세를 무력화시켜 부동산 투기를 뿌리 뽑을 강력한 무기를 발로 걷어차 버렸다. 종부세는 거의 무력화되어 세수도 형편없이 줄어들었다. 종부세를 세수로 하여 지자체에 나누어 주던 복지재원이 고갈되어 지방은 너 나 할 것이 없이 몸살을 앓고 있다(혜택이 제일 많이 줄어든 기초지자체는 대구시 동구라고 한다).

문재인 정부가 들어선 뒤에도 부동산 신화는 맹위를 떨치고 있다. 8·2 대책 이후 부동산 시장이 잠시 관망세로 돌아서는 듯하더니 결국 다시 고개를 들고 있다. 8·2 대책은 DTI(총부채상환비율), LTV(주택담보비율) 등 금융규제가 핵심인데, 아무리 강력한 대출 규제를 하더라도 전통과 역사를 자랑하는 부동산 투기를 잠재울지는 미지수다. 한국에서 부동산은 과학의 영역이 아니라 신화의 영역에 속하므로 한 치 앞도 내다보기 어렵다. 부동산에 관한 한 온갖 신화가 활개를 친다. '부동산 불패' 신화, '시장 이기는 정부 없다'는 신화, '세금으로는 부동산 투기 못 잡는다'는 신화, '참여정부 부동산정책은 실패'라는 신화, 공급 확대가 최선이라는 신화 등등.

참여정부가 부동산 투기를 잡는 데 실패했다는 것이 마치 정설처럼 유포되고 있고, 2007년 대선에서 참패해서 이명박 후보에게 정권을 넘겨준 이유도 부동산 정책의 실패로 인한 민심 이반을 드는 사람이 많다. 그러나 이런 평가는 보수 쪽의 아전인수식 해석에 불과하다. 실제 참여정부는 종부세 도입, 다주택자 양도세 중과 등 좋은 대책을 연달아 내놓았으나 부동산 투기의 열은 좀처럼 식지 않았고, 임기 말 DTI라는 대출 규제를 도입하고서야 비로소 열이 떨어졌다. 문재인 정부 출범 직후인 2017년 6월과 8월에 발표한 부동산 대책은 좋았던 DTI의 추억에 의존하고 있다. 그러나 선후관계가 곧 인과관계는 아니다. DTI 이후 부동산 투기가 잡힌 것은 오비이락일 가능성이 있으므로 DTI를 특효약이라고 과신하면 안 된다. 특효약은 언제 어디서나 토지보유세다. 보유세가 뿌리라면 DTI, LTV는 가지나 이파리에 불과하다. 뿌리는 그냥 둔 채 이파리로 승부하는 건 이해할 수 없다. 언론에서 흔히 8·2 대책을 '참여정부 시즌2'라고 명명하는데, 이는 틀린 말이다. 보유세 강화라는 핵심이 빠져 있기 때문이다.

역대 정부는 부동산 투기에 관한 한 일관성이 없었다. 부동산 투기가 기승을 부려 과열 현상이 일어나면 고강도 투기 억제책을 발표했으나, 조금 잠잠해지면 습관성 건망증이 발동하여 부동산을 경기부양의 불쏘시개로 쓰곤 했다. 그래서 부동산정책은 온탕과 냉탕을 오락가락한 역사다. 부동산정책에 관한 한 그래도 가장 일관성이 있었던 정부는 참여정부였다. 노무현 대통령은 기회 있을 때마다 '인위적인 경기부양은 하지 않겠다.'라고 선언했다. 사람들은 경기가 나쁜데 왜 경기부양을 하지 않느냐며 답답해했지만, 노 대통령의 말은 역대 정부가 애용하던 부동산 경기부양이란 마약을 사용하지 않겠다는 뜻이었다. 이런 대통령은 노무현이 유일하다.

참여정부는 부동산 마약을 쓰지 않은 유일한 정부이고, 숙원이던 보유세를 강화했으며, 실거래가 관행을 정착시킨 예외적 정부였다. 참여정부가 비록 지금은 부동산정책에 실패했다는 오명을 뒤집어쓰고 있지만, 섣불리 실패로 단정해서는 안 된다. 정책 효과는 시차를 두고 나타나기 때문이다. 이명박·박근혜 정부가 부동산 경기부양의 악습을 부활시켜 수십 차례 부양책을 남발했음에도 불구하고 뜻대로 되지 않은 것은 참여정부 부동산정책이 뒤늦게 효과를 발휘했기 때문이다.

참여정부 때의 가격 앙등도 실은 그 원인이 이전 정부의 전면적 부동산 경기부양에 있었다. 그때 만일 종부세 기준 결정과 양도소득세 중과 면에서 일관성만 유지했어도 참여정부 부동산정책은 임기 안에 성공했을 가능성이 높다고 본다. 경제관료 및 여당 내 보수파의 무원칙한 언행과 자중지란 때문에 참여정부는 부동산정책 실패라는 누명을 덮어썼지만, 이는 결코 실패가 아니다. 이 평가는 대단히 중요하다. 왜냐하면 현재 문재인 정부의 부동산정책에서 보유세 강화가 빠져 있는데, 그 이유는 바로 참여정부 부동산정책에 대한 세간의 부정적 평가를 청와대가 그대로 받아들이고 있기 때문이 아닌가 하는 추측이 들기 때문이다.

거듭 말하지만 부동산 투기 근본 대책은 언제 어디서나 토지보유세다. 보유세는 공평으로 보나 효율로 보나 최선의 세금이다. 보유세 강화 없이는 부동산 투기라는 망국병을 치유할 수 없다. 세금으로는 부동산 투기를 잡을 수 없다는 말도 틀렸다. 보유세가 근본 처방이다. 문재인 정부는 2018년 4월 이후 양도소득세 중과를 예고하면서 그 전에 팔 것을 권고했지만 효과는 미지수다. 왜냐하면 부동산 부자들은 정부의 말보다 '부동산 불패' 신화를 더 신봉하기 때문이다. 보유세 강화라는 압박이 있어야 부동산을 팔 생각을 할 것이고, 그래야 천정부지의 땅값, 집값이 떨어질 것이다.

2018년 3월 현재 강남 집값이 나홀로 초강세를 보이는 이유가 무엇일까. 예고된 다주택자 양도소득세 중과에 대비해 강남 부자들이 최후의 보루, 최후의 화

수분으로서 지키고 싶은 것이 강남의 초고가 아파트이기 때문이다. 다른 지역의 부동산은 팔아도 강남의 아파트만은 끝까지 팔지 않고 지키겠다는 결연한 의지가 느껴진다. 그래서 다른 지역과는 달리 강남 집값만 고공행진이다. 차제에 양도소득세 부과방식도 재고할 필요가 있다. 1가구 1주택의 경우 양도소득세를 면제하는데, 이것은 형평의 원리로 보나 부동산시장의 문제 해결이라는 측면으로 보나 문제가 있다. 비근한 예로 복권에 당첨된 경우에도 40%가 넘는 세금을 물리는데, 수십억 원을 손에 쥐는 부동산 불로소득에 대해 1가구 1주택이라는 이유로 세금을 면제해 주는 것은 형평에 맞지 않다. 이런 제도상 허점이 있으니 부동산 투기가 활개 치는 것이다. 미국이 그렇듯 평생 일정 액수를 정해 놓고 그 한도까지는 양도차익을 면세해 주되, 그것을 초과할 때부터는 1가구 1주택이라도 양도세를 중과하는 것이 맞다고 본다. 바로 이 면제 조항 때문에 현재의 양도세는 높은 세율에도 불구하고 종이 호랑이에 불과하다.

강남 부동산에 대한 수요를 인위적으로 억제하는 것보다는 그 대안이 될 만한 새로운 대체재를 공급해 줘야 한다는 소위 공급 확대론이 보수 언론과 보수 학자들의 단골 주장이지만, 이것도 그럴듯한 궤변에 불과하다. 과거 분당과 일산, 그리고 판교 신도시 건설을 보라. 주택 공급의 확대는 새로운 투기판을 만들고 상승하는 부동산에 더 많은 장작더미를 던져 주었을 뿐 불을 끄는 데는 도움이 되지 않았다. 토지 투기를 잡는 데는 뭐니 뭐니 해도 토지보유세만 한 것이 없다. 누가 뭐래도 토지 투기의 근절책은 토지에 대한 가수요를 없애는 것이고, 그 수단은 토지보유세다. 이 단순한 논리를 설득하는 게 한국에서는 어렵고도 어렵다. 진보 정권이 두 차례나 등장했는데도 아직 보유세 강화는 정착되지 않고 있다.

시장 이기는 정부 없다는 신화도 보수 언론의 지면에 자주 등장하는데, 이 말도 물론 틀렸다. 이것은 시장을 찬양하고 정부를 불신하는, 전형적인 패배주의적 발언으로 전혀 옳지 않다. 시장이 항상 옳고 시장에 다 맡길 거라면 애당초 정부의 존재 이유가 무엇인가? 시장의 투기와 불공정, 불평등을 시정하라고 정부가 존재하는 것이다.

헨리 조지는 『진보와 빈곤』 결론 부분에서 이렇게 말했다. 100년이 지난 지금

다시 읽어 봐도 현재의 우리 상황을 미리 내다보고 쓴 것 같아 놀랍다. 명저란 바로 이런 것이구나 하는 생각이 절로 든다.

> 그러나 진보의 시대가 있었듯이 분명히 쇠퇴의 시대도 있었다. 뿐만 아니라 쇠퇴의 시작이 처음에는 일반적으로 인지되지 못하였던 사실도 분명하다.…우리 문명도 확실히 과거 어느 때보다 빠른 속도로 진보하고는 있지만 로마의 진보를 퇴보로 돌려놓았던 그 원인이 지금 작용하고 있다.…과거의 모든 문명을 파괴한 원인은 부와 권력의 불평등한 분배 경향이었다. 이런 경향이 현재의 우리 문명에서 강도를 더하여 나타나고 있다. 임금과 이자는 계속 하락하고 지대가 상승한다. 부자는 더욱 부유하게 되고, 빈자는 힘도 희망도 잃고 있으며, 중산층은 사라지고 있다.(George, 1879, 김윤상 역, 1997: 512)

부동산과 불평등

남기업·전강수·강남훈·이진수

1. 부동산이 소득불평등의 주된 원인이다

문재인 정부의 최대 과제는 불평등 해소다. 불평등은 재산불평등과 소득불평등으로 나누어 볼 수 있는데, 사실 둘은 서로 물고 물리는 관계에 있다. 소득불평등은 저축여력의 차이를 만들고 저축여력의 차이는 재산불평등으로 이어지며, 재산불평등은 다시 소득불평등을 낳는다. 왜냐하면 재산도 결국 소득, 즉 재산소득을 낳기 때문이다. 그리고 재산이 낳는 소득불평등은 다시 저축여력의 차이를 가져와 재산불평등을 더욱 심화시킨다. 그러므로 재산을 모두 소득으로 환산할 수 있다면 '불평등 심화'를 '소득불평등 심화'로 불러도 상관없을 것이다.

오늘날 소득불평등 심화의 원인으로 지적되는 것은 세 가지다. 자본에 대한 노동의 열위가 초래한 노동소득분배율 하락, 노동 내부의 임금불평등 심화, 취약한 복지가 그것이다. 그러나 한국 경제를 무겁게 짓누르고 있는, 재산에서 가장 큰 비중을 차지하고 있는 부동산을 소득불평등의 주된 원인이라고 지적하는 연구는 찾아보기 어렵다. 부동산소득과 관련된 소득불평등 연구는 부동산소득이 소득불평등에 영향을 미치기는 하지만, 소득의 규모가 작기 때문에 핵심 원인이라고 보기 어렵다는 것이 주된 흐름이다. 그러나 이런 주장에 대해서 일반인들은 이해도 수긍도 하기 어려울 것이다. 왜냐하면 일반인들은 부동산 소유 불평등이 극심할 뿐 아니라 부동산에서 발생하는 소득이 소득불평등의 주된 원인이라고 '체감'하고 있기 때문이다.

불평등 해소의 방법을 찾기 위해서는 원인 진단이 필수다. 만약 소득불평등을 초래하는 원인에서 부동산소득이 차지하는 부분이 미미하다면, 노동소득분배율을 제고하는 동시에 임금불평등을 해소하고 복지를 확충하는 것에서 해법을 찾아야 한다. 그렇지 않고 부동산소득 역시 소득불평등에 엄청난 영향을 미치고 있다는 사실이 확인된다면, 부동산소득이 초래하는 소득불평등을 해소하는 방안을 찾는 것도 중요해진다.

이런 문제의식하에 이 장은 다음과 같이 진행된다. 제2절에서는 부동산소득이 과소 추산된 이유가 무엇인지를 검토한다. 제3절에서는 기존 연구와는 다른 방법으로 2007~2015년에 발생한 각각의 부동산소득 규모를 추산한다. 제4절에서는 부동산소득 전체 규모와 부동산 불로소득을 따로 계산한다. 제5절에서는 이상의 논의를 요약하고 이 연구의 의의를 밝힌다. 이를 통해 우리는 19세기 후반 헨리 조지가 강조한 '토지의 중요성'이 오늘날에도 여전하다는 점을 다시 한 번 확인하게 될 것이다.

2. 부동산소득이 과소 추산된 이유

1) 부동산소득의 정의

부동산소득의 규모를 추산하기 위해서는 부동산소득이 무엇인지 먼저 정의해야 한다. 일반적으로 부동산소득은 다음과 같이 정의한다.

부동산소득 = 자본이득 + 임대소득

먼저 자본이득부터 검토해 보자. 자본이득에는 두 가지가 있다. 일정 기간 동안 부동산의 가치 상승분을 뜻하는 잠재 자본이득이 그 하나이고, 보유하고 있던 부동산을 매각해 현금으로 손에 쥔 소득, 즉 실현 자본이득이 또 다른 하나다. 일반적으로 실현 자본이득만을 자본이득으로 간주하기 때문에 잠재 자본이득까지 자본이득의 하나로 봐야 하는지에 대해서는 좀 더 설명이 필요하다.

'잠재' 자본이득도 소득으로 간주하는 것은 '포괄소득(comprehensive income)' 이론으로 정당화된다. 포괄소득은 헤이그(Haig)와 사이몬즈(Simons)가 정의한 개념이기 때문에 다른 말로 '헤이그-사이몬즈' 소득이라고 부르는데, 이에 따르면 소득은 '소비할 수 있는 능력의 증가'로 정의된다. 헤이그-사이몬즈 소득에 기반을 둔 과세는 조세의 수직적·수평적 형평성을 크게 증진시키기 때문에, 많은 조세학자들이 이 소득을 이상적인 소득 개념으로 여긴다(Hanna, 2006: 435~436). '소비할 수 있는 능력의 증가'에는 실제 소비 외에 자산 가치의 증가가 포함된다. 소비가 실제로 이루어졌는가와 관계없이 소비를 증가시킬 수 있는 모든 원천이 소득에 포함되는 것이다. 따라서 포괄소득 범주에는 임금, 사업소득, 임대료, 배당, 이자소득, 정부로부터의 이전소득 외에 자본이득(capital gains), 현물급여(fringe benefits), 그리고 귀속소득(imputed income) 등이 들어간다(구찬동·오정일, 2011: 255). 풀어 말해서 부동산 잠재 자본이득을 소득에 포함시키는 까닭은 그것이 각 경제주체의 경제력 또는 경제상태의 차이를 잘 나타내 주고 있어 그것을 소득으로 포섭해야 현실을 제대로 설명할 수 있기 때문이다. 이런 까닭에 우리는 매년 발생하는 잠재 자본이득과 실현 자본이득 둘 다 추산하려고 하는 것이다.

한편 자본이득은 생산과 소비(소모) 이외의 사유로 발생한 자산 가치 변동분이라고 할 수 있다. 토지는 생산과 소모가 일어나지 않지만 건물은 지속적으로 건설투자와 감가상각(고정자본 소모)이 이뤄진다. 토지의 자본이득은 두 시점의 자산가액 차이만 고려하면 되지만, 건물의 경우 자산가액 변동에서 건설투자와 감가상각으로 인한 변동분을 제외해야 한다.

그러면 임대소득은 어떻게 정의할 수 있을까? 일반적으로 타인에게 임대해서 발생한 소득만을 임대소득으로 정의하는 경향이 있는데, 자가 소유 부동산에서 발생하는 임대소득, 즉 귀속 임대소득(imputed rent)도 포함시키는 것이 맞다. 이렇게 하는 것이 포괄소득 개념에 부합할 뿐 아니라, 각 경제주체들의 경제상태 혹은 경제력의 차이까지 드러낼 수 있기 때문이다. 왜 그런지 좀 더 자세히 살펴보자.

우리는 임금소득이 동일하다 하더라도 부동산 소유 여부에 따라 경제력의 차이가 나는 현실을 경험하고 있다. 가령 갑과 을 두 사람의 임금소득이 동일하게 연 5,000만 원이고 모두 월세 100만 원(연간 임대가치 1,200만 원) 수준의 집에서 산다고 해 보자. 그런데 '갑'은 실제로 월 100만 원짜리 월세에 살고 있고, '을'은 집을 무상으로 취득하여 거주하고 있다. 여기서 중요한 것은 갑과 을의 임금소득은 같지만 부동산 보유 여부에 따라 이들의 경제력 혹은 경제상황은 다르므로 귀속 임대소득도 소득에 포함시켜야 현실을 포착해 낼 수 있다는 점이다. 이렇게 보면 갑의 1년 소득은 5,000만 원이고, 을은 6,200만 원이 된다. 그러면 이번에는 같은 가치의 건물에서 영업하고 연간 사업소득은 1억 원으로 동일한데, '갑'은 무상으로 취득한 건물에서 영업하고, '을'은 월세(연간 3,600만 원)를 얻어 영업한다고 가정해 보자. 두 사람의 영업소득은 1억 원으로 같다. 그러나 두 사람의 경제력 혹은 경제상황은 차이가 나는 것이 분명하고, 이것을 포착해 내려면 마찬가지로 귀속임대료를 소득에 포함시켜야 한다. 이렇게 하면 갑의 전체 소득은 부동산소득을 포함하여 1억 3,600만 원이고 을은 1억 원이 된다. 영업용 건물의 소유 여부가 각 경제주체의 경제력에 영향을 준다는 것은 우리 모두가 체감하는 '현실'이다.

사실 주택에 한정된 것이기는 하지만 많은 나라에서 귀속 임대소득을 국민소득 통계에 포함시키고 있고,[1] 심지어 OECD 국가 중 네덜란드, 스위스, 룩셈부르크, 아이슬란드, 슬로베니아 등은 주택의 귀속 임대소득에 과세까지 하고 있다

1 우리나라를 포함하여 UN의 SNA(System of National Account) 체계를 따르는 국가들은 주택에 대해서만큼은 귀속 임대소득을 국민소득 통계에 포함시키고 있다.

(Andrews et. al., 2011: 39). 대부분의 나라에서 토지에 대한 재산세를 부과하고 있는 것도 귀속 임대소득에 대한 부분적 과세라고 볼 수 있다.

한편 임대소득을 정의할 때 매입가액의 이자를 공제한 것을 임대소득으로 정의해야 한다는 주장이 제기될 수 있어 검토해 본다. 사업소득의 정의가 '사업수입-사업지출'이듯 부동산 임대가치라는 수입을 낳는 데 투입된 지출인 매입가액의 이자를 공제해야 한다는 것이다. 일리 있는 지적이다. 그러나 임금소득을 계산할 때 임금을 낳는 데 투입되는 교통비나 식비 등을 공제하지 않는 것과 마찬가지로 매입가액의 이자를 공제하지 말아야 한다는 반론 또한 가능하다. 그리고 주식 소유로 인한 배당소득을 계산할 때도 주식 매입가액의 이자를 공제하지는 않는다. 이런 이유로 우리는 부동산 매입가액의 이자를 임대소득에서 공제하지 않고 귀속 임대소득까지 포함된 임대소득 전체를 '임대소득'으로 정의하고자 한다.

결론적으로 우리는 전체 부동산소득을 두 가지로 구분하여 추산하고자 한다.

① 부동산소득 = 실현 자본이득 + 임대소득

② 부동산소득 = 잠재 자본이득 + 임대소득

2) 부동산소득 과소 추산의 이유와 국민계정을 통한 부동산소득 산출의 한계

부동산소득을 위와 같이 정의하고 나면 지금까지 부동산소득의 규모 추산 연구에서 드러난 문제가 무엇인지를 판단할 수 있는 근거를 갖게 된다. 먼저 정의철 외(2009)는 노동패널 데이터를 이용하여 1998~2004년 사이에 발생한 부동산소득의 규모를 추산했다. 이 연구는 1998년 21.09조 원, 2001년 36.05조 원, 2004년 59.44조 원의 부동산소득이 발생했고, 가계소득 전체에서 부동산소득이 차지하는 비중을 1998년 2.19%, 2001년 2.73%, 2004년 3.65%라고 주장했다. 그러나 이 연구는 부동산 자본이득과 귀속 임대소득은 포함시키지 않았다. 다시 말해 부동산소득의 상당 부분을 누락시킨 것이다. 그리고 노동패널 자료를 활용한 것에도 한계가 존재한다는 점을 지적하지 않을 수 없다. 이 자료는 많은 연구들이 지적하고 있듯이 표본 집단의 대표성 문제와 조사대상, 특히 부동산 고소득자들의 과소보고 가능성이 상존한다.

두 번째로 장하성(2015: 207)의 연구를 살펴보자. 그는 재산불평등이 소득불평등의 주된 원인이 아니라는 증거로 시장소득(=근로소득+사업소득+재산소득+사적 이전소득)에서 재산소득(=임대소득+이자소득+배당소득+연금소득+상표 사용료 및 인세)이 차지하는 비중이 고작해야 0.3~3% 수준으로 매우 낮다는 데이터를 제시한다. 재산소유 불평등이 극심한 것은 사실이나, 재산에서 생기는 소득 규모 자체가 작기 때문에 소득불평등의 주된 원인이 아니라는 것이다. 여기에서 그가 사용한 통계는 '가계동향조사'와 '가계복지금융조사'의 통계인데, 이 자료는 표본조사라는 한계를 지니고 있고 부동산소득 전체를 포괄하지도 못하고 있다. 더구나 임대소득에서 부동산에 관한 부분은 주택과 비주거용 건물을 제외한 토지임대료만 포함되어 있다. '가계동향조사'에서 부동산소득은 사업소득에 포함되어 있는데, 여기에는 부동산 임대소득과 자가 주택의 귀속 임대소득만이 조사대상에 들어간다. '가계복지금융조사'의 재산소득에는 타인에게 임대한 '임대소득'은 포함되지만 귀속 임대소득은 포함하지 않는 한계를 지닌다. 그리고 둘 다 자본이득은 포함시키지 않는다(장하성, 2015: 433).

마지막으로 이병희 외(2015)의 연구를 살펴보자. 이 연구는 임대소득과 매매차익 모두를 부동산소득으로 간주했다는 점에서 앞의 연구보다 진일보했다고 할 수 있다. 이 연구는 각 용도별로 부동산소득을 계산했는데, 상업용 부동산의 임대소득은 '상업용 부동산 임대동향 조사' 자료를, 토지와 일반 건축물의 실현 자본이득은 국세청 자료를, 주택의 실현 자본이득은 『국토교통통계연보』가 제공한 주택 거래량을 활용했다. 이렇게 해서 2013년에 개인이 향유한 부동산소득이 상업용 부동산 임대소득은 25.3조 원, 주택의 실현 자본이득은 7조 8,499억 원, 토지와 상가의 실현 자본이득은 각각 15조 원과 4,146억 원으로 도합 48.6조 원에 달한다고 보았다.

그러나 이 연구는 계산의 오류와 누락의 문제를 동시에 안고 있다. 먼저 임대소득의 경우 상업용 부동산에서는 타인에게 임대한 소득만 포함시키고 있고 귀속 임대소득은 포함시키지 않았다. 주택과 토지의 임대소득 역시 누락시켰다. 그

뿐 아니라 주택의 자본이득을 구하는 방식에서는 명백한 오류가 발견된다. 이 연구는 『국토교통통계연보』가 제공한 2013년 주택 거래량이 전체 주택의 7.6%라는 것을 활용해 당해 연도의 주택가격 상승분에 주택 거래량을 곱하는 방식으로 자본이득을 구했는데, 이 방식이 현실에 부합하려면 2013년에 매각한 주택은 2012년에 매입했다는 조건이 충족되어야 한다. 하지만 우리가 알고 있듯이 주택의 매입 연도는 제각각이다. 그리고 무엇보다 이런 방식으로 추산하면 주택에서 발생하는 실현 자본이득은 과소 추산될 수밖에 없다. 마지막으로 토지와 상가의 실현 자본이득은 국세청 자료를 통해 구했는데, 주지하다시피 국세청 자료는 비과세 대상이 상당하기 때문에 과소 추산의 문제를 피해 갈 수 없다.

그렇다면 한국은행이 제공하는 국민계정을 통해 부동산소득을 구할 수 있지 않을까? 먼저 우리가 알아 두어야 할 것은 국민계정 내 소득계정에서는 자본이득은 다루지 않고 임대소득 통계만 제공한다는 점이다. 소득계정은 경제활동으로 가치를 증가시킨 몫과 이에 대한 분배율을 측정하는 게 목적인데, 자본이득은 경제활동으로 증가된 가치가 아니므로 자본이득이 소득계정에 들어가지 않는 것이 어찌 보면 당연하다 할 수 있다. 그러면 임대소득은 어떻게 처리할까? 결론부터 말하면 한국은행이 작성·제공하는 국민소득통계는 부동산 임대소득 전체를 포괄하지 못하고 있다. 하나하나 검토해 보자.

먼저 '재산소득'의 하위 항목에 부동산 임대소득의 하나인 '임료'의 내부를 들여다보자. '임료'는 전체 부동산의 임료가 아니라 '토지'의 임대료만 포함한다. 그런데 여기서 말하는 '토지'는 모든 토지를 뜻하지 않는다. 즉 주택과 일반 건축물의 부속토지는 제외되어 있다는 것이다. 게다가 귀속 임대소득은 누락되어 있다. 다시 말해 주택과 상가의 임대료는 재산소득의 '임료'에서 제외되어 있다는 것이다. 주택과 상가의 임대소득은 '영업잉여' 항목에 들어가 있다. 그런데 주택의 경우에는 귀속 임대소득을 포함시키는 데 반해 상가의 귀속 임대소득은 누락시킨다. 이것을 정리하면 [표 8-1]과 같다.

한편 이병희 외(2014: 117)의 연구에서 홍민기의 분석에 의하면 2012년 기준으로 국민계정상 가계 영업잉여 소득의 43.7%는 부동산 임대소득(실제 임대료

[표 8-1] 국민계정 내 소득계정이 포괄하는 부동산소득의 범위

소득 유형 \ 부동산 유형		토지	주택*	비주거용 건물*
임대소득	귀속 임대소득	미포함	'영업잉여'에 포함	미포함
	실제 임대소득	재산소득 중 '임료'에 포함	'영업잉여'에 포함	'영업잉여'에 포함
자본이득	잠재 자본이득	미포함(국민대차대조표에 포함)		
	실현 자본이득	미포함(국민대차대조표에도 미포함)		

*부속토지를 포함함.

21.4%, 귀속임대료 22.3%)에 해당한다(이를 제외한 56.4%는 자영자의 혼합소득). 이 비율을 2016년의 국민계정 가계 소득계정에 대입하면 가계(및 비영리단체)의 영업잉여 126.2조 원 중 55.1조 원은 부동산 임대소득에 해당한다(실제 27.0조 원, 귀속 28.1조 원). 다만 해당 연구의 가계 부동산 임대소득 산출은 부동산 및 임대업의 영업잉여 전체를 부동산 임대소득으로 보고 여기서 법인분(국세청 법인세 자료에서 부동산업의 영업잉여)을 빼서 가계분을 구했다는 한계를 갖는다.

이렇듯 부동산소득을 추산한 기존 연구는 자본이득을 포함시키지 않거나 임대소득 중 귀속 임대소득을 누락시키고 있다. 또한 한국은행의 국민계정이 제공하는 임대소득 자료도 임대소득 전체를 포함하고 있지 않고 있다는 점을 확인했다. 그러므로 우리는 부동산소득 전체를 추산하기 위해서는 다른 방법을 찾아야 한다는 결론에 도달하게 된다.

3. 추산된 부동산소득은 얼마나 될까

1) 잠재 자본이득 추산

한국은행은 국민대차대조표에서 매년 발생하는 잠재 자본이득(보유손익)을 건설 자본이득과 토지 자본이득으로, 명목·중립·실질 보유손익으로 각각 구분하여 작성·제공하고 있다(한국은행·통계청, 2014). [표 8-2]를 보면 2007년에

[표 8-2] 잠재 자본이득(명목) 추산

단위: 조 원, %

연도	2007	2008	2009	2010	2011	2012	2013	2014	2015
건설 자본이득	143.3	120.6	62.9	119.6	103.1	30.8	22.7	23.3	12.5
토지 자본이득	406.0	62.2	118.5	124.1	128.9	84.4	85.0	143.4	185.7
합계	549.3	182.8	181.4	243.8	231.9	115.2	107.6	166.7	198.2
합계/GDP	52.7	16.6	15.8	19.3	17.4	8.4	7.5	11.2	12.7

주: GDP는 명목치. 이하 모두 동일함.
출처: 한국은행 경제통계시스템(http://ecos.bok.or.kr/), [국민계정→국민대차대조표→제도부문별 비금융자산별 보유손익(명목)]

는 무려 543.3조 원의 잠재 자본이득(명목)이 발생했고, 2010년에는 243.8조 원, 2013년 107.6조 원, 그리고 2015년에는 198.2조 원의 자본이득이 발생한 것을 알 수 있다. GDP 대비로 보면 2007년 52.7%에서 2008년 16.6%, 2013년 7.5%로 감소했다가 2015년 12.7%로 상승하였음을 알 수 있는데, 잠재 자본이득의 변화가 이렇게 큰 까닭은 2007년에 부동산가격 폭등이 최고조에 달했고, 2008년 세계 금융위기 이후 가격 상승세가 주춤했다가 2013년을 지나면서 다시 회복되었기 때문이다.

2) 실현 자본이득 추산

실현 자본이득을 정확히 구하려면 매각된 부동산의 매입시점과 가격을 알아야 한다. 그러나 현재로서는 모든 부동산의 매입가격과 매입시점을 알아낼 방법이 없다. 이런 까닭에 기존 연구에서는 앞에서 살펴본 것처럼 국책연구원에서 생산하는 패널 자료를 활용해 왔으나, 이것만으로는 표본 집단의 대표성과 부동산 고소득층 과소기록의 한계를 극복하기 어렵다. 그러면 세금을 통해 추산해 내는 방법을 생각해 볼 수 있다. 실현 자본이득의 경우 가장 손쉽게 접할 수 있는 자료는 국세청이 생산한 양도소득세 통계다. 그러나 앞의 이병희 외(2015)에서 검토했듯이 양도소득세 통계를 통해 자본이득을 추정하는 것 역시 한계가 크다. 왜냐하면 양도소득세 통계에는 비과세 대상들이 누락되어 있기 때문이다. 1가구 1주택은 비과세 대상이고, 2주택이라도 양도소득세 비과세 대상이 있으며, 그 외에도 비과세 감면 대상이 상당하다. 그리고 법인이 누린 양도차익은 법인세의 대상이다. 그러므로 양도소득세를 통해 실현 자본이득을 구하게 되면 규모를 축소하는 결과를 낳는다. 따라서 우리는 부동산 평균 보유기간을 활용하여 실현 자본이득을 구하고자 한다. 다행히도 행정자치부가 발간하는『지방세정연감』의 부동산 취득세 항목에서는 비과세·감면 부분까지도 자료를 생산하고 있어 매년 거래가 얼마만큼 이루어지는지 추정할 수 있다. 취득세의 대상은 주택, 건축물, 토지로 분류된다. 여기서 주택은 그 부속토지까지 포함하고, 건축물은 부속토지를 제외한 상가 등의 건물분과 각종 토지 정착물을 말한다. 그러니까 토지는 주택의 부속토지를 제외한 모든 토지를 말한다. 하지만 우리는 주택(부속토지 포함), 비주거용 건물(부속토지 포함), 토지(주택과 비주거용 건물의 부속토지 제외)로 재분류해 평균 보유기간을 추산하려 한다. 그리고 국민대차대조표상 건설자산의 일종인 토목건설과 그 부속토지인 구축물 부속토지는 거래가 거의 이루어지지 않는다고 보아 계산에 포함시키지 않을 것임을 밝혀 둔다.

이렇게 취득세 통계를 통해 부동산 평균 보유기간을 산출해 내는 방법은 다음과 같다. 먼저 부동산 취득 시 납부하는 취득세액(2010년까지는 등록세액도 포함)을 평균 취득세율로 나누어 그해에 거래된 부동산 총액을 구한다. 그다음, 거래된 총액을 전체 부동산 총액으로 나누면 당해 연도에 거래된 비율이 나오는데, 이것을 통해 평균 보유기간을 알아낼 수 있다. 예를 들어 어느 해에 부동산 취득세액은 1조 원, 취득세율은 2%, 전체 부동산가액은 600조 원이라고 해 보자. 그러면 그해에 거래된 부동산가액은 50조 원(=1조 원/0.02)이고 연간 부동산 거래비율은 8.3%(=50조 원/600조 원)가 된다. 그리고 매년 전체 부동산의 8.3%가 거래된다면 부동산 평균 보유기간은 12년(=100/8.3)이 되는 셈이다. 왜냐하면 어떤 부동산의 연간 거래비율이 8.3%라는 것은 전체 중 1/12이 매년 거래되었다는 말인데, 모든 부동산 소유자의 보유·거래 행태가 동일하다고 가정하면, 첫 해는 첫 번째 1/12이, 둘째 해는 두 번째 1/12이, 셋째 해는 세 번째 1/12이…열두 번째 해는 마지막 1/12이 거래될 것이기 때문이다. 그렇다면 이 부동산의 평균 보유기간은 12년이 된다.

물론 평균 보유기간을 통해 부동산소득을 추산하는 것에는 한계가 있을 수 밖에 없다. 실제로 연중 거래되는 부동산 중에는 보유한 지 1년도 안 된 부동산도 있을 것이고, 20년 이상 소유하고 있던 상가 건물도 있을 것이다. 투기 열풍이 전국을 휩쓸 때는 단기매매가 성행하지만, 투기 열기가 식으면 거래량은 급감하는 경향이 있다. 요컨대 평균 보유기간에서 멀리 떨어진 단기 보유와 장기 보유로 인한 오차가 있을 수 있다는 것이다. 하지만 단기 보유를 평균으로 간주하는 데서 일어나는 실현 자본이득의 과다 계상은 장기 보유를 평균으로 간주하는 데서 비롯되는 과소 계상으로 어느 정도는 상쇄된다고 할 수 있으므로 평균 보유기간으로 실현 자본이득을 추산해도 큰 무리는 없을 것이다.

이런 방식으로 취득세를 실거래가로 과세하기 시작한 2007년에서 2015년까지 매년 거래되는 비율을 부동산 취득세를 통해 구해 보면[2] 주택은 10.6~14.9%, 비주거용 건물은 10.3~19.0%, 토지는 3.0~4.4%가 매년 거래되고 있는 것으로 추정된다. 이것을 통해 평균 보유기간을 구하면 주택은 6.7~9.5년, 비주거용 건물은 5.9~9.7년, 토지는 22.7~33.3년이 된다. 따라서 평균 보유기간을 주택은 8년, 비주거용 건물은 7년, 토지는 27년으로 간주해서 계산하기로 하자. 토지와 건물(주택 및 비주거용 건물)의 실현 자본이득 계산식은 각각 아래와 같다.

[토지] t연도의 실현 자본이득 = $\dfrac{K_t - K_{t-avgt}}{avgt}$

K_t: t연도의 자산가액, $avgt$: 평균 보유 연수

[건물] t연도의 실현 자본이득 = $\dfrac{K_t - K_t - avgt - (\sum_{i=t-avgt}^{t} - I_i - D_i + O_i)}{avgt}$

I: 투자, D: 고정자본소모(감가상각), O: 자산량 기타증감

2 현실을 더 잘 반영하기 위해 취득세 통계에서 실현 자본이득을 발생시키는 '유상취득'만 계산하였음을 밝혀 둔다.

[표 8-3] 실현 자본이득(명목) 추산

단위: 조 원, %

구분	2007	2008	2009	2010	2011	2012	2013	2014	2015
주택	147.6	157.6	166.2	164.8	162.5	153.0	141.4	129.1	113.8
비주거용 건물	85.6	91.1	87.1	89.4	91.8	84.4	74.9	63.2	64.5
토지	42.3	43.2	44.1	44.9	46.0	47.6	47.6	48.0	48.8
합계	**275.5**	**291.9**	**297.5**	**299.1**	**300.3**	**285.0**	**263.9**	**240.3**	**227.0**
합계/GDP	**26.4**	**26.4**	**25.8**	**23.6**	**22.5**	**20.7**	**18.5**	**16.2**	**14.5**

주: 주택과 비주거용 건물은 부속토지를 포함함.

[표 8-4] 실현 자본이득(실질) 추산

단위: 조 원, %

구분	2007	2008	2009	2010	2011	2012	2013	2014	2015
주택	112.9	117.5	107.9	103.3	93.5	76.2	54.7	36.1	48.7
비주거용 건물	64.8	55.3	51.5	51.9	48.8	33.9	16.0	22.5	27.0
토지	38.9	40.1	40.9	40.9	41.1	41.9	41.1	40.1	39.1
합계	**216.6**	**212.9**	**200.3**	**196.1**	**183.4**	**152.0**	**111.8**	**98.7**	**114.8**
합계/GDP	**20.8**	**19.3**	**17.4**	**15.5**	**13.8**	**11.0**	**7.8**	**6.6**	**7.3**

또 이 산식을 이용해서 구한 실현 자본이득의 값은 [표 8-3]에서 보는 바와 같다. 이는 부동산 매각가액에서 매입 당시의 매입가액을 빼서 구한 명목치이다. 매입 당시의 매입가액 대신 보유 기간의 물가상승률을 반영하는 매입가액의 현재가치를 사용하여 일종의 '실질' 실현 자본이득을 구할 수도 있다. 그 결과는 [표 8-4]에 나와 있다. 이 표에 나와 있는 GDP 대비 비율은 분자에 물가상승 효과를 배제한 값을 넣고 분모에 명목 GDP를 넣어 계산한 것이기 때문에 실현 자본이득의 비중을 상당히 과소 표현한 값이라는 데 유의해야 한다.

[표 8-3]에서 보듯이 실현 자본이득(명목)은 분석 대상 기간 내내 200조 원을 상회했으며, 2007년 한 해를 제외하고는 잠재 자본이득(명목)을 능가하고 있다. '실질' 실현 자본이득의 크기도 잠재 자본이득(명목)에 비해 많이 뒤떨어지지 않는다.

[표 8-5] 임대소득 추산

단위: 조 원, %

연도	2007	2008	2009	2010	2011	2012	2013	2014	2015
주택	92.9	98.5	104.2	110.5	116.3	120.2	124.9	131.3	138.2
비주거용 건물	65.9	70.6	74.8	81.0	87.4	90.3	94.0	99.3	104.6
그 외 부동산	9.1	9.5	9.9	10.4	10.9	11.3	11.6	11.8	12.2
합계	**167.9**	**178.6**	**188.9**	**201.9**	**214.6**	**221.8**	**230.5**	**242.4**	**255.0**
합계/GDP	**16.1**	**16.2**	**16.4**	**16.0**	**16.1**	**16.1**	**16.1**	**16.3**	**16.3**

주: '그 외 부동산'에는 주택의 부속토지와 비주거용 건물의 부속토지를 제외한 모든 토지뿐만 아니라, 국민대차대조표상의 건설자산인 '토목건설'도 포함되어 있음.

잠재 자본이득이 전체 부동산을 대상으로 계산한 것이고 실현 자본이득이 거래된 부동산만을 대상으로 계산한 것임을 감안하면, 우리나라의 부동산 소유자들이 부동산 거래만으로 얼마나 많은 자본이득을 얻었는지 쉽게 짐작할 수 있을 것이다.

3) 임대소득 추산

부동산의 현 임대가치는 어떻게 구할 수 있을까? 일반적으로 부동산 임대료는 부동산의 종류에 따라 적용하는 비율이 다르다. 상업용 부동산은 5~8%, 주거용은 4~7%, 공업용은 4~6%, 농지는 2% 내외, 임야는 1% 내외인데, 여기서 우리는 이 비율을 보수적으로 잡아 주택 4%, 비주거용 건물 5%, 주택의 부속토지와 비주거용 건물의 부속토지를 제외한 나머지 토지와 구축물 등에는 0.5%를 적용한다. 이렇게 적용해서 추산한 결과는 [표 8-5]에서 보는 바와 같다.

[표 8-5]에서 보는 바와 같이 2007년 167.9조 원이던 임대소득이 꾸준히 증가하여 2015년에는 255.1조 원에 달했는데, GDP 대비로 보면 16.0~16.4%의 범위에서 소폭 등락하는 안정적인 추세를 보이고 있다. 자본이득이 큰 폭으로 등락하고 있는 것과는 대조적이다. [표 8-3]~[표 8-5]를 종합해 보면, 부동산 부자들이 투기 장세에서는 시세 차액으로 이익을 얻고 안정기나 침체기에는 임대소득으로 이익을 얻는다는 말이 사실임을 알 수 있다.

4. 전체 부동산소득 추산

그러면 이제 전체 부동산소득을 구해 보자. 앞서 우리는 부동산소득을 두 가지로 정의했는데, 실현 자본이득(명목)과 임대소득의 총합부터 구해 보자. [표 8-6]이 그 결과인데, 2007~2015년 9년간 450~500조 원의 부동산소득이 발생했음을 알 수 있다. GDP 대비 비율은 2008년에 42.6%로 가장 높았고 그 이후에는 경향적으로 하락했다. 하지만 부동산소득은 9년 내내 GDP의 30%를 초과했고, 9년 평균은 무려 37.8%에 달하는 어마어마한 규모였다.

두 번째로 잠재 자본이득과 임대소득의 합으로 정의되는 전체 부동산소득을 구해 보자. [표 8-7]에 의하면 부동산가격이 폭등했던 2007년에 무려 717.2조 원이었던 부동산소득은 2008년에는 361.4조 원으로 격감했다가 다시 증가하여 2011년 446.5조 원, 2015년에는 453.3조 원이 되었다. GDP에서 차지하는 비중

[표 8-6] 부동산소득(실현 자본이득+임대소득) 추산

단위: 조 원, %

연도	2007	2008	2009	2010	2011	2012	2013	2014	2015
실현 자본이득	275.5	291.9	297.5	299.1	300.3	285.0	263.9	240.3	227.0
임대소득	167.9	178.6	189.0	201.9	214.6	221.9	230.4	242.4	255.1
합계	**443.4**	**470.5**	**486.5**	**501.0**	**514.9**	**506.9**	**494.3**	**482.7**	**482.1**
합계/GDP	**42.5**	**42.6**	**42.2**	**39.6**	**38.6**	**36.8**	**34.6**	**32.5**	**30.8**

[표 8-7] 부동산소득(잠재 자본이득+임대소득) 추산

단위: 조 원, %

연도	2007	2008	2009	2010	2011	2012	2013	2014	2015
잠재 자본이득	549.3	182.8	181.4	243.8	231.9	115.2	107.6	166.7	198.2
임대소득	167.9	178.6	189.0	201.9	214.6	221.9	230.4	242.4	255.1
합계	**717.2**	**361.4**	**370.4**	**445.7**	**446.5**	**337.1**	**338.0**	**409.1**	**453.3**
합계/GDP	**68.7**	**32.7**	**32.2**	**35.2**	**33.5**	**24.5**	**23.6**	**27.5**	**29.0**

은 2007년에 68.7%로 제일 높았고, 금융위기가 발생한 2008년과 2009년에 각각 32.7.%, 32.2%로 떨어졌다가 잠깐 상승하지만, 2012년과 2013년에는 다시 20% 대로 떨어졌다. 이 비율은 2014년 이후 다시 상승세로 돌아서서 2015년에는 거의 30%에 육박했다. 이런 변화를 주도한 것은 잠재 자본이득의 변화였다. 2007년에 부동산 투기 광풍이 불었을 때 최고조에 달했던 잠재 자본이득은, 2008년 세계 금융위기 이후 크게 줄어들었다가 2013년을 지나면서 다시 회복되고 있는 것이다. 이 부동산소득 비중의 9년 평균은 34.1%로 실현 자본이득과 임대소득의 합에 약간 못 미치지만, 이 또한 2007년 이후 우리나라의 부동산소득이 엄청난 규모였음을 보여 준다는 점에서는 다를 바 없다.

한편 2008년부터 2015년까지는 잠재 자본이득보다 실현 자본이득이 더 큰 것에 대해 의아하게 생각할 수 있어 이를 설명하고자 한다. 사실 잠재 자본이득은 전체 부동산을 대상으로 계산하고 실현 자본이득은 거래된 부동산만을 대상으로 계산하기 때문에 그렇게 느끼는 것은 당연하다. 하지만 잠재 자본이득은 당해 연도 부동산가액과 직전 해 부동산가액의 차액인 반면, 실현 자본이득은 당해 연도에 거래된 부동산가액과 7~27년 전 부동산가액의 차액이기 때문에 후자가 전자보다 클 가능성은 얼마든지 존재한다. 예를 들어 2008년에는 글로벌 금융위기의 여파로 부동산 가격 상승이 크게 둔화되어 잠재 자본이득이 큰 폭으로 하락했지만, 실현 자본이득은 그렇지 않았다. 2008년에 매각한 부동산은 7년, 8년 또는 27년 전에 매입한 부동산이기 때문이다.

이상에서 부동산소득에 대한 두 가지 정의에 따라 추산해 본 결과, 우리는 2007~2015년에 GDP의 30%를 초과하는 부동산소득이 발생했음을 확인했다. 2014년 현재 개인 토지소유자 중 상위 10%가 전체 개인 소유지의 64.7%를, 법인 토지소유자 중 상위 1%가 전체 법인 소유지의 75.2%를 소유(가액 기준)하고 있다는 것과, 2008~2014년 6년 사이에 상위 1% 기업이 소유한 부동산은 546조 원에서 966조 원으로 77% 증가했고, 상위 10대 기업이 소유한 부동산은 180조 원에서 448조 원으로 무려 147% 폭증했다는 것(김영주 의원실, 2016)을 감안하면, 부동산소득의 상당 부분을 부동산 과다소유 개인 혹은 법인이 향유했음을 유추

[표 8-8] 부동산 유형별 소득(2015년)

단위: 조 원

구분	토지	주택	비주거용 건물
임대소득	12.2	138.2	104.6
실현 자본이득(명목)	48.8	113.6	64.5

[표 8-9] '부동산 불로소득' 추산

단위: 조 원, %

연도	2007	2008	2009	2010	2011	2012	2013	2014	2015
주택	151.3	144.1	180.2	184.5	176.4	172.4	177.8	176.1	181.0
비주거용 건물	97.5	93.7	107.6	115.8	117.4	113.7	115.1	111.3	125.7
토지	30.7	26.8	31.9	32.4	30.9	32.6	34.9	35.8	39.4
합계	279.5	264.6	319.7	332.7	324.7	318.7	327.8	323.2	346.1
불로소득/GDP	26.8	24.0	27.8	26.3	24.4	23.1	22.9	21.7	22.1

주: '부동산 불로소득'=실현 자본이득+순임대소득
1) 실현 자본이득=부동산 매각가액−부동산 매입비용
2) 순임대소득=부동산의 현 임대가치−부동산 매입가액의 이자

할 수 있다. 요컨대 부동산소득은 소득불평등의 중요한 원인이다.

[표 8-8]은 2015년 한 해를 대상으로 위의 결과를 부동산 유형별로 정리한 것이다. 이에 따르면, 우리나라에서 부동산소득은 주택에서 가장 많이 발생하였고, 다음으로 상가 등 비주거용 건물, 그리고 토지의 순으로 발생하고 있다. 주택 정책에 대한 반응이 왜 그렇게 격렬한지 미루어 짐작할 수 있다.

앞에서 추산한 부동산소득의 성격을 어떻게 보아야 할까? 많은 사람들이 부동산 자본이득만을 불로소득으로 간주한다. 하지만 고전학파 경제학자들은 자본이득뿐 아니라 지대도 불로소득으로 생각했다. 지주는 자본가나 노동자와 달리 생산과정에서 아무런 역할도 하지 않고 지대만 걷어 간다고 여겼기 때문이다. 이와 같은 고전학파 경제학의 개념에 따르면 현재 우리나라에서는 실현 자본이득 기준이건 잠재 자본이득 기준이건 간에 GDP의 30% 이상에 달하는 엄청난 불로소득이 부동산에서 발생하고 있는 셈이다. 반면, 토지를 자산의 하나로 인정하

면, 부동산소득 전체가 아니라 거기서 매입가액의 이자를 뺀 부분을 불로소득으로 봐야 한다. 다른 자산에 투자할 때 얻을 수 있는 평균 수익은 지주의 정당한 소득으로 인정해 주는 것이다.

그러면 부동산 불로소득의 규모는 얼마나 될까? [표 8-9]에서 확인할 수 있는 것처럼, 부동산 불로소득은 매입가액의 이자를 포함할 때보다 줄기는 하지만 여전히 그 규모가 최소 21%를 상회한다. 부동산 불로소득을 어느 쪽으로 정의하건, 그것을 차단하거나 환수하지 않으면 불평등 완화는 요원한 일이 될 수밖에 없음을 알 수 있다.

5. 부동산 불로소득 환수와 소득불평등 해소

일반 국민은 부동산이 재산불평등의 핵심일 뿐 아니라 소득불평등의 중요한 원인이라고 느끼고 있다. 그런데 희한하게도 부동산에서 발생하는 소득이 소득불평등의 주된 원인임을 주장하는 연구는 희귀하다. 부동산소득이 소득불평등의 미미한 변수라면 별 문제 없겠지만, 그렇지 않다면 이것은 큰 문제다. 불평등 해소라는 시대적 과제를 완수하기 위해서는 불평등에 대한 제대로 된 원인 진단이 필수인데, 원인 진단이 잘못되면 효과적인 대책을 세우기 어렵기 때문이다. 이런 문제의식하에 이 장에서는 부동산소득이 소득불평등의 주된 원인임을 밝혔다. 이상을 요약하면 다음과 같다.

첫째, 우리는 기존 연구가 부동산소득을 과소 추산하는 이유를 살펴보았다. 먼저 지적할 수 있는 것은 부동산소득에 자본이득을 포함시키지 않거나 임대소득 중 귀속 임대소득을 누락시키고 있다는 것이다. 또한 부동산소득 연구가 주로 사용하는 자료, 다시 말해 국책연구기관이 제공하는 패널 자료가 과소 추산의 원인이기도 하다. 패널 자료의 표본조사를 통한 자료 생산은 대표성의 문제와 부동산소득 과소 보고의 문제를 피해 갈 수 없다.

한편 전체 임대소득 자료를 제공하고 있다고 알려진 한국은행의 자료도 임대소득 전체를 포함하지는 않고 있다는 점도 하나의 원인이다. 이런 까닭에 우리는 취득세를 활용하여 '평균 보유 기간'을 구하고 부동산 전체의 실현(혹은 잠재) 자본이득과 (귀속소득까지 포함한) 임대소득을 구하여 부동산소득 전체를 추산한 것이다.

둘째, 부동산소득 추산 결과, 우리는 2007~2015년에 GDP의 30%를 초과하는 부동산소득이 발생했다는 것을 확인했다. 부동산 매입가액의 이자를 뺀 부분을 불로소득으로 간주하더라도, GDP의 최소 21%를 넘는 규모다. 부동산 소유가 소수에게 편중된 상황에서 이런 엄청난 규모의 부동산소득이 발생했다면 이 불로소득을 누가 향유했을지 쉽게 짐작할 수 있다. 이로서 우리는 부동산소득이 그 규모와 부동산 소유 불평등 정도로 볼 때 소득불평등의 가장 중요한 원인은 아닐지라도 매우 중요한 원인이라고 말할 수 있게 된다.

마지막으로 우리는 이 연구 결과를 통해 토지 불로소득 환수를 주장한 헨리 조지의 사상이 우리 사회에 지금도 유효하다는 것을 확인하게 된다. 그런데 인간의 모든 활동이 토지 위에서 전개된다는 것을 생각하면 헨리 조지의 사상의 중요성은 앞으로도 줄어들지 않을 것이다. 그러므로 우리는 경제정의의 핵심은 토지정의이고, 토지에서 발생하는 불로소득을 환수하지 않으면 빈부격차와 실업과 주기적 경제 불황을 피할 수 없다고 주장한 헨리 조지의 주장을 경청해야 한다.

● 제9장

주요 국가별 토지가격 장기 추이 비교

이진수

"토지가치의 증가는 언제나 노동의 가치를 희생시킴으로써 이루어진다."
-『진보와 빈곤』 제3권 제8장

1. 피케티가 놓친 토지/소득 비율

우리나라의 땅값은 다른 나라에 비해 어느 정도 수준일까? 헨리 조지가 살던 시기의 미국과 비교하면 어느 정도일까? 피케티는 그의 저서 『21세기 자본』에서 자본/소득 비율(총생산 대비 총자본의 비율)이라는 국가 내 총자본의 상대적 크기를 국가별로 장기간에 걸쳐 살펴보고 이것이 높을수록 불평등이 심해지는 경향이 있다고 하였다. 그러나 〈그림 9-1〉에서 보듯 그의 연구는 자본 내에서도 명백히 다른 특성을 지닌 토지를 별도로 다루지 못한 채 자본에 대한 분석을 시도하였다는 한계를 지닌다.

이 장에서는 토지/소득 비율이라는 지표를 통해 가능한 한 장기간에 걸친 각국의 토지가격 수준의 추이를 살펴보고자 한다. 먼저 각국의 토지자산 총액을 국가별로 비교해 보고 1인당 토지자산 가격을 비교해 본다. 그리고 토지자산의 국부점유율을 국가별로 비교해 보고 토지/소득 비율의 추이를 국가별로 비교해 보고자 한다.

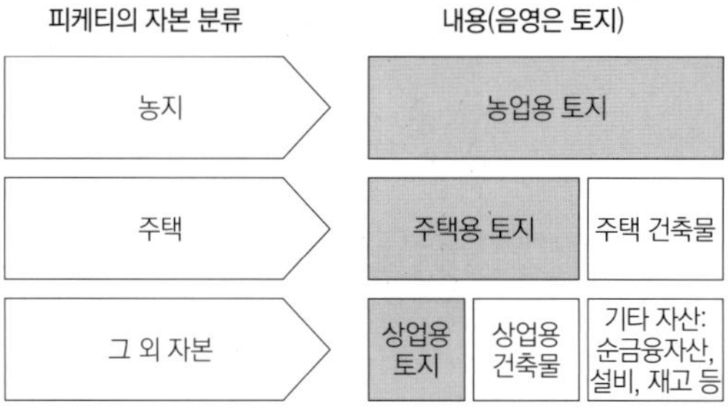

〈그림 9-1〉 피케티의 자본 분류

2. 토지가격을 비교하기 위한 지표: 토지/소득 비율

이 장에서는 토지가격의 수준을 시간의 전후 및 국가 간에 비교하기 위해 '토지/소득 비율'[1]이라는 지표를 사용하고자 한다. 토지/소득 비율은 소득 대비 토지의 비율인데 여기서 소득은 국내총생산(GDP)을, 토지는 국내 토지가격 총액을 의미한다.

$$\text{토지/소득 비율} : \frac{\text{토지(국내 토지가격 총액)}}{\text{소득(국내총생산; GDP)}}$$

토지/소득 비율은 피케티가 주요 분석 지표로 사용한 자본/소득 비율의 자본에서 가장 큰 비중을 차지하는 토지자산만을 떼어 내어 본 것으로 피케티의 자본/소득 비율과 성격이 유사하다고 할 수 있다.[2]

토지/소득 비율이 의미하는 것은 경제력(연간 생산량) 대비 토지총액의 상대적인 크기이므로 이를 통해 경제력이 다른 국가 간에, 그리고 물가수준이 다른 시간의 전후 속에서 토지가격의 수준을 비교해 볼 수 있다. 기존의 연구들에서도

1 총생산과 총소득은 같은 값이므로 토지/생산 비율이라고 할 수도 있다.
2 피케티는 GDP(국내총생산) 대신 NNI(국민총소득)를 사용하였다. NNI는 GDP에서 감가상각분을 빼고 해외소득을 더한 것이다.

토지/소득 비율은 토지가격의 국가 간 비교에 사용된 바 있다(Boone, 1989; 井出多加子 外, 2010).

3. 국가별 총 토지가격 측정 방법과 데이터

국가 내의 전체 토지가격을 추계하는 것이 쉬운 일은 아니다. 물론 정부는 토지에 세금을 부과하기 위한 기준가격(과세표준)이 필요하기 때문에 개별 토지에 대한 가격을 매년 평가하여 이를 공시지가라는 이름으로 관리하고 있다. 단순히 이를 합산하는 것은 기술적으로 어려운 일이 아니다. 그러나 국제연합(UN) 및 유럽연합(EU)은 각국이 토지자산 총액정보를 공식적으로 만들어 발표할 때 공시지가가 아니라 시장에서 실제로 거래되는 가격인 시가(current market price)를 기준으로 추계하여 발표하도록 하고 있다.[3] 그러므로 개별 국가들은 국가 내 토지가액 총액을 추계하기 위해 공시지가 및 실거래가 자료, 과세자료 등 가용한 자료를 다양하게 활용하게 된다. 또 시장에서 실제로 거래되는 가격을 기준으로 하되 시장에서 거래가 잘 일어나지 않는 토지는 유사한 특성을 가진 다른 토지의 가격을 준용하는 등의 방식을 사용한다.

토지가격을 추계하는 방법으로는 전체 면적에 단위 면적당 평균가격을 곱해 산출하거나 부동산 총 가액 중 건축물 가격을 제외한 나머지를 토지가액으로 사용하는 방법, 개별토지의 특성을 반영한 회귀방정식 모형을 통해 산정하는 방법 등 여러 가지가 있다. 그런데 국가마다 토지가격 추계에 사용하는 데이터와 측정 방법, 시가에 근접하도록 조정하는 방식이 약간씩 다르기 때문에,[4] 비록 시가를 기준으로 한다는 원칙은 같지만 완전히 동일한 기준으로 생산된 데이터는 아니라는 점을 감안할 필요가 있다.

---

3 UN의 SNA 2008, paragraph 13.16; 유럽연합의 ESA(European System of National and Regional Accounts) 2010, paragraph 7.33; OECD/eurostat(2015: 13).

4 국가별 토지가격의 측정방법과 OECD 및 유럽연합의 가이드라인에 대해서는 OECD/Eurostat(2015) 참조.

국가별 토지총액은 기본적으로 경제협력개발기구(OECD)에서 취합하여 제공하는 각국 국민대차대조표의 토지자산가액을 사용하였다. 국민대차대조표는 국민계정의 한 부분으로서, 매년 말 시점을 기준으로 삼아 한 국가 내의 모든 자산가액 및 그 증감을 기록한 명세서이자, 경제활동을 통해 창출된 소득이 어떻게 부(富)로 축적되었는지 기록한 표이다(한국은행, 2014).

국민계정에서 생산 및 소득의 유량(flow)에 관한 통계인 국내총생산(GDP)은 전 세계 대부분의 나라에서 생산하고 있는 반면, 자산(stock)에 대한 통계인 국민대차대조표는 아직 OECD 회원국 위주로 생산하고 있다. 우리나라는 1995년부터의 내용을 소급하여 작성, 2014년부터 국민대차대조표를 발표하기 시작하였다. 국민대차대조표를 생산하는 국가의 경우, 건축물가액에 대해서는 대부분의 국가가 추계하고 있지만 토지자산에 대해서는 일부 국가만 추계하고 있다. OECD와 EU는 각국이 국민계정에서 토지자산까지도 추계할 것을 권고하고 있으며 이에 따라 토지자산 정보를 생산하는 국가들은 점차 늘어나고 있다. 이 장에서는 먼저 OECD의 통계정보 시스템[5]을 통해 토지자산 정보를 제공하고 있는 국가들을 대상으로 토지가격을 비교해 본 다음, 추가적인 자료를 활용하여 국가와 시기를 확대하여 살펴볼 것이다.

4. 토지가격 총액의 절대 크기 비교

먼저 국가별 토지가격 총액의 크기를 원화로 변환하여 비교해 보자. 비교국들 중에서는 일본의 토지가격 총액이 가장 크며, 프랑스와 한국이 그 뒤를 잇고 있다(〈그림 9-2〉). 한국의 GDP는 일본의 30% 수준인데(2016년 기준) 토지가격 총액은 일본의 60% 수준이다. 독일과 비교해 보면, GDP는 독일의 40% 수준이지만

5 http://stats.oecd.org, [National Accounts → Annual National Accounts → Detailed Tables and Simplified Accounts → 9B. Balance sheets for non-financial assets]

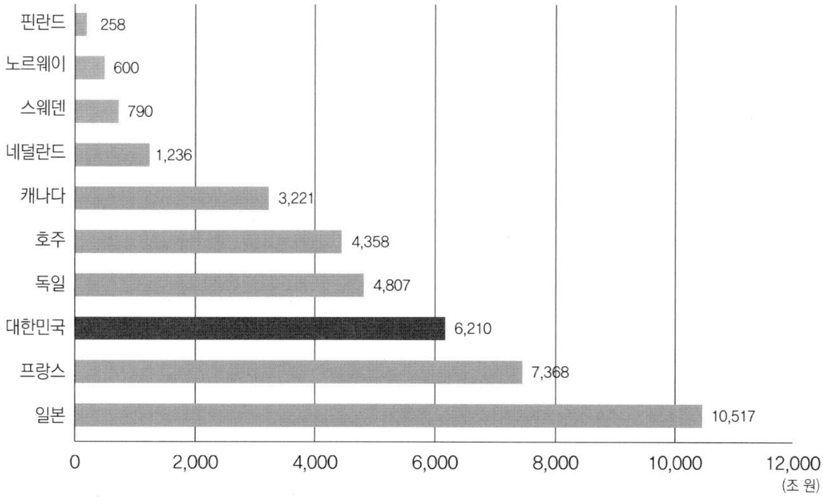

〈그림 9-2〉 국가별 토지가액 총액(2014년 기준, 원화 기준)

출처: OECD, 각국의 국민대차대조표(National Balance Sheet).

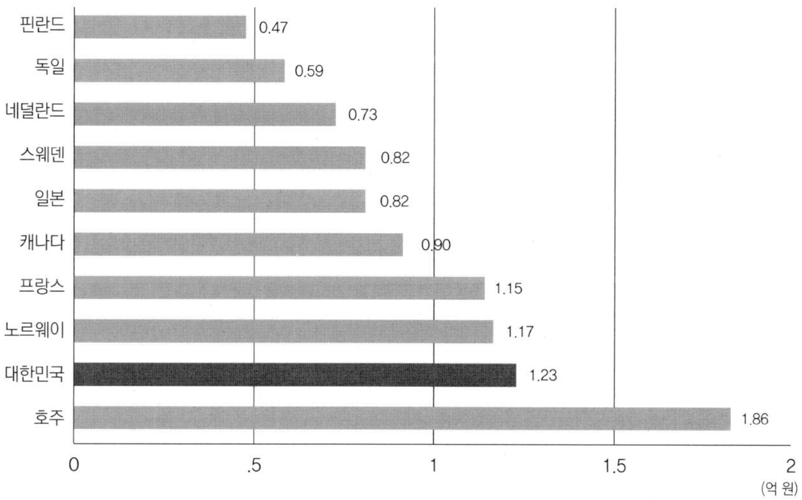

〈그림 9-3〉 국가별 1인당 토지가액(2014년 기준, 원화 기준)

주: 환율은 2014년 12월 31일 시장환율 기준. 출처: OECD, 각국의 국민대차대조표.

토지총액은 독일의 130% 수준이다. 우리나라의 땅을 모두 팔면 캐나다를 두 번 살 수 있으며 호주와 독일도 충분히 살 수 있는 수준이다.

1인당 토지가액으로 보면 우리나라는 약 1억 2천만 원으로 호주 다음으로 높다(〈그림 9-3〉). 독일과 핀란드는 1인당 토지가액이 우리나라의 절반 수준이다.

5. 각국의 총 자산 중 토지가 차지하는 비중(토지의 국부 점유율)

토지/'소득' 비율을 살펴보기 전에 먼저 토지/'자본' 비율을 살펴보고자 한다. 토지/자본 비율은 국가 내 총 자산 중 토지자산이 차지하는 비중으로 토지의 국부 점유율이라고도 할 수 있다.

국민대차대조표에 따른 우리나라 국부의 구성은 [표 9-1], 〈그림 9-4〉와 같다. 토지는 총액으로 보았을 때 우리나라에 있는 재화 중 가장 비싼 재화이며 동시에 비생산자산인 자연물이라는 특징을 갖는다. 우리나라에서 토지자산은 전체 자산의 53.4%인 절반 이상으로 가장 큰 비중을 차지하고 있으며 건설자산까지 포함한 부동산자산은 전체 자산의 86.4%로 국부의 대부분이 부동산자산이라고 할 수 있다. 1995년 이후 우리나라의 토지자산 비율은 50~60%, 건축물의 경우 25~35% 사이를 유지해 왔다.

흔히 우리는 '자본' 하면 '돈'이나 '공장의 기계'를 떠올리기 쉽지만 '돈'이라고 할 수 있는 순금융자산은 국민순자산 중 2.6%에 불과하고, '기계'에 해당하는 설비자산은 5.6%, 지식재산물은 2.5%, 재고자산은 2.6%에 불과하다.

순금융자산(=금융자산-금융부채)은 국민순자산에서 차지하는 비중이 매우 작으며 연도에 따라 양수가 될 때도 있고 음수가 될 때도 있다. 부채를 고려하지 않은 금융자산의 크기는 12,450조 원(2016년 기준)으로 비금융자산의 크기와 비슷할 정도로 크지만 금융 부채를 뺀 순금융자산으로 보면 거의 무시할 수 있을 정도로 작아진다. 이를 통해 보면 화폐 또는 금융자산이라는 것은 국부라기보다는 경제 전체에서 발생하는 소득(또는 생산)에 대한 청구권으로서의 의미를 갖는다고 할 수 있다(김형태, 2017).

순금융자산은 그 비중이 작고 변동성이 크므로 아래의 국가 간 비교에서는 국부 중 비금융자산으로 한정해서 토지자산의 점유율을 살펴보고자 한다.

국부의 구성을 국가별로 비교해 보면 우리나라는 다른 나라들보다 토지자산의 비중이 상당히 크다는 점을 알 수 있다(〈그림 9-5〉). 토지자산의 비율은 국가별로 적게는 20%에서 많으면 45% 정도인데, 우리나라는 토지가 국부의 53%를

[표 9-1] 우리나라 국부의 구성(2016)

<table>
<tr><th>유형</th><th colspan="2">내용</th><th>가액(조 원)</th><th>비중</th></tr>
<tr><td rowspan="7">비금융 자산</td><td rowspan="4">생산 자산</td><td>건설자산</td><td>4,324</td><td>33.1%</td></tr>
<tr><td>설비자산</td><td>728</td><td>5.6%</td></tr>
<tr><td>지식재산생산물</td><td>327</td><td>2.5%</td></tr>
<tr><td>재고자산</td><td>334</td><td>2.6%</td></tr>
<tr><td rowspan="3">비생산 자산</td><td>토지자산</td><td>6,981</td><td>53.4%</td></tr>
<tr><td>지하자원</td><td>24</td><td>0.2%</td></tr>
<tr><td>입목자산</td><td>24</td><td>0.2%</td></tr>
<tr><td>금융자산</td><td colspan="2">순금융자산</td><td>337</td><td>2.6%</td></tr>
<tr><td colspan="3">총 자산(국부)</td><td>13,078</td><td>100.0%</td></tr>
</table>

출처: 한국은행, 2016년 국민대차대조표.

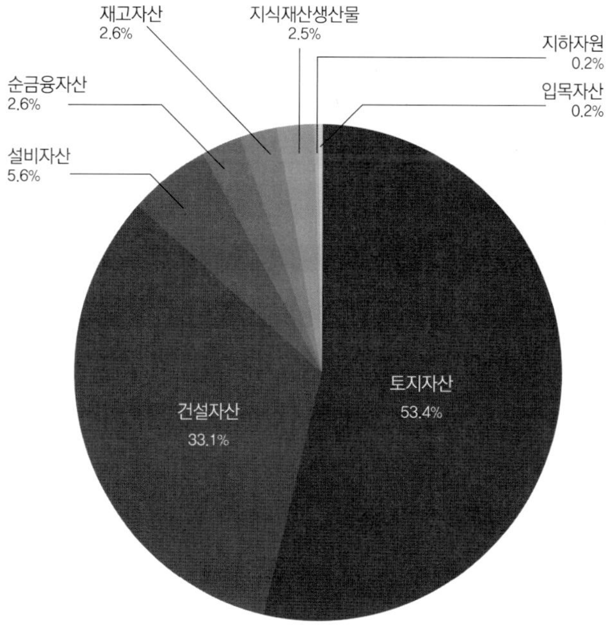

〈그림 9-4〉 우리나라 국부(국민순자산)의 구성(2016)
출처: 한국은행, 2016년 국민대차대조표.

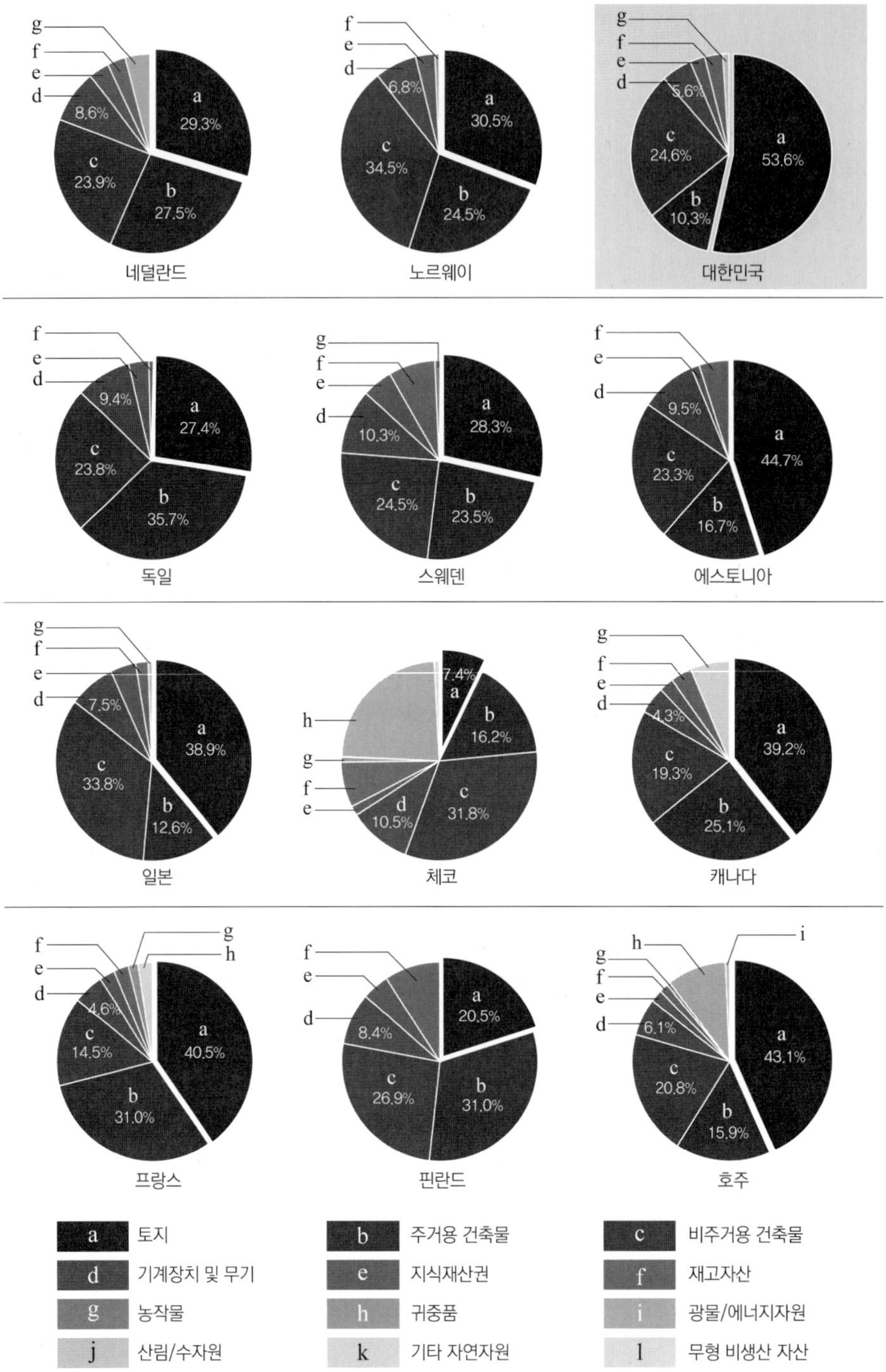

〈그림 9-5〉 각국의 국부 구성 비율(2014, 비금융자산)

출처: OECD(2014), 각국의 국민대차대조표.

차지하고 있다. 건축물까지 포함한 총 부동산자산의 비중은 국가별로 76~89%로 비슷한 비율을 보이고 있다. 예외적으로 체코는 토지 대신 광물/에너지 자원의 비중이 크다. 국부에서 토지가 차지하는 비중이 우리나라가 가장 큰데 이것은 그만큼 토지가격이 상대적으로 높을 가능성을 시사한다.

6. 각국의 국민계정 자료를 이용한 토지/소득 비율 추이

〈그림 9-6〉은 1965년부터 2015년까지 OECD에서 제공하는 각국의 토지자산 데이터를 기초로 삼고, 한국과 일본은 별도 자료를 통해 연장하여 GDP 대비 토지가격, 즉 토지/소득 비율의 추이를 나타낸 것이다. 토지/소득 비율이 높다는 것은 토지사용에 보다 많은 비용을 지불한다는 것이며 토지를 소유하지 않은 사람의 부가 토지소유자에게 이전되는 양이 더 크다는 것을 의미한다. 또 토지/소득 비율이 증가한다는 것은 토지가격의 증가속도가 소득(생산)의 증가속도보다 더 빠르다는 것을 의미한다.

전체적으로 보면 한국과 일본이 두드러지게 높았던 모습을 보인다. 한국은 토지/소득 비율이 3~6배 내외로 다른 나라에 비해 높은 수준을 유지해 왔으며 그 등락 폭이 매우 컸다. 토지가격의 등락 폭이 크다는 것은 그만큼 자본이득이 많이 발생하였음을 시사한다. 한국의 토지/소득 비율이 고점이었던 시기는 1970년, 1978년, 1991년, 2007년이다. 1985년부터 2000년까지는 한국과 일본의 토지/소득 비율이 비슷한 추이를 보이지만, 2000년 이후 일본은 3배 수준에서 계속 감소하는 반면 한국은 다시 상승세를 보여 현재 GDP의 4.2배 수준이다. 일본의 경우 1990년에 약 5.5배의 최고점에 이르렀다가 이후 약 30여 년간 지속적인 하락세를 보이고 있으며 현재는 약 2배 수준이다.

독일, 핀란드, 스웨덴, 노르웨이 등 많은 국가들이 1배 내외의 토지/소득 비율을 장기적으로 안정되게 유지하고 있는 반면, 프랑스와 호주는 2000년대 들어 한국과 함께 급격한 상승세를 보이고 있다. 특히 프랑스의 토지/소득 비율은

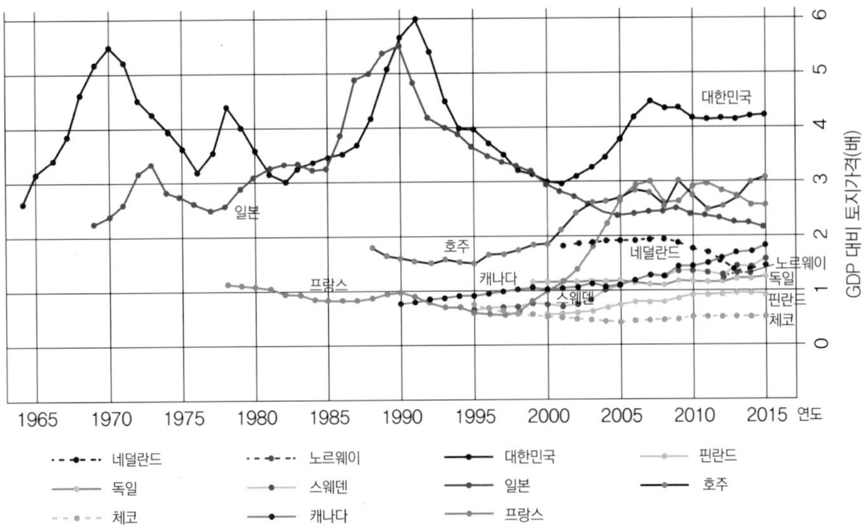

〈그림 9-6〉 GDP 대비 토지가격(토지/소득 비율) 추이(1965~2015)

주: 1) 한국의 국민계정은 1995년부터 토지자산 정보가 생산되므로 1994년 이전 자료는 조태형 외(2015)의 추계자료를 사용하여 연장하였음.[6]
2) 일본의 경우 1994년까지만 OECD 자료가 존재하므로 1993년 이전은 일본 내각부 홈페이지의 National Accounts for 1998(68SNA) 중 "Non-reproducible tangible assets"의 가액을 사용하고, OECD를 통해 제공하는 1994년도 토지가액을 기준으로 비율을 조정(1.04배)함.

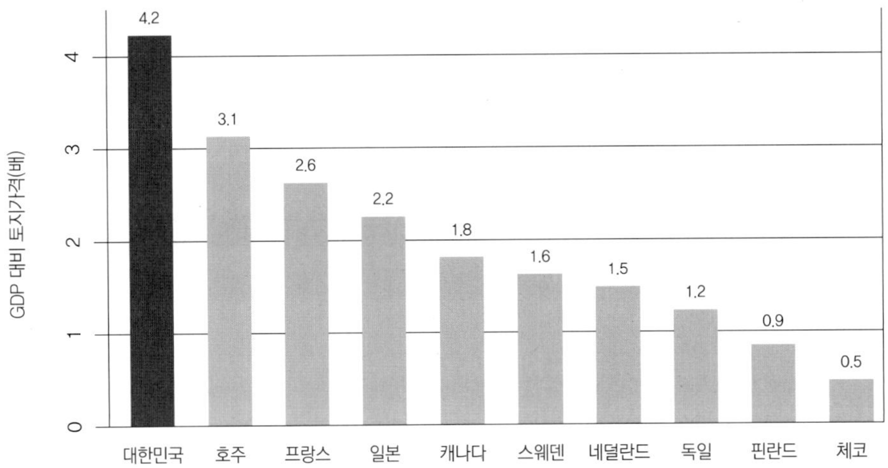

〈그림 9-7〉 2015년도 주요국의 토지/소득 비율

6 우리나라의 1995년 이전 토지자산 총액을 추정한 시도는 김태동 외(1989), Pyo(1992) 등의 연구가 있는데 그중 조태형 외(2015)의 연구가 가장 신뢰성이 높은 것으로 판단하여 사용하였다. 참고로 김태동 외(1989)에 의하면 가장 높았던 시기는 GDP의 10배가 넘는 것으로 추산되기도 하였다.

2000년부터 10년간 최저 0.5배에서 3배까지 약 6배나 상승하기도 하였다.

토지/소득 비율을 비교 가능한 최근 연도인 2015년을 기준으로 보면, 한국의 토지가격은 GDP 대비 4.2배로 일본에 비해 2배 가까이 높은 수준이고(〈그림 9-7〉) 독일에 비해서는 3.5배 높으며, 핀란드에 비해서는 4배 이상 높다. 인구밀도가 우리와 비슷한 네덜란드와 비교해도 3배가량 높다.

7. 부동산 가격의 상승은 토지가격 상승에 기인

〈그림 9-8〉은 피케티(2014)가 제시한 프랑스의 자본/소득 비율 추이이다. 20세기 말의 급격한 자산 상승은 대부분 주택(택지 포함)에서 발생한 것을 볼 수 있는데 이는 건축물보다는 토지의 가격이 상승한 것이라고 할 수 있다. 우리나라의 경우도 〈그림 9-9〉에서 보듯 지가상승은 대부분 토지 중 건축물용 토지인 '대지'의 상승에 기인하고 있음을 알 수 있다.

〈그림 9-10〉은 국가별로 국민대차대조표상에 나타난 토지가격과 건축물 가격

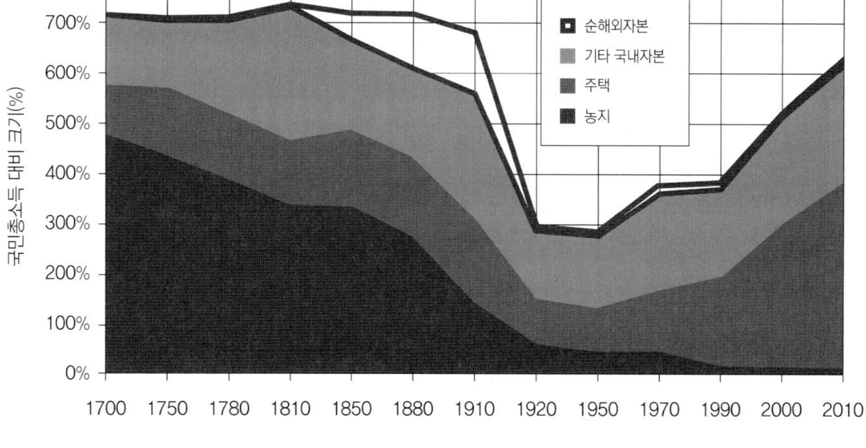

〈그림 9-8〉 프랑스의 자본/소득 비율(구성항목별, 1700~2010)
출처: Piketty(2014).

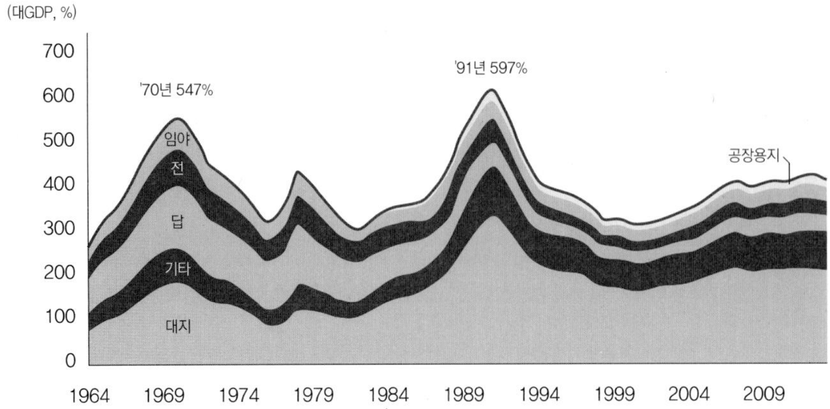

〈그림 9-9〉 우리나라의 지목별 지가총액의 GDP 대비 비율
출처: 조태형 외(2015).

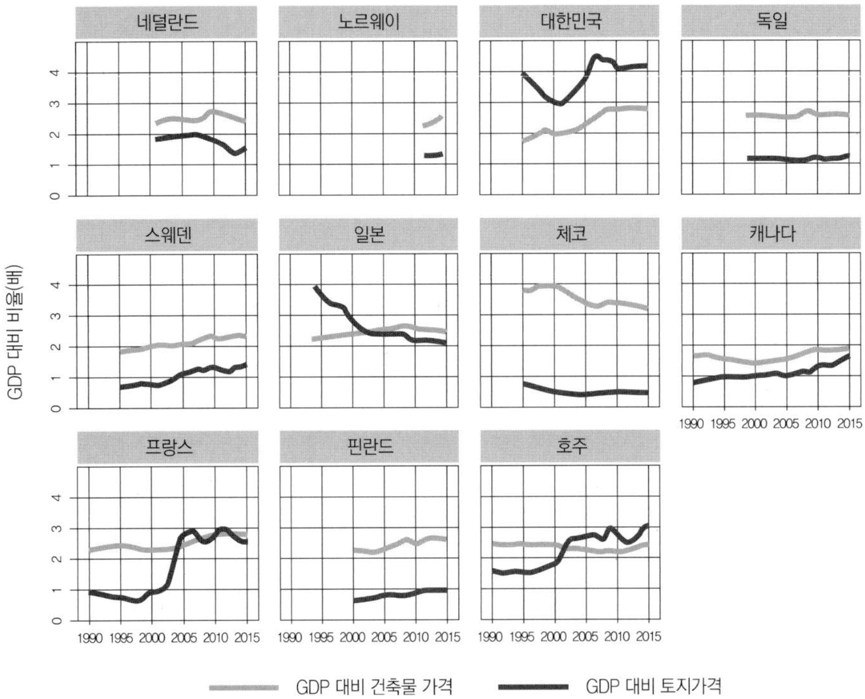

〈그림 9-10〉 토지가격과 건축물 가격의 추이(GDP 대비)

의 변화 추이이다. 변동성이 심한 토지가격에 비해 건축물 가격은 상당히 안정적이며 국가별로 크게 차이가 나지 않는 모습을 볼 수 있다. GDP 대비 건축물 가격은 체코를 제외한 대부분의 나라에서 2배 내외이다. 한국은 다른 나라보다 토지가격의 수준이 월등히 높지만 건축물 가격 수준에서는 큰 차이 없이 비슷한 모습을 보이고 있다. 독일, 스웨덴, 핀란드는 토지자산이 GDP의 1배 정도로 안정되어 유지되고 있다.

8. 추가자료를 통해 연장한 토지/소득 비율의 장기 추이

[표 9-2]는 각국에서 발표한 공식자료는 아니지만, 골드스미스(Goldsmith, 1985)가 가용한 여러 자료를 이용해 각국의 과거 시점 국민대차대조표를 추정한 결과이다. 이 자료를 통해 OECD가 제공하는 국민대차대조표로는 다룰 수 없

[표 9-2] 주요국 GDP 대비 토지가격 추이(1850~1977)

단위 : 배

구분	1850	1875	1880	1895	1900	1913	1929	1939	1950	1960	1970	1977
영국	2.18	0.87		0.22		0.64	0.5	0.49	0.57	0.49	0.49	0.88
벨기에	4.62	2.27		1.84		1.04	0.79	0.77	0.73		1.3	0.8
프랑스	5.58		4.63			2.15	1.25		0.71	0.58		0.93
덴마크			1.21		1.08	1.09	0.97	0.89	0.44	0.4	0.56	0.6
독일	4.25	2.86		1.89		1.76	1.38	0.74	1.07	0.51	0.95	1.08
스위스			3		1.63	1.36	1.24	1.21	1.08	0.82	0.79	0.88
이탈리아		2.5	2.78	3.12		2.09	1.29	1.49	1.46	0.85	0.72	0.7
노르웨이			2.48		2.02	1.64	1.33	1.08	1.02	0.94	0.74	0.78
미국	1.17		1.1		1.57	1.47	1.18	0.93	0.65	0.84	0.89	0.98
일본				2.87	2.9	2.26	2.26	1.43	2.62	3.34	2.46	2.32

출처: Goldsmith(1985); 井出多加子 외(2010).

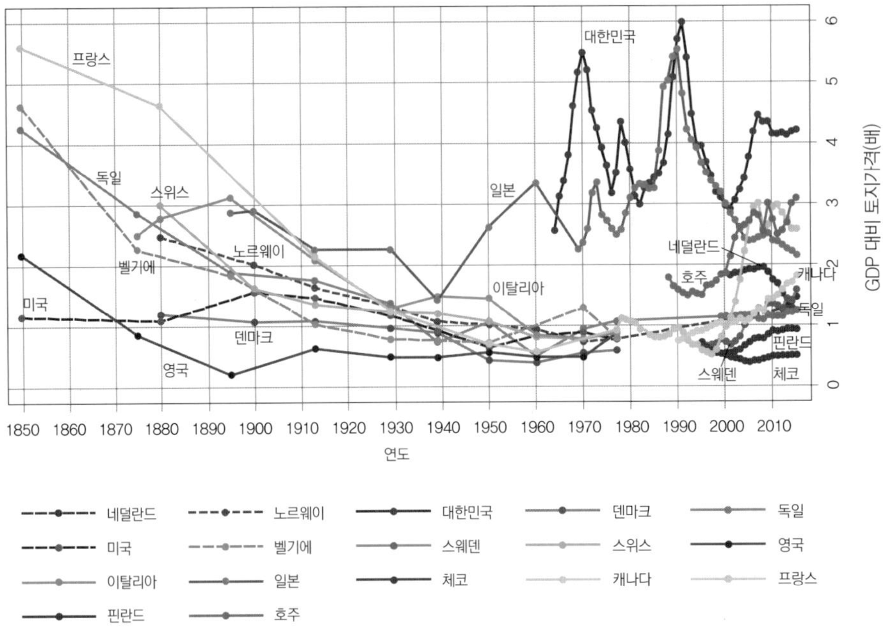

〈그림 9-11〉 GDP 대비 토지가격 장기 추이(1850~2015)

주: 점은 데이터가 있는 연도이고, 선은 점과 점 사이를 직선으로 연결한 것임.

었던 영국, 미국 등의 토지/소득 비율을 더 오래전까지 거슬러 올라가 살펴볼 수 있다.

이 자료를 통해 영미보다 유럽 대륙의 국가들이 19세기 말에 높은 토지/소득 비율을 보이다가 20세기 들어선 일본을 제외하고는 대부분 GDP의 1배 내외로 수렴하는 모습을 볼 수 있다.

〈그림 9-11〉은 OECD 자료를 바탕으로 한 〈그림 9-6〉에 [표 9-2]의 값을 결합하여 연장한 것이다. 비록 과거로 갈수록 측정 시점이 덜 촘촘해지기는 하지만, 대강의 추세를 확인하는 데는 큰 무리가 없다고 본다.

이를 통해 과거 150여 년간의 추세를 살펴보면, 영국과 미국을 제외한 대부분의 유럽 국가들은 19세기 중후반에는 토지가격이 GDP 대비 4배 이상으로 높았던 것을 알 수 있다. 특히 19세기 중반 프랑스의 토지/소득 비율은 한국과 일본의 최고점과 비슷한 6배에 근접하는 수준이었다. 그러나 20세기에 양차 세계 대전을 거치며 대부분의 국가들의 토지/소득 비율은 1배 내외(최저 0.5배) 수준으로 안정적으로 수렴하는 모습을 보였다. 21세기를 전후로 프랑스, 호주 등 일부 국가에서 3배까지 상승하는 모습을 보이나, 상당수 국가는 여전히 0.5~2배 내외의 토지/소득 비율을 보이고 있다.

한국에서 토지/소득 비율이 가장 낮았던 시기는 1964년의 2.5배인데 그 이후로는 3배 이하로 내려간 적이 없다. 1964년 이전의 추계자료는 구하지 못했으나 1950년을 전후로 토지개혁이 이루어졌으므로 1950년대의 토지/소득 비율은 1964년의 2.5배보다는 훨씬 낮은 수준이었을 것으로 추측된다.

한편 헨리 조지가 살았던 당시 미국의 땅값은 어땠을까? 헨리 조지는 1839년에 태어나 1879년(40세)에 『진보와 빈곤』을 집필하였고, 1897년(58세)에 사망하였다. 조지 생존 당시 미국의 토지자산 자료는 시점이 촘촘하지 않아 중간에 어느 정도의 등락이 있었는지는 알 수 없고 대략적인 수준 및 추세만 가늠할 수 있다. 위의 자료에 따르면 당시 미국의 토지/소득 비율은 다른 유럽 국가들보다 상당히 낮은 편이었다. 하지만 이 시기에는 대부분의 국가들의 토지/소득 비율이 감소하는 추세를 보였던 반면, 조지 시대의 미국은 약간의 상승세를 보이고 있는 점이 다르다. 상승세를 보이던 미국의 토지/소득 비율은 헨리 조지 사후 약 반세기 동안 지속적으로 하락하였다. 조지 생존 당시의 미국과 지금 우리나라를 비교하자면, 현재 우리나라의 토지/소득 비율은 조지 생존 당시 미국에 비해 약 3배 이상 높은 수준이다. 다만 현재 우리나라와 의미 있는 비교를 위해서는 당시 미국의 토지자산 정보에 대한 좀 더 신뢰성 있는 데이터를 확보할 필요가 있다.

9. 나가며: 토지/소득 비율이 1배가 된다면?

우리나라의 현재 토지/소득 비율은 4.2배로 비교 가능한 나라들 중 매우 높은 수준임을 확인하였다. 반세기 동안 수차례 일어난 급격한 지가상승은 막대한 불로소득(자본이득)을 발생시켜 왔고, 높은 지가는 가계와 기업 모두에 부담으로 작용하고 있다. 피케티에 따르면 자본/소득 비율이 높을수록 불평등이 심화되는 경향이 있는데, 우리나라는 주요 선진국 대비 자본/소득 비율이 높은 편이다. 그 주요 이유는 토지가격이 높기 때문이다. 우리나라 1983~1992년 지가변동에 대한 거시계량 실증연구에 의하면 지가상승은 물가를 큰 폭으로 상승시키고 장기적으로 설비투자의 하락을 초래하여 성장잠재력을 잠식하며 국제수지를 대폭 악화시키는 것으로 나타났다. 이는 장기적으로 국민경제에 결코 바람직하지 않은 영향을 끼치기 때문에 지가의 상승을 억제하고 안정적으로 유지하는 것이 중요하다(서승환, 1994).

만약 우리나라의 토지/소득 비율이 독일이나 핀란드 수준인 1배 정도라면 어떨까? 이는 토지가격이 현재의 1/4이 된다는 것을 의미하고 토지가격이 현재의 1/4이 되면 주택가격(토지 포함)은 4억 원짜리 30평 아파트가 2억 1,250만 원으로 현재 대비 약 절반 수준이 된다(건축물 가격을 평당 500만 원으로 가정할 경우). 땅값이 좀 더 싼 지역의 2억 원짜리 30평 아파트는 1억 6,250만 원으로 현재의 약 80% 수준이 되어 그리 크게 하락하지는 않는다. 전국 평균 부동산 가격으로 볼 경우 토지가격이 1/4이 되면 부동산가격은 현재 대비 약 54%가 된다. 장기적으로 부동산 가격이 현재의 절반 수준이 된다면 어떨까? 무주택자와 생산적 활동을 하는 모든 기업에게는 희소식이 될 수 있지 않을까?

● 제10장

피케티 현상을 어떻게 볼까?

이정우

1. 피케티 현상

경제학계에 혜성이 출현했다. 2014년 토마 피케티(Thomas Piketty)라는 43살의 프랑스 경제학자가 쓴 한 권의 책이 세계를 강타한 것이다. 책 제목도 특이하다. 『21세기 자본』. 이 책은 2013년 프랑스에서 출판되었을 때만 해도 사람들의 관심을 끌지 못했다. 그런데 2014년 영어 번역판이 미국에서 출판되자 돌연 세인의 주목을 받아 일약 베스트셀러 반열에 올랐다. 아마존에서 책이 동이 나 몇 달 동안 대기해야 살 수 있을 정도였다. 피케티는 이 책 한 권으로 단숨에 세계적 경제학자 반열에 올랐고, 요즘 피케티를 모르면 망신을 당하기 쉽다. 문자 그대로 '피케티' 현상이라 할 만한 태풍이 세계를 강타한 셈이다. 이것은 세계 지식계의 일대 사건이라 할 만하다.

이 사건은 과거 하나의 에피소드를 연상시킨다. 케인스는 1936년 『일반이론』을 써서 경제학의 혁명을 일으켰다고 평가받는데, 이 책에서 케인스가 내세운 유효수요의 이론은 실은 그보다 몇 년 전 폴란드의 경제학자 미하일 칼레츠키가 폴란드 말로 쓴 논문에서 처음 제시했던 이론이었다. 칼레츠키의 논문은 전혀 주목을 받지 못하고 지나갔는데, 그 뒤에 나온 케인스의 책은 세상을 바꾸어 놓았다. 그래서 경제학계에서는 책을 쓰려면 모름지기 영어로 써야 한다는 농담이 생겼다.

피케티의 책은 7백 페이지나 되므로 다 읽으려면 상당한 인내심이 요구된다. 내용은 크게 어렵지 않으나 수많은 숫자와 그림이 나온다. 숫자는 너무 많아 따라가기 힘든데, 사실 일반 독자들은 일일이 따라갈 필요도 없다. 저자가 말하려고 하는 큰 줄거리를 파악하면 충분하다. 수많은 그림은 저자의 주장을 쉽게 이해할 수 있도록 도와준다. 경제학 책치고는 수학이 거의 없고, 있다고 해 봤자 초등학교 산수 수준의 식이 딱 3개 나올 뿐이다.

이런 경제학 책은 참 드물다. 피케티는 학부 시절 경제학과 수학을 전공했으므로 수학을 아주 잘하는데도 이 책에서는 수학 사용을 극도로 자제하고 있다. 이런 점에서는 19세기 말 세계 경제학계의 1인자였던 케임브리지 대학의 알프레드 마샬을 연상시킨다. 마샬은 수학에 아주 뛰어났지만, 그의 『경제학원리』에는 간단한 수학이 조금 나올 뿐이다. 요새 경제학자 중에는 마샬 같은 사람을 찾아보기 어려운데 그런 점에서 피케티의 책은 예외적이고 일단 독자들의 호감을 살 만하다.

피케티의 장점은 또 있다. 이 책은 아주 인문학적이다. 책에는 제인 오스틴과 오노레 발자크의 소설이 자주 등장하고 길게 인용된다. 이런 경제학 책은 두 눈 비비고 찾아 봐도 없다. 요즘 경제학계에는 이런 자조적 표현이 있다. "교수들은 논문 쓰기에 바빠 연구할 시간이 없고, 연구하기에 바빠 책 읽을 시간이 없다." 이런 말도 안 되는 일이 우리나라 대학의 자화상이니 기가 막힐 노릇이 아닌가. 학자들은 실제로 논문 쓰기에 쫓겨 소설 읽을 시간조차 없다.

그런데 피케티는 다르다. 그는 소설을 즐겨 읽을 뿐 아니라 그 내용을 경제학에 응용하기까지 하고 있다. 그는 19세기 소설에 나오는 자본과 수익률 개념을 소개하면서 그런 개념이 더 이상 현대 소설에서는 나오지 않는 이유를 예리하게 지적하고 있다. 만일 이 책이 한국 경제학자에 의해 평가받게 된다면 낙제를 받을지 모른다. 수학을 도무지 쓰지 않고, 소설이나 인용하고 있으니 낙제점 받기 십상이다. 그러나 피케티는 대단하다. 그 많은 연구를 하면서 언제 이렇게 소설을 읽는지, 심지어 영화 이야기까지 책에서 하고 있다. 피케티가 이 책에서 인문 정신을 가미하여 경제학을 풍부하게 만든 공로는 높이 평가돼야 한다. 이것이야말로 우리 경제학계가 배워야 할 자세가 아니겠는가. 우리는 말로는 인문학의 부활 운운하면서 실제로는 너무도 인문을 멀리하는 우물 안 개구리가 아닌지 깊이 반성해야 한다.

물론 피케티의 책은 소설이 아니고 불평등을 다룬 경제학 책이다. 최근 마이클 샌델의 『정의란 무엇인가?』, 로버트 라이시의 『슈퍼 자본주의』, 조셉 스티글리츠의 『불평등의 대가』, 앤소니 앳킨슨의 『불평등을 넘어』, 브랑코 밀라노비치의 『왜 우리는 불평등해졌는가』 등의 책이 나오자마자 낙양의 지가를 올리는 것에서 알 수 있듯 요즘은 사람들이 불평등 문제에 관심이 많다. 몇 년 전 '월가를 점령하라!' 운동에서 나타난 '1 대 99의 사회'가 여전히 해결되지 않은 채 사람들의 마음속에 큰 숙제로 남아 있기 때문이라고 본다. 피케티의 책은 다른 불평등 서적들과는 달리 장기 자료를 갖고 이야기한다. 3백 년에 걸친 여러 나라—주로 프랑스, 영국, 미국, 스웨덴, 독일 등—의 장기 통계를 이용해 불평등의 변천을 보여주고, 앞으로 우리 앞에 닥칠 미래를 이야기한다. 아주 특이하게도 3개의 수학 공식과 3백 년의 통계자료, 이것이 피케티의 무기다.

2. 세습자본주의의 도래

그런데 피케티가 그리는 자본주의의 미래가 심상찮다. 그에 의하면 지난 300년간의 자본주의는 잠시만 주의를 소홀히 하면 불평등이 커지는 속성을 갖고 있다. 19세기에도 그러했고, 최근에도 그러하다는 것이다. 다만 1914~1970년에만 잠시 불평등이 축소되었는데, 자본주의의 장기적 관점에서 보면 이것이 오히려 예외라는 것이다. 아니나 다를까 1980년 이후에는 다시 불평등이 커지고 있으며, 이런 추세는 21세기 내내 계속될 것이기에 우리의 미래는 상당히 어둡다는 것이 피케티의 예측이다. 19세기 경제학자들이 자본주의의 미래를 놓고 우울한 예측을 해

쐈는 바람에 당시 영국의 유명한 문필가 칼라일은 경제학에 '우울한 과학(dismal science)'이란 별명을 붙여준 바 있는데, 피케티의 예측 또한 상당히 암울하다.

20세기 초중반 불평등의 감소는 세계 자본주의가 연 평균 3%라는 전무후무한 빠른 속도로 고도성장을 했다는 점, 제1차 세계 대전 발발로 인해 각국이 재정 수요를 충당하기 위해 부랴부랴 누진소득세를 도입했다는 점 등의 우발적 요인에 바탕을 두고 있다. 그러나 1980년 이후 미국 레이거노믹스, 영국 대처주의의 등장으로 소득세율은 앞다투어 인하됐고, 앞으로 장기적 성장률도 1.5%를 넘기 어려울 것이므로 불평등 강화 요소를 상쇄할 힘이 없다는 것이 피케티의 주장이다.

피케티가 말하는 자본주의에 내재한 불평등 강화의 힘은 어디에서 오는가? 그 답은 그가 자본주의의 기본법칙이라고 이름 붙인 두 개의 간단한 수식을 보면 된다. 초등학교 수준의 간단한 수식이다. 그가 말하는 자본주의의 제1기본법칙은 다음과 같다.

$$\alpha = r \times \beta \qquad (1)$$

여기서 α는 국민소득 중에서 자본에 돌아가는 몫이고, r은 자본의 수익률, β는 자본/소득 비율이다. 우리가 국민소득을 Y라고 하고 그것이 각각 노동과 자본에 나누어지는 크기를 노동소득(W), 자본소득(P)이라고 하면

$$Y = W + P \qquad (2)$$

가 성립한다. 이것은 방정식이 아니라 항등식이다. 1년 동안의 자본소득 P는 자본의 크기(K)에 자본 수익률(r)을 곱해 준 값이므로 $P = rK$가 된다. 따라서 식 (1)은 다음과 같이 표현될 수 있다.

$$\alpha = P/Y = rK/Y = r\beta \qquad (3)$$

이런 관계가 성립하므로 위의 제1기본법칙이 유도된다. 따라서 피케티의 제1기본법칙은 법칙이라는 이름이 붙어 있지만 실은 일종의 항등식이다.

피케티는 α의 값이 21세기에 점차 높아질 것을 걱정한다. 왜냐하면 r은 대체로 4~5%로 일정한데, β의 값이 점차 높아질 가능성이 크기 때문이다. 왜 β값이 높아질까? 그것은 β값을 결정하는 제2기본법칙을 보면 알 수 있다. 피케티가 말하는 자본주의의 제2기본법칙은 다음과 같다.

$$\beta = s/g \qquad (4)$$

여기서 β는 자본/소득 비율, s는 저축률, g는 경제성장률이다. 이 식은 원래 해로드-도마 성장모델에서 유래한다. 경제성장을 설명하는 최초의 모델인 해로드-도마 모델은 제2차 세계 대전 직후에 발표되었는데, 오랫동안 경제학계의 대표적인 성장이론으로 자리 잡았다. 영국 경제학자 해로드와 러시아 경제학자 도마가 비슷한 시기에 각각 독자적으로 발견한 이 모델은 두 사람의 이름을 함께 붙여 해로드-도마 성장모델이라고 부른다.

이 모델은 원래 $g=s/\beta$라고 표시되어 있었는데, 이것은 항등식은 아니고, 일종의 균형성장 조건이다. 이것을 약간 변형하면 위의 식 (4)를 얻는다. 이것이 피케티의 제2기본법칙이다. 여기서 β의 값은 s/g로 정해지는데, 21세기에 g의 값은 낮아질 공산이 크고, s는 일정하다고 하면 β값은 커질 수밖에 없다. 또는 달리 설명할 수도 있다. 식 (1)에다가 식 (2)를 대입해서 변형하면

$$\alpha = r \times \beta = r \times s/g \qquad (5)$$

가 된다. 여기서 저축률 s가 일정하다고 하면 α의 값은 r과 g의 값 중 어느 쪽이 큰가에 따라 증가 혹은 감소한다. 즉 r이 g보다 크면 α는 높아질 것이고, 반대로 r이 g보다 작으면 α는 낮아진다. 다른 말로 하면 α는 r과 g 사이의 경주에 의해 결정된다. 피케티는 r은 역사적으로 거의 일정한 경향을 띠어 대체로 4~5% 수

준인 반면, g는 20세기 중반 3%를 달성한 예외적 시기를 제외하면 대체로 그보다 훨씬 낮다고 말한다. 역사적으로 보면 경제성장률 g는 1700년까지는 거의 0에 가까웠고(경제성장이 아예 없었다), 그 뒤 18세기에 평균 약 1%, 19세기에는 2% 가까이 성장했으며, 20세기에 와서는 3%라는 비약적 속도로 성장했는데, 이는 긴 역사의 눈으로 보면 아주 예외적 현상이다. 그리고 제2차 세계 대전 이후 30년간 선진국은 4%라는 사상 유례없는 고성장 국면을 지나 지금은 확실히 저성장기에 접어들었다.

그러면 앞으로 남은 21세기는 어떻게 될까? 피케티는 21세기에 성장률이 높아질 가능성은 거의 없다고 본다. 왜냐하면 경제성장을 뒷받침해 온 두 가지 힘, 즉 인구 증가와 기술 진보가 한계에 도달했기 때문이다. 그래서 21세기의 g는 1.5%를 넘기 어려울 것으로 예측한다. 그러면 어떻게 되는가? r과 g의 경주는 보나마나 r의 승리다. r은 4~5%, g는 1.5%로 하락한다면 21세기에 α는 과거보다 높아질 수밖에 없다. 결국 21세기에는 자본/소득 비율(β)이 높아지고, 국민소득 중 자본의 몫(α)은 커질 것이다. 또 노동의 몫은 줄어들 것이다. 자본의 힘은 점점 강해지고, 자본이 자본을 낳는 소위 세습자본주의(patrimonial capitalism)가 도래한다는 것이다. 21세기 자본주의는 한마디로 말해 세습자본주의가 될 것이라는 우울한 전망이 이 책의 밑바닥을 흐른다. 마치 『레 미제라블』에 나오는 센 강의 음습한 지하도처럼.

이런 암울한 세계는 인류 역사상 처음이 아니다. 이미 19세기 말에 이런 일이 있었다. 프랑스에서는 1871년에서 1914년 사이의 시대를 '아름다운 시대(belle epoch)'라 부르는데, 이 시기는 경제가 성장하고 문화, 교양이 발달했던 시대다. 미술의 인상파 화가들, 음악에서 비제, 라벨, 드뷔시, 문학의 보들레르나 위고, 조각의 로댕 같은 쟁쟁한 천재들이 모두 이 시기에 등장했다. 문화, 예술에서 여러 분야가 이렇게 동시에 정점에 도달하는 것은 좀처럼 유사 사례를 찾아보기 어렵다.

그러니 문자 그대로 아름다운 시대라 할 만하지 않은가. 그러나 이 시대의 아름다움은 상류층의 전유물이었고, 보통 사람들에게는 조금도 아름답지 않은 시기였다. 왜냐하면 소득과 부의 불평등이 사상 최고에 이르렀기 때문이다. 19세기 말에서 20세기 초 사이 β값은 6~7 수준에 이르렀고 당연히 α값도 커졌다. 1914년

제1차 세계 대전 발발과 더불어 '아름다운 시대'는 종말을 고했는데, 그 뒤 대공황과 제2차 세계 대전이 이어지면서 β값은 2~3이라는 아주 낮은 값으로 떨어졌다. 따라서 α값도 작아졌고 불평등도 감소했다.

그리하여 전후 30년간 세계 자본주의는 사상 최고의 호황과 고성장을 누리게 되는데, 이때 선진국의 경제성장률은 4%라는 전무후무한 기록을 세운다. 이 시기를 일반적으로 '자본주의의 황금기(The Golden Age of Capitalism)'라 부르고, 특히 미국에서는 이 시기에 소득불평등이 크게 줄어들었기에 '대압축(The Great Compression)의 시대'라 부르기도 한다.

이런 자본주의의 황금기는 30년 만에 끝나 버렸고, 1980년대부터는 미국에서는 레이건, 영국에서는 대처에 의한 시장만능주의 시대가 시작되었다. 작은 정부를 신봉하는 경제철학에 따라 감세와 규제 완화가 추진됐고, 정부의 역할도 최소한으로 줄어들었다. 그 결과는 쉽게 예측할 수 있듯 불평등의 상승이다. 한때 2~3 수준으로 낮아졌던 자본/소득 비율(β)은 다시 5~6 정도로 높아졌고, α도 다시 커지고 있다. 21세기는 이대로 두면 불평등이 강화되는 추세로 가고, 세습 자본주의가 불가피하다는 것이 피케티의 예측이다.

3. 해결책은 무엇인가?

이런 우울한 전망에 대해 피케티는 두 가지 해법을 제시한다. 자본의 몫이 커지고 소득불평등이 상승하는 것을 방지하기 위해 그는 누진소득세율의 인상을 제안한다. 현재 모든 나라에서 누진소득세 체계를 갖고 있다(즉 고소득일수록 적용되는 한계세율이 높다). 하지만 누진세가 도입된 것은 불과 100년밖에 되지 않는다. 많은 나라에서 누진세는 보수파의 반대에 부딪쳐 한 발짝도 나아가지 못하다가 갑자기 제1차 세계 대전이 발발하는 바람에 천문학적인 전비 조달을 위한 목적으로 급작스레 도입됐다. 당시 상황이 하도 다급해서 보수파도 더 이상 반대를 못했다. 그 뒤 각국의 소득세 최고세율은 웬만하면 70%를 넘었고,

심지어 90%를 넘은 나라도 있었다. 지금과는 반대로 당시에는 프랑스, 독일보다 미국, 영국의 소득세 최고세율이 더 높았다는 사실이 흥미롭다.

이런 높은 소득세율 체제는 전쟁이 끝난 뒤에도 계속되었는데, 1980년대 레이거노믹스와 대처주의가 등장하면서 급속히 무너졌다. 작은 정부와 감세를 마치 시대정신이나 되는 것처럼 숭상하면서 각국은 다투어 소득세율을 인하하기 시작했다. 그 결과 지금은 많은 나라에서 소득세 최고세율이 30%대에 머물고 있으니 금석지감이 있다. 피케티는 이렇게 낮은 소득세율은 다시 최고경영자들의 보수를 천문학적 수준으로 올리는 경향이 있다고 주장한다. 과거에는 최고 소득세율이 90%여서 고위 경영진들이 연봉을 올려 봐야 세금으로 거의 다 빼앗기니 구태여 연봉을 올릴 인센티브가 없었다. 그러나 지금은 다르다. 이제 최고세율이 아주 낮아졌기 때문에(워런 버핏은 얼마 전 자기의 소득세율이 자신의 비서보다 낮은데, 이것은 말이 안 된다고 비판했다), 임원들이 스스로 연봉을 인상할 인센티브가 아주 커졌다는 것이다.

실제로 최근 들어 미국 최고경영자들의 연봉은 천정부지로 오르고 있다. 과거 미국에서는 최고경영자의 보수가 말단 직원 봉급의 20배 정도였으나 위에서 언급한 로버트 라이시의 저서 『슈퍼 자본주의』에 의하면 지금은 무려 400배나 된다고 하니 입이 벌어질 지경이다. 분배에 관한 경제학의 표준적 설명인 한계생산력설대로라면 이들의 생산성은 말단 직원의 400배나 되어야 하는데, 과연 그러한가? 피케티는 이 책에서 한계생산력설을 비판한다. 그는 고위 임원의 고액 연봉에 '행운 보수(luck pay)'라는 이름을 붙인다. 행운 보수의 배경에는 최근 경제의 세계화 경향이나 기술 혁신도 한몫했겠지만 피케티의 말처럼 소득세 감세가 확실히 하나의 요인이 되었을 것 같다.

피케티는 노동의욕에 불리한 영향을 끼치지 않는 범위 안에서 최고 소득세율을 얼마까지 높일 수 있는가라는 문제를 연구한 끝에 80%라는 결론을 내린다. 이것은 과거 자본주의 황금기 때의 소득세율이다. 그러면 지금 20~30%대로 떨어진 세율을 과연 이렇게까지 높이 올릴 수 있을까? 이 문제에 대해 많은 경제학자들은 의문부호를 단다. 이것은 결국 정치의 문제인데, 피케티는 세습자본주의로부터 민주주의를 구출하기 위해서는 다소 무리하더라도 소득세율의 대폭 인상이 불가피하다고 본다.

피케티가 제안하는 또 다른 정책은 세계자본세(global capital tax)다. 피케티가 말하는 자본은 개인이 소유하는 모든 자산에서 부채를 뺀 순자산을 뜻하는데, 주택, 부동산, 실물자본, 특허권, 금융자산 등을 망라한다. 따라서 이 세금은 유럽 몇몇 나라에서 시행 중인 부유세와 유사하다. 자본세 과세는 소득세와 마찬가지로 누진세율을 적용한다. 피케티는 확정적인 것은 아니지만 세계자본세 세율의 가상적 숫자를 보여 주는데, 100만 유로 이하의 순자산은 면세, 100만~500만 유로는 1%, 500만 유로 이상은 2%의 세율을 적용할 것을 제안한다. 이 세금은 상당히 파격적이고, 어떻게 보면 급진적인 면도 있다. 만일 이런 세금을 한 나라에서 과세하면 틀림없이 부자들이 다른 나라로 국적을 옮길 것이기 때문에 피케티는 만국 공통으로 세계자본세를 매기자고 제안하는 것이다. 피케티가 이런 아이디어를 낸 배경에는 몇 년 전 프랑스의 큰 부자가 무거운 세금을 피하기 위해 벨기에로 국적을 바꾸었던 사건이 자리 잡고 있을지도 모르겠다.

세계자본세에 대해서는 많은 논평자들이 실현 가능성을 의심한다. 지금과 같이 각국이 서로 세금을 인하해 가면서 외국자본을 유치하려고 조세경쟁(tax competition)을 벌이는 마당에 이런 급진적인 과세가 과연 가능하겠는가 하는 의문은 너무나 당연하다. 하기야 세계화가 진행될수록 각국은 외국투자 유치에 국가의 명운을 걸게 되고, 따라서 조금이라도 외국투자에 유리하도록 임금, 복지, 환경, 조세 등에서 서로 자국의 조건을 양보하고 후퇴시키는, 소위 '바닥으로의 경주(race to the bottom)'를 벌인다는 가설도 있긴 하다. 피케티도 세계자본세의 실행이 결코 쉽지 않으리라는 것을 잘 알고 있고, 그래서 세계자본세를 유토피아적이라고 자평한다. 그러나 피케티는 누진소득세의 강화와 세계자본세의 도입 말고는 21세기 자본의 강화와 자본소득의 상승, 세습자본주의의 도래를 막을 방도가 없다고 주장하는 것이다.

4. 피케티의 선구자들

이상과 같은 피케티의 방대한 연구는 어느 날 아침 갑자기 하늘에서 툭 떨어진 게 아니고, 분명 과거 수많은 선행 연구의 배경 속에서 장시간 숙성된 끝에 탄생한 것으로 봐야 한다. 그것을 정리하자면 대충 다음과 같다. 먼저 그의 책 제목이 칼 마르크스의 『자본론』을 연상시키는데, 피케티가 말하는 자본(광의의 부 또는 자산)은 광의의 자본이며, 마르크스의 자본(생산자본)과 성격이 다르다. 마르크스가 『자본론』을 집필하고 있을 때, 마르크스의 어머니가 아들 어깨 너머로 흘낏 책 제목을 보더니 이렇게 말했다고 한다. "칼(Karl)아, 나는 네가 자본에 대해 책을 쓰는 것보다는 자본을 좀 만들었으면 더 좋겠구나." 피케티의 자본 개념은 마르크스보다는 마르크스의 어머니가 말한 자본의 개념에 가깝다.

피케티의 분석은 어디까지나 정통파 경제학의 흐름에 충실하며, 마르크스 경제학의 방법은 채택하고 있지 않다. 실제로 그는 마르크스의 『자본론』을 아직 읽지 않았다고 고백하면서 "요새 그런 책을 읽는 사람이 있나요?"라고 반문했다고 한다. 피케티는 좌파의 열성 당원인 부모 밑에서 자란 가정 배경 때문에 분명 진보파임에는 틀림없으나 마르크시스트는 아니고, 마르크스가 이상으로 삼았던 공산주의 체제에 대해서도 전혀 애착을 갖고 있지 않다. 분류하자면 그는 사회민주주의자 정도가 될 것 같다. 그는 2007년 프랑스 대선에서 사회당 후보였던 세골렌 루아얄의 자문을 맡았던 경력이 있다.

또한 피케티에게는 헨리 조지를 연상시키는 면이 있다. 헨리 조지는 19세기 말 미국의 사상가로서 당시 미국에서 횡행하던 토지 투기 현상에 주목해 인류의 가장 큰 불평등은 토지 사유에서 왔다고 주장했다. 토지는 원래 하나님이 인류에게 공동으로 쓰라고 준 선물인데, 일부에서 이것을 독점하는 바람에 소수의 지주 수중에 엄청난 불로소득이 발생하는 반면 토지를 갖지 못한 다수는 빈곤에 빠진다는 것이 조지의 진단이었다. 이런 근본적 불평등 문제에 대한 그의 해법은 토지 보유에 대한 과세(토지가치세 혹은 지대세)였다.

헨리 조지는 마르크스와 만난 적은 없지만 서로 알고 논쟁하던 사이였다. 마르크스는 자본주의의 주요 불평등의 전선이 노동자 계급과 비노동자 계급(자본가와 지주 포함) 사이에 존재한다고 보았다. 그에 반해 헨리 조지는 자본주의의 주요 불평등이 지주 계급과 생산자 계급(자본가와 노동자) 사이에서 발생한다고 보았다. 당연히 두 사람의 자본주의 분석도 달랐고, 해법도 달랐다. 마르크스는 노동자 계급의 단결, 투쟁과 혁명을 주장한 반면 헨리 조지는 토지문제 해결을 위해 토지보유세 강화를 외쳤다.

피케티는 마르크스보다는 헨리 조지에 훨씬 가깝다. 특히 자본의 불평등에 주목하고 있는 점에서 헨리 조지와 비슷한데, 다만 피케티의 자본은 토지를 포함하는 보다 광의의 개념이다. 피케티는 과거 농경 시절에는 토지가 가장 중요한 자본이었지만 지금은 아니며, 따라서 토지 불평등이 가장 중요한 불평등의 원천도 아니라고 본다. 그 대신 문제의 해법에서는 두 사람이 비슷한 면이 있다. 헨리 조지의 토지보유세와 피케티의 자본세는 원리가 비슷하면서 다만 범위가 다를 뿐이다. 조지는 토지보유세를 한 나라의 국경 안에서 생각했고, 피케티는 국경을 넘어 세계적 차원에서 생각한다.

피케티는 침침한 불빛 아래에서 방대한 통계자료를 수집하고 분석하는 작업을 오랫동안 해왔다. 이는 별로 화려하지 않은 일이고 해 본 사람만 아는 엄청난 참을성을 요구하는 작업이다. 그가 만든 수많은 시계열 자료는 시간적으로는 지난 300여 년을 아우르고 있고, 지역적으로는 프랑스, 영국, 미국, 독일, 스웨덴 등 여러 나라를 망라하고 있는데, 그 과정이 얼마나 힘들었을지 상상하기 어렵지 않다. 그 결과를 농축한 것이 이 책이다. 이처럼 많은 통계표와 그림을 가진 책도 드물 것이다.

이런 연구방법은 17~18세기 유럽에서 유행했던 이른바 정치산술을 연상시킨다. 당시 프랑스와 영국에서는 윌리엄 페티, 그레고리 킹 등 소위 정치산술가라고 불리는 학자들이 있었다. 이들은 아직 경제학이 체계화되기 전에 수많은 통계자료를 수집하여 분석한 선구적 학자들이다. 이때는 아직 경제학, 정치학, 사회학 등의 분화가 이루어지기 전이니 이들을 종합 사회과학의 선구자라고 불러도 좋겠다. 피케티는 이 책에서 이들의 연구결과를 인용하고 있는데, 어떤 의미에서 피케티를 현대의 정치산술가라고 불러도 좋을 것이다.

또한 피케티의 연구방법은 경제학의 원조로 불리는 18세기 프랑스의 중농주의를 연상시키기도 한다. 케네, 튀르고를 비롯한 중농주의자들은 많은 통계를 수집하고 수량적 분석을 시도한 최초의 경제학 학파인데, 애덤 스미스와 비슷한 시대이면서 영국의 고전파 경제학과는 다른 학풍을 가진, 말하자면 근대경제학의 원조인 셈이다. 피케티는 프랑스의 옛날 중농주의 전통을 계승한 것 같다.

정치산술과 중농주의의 현대적 후예가 피케티인 셈인데, 그렇게 본다면 선배가 한 사람 더 있다. 다름 아닌 사이먼 쿠즈네츠(Simon Kuznets)다. 피케티는 책에서 쿠즈네츠를 반박하는 데 상당한 페이지를 할애하고 있는데, 두 사람은 주장에서는 상당한 차이가 있으나 방법론에서는 아주 비슷한 편이다. 쿠즈네츠는 제2차 세계 대전 이전부터 각국의 국민소득 통계를 수집하여 방대한 시계열 자료를 모으고, 그것을 분석해 여러 가지 중요한 발견을 한 경제학자다. 그는 대다수의 경제학자가 연역적·분석적 방법을 사용할 때 일찍이 귀납적·통계적 연구방법의 필요성을 인식하고 장기통계 분석에 매진했던 선구자다. 각국의 장기통계가 갖추어지지 않았을 때 창고 속의 먼지를 털어 가면서 자료를 모으고 앞뒤를 맞춰 체계적 시계열을 마련했을 뿐 아니라 그것을 바탕으로 중요한 근대경제성장의 특징을 추출해 냈으니 현대 경제학에 끼친 그의 공로는 참으로 지대하다고 하겠다. 그의 주저는 『근대경제성장론(*Modern Economic Growth*)』인데, 그 공로로 초기 노벨경제학상을 수상했다. 피케티 책을 읽으면 마치 쿠즈네츠의 책을 읽는 느낌을 받게 된다.

이처럼 방법론은 비슷하나 두 사람의 결론은 반대다. 불평등에 관한 쿠즈네츠의 가설은 유명한 '역U자 가설'이다. 즉, 어떤 나라의 경제발전 초기에는 소득불평등이 커지다가 어느 단계를 지나면 결국 불평등이 축소한다는 가설이다. 이것은 쿠즈네츠가 1955년 미국 경제학회 회장으로 있을 때 경제학회 연차 총회에서 회장 연설로 발표한 논문이다. 당시는 선진국조차 통계 수준이 형편없어 각국의 소득분배 자료는 아주 희귀했다. 쿠즈네츠는 몇몇 나라의 얼마 안 되는 자료를 모아 '추측(conjecture)'이라고 겸손한 표현을 쓰면서 역U자 가설을 발표했는데, 이 문제는 그 뒤 많은 논쟁을 불러일으켰다.

피케티는 쿠즈네츠의 역U자 가설을 일축하면서 그에 상반되는 U자 가설을 주장하고 있다. 피케티는 미국, 프랑스 등 여러 선진국의 소득불평등을 조사한 끝에 20세기를 관통하는 거대한 U자형 곡선을 발견했다 즉 쿠즈네츠는 1955년이라는 시점에서 글을 쓰면서 몇몇 선진국의 소득분배가 불평등 심화에서 완화로 바뀌는 현상을 발견했는데, 피케티 연구에 의하면 그 시점은 불평등이 가장 낮아진 U자형 곡선의 저점에 해당된다. 피케티의 주장은 자본주의 선진국에서는 1950년을 저점으로 해서 불평등이 U자형 모양의 변동을 보여 주고 있는데, 그 경향은 지금도 계속되고 있고 21세기에도 계속 그럴 것이라는 것이다.

두 사람이 내린 결론의 차이는 연구 시점과 자료의 이용 가능성의 차이에서 왔다. 피케티는 책에서 쿠즈네츠를 너무 몰아세우고 있는데, 그럴 필요는 없을 것 같다. 오히려 연구방법상 동지적 측면을 부각해도 좋았을 것이다. 둘 다 경제학의 주류에서 벗어난 외로운 실증분석가들이다. 경제학에서 비슷한 전례가 있다. 마르크스의『자본론』제1권이 출판된 해가 1867년이었는데(2권, 3권은 마르크스 사후 엥겔스에 의해 출판됐다), 그 책에서 마르크스는 자본주의의 기본법칙(피케티의 기본법칙을 연상시키는)으로 노동자의 궁핍화 가설을 내세웠다. 소수 자본가의 수중에 점차 더 큰 자본이 집적·집중되고 노동자는 궁핍화를 면할 수 없다는 것이 자본주의의 기본법칙이라는 것이다. 그러나 그 뒤 자본주의 역사를 보면 이런 법칙은 성립하지 않는다는 것이 증명됐다.

그런데 1세기도 훨씬 지난 20세기 말에 와서 쿠즈네츠의 역U자 가설을 연구하고 뒷받침한 경제학자 제프리 윌리엄슨(Jeffrey Williamson)은 19세기 영국의 소득분배 자료를 모아 분석한 뒤 이 문제를 이렇게 해석했다. 즉 마르크스가 필생의 대작인『자본론』을 쓴 1867년은 영국의 소득분배에서 최악의 시기였다는 것이다. 산업혁명이 시작된 18세기 말부터 1860년대까지 영국의 소득분배는 악화일로였고 그 뒤 비로소 개선의 길로 접어든 거대한 역U자 모양을 이루었는데, 하필 마르크스는 불평등의 정점인 시점에 책을 쓰고 있었다는 것이다. 만일 마르크스가 좀 더 뒤에 책을 썼더라면 자본주의에 대한 그의 비관적·비판적 결론이 조금은 달라졌을지도 모르겠다.

케인스는 이런 말을 한 적 있다. '아무리 독창적으로 들리는 주장이라도 실은 그 뿌리를 거슬러 가 보면 오래전에 죽은 경제학자의 아이디어인 경우가 많다.' 피케티를 보면 그런 생각이 든다. 피케티의 연구방법과 주장은 대단히 독창적이지만 그것은 그만의 단독 작품은 아니다. 오랫동안 영국의 앤소니 앳킨슨(Anthony Atkinson), 미국 버클리 대학의 이매뉴얼 사에즈(Immanuel Saez), 이런 경제학자들과 협력해서 국제적 소득분배 자료를 발굴하고, 공동으로 연구해 온 결실이 이 책으로 나타났다고 볼 수 있다. 뿐만 아니라 사상사의 연원을 찾아 보면 피케티의 연구방법과 사고방식의 근저에는 중농주의, 정치산술, 칼 마르크스, 헨리 조지, 그리고 사이먼 쿠즈네츠의 영향이 짙게 배어 있다. 하늘 아래 새로운 것은 없다!

5. 피케티 찬반 논쟁

피케티의 책이 나오자마자 경제학계가 벌집을 쑤신 듯 시끄럽다. 피케티를 둘러싼 시시비비는 하도 다양해서 이런 논쟁을 정리하기만 해도 책이 한 권 나올 수 있을 정도다. 폴 크루그먼(Paul Krugman) 같은 진보적 경제학자는 '10년에 한 권 나올까 말까 한 책'이라고 피케티를 높이 평가하는 반면, 현재 세계에서 제일 많이 팔리는 『경제학원론』의 저자인 그레고리 맨큐(Gregory Mankiw) 같은 보수적 경제학자는 피케티를 혹평한다. 피케티를 비판하는 쪽에서는 여러 가지 문제를 제기한다. 그러나 피케티는 워낙 거물이 되어 이제는 비판하는 쪽에서도 그를 무시할 수 없게 되었다. 영국의 보수적 성향의 유서 깊은 경제 주간지 『이코노미스트(*Economist*)』는 피케티와 사상적으로 거리가 멀지만 그를 가리켜 '마르크스보다 크다(Bigger than Marx)'란 표현으로 찬사를 보냈다.

또 다른 영국의 유력 일간지 『파이낸셜 타임스(*Financial Times*)』도 피케티 현상을 그냥 지나칠 수 없었던지 여러 페이지에 걸쳐 특집 기사를 실었다. 경제편집장인

크리스 가일스(Chris Giles)가 피케티의 통계 처리를 조목조목 비판하고 나섰는데, 예를 들면 피케티가 통계수치를 부풀리거나, 비교 연도를 엉터리로 선택하거나 자기 마음에 드는 통계를 선별적으로 사용했다는 것이다. 그는 특히 영국의 부의 집중이 실제로는 피케티가 밝힌 것보다 훨씬 양호하다고 주장했다. 영국 상위 10%가 차지하는 부의 비중이 피케티는 71%라고 주장했는데, 자기 계산에 의하면 44%밖에 안 된다는 것이다. 이는 큰 차이로서 만일 피케티가 틀렸다면 치명적 실수일 수 있다. 그러나 바로 나온 반박문에서 피케티는 가일스가 자료 취급에서 결정적 오류를 범했음을 지적함으로써 오히려 『파이낸셜 타임스』가 궁지에 몰리기도 했다.

자료에 관한 문제라면 누구라도 십 년 이상 통계자료를 만져 온 피케티를 대적하기는 어려울 것이다. 오히려 피케티의 약점은 이론 쪽에 있을지 모른다. 경제학자들은 피케티가 말하는 자본/소득 비율(β)의 장기적 상승이 사실이라고 하더라도, 자본이 풍부해진다면 그 수익률(r)이 하락할 수밖에 없으므로 국민소득에서 자본의 몫(α=r×β)이 반드시 증가하리란 법은 없다는 점을 지적하고 있다. 이것은 자본의 수량이 증가하면 그 가격은 하락하므로 가격×수량을 하면 그 값이 증가할지 감소할지 알 수 없다는 아주 기본적인 이야기다.

이것은 경제학에서 자본과 노동이라는 두 생산요소 사이의 대체탄력성에 따라 결판이 나는 다소 전문적인 문제인데, 피케티는 대체탄력성의 값이 1보다 크다고 주장하는 반면 정통파 경제학자들은 이를 난센스로 해석한다. 경제학계의 신동이자 악동으로 소문난 하버드 대학의 로렌스 서머스(Lawrence Summers, 오바마의 국민경제회의 의장 역임)는 대체탄력성이 1보다 크다는 것은 금시초문이라며 일축했다. 보통 좁은 의미의 자본을 정의한다면 자본과 노동 사이의 대체탄력성은 1보다 작다. 그러나 피케티가 정의하는 자본은 훨씬 광범위하므로 대체탄력성이 1보다 클 가능성을 배제할 수 없다.

그 밖에 다른 비판으로는 최근의 자본/소득 비율(β) 상승은 주로 부동산의 가격 앙등 때문이므로 그 부분을 빼면 피케티의 주장이 성립하지 않는다는 반박이 있다. 하지만 이는 부동산까지 포함하는 피케티의 자본 개념을 생각하면, 이는 정곡을 찌른 비판이라고 보기 어렵다. 피케티가 자본 중에서도 부동산, 특히 토지의 중요성을 간과하는 경향이 있기는 하다. 이 점은 조지스트들의 비판을 받는다. 또한 감가상각을 고려했을 때 피케티의 주장이 성립하려면 순저축률이 매우 높아야 하는데, 이는 비현실적이란 지적이 제기된 바 있고, 현실에서는 순저축률도 성장률의 함수라는 비판도 제기된다.

그리고 이건 아주 전문적 내용이지만, 피케티 책에 제법 길게 소개되어 있는 소위 케임브리지 자본 논쟁(The Capital Controversy, 혹은 케임브리지-케임브리지 논쟁)에 대해서 제임스 갤브레이스(James K. Galbraith)는 피케티의 해석에 오류가 있다고 지적한다. 이 논쟁은 1950~1960년대에 미국 보스턴 옆의 케임브리지 시에 있는 MIT 대학의 새뮤얼슨(Samuelson), 솔로우(Solow) 등과 다른 한편 영국 케임브리지 시에 있는 케임브리지 대학의 로빈슨(Robinson), 스라파(Sraffa), 파시네티(Pasinetti) 등에 의해 벌어진 논쟁으로서 자본의 개념, 한계생산력설의 타당성 여부, 성장이론, 분배이론을 둘러싼 진검승부였다. 결국 1966년에 새뮤얼슨(Samuelson)이 자기 논문의 오류를 인정함으로써 미국 신고전파가 영국의 신케인스파에 패배했던 유명한 논쟁이다. 피케티는 젊은 시절 MIT에서 3년간 조교수로 있다가 본인의 말로는 '재미가 없어서' 프랑스로 돌아갔기 때문에 본인의 사상적 경향과는 달리 부지불식간에 MIT 쪽에 친근한 태도가 드러난 게 아닌가 짐작해 본다.

그러나 이런 모든 비판에도 불구하고 피케티의 주장은 그 설득력이 아직 별로 떨어지지 않고 있다. 많은 비판이 제기되었지만 피케티의 장대하고 강력한 주장을 뒤엎기에는 부족한 사소한 지적들이 많다. 피케티의 이론구조가 워낙 단순하면서 3세기에 걸친 방대한 통계자료로 뒷받침되고 있기 때문에 이를 허무는 것이 정통파 경제학자들에게는 매우 어려운 과제가 될 것이다. 피케티의 주장은 정통파 경제학자들의 심기를 건드리는 불쾌한 내용이 많으므로 이를 묵과하진 않을 텐데, 어쨌든 앞으로 피케티 논쟁은 매우 흥미진진한 한 편의 드라마가 될 것으로 기대된다.

6. 한국 경제학계에 주는 시사점

끝으로 피케티와 한국의 현실에 대해 잠시 생각해 보자. 성장지상주의를 신봉하는 한국에서 소득이나 부의 불평등 문제는 금기 비슷하게 취급되거나 뒷전으로 밀려나 있었다고 해도 과언이 아니다. 통계자료도 부족하고, 자료의 한계를 극복하려는 노력도 저조했던 것이 사실이다. 국제적으로 비교하면 한국은 상대적으로 평등한 나라라는 것이 정부의 일관된 입장이었고, 여기에 반기를 드는 사람은 적었다. 그런데 갑자기 피케티 현상이 발생했다. 한국에서도 피케티의 α, β를 추정하려는 노력이 막 시작되고 있다.

마침 2014년 5월 한국은행과 통계청이 국민대차대조표라는 자료를 발표했다. 다른 나라에는 더러 있으나 한국에는 없던 통계자료다. 이것 없이는 β의 추정이 불가능한데 마침 정부가 새 통계를 발표한 것이다. 이 자료를 갖고 새사연이나 주상영 교수가 추계한 바에 따르면 한국의 β값은 7을 넘는다. 선진국에서 이 값은 대개 5~6 정도다. 피케티의 연구를 통해 β값이 가장 높은 것으로 알려진 일본, 이탈리아보다 한국의 β값이 더 높게 나왔다는 것은 한국에서 부의 불평등이 상당히 심각할 것이라는 암시를 준다. 이것은 백 년 전 프랑스의 소위 '아름다운 시대'에나 있었던 높은 값이다. 추측건대 세계에서 제일 높은 한국의 땅값이 자본에 포함되기 때문일 것이다. 다만 이 추정치는 아직 잠정적 계산에 불과하므로 앞으로 본격적인 연구가 필요하다.

또 하나 피케티 현상이 한국에 주는 충격이 있다. 그것은 한국 경제학계의 풍토에 관한 것이다. 피케티는 이 책에서 현대 정통파 경제학에 대단히 신랄한 비판을 가하고 있다. 그는 경제과학이란 말 자체를 싫어하고(노벨상은 경제과학상이라는 이름을 갖고 있다!), 경제학이 과거 전통이었던 정치경제학으로 되돌아가기를 바란다. 그의 연구방법은 지금까지 추상적·사변적 논리에 빠진 경제학자들이 무시해 왔던 아주 기본적인 통계자료를 성실히 수집하고 그것을 해석하는 작업이어서 추상적 분석에 능하고 세상일에는 초연한 한국 경제학자들에게는 특히 큰 경종을 울린다. 사실 요즘 한국 경제학자들이 하는 일은 경제학이라기보다

수학에 더 가깝다.

한국 경제학은 지금 일대 반성이 요구된다. 지금까지 경제학자들은 학술지에 논문 신기에 급급하여 현실적으로 중요한 경제문제들을 외면한 채, 형식적·추상적 분석에만 골몰해 왔다. 학술지 논문은 3명(본인과 2명의 심사위원) 말고는 아무도 안 읽는다는 자조 섞인 농담도 있는데, 거기에 왜 그렇게 큰 가치를 부여하고 경쟁해 왔는지 반문해 볼 때다. 경제학자들은 효용이 의심스러운 논문 쓰기 경쟁에 내몰리고 있어서 대학에서 협동은 적고 경쟁은 과잉이다. 경제학자들은 세상사에 관심이 없고 오직 논문 쓰기에만 매달린다. 지식인의 사회적 책임 같은 것은 아예 무시되고 있다.

피케티는 자신의 책이 역사학자에게는 너무 경제적이고, 경제학자들에게는 너무 역사적일 것이라고 말한다. 역사와 경제를 넘나드는 그의 접근방법은 일찍이 한국 경제학에서 보기 드문 방법이다. 한국 경제학자들은 너무 역사를 무시하고, 인문을 무시하고 경제학으로 세상만사를 해석할 수 있다는 지적 오만에 빠져 있었던 것이 아닐까? 소설 읽을 시간조차 없이 쫓기면서 수학 풀기에 시간을 낭비한 건 아닌지 철저한 반성이 필요하다. 문사철은 고사하고 이웃 사회과학 분야와도 담을 쌓고 인간 세계와 무관한 공상 게임을 즐겨 온 것은 아닌지, 경제학이 과연 현실의 경제문제 해결에 쓸모가 있는 학문인지 물어볼 때다.

이것이 거의 형식 학문에 빠져 있는 한국 경제학에 대해 피케티 현상이 던지는 근본적 문제 제기라고 본다. 2014년 여름 방한한 교황이 매일같이 세월호 유족들을 만나고 위로하면서 우리에게 약자를 돌아보라는 가르침을 주었듯이, 2014년에 놀라운 저서를 낸 피케티는 한국 경제학자들에게 더 이상 형식적 경제학에 매몰되지 말고, 불평등 문제와 씨름하라고 준엄하게 요구하고 있다.

제11장

헨리 조지의 눈으로 본 『21세기 자본』

전강수

책 제목이 암시하는 바와 달리, 토마 피케티는 칼 마르크스와는 별 공통점이 없다. 마르크스의 자본주의 예언이 비현실적이라고 말하는가 하면 마르크스가 지엽적이고 비체계적인 통계 사용 방식으로 성급한 결론을 내렸다고 깎아내리는 것을 보면, 피케티는 마르크스를 그다지 존중하지 않는다. 그는 공산주의 체제에 애정이나 향수를 느낀 적이 없으며 자신의 작업이 불평등이나 자본주의 자체를 비난할 목적을 갖고 있지 않다는 점을 분명히 밝힌다.

그런 입장 표명을 제쳐 두고라도, 피케티와 마르크스 사이에는 이론적 유사성이 거의 발견되지 않는다. 마르크스는 자본을 사회적 관계로 파악하는 반면, 피케티는 단순히 자산 혹은 부로 파악한다. 그래서 마르크스는 생산과정 내의 자본-노동 관계에서 분석을 시작하는 반면, 피케티는 소득분배 이후부터 시작한다. 또 마르크스는 잉여가치의 정당성을 부정하는 반면, 피케티는 자본소득의 정당성을 인정한다. 피케티가 경계하는 것은 자본소득의 지나친 편중이다. 마르크스의 대안은 계급투쟁인 반면, 피케티의 대안은 누진적 소득세·상속세와 글로벌 자본세 도입이다. 이쯤 되면 마르크스와 피케티 사이에는 근본 철학의 차이가 존재한다고 봐야 한다.

이론 내용만 놓고 보면 피케티는 헨리 조지와 비슷하다. 이 점은 이정우 교수가 『21세기 자본』 해제에서 지적한 바 있고, 『워싱턴 포스트』 등 외국 언론에서도 언급한 바 있다. 자본주의 시장경제를 인정하는 바탕 위에서 공정한 자본주의를 추구하고, 불평등 분석에 전력투구하며, 조세를 통한 문제 해결을 도모한다는 점에서 두 사람은 유사한 면을 보인다. 하지만 둘 사이에는 매우 큰 간격도 존재하는데, 결정적인 부분은 토지와 토지가치를 다루는 방식이다.

피케티는 『21세기 자본』에서 헨리 조지에 대해 한 번도 언급하지 않는다. 자신의 논지를 전개하는 데 리카도보다는 조지를 평가하는 것이 훨씬 더 나았을 텐데도 그는 리카도 이론을 잠깐 다룬 후에 바로 마르크스로 넘어간다. 피케티는 책 여기저기서 무리한 논리 전개와 통계 해석을 하는데, 그가 헨리 조지를 깊이 탐구했다면 피할 수 있었던 것들이다.

피케티를 평가할 때 헨리 조지의 시각은 매우 중요하다. 피케티가 간과한 긴요한 논점들과 피케티 이론의 결함을 메울 요소들이 조지의 이론체계 속에 고스란히 들어 있기 때문이다. 만일 피케티가 지금이라도 조지의 핵심 주장을 받아들인다면, 책 출간 후 그에게 쏟아진 많은 비판들은 무용지물이 되고, 이론의 완성도는 높아질 것이다. 이 장에서 헨리 조지의 눈으로 피케티를 보려는 것은 그 때문이다.

1. 토마 피케티의 불평등 분석과 대안

1) 피케티의 불평등 분석

피케티의 불평등 분석은 크게 두 가지 주제로 나뉜다. 하나는 자본소득과 노동소득 간 불평등이고 다른 하나는 소득계층 간 불평등이다. 자본소득과 노동소득 간 불평등을 다루기 위해 피케티가 취한 방법은 자본소득 분배율(α)을 자본 수익률(r)과 자본/소득 비율(β)로 분해해서 양자의 동향을 각각 살피는 것이었다. 이를 위해 그는 $\alpha = r \times \beta$ 공식을 만들고 거기에 '자본주의의 제1법칙'이라는 이름을 붙였다. 거창한 이름이 붙었지만, 사실 이 공식은 초등학생도 이해할 수 있는 간단한 수학에 의해 만들어진 항등식이다. '자본소득 분배율=자본소득/국민소득=(자본소득/자본액)×(자본액/국민소득)'인데, 마지막 곱셈식에서 전자가 r이고 후자가 β이다.

이 공식을 제시한 후 피케티는 β값 변동의 추이를 집중적으로 분석한다. β값은 한 나라의 자산액이 그 나라의 국민소득의 몇 배인지를 나타내는 수치인데 이 값이 올라가면 그만큼 자산의 힘이 커진다. 그가 정리한 통계에 의하면, 유럽 선진국의 β값은 1700~1910년에 600% 내지 700%라는 매우 높은 수준으로 유지되다가, 1913~1950년에 200% 내지 300% 수준으로 급락한다. 피케티는 그 원인으로 전쟁으로 인한 자본 파괴, 해외 자산 가치의 급락, 낮은 저축률, 규제로 인해 낮아진 자산 가격 등을 꼽는다. 하지만 β값은 1970년 이후 재상승하여 500% 내지 600% 수준을 회복한다. 20세기에 유럽 선진국의 β값은 강한 U자형 커브를 그리는 것이다. 피케티는 1970년 이후에 β값이 빠른 속도로 상승하는 현상에 특히 주목한다. 자본이 귀환하고 있다는 것이다(〈그림 11-1〉~〈그림 11-4〉 참조. 이 장에서 별도 표기가 없는 그림은 모두 Piketty(2014)에서 인용).

피케티가 이와 같은 β값 변동의 추이를 논증하기 위해 사용하는 것은 그가 '자본주의의 제2법칙'이라 부른 $\beta=\frac{s}{g}$ 공식이다. 이것은 해로드-도마의 성장모형에서 나왔는데, 제1법칙과는 달리 항등식은 아니고 균형성장의 조건식이다. 이 공식은 장기에만, 축적 가능한 자산(즉, 자본재)을 대상으로 할 때에만, 자산 가격이 소비자물가와 같은 비율로 변화하는 경우에만 유효하다는 점에 유의할 필요가 있다. 피케티는 $\beta=\frac{s}{g}$ 공식을 이용하여 자신의 장기통계 정리 결과를 설명한 후에 21세기 말의 β값을 예측하는데, 결과는 프랑스에서 불평등이 극심했던 벨 에포크 시대 수준인 700%에 도달한다는 내용이다. s가 일정한 경우 g가 하락하면 β가 상승하는 것이 이유이다. 21세기에는 인구 증가가 정체되고 기술 진보에도 한계가 있을 것이기 때문에 g는 하락할 공산이 크다.

하지만 자본소득과 노동소득 간 불평등은 β값이 아니라 α값의 추이에서 직접적으로 드러난다. 즉, α값이 올라가야 자본소득과 노동소득 간 불평등이 심해진

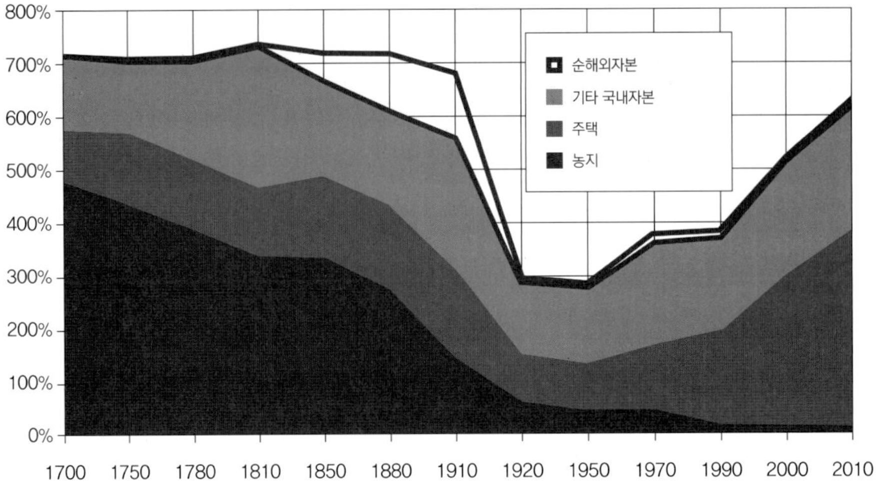

〈그림 11–1〉 1700~2010년 사이 프랑스의 β값

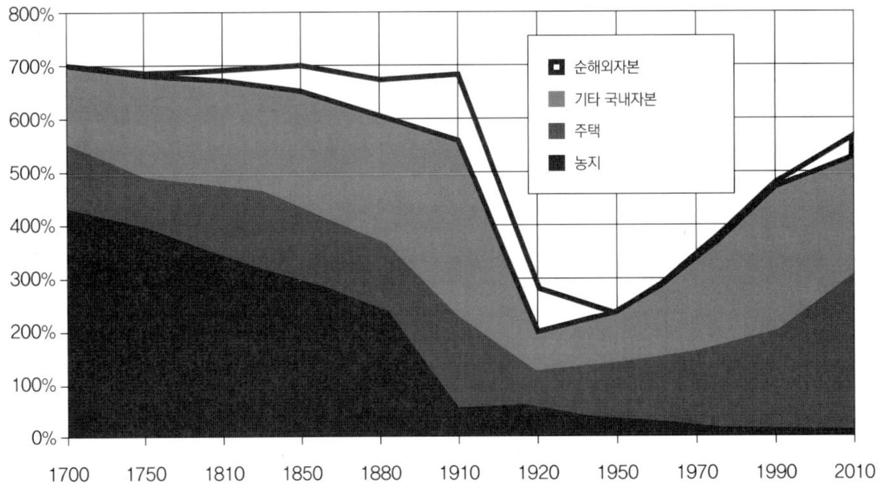

〈그림 11–2〉 1700~2010년 사이 영국의 β값

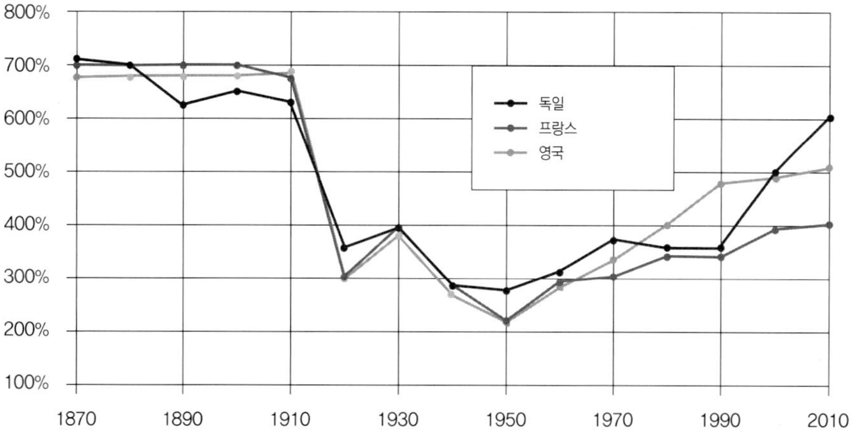

〈그림 11-3〉 1870~2010년 사이 유럽 3국의 β값

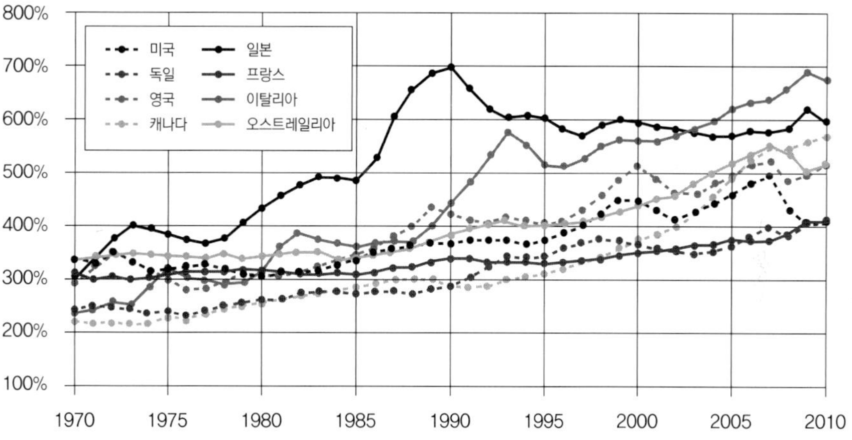

〈그림 11-4〉 1970년 이후 주요 선진국의 β값

다고 말할 수 있다. 피케티가 영국과 프랑스를 대상으로 정리한 통계에 의하면, α값도 U자형 커브의 변동을 보인다(〈그림 11-5〉 및 〈그림 11-6〉 참조). 18세기 후반부터 19세기 후반까지 α값은 35~40%였는데, 20세기 중반에는 20~25%로 하락했고 20세기 말과 21세기 초에는 25~30%로 상승했다. 단 α값의 U자형 변동은 그 정도가 β값에 비해 미약하다. 피케티는 그 이유를 r과 β가 반대 방향으로 움직인다는 데서 찾는다. 즉, β값이 올라갈 때 r이 떨어지기 때문에, α값은 β값과 같은 속도로 올라가지는 않는다는 것이다. β값이 올라갈 때 r이 떨어지는 것은 자본의 양이 많아져서 그 한계생산성이 하락하기 때문이다. 물론 이때 r이 떨어지는 속도가 β값이 올라가는 속도보다 빠르면, β값이 아무리 많이 오른다 하더라도 α값은 하락할 수밖에 없다. 여기서 피케티는 β값의 변화 속도가 r의 변화 속도보다 빠르다는 가설을 제시한다. 즉 β값이 올라갈 때 r이 하락하지만, 그 하락 속도는 β값의 상승 속도보다 느리다는 것이다. 이를 입증하기 위해 피케티가 동원하는 논리는 자본과 노동의 대체탄력성(σ)이 1보다 크다는 또 하나의 가설이다. 이 가설은 다른 경제학자들의 지지를 받지 못했고 그 자신도 명확하게 근거를 밝히지 않아서 논란의 대상이 되고 있다.

분배이론은 기능별 분배이론과 계층별 분배이론으로 나뉘는데, 위의 내용은 전자에 해당한다. 기능별 분배이론이 자본·노동·토지의 소유자 간에 소득이 어떻게 분배되는가를 분석하는 이론이라면, 계층별 분배이론은 모든 가계를 원천에 관계없이 소득의 크기에 따라 차례로 배열한 후 각 소득계층의 소득이 전체 소득 중에서 차지하는 비율을 분석하는 이론이다(이 이론은 소득뿐 아니라 자산에도 적용할 수 있다). 피케티는 『21세기 자본』 제3부에서 소득과 자산의 계층별 분배, 즉 계층 간 불평등을 다룬다.

우선 피케티는 프랑스와 미국을 대상으로 하여 소득계층 간 불평등의 추이를 분석한다. 두 나라는 대조적인 양상을 드러내는데, 20세기 프랑스에서는 상위층의 자본소득 감소(자본소득자의 몰락)로 인해 소득불평등이 상당히 축소된 반면, 미국에서는 1950~1980년에 소득계층 간 소득불평등이 최저 수준으로 떨어졌다가, 1980년부터 폭발적으로 증가한다. 1980년 이후 미국에서 소득계층 간 소득

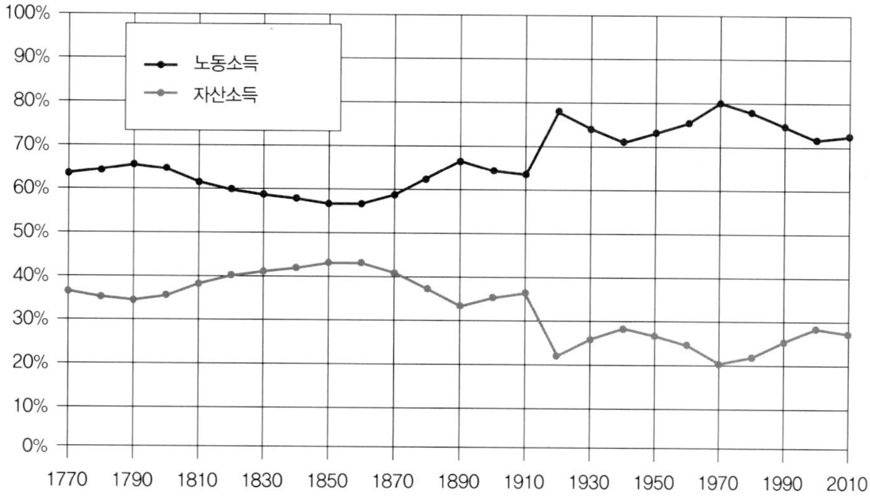

〈그림 11-5〉 1770~2010년 사이 영국의 α값

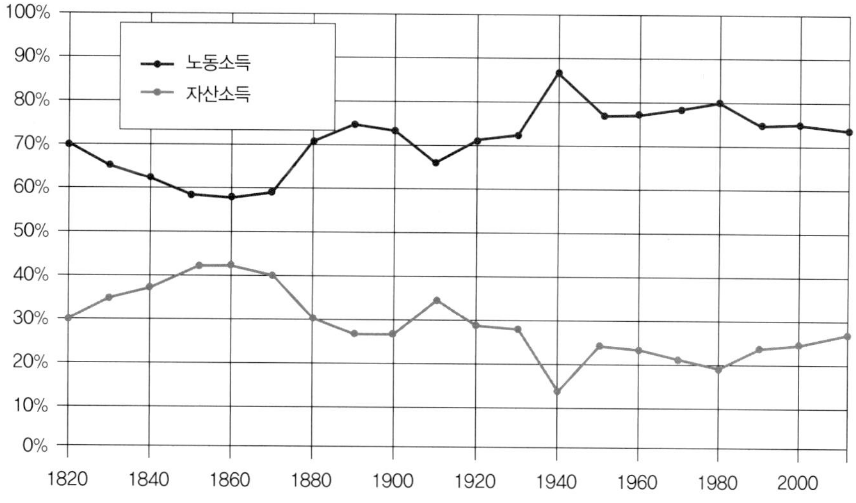

〈그림 11-6〉 1820~2010년 사이 프랑스의 α값

불평등이 급증한 최대 원인은 슈퍼 경영자의 부상(浮上)이다. 피케티는 프랑스와 미국 사이의 이런 대조적인 양상이 전체 유럽과 미국 사이에서도 똑같이 발견된다는 사실을 밝힌 후에 자본 소유의 계층 간 불평등도 분석하는데, 자본 소유의 불평등이 100년 전보다 상당히 완화되었고(특히 유럽에서), 그와 함께 세습 중산층이라는 새로운 계층이 등장했음을 보여 준다.

책 앞부분의 내용을 읽고 소득과 자산의 계층 간 불평등이 심해졌을 것이라 짐작한 독자들은 여기서 적잖이 당황할 법하다. 1970년대 이후 β값의 급상승을 놓고 생각하면 마치 큰일이 날 것 같았는데, 실제 드러난 계층 간 불평등의 양상은 (적어도 유럽에서는) 피케티가 암시한 것만큼 심각하지 않기 때문이다. 또 피케티는 소득불평등이 주로 자본소득에서 비롯된다는 인식을 심어 주었지만 1980년대 이후의 계층 간 소득불평등은 노동소득불평등에 기인하는 바가 크다는 사실도 당황스럽기는 마찬가지일 것이다.

피케티가 이 괴리감을 해소하기 위해 동원하는 열쇠는 r > g라는 또 하나의 공식이다. 그는 이 부등식에도 '자본주의의 가장 중요한 모순'이라는 거창한 이름을 부여하는데, 자본 수익률이 경제성장률보다 높으면(정확하게는 자본 수익률과 경제성장률의 차이, 즉 r－g가 커지면), 자본 소유의 계층 간 불평등이 증가하고, 자본소득에 의한 자산 형성이 노동소득에 의한 자산 형성보다 빨라지며, 저축자산에 대한 상속자산의 우위가 강화된다고 주장한다. "과거가 미래를 잡아먹는"(Piketty, 2014: 452) 현상이 생긴다는 것이다. 결과는 세습자본주의의 부활이다.

20세기에 자본 소유의 불평등이 완화된 이유를 피케티는 부등식 방향의 역전에서 찾는다. r > g의 부등호 방향이 바뀐 것은 두 차례 세계 대전으로 인한 자본 파괴, 강도 높은 누진세 정책, 제2차 세계 대전 후 30년 동안의 이례적인 성장이 겹쳐진 결과이다. 현재까지도 자본 소유의 불평등은 100년 전보다 상당히 완화된 상태를 유지하고 있는데, 이는 1945년 이후 시간이 충분히 흐르지 않았고 20세기의 자본 및 자본소득에 대한 중과세 정책의 효과가 남아 있기 때문이다.

하지만 g > r인 상태가 나타난 것은 역사적으로 예외라는 것이 피케티의 생각이다. 장기적으로 보면 r은 거의 일정하게 4~5% 수준을 유지하며, g는 20세기 중반을 제외하면 그보다 훨씬 낮았다는 것이다. 인구 증가와 기술 진보가 한계에 도달했기 때문에 21세기에 경제성장률이 높아질 가능성은 거의 없다. 아직까지는 r－g 증가의 효력이 본격화하지 않았지만 21세기를 지나면서 자본 소유의 불평등이 심화되고 세습자본주의가 재도래하는 것은 필연적이라고 피케티는 결론짓는다.

2) 피케티의 대안

피케티가 그리는 자본주의의 미래는 우울하다. 그렇다고 해서 그가 불평등 확대 경향을 막을 수 없다고 보았는가 하면 그렇지는 않다. 피케티는 조세제도 개편으로 불평등 심화와 세습자본주의 도래를 막을 수 있다고 보았다. 그가 제안한 해법은 1950년대와 1960년대에 미국과 영국 등 선진국에 적용되었던 매우 높은 최고세율의 누진 소득세·상속세를 복원하는 동시에, 낮은 세율의 글로벌 자본세를 새로 도입하는 것이다.

피케티는 노동 의욕에 악영향을 끼치지 않으면서 어디까지 최고세율을 올릴 수 있을지 실증적으로 분석한 후, 소득세 최고세율을 80%까지 인상하자고 주장했다. 그의 분석에 따르면, 미국에서 연간 50만~100만 달러 소득에 80% 세율을 적용할 경우, 경제성장을 둔화시키지 않으면서, 경제적으로 무익하거나 해로운 행위를 억제하고, 더 많은 사람이 경제성장의 과실을 향유하게 만들 수 있다.

글로벌 자본세는 개인의 순자산에 비교적 낮은 누진세율을 적용하는 것이다. 피케티는 일례로 20만 유로 이하 0.1%, 20만~100만 유로 0.5%, 100만~500만 유로 1%, 500만 유로 이상 2%의 세율을 제시했다. 글로벌 자본세를 한 나라에서만 도입하면 자산 소유자들이 국적을 옮길 것이기 때문에 여러 나라가 공동으로 시행해야 한다는 것이 피케티의 생각이다. 그가 글로벌 자본세를 제안하는 이유는 세금으로 r을 떨어뜨려 r과 g의 차이를 줄여야만 불평등을 줄일 수 있다는 데 있다.

2. 헨리 조지의 눈으로 본 토마 피케티

만일 헨리 조지가 다시 살아 돌아온다면, 자기처럼 불평등 문제를 본격적으로 다룬 경제학 책으로 베스트셀러 작가 반열에 오른 피케티에게 깊은 동류의식을 느낄 것이다. 조지가 자신의 사후 지금까지 주류 신고전학파 경제학이 어떻게 흘러왔는지 듣는다면 그가 느낄 동류의식은 더 강해질지도 모른다. 조지의 입에서 바로 칭찬이 튀어나올 법한데, 그 내용을 상상해 보면 다음과 같다.

1) 헨리 조지가 할 법한 상찬(賞讚)

첫째, 조지는 치밀한 논리와 심금을 울리는 실태 묘사로 불평등 문제를 다뤘지만, 통계자료로 자신의 견해를 탄탄하게 뒷받침하지는 못했다. 그런데 피케티는 300년이 넘는 기간을 대상으로 방대한 통계자료를 수집·정리해서 불평등의 실태와 역사적 추이를 보여 주었다. 누구도 생각지 못한 놀라운 작업을 성공적으로 수행한 피케티에게 조지는 아낌없는 박수를 보낼 것이다. 게다가 자기처럼 경제학 책에서 문학 작품을 자유롭게 인용하며 논의의 현실성을 높인 데 대해서도 공감을 표할 것이다.

둘째, 조지가 살아 돌아온다면 '상대적 분배율 이론'이 '요소가격 결정이론'에 자리를 내주고 사라져 버린 것을 보고 무척 분개할 것이 틀림없다. 고전학파의 전통인 상대적 분배율 이론이 자취를 감춘 데는 클라크(John B. Clark)의 한계생산력설이 큰 영향을 끼쳤다. 잘 알려지지 않았지만, 클라크는 조지의 이론을 경제학계에서 추방하기 위해 평생을 바친 인물이다. 한계생산력설도 그 과정에서 만들어졌다. 그런데 피케티의 『21세기 자본』이 역사의 무대 뒤로 사라졌던 상대적 분배율 이론을 일거에 복권시켰다. 조지가 피케티에게 박수를 보낼 수밖에 없는 이유다. 게다가 피케티는 토지가 포함된 '자본'의 동학(動學)에 양극화 메커니즘이 내포되어 있음을 밝혔다. 조지가 일면 친근감을 느낄 만한 부분이다. 그 자신도 토지가치의 동학에서 양극화의 원인을 찾는 분배이론을 전개했기 때문이다(George, 1879, 김윤상 역, 2016; 김윤상, 2009; 전강수, 2012). 다만, 뒤에서 자세히 설명하겠지만 토지와 자본을 융합시킨 것에 대해서는 강하게 비판할 것이다.

셋째, 많은 사람들이 조세의 효력에 대해 큰 기대를 걸지 않으며 또 조세를 이미 이뤄진 소득분배 상태를 사후적으로 교정하는 수단으로 여긴다. 하지만 피케티는 조세를 통한 문제 해결을 근본 대안으로 제시할 뿐 아니라, 조세를 사후적 교정이 아니라 사전적 차단의 수단으로 취급한다. 조세를 잘 활용하면 불평등을 사전에 차단하는 효과를 낼 수 있다. 이 생각은 조지의 생각과 완전히 일치한다. 조지는 조세의 내용에 대해서는 피케티와 의견을 달리하겠지만, 조세를 활용해 불평등을 '사전에 차단'하자는 주장에 대해서는 적극 지지할 것이다.

2) 헨리 조지가 할 법한 비판

피케티에게 이처럼 칭찬할 부분이 있다고 해서, 조지가 마냥 칭찬만 할 것이라 예상하는 것은 큰 착각이다. 왜냐하면 조지의 눈으로 보면 피케티는 치명적인 오류를 범하고 있기 때문이다. 이제 조지가 살아 돌아온다면 피케티에게 어떤 비판을 가할지 살펴보기로 하자.

(1) 노력소득과 불로소득의 구분 부재

피케티는 "불평등은 그 자체로 반드시 나쁜 것은 아니다. 핵심적인 문제는 그 불평등이 정당화될 수 있는가, 그 불평등에 합당한 이유가 있는가이다."(Piketty, 2014: 30)라고 하면서 불평등의 정당성을 평가해야 한다고 말하지만, 막상 그 정당성 평가의 기준을 제시하지는 않는다. 전체 맥락을 감안하면, 노동에 비해 자본이 소득의 많은 부분을 가져가고 그것이 상위층에 집중되는 것을 부당하다고 보는 듯하다. 소득과 부가 일부 계층에 집중되는 것이 불평등인데, 그것이 심하게 나타나면 부당하고 그렇지 않으면 정당하다고 평가하는 것은 적절한 기준 적용으로 보기 어렵다. 피케티가 왜 이렇게 어정쩡한 입장에 머물 수밖에 없었을까 곰곰이 생각해 보면, 그가 노력소득과 불로소득을 구분하지 않았기 때문이라는 결론에 도달한다.

사실 고전학파 경제학자들과 조지는 소득을 노력소득과 불로소득으로 구분하고 후자에 의한 불평등은 정당하지 않다는 것을 명확히 했다. 조지는 노동소득과 생산적 자본에 돌아가는 소득은 노력소득으로 분류하고, 지대와 토지 자본이득은 불로소득으로 분류했다. 미국의 조지스트 마이클 허드슨(Michael Hudson)은 불로소득의 범주에 자연자원에 대한 지대, 독점 지대, 특권이익, 자산 가격 상승과 금융 투기에 의한 이익 등을 추가한다. 그는 피케티가 불로자산 및 불로소득과 생산적 자본 및 노력소득을 구분하지 않는 몰가치적 개념을 채택하는 바람에 불평등이 마치 생산적 이윤에서 발생한 것처럼 보이게 하는 착각을 불러일으켰고, 결국 '자본' 전체에 과세하는 글로벌 자본세라는 부적절한 대안을 제시하게 되었다고 비판한다(Hudson, 2014).

(2) 토지를 포함하는 '자본' 개념의 문제점

『21세기 자본』 출간 이후 피케티에게 쏟아진 비판은 주로 그의 '자본' 개념과, 자본과 노동 간의 대체탄력성이 1보다 크다는 명제에 집중되고 있다. 주지하다시피 피케티는 자본재를 뜻하는 전통적인 자본 개념을 사용하지 않는다. 그는 자본을 "시장에서 소유와 교환이 가능한 비인적 자산의 총계"(Piketty, 2014: 61)로 정의함으로써 자본재 외에 부동산과 금융자산, 그리고 심지어 노예제도하의 노예까지 자본 범주에 포함시킨다. 그러니까 여기에 비판이 쏟아진 것은 당연한 일이다. 예를 들어 Milanovic(2014)는 피케티가 토지와 토지개량물을 구분하지 않을 뿐 아니라 비생산적으로 사용되는 부와 생산적으로 사용되는 부도 구분하지 않는다는 점을 지적한다. Bonnet et al.(2014)는 피케티가 주택자본의 특성을 이해하지 못하는 바람에 β값 및 α값 상승의 원인을 완전히 잘못 파악했다고 비판한다. Rowthorn(2014)은 실물자본과 피케티의 '자본'은 다른 개념인데도 피케티는 둘을 동일시하여 자산 가격 변화로 인한 β값의 상승을 자본축적에 의한 β값의 상승으로 오해하는 오류에 빠졌다고 공박한다. 홍훈(2014)은 피케티의 자본주의 기본 법칙 1과 2에서의 자본 개념이 서로 다르다는 점을 지적한다. 전자에서 사용되는 자본은 생산자본과 금융자본을 포함하는 개념인 반면, 후자에서 사용되는 자본은 생산자본으로서, 금융자본을 포함하지 않는다는 것이다.

그렇다면 조지가 살아 돌아온다면 피케티의 '자본' 개념에 대해 뭐라고 할까? 그에게는 피케티가 비생산적으로 사용되는 부를 포함시켰다든지 필요에 따라 금융자본을 포함시켰다가 제외했다가 한 것은 큰 문제로 느껴지지 않을 수 있다. 하지만 토지와 자본을 융합해서 토지의 중요성과 특수성을 무시한 것은 심각한 문제가 되지 않을 수 없다. 조지에게 자본과 토지는 서로 본질적인 차이를 갖는, 도저히 융합 불가능한 요소들이기 때문이다. 잠깐 그의 말을 직접 들어 보자.

> 부(자본으로 읽기 바란다-인용자)의 본질적 성격은 노동의 구체적 결과라는 점, 인간의 노력에 의해 생긴다는 점, 그리고 그 존재와 부존재 및 증가와 감소는 인간에 의존한다는 점이다. 토지의 본질적 성격은 노동의 결과가 아니라는 점, 그리고 인간의 노력과는 물론 인간 자체와도 무관하게 존재한다는 점이다. 토지는 인간이 존재하는 터전이자 환경이고, 필요한 물자를 공급받는 창고이며, 노동에 필수 불가결한 원료이자 힘이다.(George, 1879, 김윤상 역, 2016: 324)

실제로 토지는 천부성, 공급고정성, 위치고정성, 연접성, 영속성 등 인공물인 자본이 갖지 않는 특수한 성질을 여럿 가지고 있다(전강수, 2012: 29~44). 그래서 가치 결정 메커니즘이나 경제적 효과가 자본과는 전혀 다르다. 피케티는 이렇게 서로 성질이 전혀 다른 물건들을 왜 굳이 하나의 범주 속에 포함시켰을까? 그렇게 한 것 때문에 누가 봐도 무리한 주장이나 잘못된 통계 해석에 빠졌는데 말이다. 방대한 통계를 다뤄야 하는 연구 방식 때문에 전략상 불가피했다(류동민·주상영, 2014: 169)고 하기에는 대가가 너무 크다.

토지의 특수성을 부정하고 토지와 자본을 융합시킨 것은 피케티가 처음이 아니다. 사실 그는 클라크를 비롯한 초기 미국 신고전학파 경제학자들의 '작전'과 현대 주류경제학의 지배적인 경향을 답습하고 있을 뿐이다. 고전학파 경제학자들은 토지의 중요성과 특수성을 분명하게 인식하고 있었고, 각자 나름대로 토지가치가 소득분배나 거시경제의 변동에 미치는 영향을 분석하기도 했다. 고전학파의 시대가 끝나 가던 19세기 후반에도 조지가 등장하여, 토지가치의 변화로 진보 속의 빈곤을 설명하고 토지 투기로 불황을 설명하는 토지 중심의 경제학을 가지고 전 세계를 뒤흔들었다(전강수, 2012: 23~24).

토지를 중시하던 고전학파 이래의 경제학 전통을 허물어뜨린 것은 미국 신고전학파의 조상들이었다. Gaffney(1994b)에 의하면, 클라크, 셀리그먼(E. R. A. Seligman), 일리(R. T. Ely), 워커(F. Walker), 나이트(F. Knight) 등 미국 신고전학파의 조상들은 연합해서 조지의 이론을 경제학으로부터 추방하는 일종의 '작전'을 전개했다. 그들의 합동 작전은 성공을 거두어 결국 토지도, 조지의 '토지 중심의 경제학'도 경제학 교과서에서 자취를 감추고 말았다.

신고전학파 경제학자들이 수학적 모형의 과도한 이용에 의존하는 것을 맹렬히 비판하면서 정치와 도덕과 역사의 중요성을 강조하는 피케티가, 토지와 자본을 융합하는 신고전학파의 잘못된 관행을 무비판적으로 수용한 것은 정말 이해하기 어렵다. 하여간 피케티는 토지를 '자본'에 포함시키는 바람에 『21세기 자본』 곳곳에서 무리한 주장과 논리를 펼치게 되고 자신이 밝혀 낸 귀중한 통계적 사실에 대해 엉뚱한 해석을 내리게 되는 호된 대가를 치렀다.

(3) 잘못된 개념 정의가 초래한 이론적 오류

피케티는 토지를 '자본'에 포함시킨 것이 아무래도 거북했던 모양이다. 토지와 토지가치의 존재를 있는 그대로 인정하는 것이 아니라 애써 의미를 축소하려는 모습을 보이니 말이다. 그는 토지를 농경지로 축소시키는가 하면 주택과 건물 아래 토지는 마치 존재하지 않는 것처럼 취급한다. 또 토지가치와 관련하여 이상한 논법을 전개하기도 한다. 즉 순수한 토지가치와 개량의 가치를 구분하기 어렵다고 하다가, 그로부터 갑자기 순수 토지는 전체 '자본'에서 아주 작은 부분만 차지하며 자본/소득 비율(β값)의 상승은 순수 도시 토지의 가치 증가로는 설명할 수 없다는 결론을 도출한다.

사실 토지가치와 개량물의 가치를 구분하여 평가하기 어렵다는 피케티의 말 자체가 틀렸다.[1] 게다가 평가에 어려움이 있다는 데서 토지가치의 비중이 미미하다는 결론을 끌어내는 것은 더 이상하다. 피케티는 순수 토지의 가치가 사회가 발달함에 따라 상승한다는 사실과, 토지가치와 인공물(자본재와 건물 등) 가치가 다르게 변한다는 사실을 인식하지 못하고 있고, 주택 가치 상승의 상당 부분이 토지가치 상승에 기인한다는 것을 인정하지도 않는다. 그 결과 토지가치 상승의 결과임이 분명한 β값 상승을 놓고 해석이 오락가락한다. 어떤 곳에서는 1970~2010년 사이에 자산 가격의 변동, 즉 토지가치의 증가가 β값 상승에 영향을 미치지 않았다고 하고, 다른 곳에서는 같은 시기 β값 상승의 1/4에서 1/3을 설명한다고 말하는 것을 보라.

미국 MIT 경제학과 대학원 박사과정 학생으로서 피케티에게 정면 도전장을 내밀어 전 세계 경제학자와 언론의 주목을 받은 매튜 론리(Mathew Rognlie)는 피케티의 통계자료를 사용하여 주택을 제외하고 계산한 β값과 α값, 그리고 주택만으로 계산한 β값과 α값을 구했는데 그 결과는 〈그림 11-7〉~〈그림 11-10〉에 나와 있다(Rognlie, 2014). 네 개 모두 론리가 그린 것이다. 〈그림 11-7〉과 〈그림 11-8〉에 의하면 1970년 이후 주요 선진국의 β값은 주택을 제외할 경우 뚜렷한 경향을 보이지 않는 반면, 주택만으로 계산할 경우 현저한 상승세를 보인다. 이는 피케티가 말한, 1970년 이후 주요 선진국의 β값 상승은 주로 주택 가액의 증가에 기인함을 의미한다. 또한 〈그림 11-9〉와 〈그림 11-10〉에 의하면, 주요 선진국의 α값 변동도 β값 변동과 유사한 경향을 보임을 알 수 있다. 즉 1960년 이후 주요 선진국의 α값은 주택을 제외할 경우 뚜렷한 경향을 보이지 않는 반면, 주택만으로 계산할 경우 현저한 상승세를 보인다. 이는 피케티가 주장한 바 주요 선진국의 α값 상승도 주로 주택 부문에서의 상승에 힘입은 바 크다는 것을 뜻한다.

피케티와는 달리 자산의 구성을 주택(토지가치 제외), 기타 건물 및 구조물(토

---

1 "과세 대상으로서의 중요성이 높은 도시용 토지의 경우에는 토지와 건물의 분리 평가가 그다지 어렵지 않다. 예를 들어 특정 토지 주변의 개발 상태는 그대로인 채 그 토지의 건물만 불타 없어졌다고 가정할 경우의 지대만 평가하면 된다. 현실적으로 우리나라를 비롯하여 상당수의 국가에서는 실제로 재산 관련 조세를 토지분과 건물분으로 나누어 평가하고 있다."(김윤상, 2009: 415)

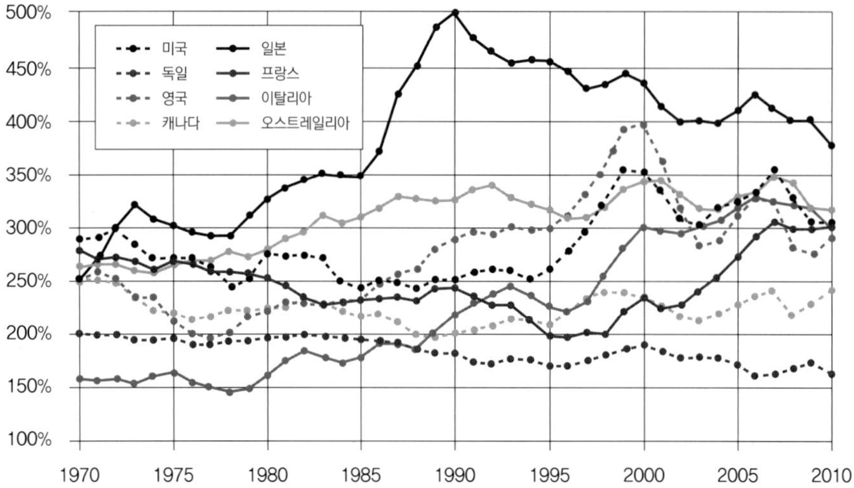

〈그림 11-7〉 1970년 이후 β값(주택 제외)

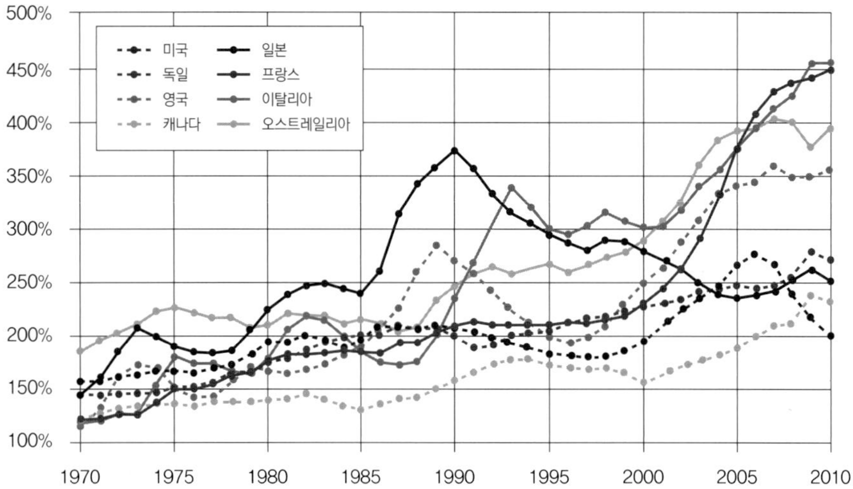

〈그림 11-8〉 1970년 이후 β값(주택)

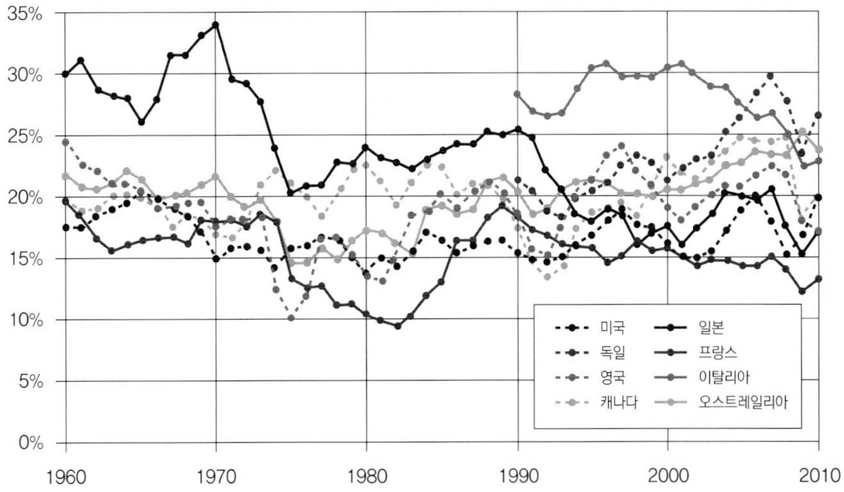

〈그림 11-9〉 1960년 이후 α값(주택 제외)

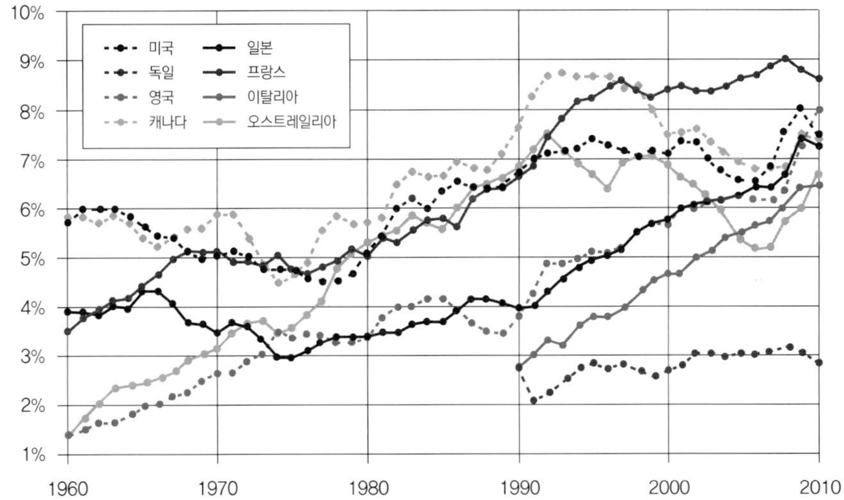

〈그림 11-10〉 1960년 이후 α값(주택)

지가치 제외), 기계 및 설비, 토지로 구분해서 프랑스의 경우를 분석한 한 연구에 의하면, 1978~2012년 사이에 전통적 의미의 자본 대 소득의 비율은 거의 변하지 않았다. 전통적 의미의 자본에 주택 건물을 추가할 경우 자본/소득 비율은 약간 상승하며, 거기다 토지가치를 더할 경우 자본/소득 비율은 큰 폭으로 올라간다(Homburg, 2015). 이는 이 시기 β값의 급격한 상승이 토지가치의 급격한 상승에 기인했음을 보여 주는 분명한 증거다.

피케티의 책을 극찬했던 조셉 스티글리츠(Joseph E. Stiglitz)도 2014년 12월 미국 콜롬비아 대학에서 개최된 한 학술 세미나에서 피케티의 독자들은 대부분 자본 축적이 불평등 심화의 주요 요인이라는 인상을 받지만, 부의 증가는 상당 부분 자본재의 양이 아니라 토지가치의 상승에 기인한다고 비판하면서 피케티의 방식으로는 β값 변동을 설명할 수 없다고 주장했다(Parramore, 2014).

만일 조지가 다시 살아 돌아와 피케티의 통계를 본다면 즉각 다음과 같은 해석을 내놓을 것이다. 토지가 포함된 '자본'으로 계산한 β값이 상승한 데는 틀림없이 지가 상승의 역할이 컸을 것이다. 지가는 지대뿐만 아니라 이자율과 미래 지가 상승에 대한 기대에 의해 결정되므로(지가 결정 공식 $P=\frac{R}{i-a}$을 기억하라. P는 지가, R은 지대, i는 이자율, a는 미래 지가 상승률이다) 자본축적과 무관하게 변동할 수 있기 때문이다. 장기에 부동산 자본이득이 부동산 자본손실에 의해 상쇄된다든지, 한 지역의 부동산 자본이득이 다른 지역의 부동산 자본손실에 의해 상쇄된다고 하는 피케티의 주장은 아무 근거가 없다. 자본축적과 괴리되어 움직이는 지가 변동은 거품 형성기나 단기에만 일어나는 일이 아니다. '피케티는 왜 지가 결정 공식을 외면하고 쓸데없이 $\beta=\frac{s}{g}$나 $r > g$ 같이 토지가치와는 아무 관련이 없는 공식에 의존했을까?' 조지가 할 법한 질문이다.

α값 변동에 대해서도 조지는 즉각 자신 있는 해석을 내놓을 것이다. 물질적 진보가 일어나서 인구 증가, 기술 개선, 미래 토지가치에 대한 기대와 같은 현상이 출현하면 지대가 임금과 이자보다 빠른 속도로 증가한다(George, 1879, 김윤상 역, 2016: 제4권). '자본' 중에서 비토지자산을 제외하고 생각할 때 β값과 α값이 같은 방향으로 움직이는 것은 얼마든지 일어날 수 있는 지극히 당연한 일이다.

물론 피케티의 '자본' 중에는 토지 외에 자본재나 주택 건물도 있기 때문에 다른 설명도 필요하다. 하지만 그렇다고 해서 피케티처럼 대체탄력성에 입각한 신고전학파의 생산함수 이론에 의존해야 하는 것은 아니다. 그것이 얼마나 무리한 견해인지는 앞에서 이미 밝혔다. 이와 관련하여 Rowthorn(2014)은 피케티와는 정반대되는 흥미로운 견해를 제시한다. 그는 대체탄력성이 1보다 작다는 통설을 받아들인다. 그 경우 α값과 β값은 서로 반대 방향으로 움직이게 되므로, 자본의 양이 늘어나 β값이 올라가면 α값은 떨어져야 한다. 그런데 1975년 이후에 전통적 의미의 자본을 사용하여 계산할 경우 β값이 떨어진다는 것이 Rowthorn(2014)의 주장이다. 즉 피케티의 주장과는 달리 이 시기에 과소 투자가 있었다는 말인데, 그것 때문에 β값은 내려가고 α값은 거꾸로 올라갔다는 것이다.

이정우 교수는 2014년 9월 방한한 피케티와 대담하는 자리에서 그에게 헨리 조지의 토지가치세를 소개하면서, 토지에 대한 세금과 자본재 또는 금융자산에 대한 세금을 구분해서 토지에 더 높은 세금을 매기고 자본재나 금융자산에 대해서는 그보다 낮은 세율을 매기는 방안을 제안했다. 그때 피케티는 토지가치의 비중이 작다는 이유로, 토지를 금융자산과 구분해 더 많은 과세를 할 이유가 없다고 잘라 말했다(『경향신문』, 2014. 09. 21.).

토지를 '자본'에 포함시키는 '작은' 오류와 그 오류를 커버하기 위해 동원한 무리한 주장이 대안 제시 부분에 와서 큰 차이로 이어진다는 사실에 주목할 필요가 있다. 피케티가 말하는 글로벌 자본세는 노력자산과 불로자산을 구분하지 않는다는 점에서 정의롭지 않으며, 해결하기 어려운 기술적 난점을 내포하고 있다. 글로벌 자본세의 기술적 난점이란 무겁게 부과할 경우 자본이 감소할 뿐만 아니라 '자본' 중 동산(動産)은 세금을 피해 나가 버릴 것이기 때문에, 높은 세율을 적용하기 어렵고 전 세계적으로(적어도 EU 정도의 광역권에서) 동시에 시행해야만 한다는 점이다. 사실 글로벌 자본세는 일국 차원에서 과세하기도 만만치 않은 세금인데 여러 국가가 함께 시행하는 것은 현실적으로 기대하기 어렵다. 피케티 스스로 "글로벌 자본세는 유토피아적인 이상"(Piketty, 2014: 618)이라고 고백했다고 해서 그 문제점이 가려지는 것은 아니다.

반면 조지의 토지가치세, 즉 토지보유세는 과세 후에도 토지가 감소하거나 도피할 수 없기 때문에 높은 세율을 적용할 수 있고 일국 차원에서도 얼마든지 시행할 수 있다는 장점이 있다. 토지가치세는 제대로 부과할 경우 중립성, 투명성, 공평성, 경제성 등을 발휘하는 좋은 세금이며, 노력소득의 원천인 실물자본에는 과세하지 않고 불로소득의 원천인 토지에 과세한다는 점에서 정의로운 세금이다(George, 1879, 김윤상 역, 2016: 제8권 및 제9권; 전강수, 2012: 176~195). 게다가 이 세금은 각종 자연자원(환경, 지하자원, 주파수대 등)에 부과하는 자연세로 발전시킬 수도 있고, 그것이 불로소득을 정조준하고 있다는 사실이 알려져 각종 특권이익에 대한 과세를 촉발할 수도 있다(김윤상, 2009).

3. 헨리 조지가 피케티에게 씌워 줄 새 안경

피케티같이 뛰어난 학자가 하려고만 했다면 토지의 중요성과 특수성 같은 내용을 이해하지 못했을 리가 없다. 그가 토지와 토지가치에 대해 어처구니없는 주장을 하게 된 것은 경제학자로 성장하는 과정에서 현대 경제학 체계 속에 깊이 뿌리내린 토지 무시 풍토를 부지불식간에 받아들였기 때문이 아닌가 생각한다. 그는 『21세기 자본』 곳곳에서 무리한 주장과 논리를 펼쳤고 자신이 밝혀낸 귀중한 통계적 사실에 대해 엉뚱한 해석을 내렸다는 사실을 내심 느끼고 있을지도 모른다. 하지만 그 이유에 대해서는 모르고 있을 가능성이 있다. 피케티가 통계와 논거의 부정합, 주장과 현실의 괴리를 벗어나려면 고전학파와 헨리 조지의 '토지 중심의 경제학'에 귀를 기울이는 수밖에 다른 방법이 없다.

만일 피케티가 조지의 이론을 탐구해서 토지의 중요성과 특수성을 인식하게 된다면, 그의 연구는 대충 다음과 같은 방향으로 전개될 것이다.

첫째, 토지와 자본을 별개의 범주로 분리하지는 않는다 할지라도, 최소한 '자본'의 구성을 농경지, 주택, 기타 자본으로 나눈 부분을 수정하여 인공물과 토지로 나눌 것이다. 그와 함께 β값과 α값의 변동에서 토지에 기인하는 부분을 가려

내서 별도로 설명할 것이다. 그리고 노력소득과 불로소득, 노력소득의 원천과 불로소득의 원천도 구분해서 불평등의 정당성 기준을 명확히 확립할 것이다.

둘째, 자신의 이론체계에 토지가치(지대 및 지가)의 결정이론을 도입할 것이다. 그렇게 할 경우 피케티는 토지가치 상승으로 인한 β값 상승을 놓고 우왕좌왕하는 모습에서 벗어날 수 있을 것이다.

셋째, 토지에 더 높은 세금을 매기고 자본재나 금융자산에 대해서는 그보다 낮은 세율을 매기는 방안을 지지할 것이고, 글로벌 누진 자본세 대신 토지보유세 강화와 특권이익 과세를 주창할 것이다.

『21세기 자본』을 분석하면서 나는 피케티가 조지와 같은 별을 보았으나 쓰고 있는 안경이 불량품이라는 사실을 확인했다. 만일 자신도 모르는 사이에 신고전학파가 씌워 준 불량품 안경을 벗어던지고 토지의 중요성과 특수성을 생생하게 볼 수 있는 새 안경으로 바꿔 쓰기만 한다면, 그는 정말로 "경제학의 지평에 일대 변혁을 가져올"(이준구, 2014) 구원자 역할을 하게 될 가능성이 매우 높다.

제3부

지대개혁, 어떻게 할 것인가?

● 제12장

국토보유세, 부동산 불평등 해결의 열쇠

전강수 · 남기업 · 강남훈 · 이진수

1. 부동산 불평등 해소의 핵심은 불로소득 환수다

2007년에서 2015년까지 GDP의 최소 30% 이상이나 되는 부동산소득이 발생했다는 점을 우리는 이 책 제8장에서 이미 확인했다. 그런데 여기서 중요한 것은 이 부동산소득을 극소수의 부동산 과다 보유 개인과 법인이 차지한다는 점이다. 먼저 법인의 부동산 보유 현황을 보자. 2014년 현재 개인 토지소유자 중 상위 10%가 전체 개인 소유지의 64.7%를, 법인 토지소유자 중 상위 1%가 전체 법인 소유지의 75.2%를 소유(가액 기준)하고 있다. 또한 2008~2014년 사이에 상위 1% 기업이 소유한 부동산은 546조 원에서 966조 원으로 77%가 증가했고, 상위 10대 기업이 소유한 부동산은 180조 원에서 448조 원으로 무려 147%나 증가했다(김영주 의원실, 2016). 개인의 토지소유 편중도 여전하다. 2013년 정부의 발표에 따르면 50만 명(전체 인구의 1%)의 민유지 소유 비율이 55.2%이고 500만 명(전체 인구의 10%)의 소유 비율이 무려 97.3%나 된다. 그리고 대한민국 총 세대(2,021만 세대) 중에서 1,211만 세대, 즉 59.9%만 토지를 소유하고 있고 나머지 40.1%는 한 평의 땅도 보유하고 있지 않고 있다(국토교통부, 2013). 이런 현실을 감안하면 부동산소득의 거의 대부분을 소수가 향유했음을 유추할 수 있다.

그런데 여기서 진짜 문제는 부동산소득의 상당 부분이, 정확히 말해서 GDP의 21% 이상이 불로소득이라는 점이다. 불로소득은 누군가의 손해를 수반하는 것이므로, 풀어 말해서 부동산을 소유하고 있지 못한 하위계층의 소득이 부동산을 과다하게 보유하고 있는 상위계층으로 이전되는 소득이므로 큰 문제가 아닐 수 없다. 일반적으로 노력소득에 의한 불평등은 용인된다. 그러나 불로소득에 의한 불평등은 정의감에 반하고 사회 통합을 해친다. 그러므로 부동산이 초래한 불평등을 해소하기 위해서는 부동산 불로소득을 환수해야 한다.

그렇다면 부동산 불로소득을 어떻게 환수할 수 있을까? 현대국가가 '조세국가(tax state)'임을 감안하면 세금을 통해서 환수하는 방법이 가장 좋고, 세금 중에서도 보유세 강화를 통해서 불로소득을 환수하는 것이 이상적이다. 또한 불평등 해소 자체가 국가적 과제이므로 '지방세'보다는 '국세'를 통해서 목표를 달성하는 것이 바람직하다. 그리고 조세저항을 극복하기 위해 환수한 보유세액을 국민에게 똑같이 나눠 주면 제도 정착에도 큰 도움이 될 것이다.

이런 관점에서 우리는 기존의 국세보유세인 종합부동산세가 아니라 국토보유세와 보유세 전액을 국민 전체에게 공평하게 배분하는 '토지배당'을 하나의 방안으로 제시하려고 한다. 제2절에서는 현행 국세보유세인 종합부동산세 폐지 및 국토보유세 도입을 주장하는 이유를 밝히고, 국토보유세의 구체적인 세율체계와 징수 방법을 제시한다. 제3절에서는 국토보유세 징수액 전체를 전 국민에게 나눠 주는 '토지배당' 실시가 국민 전체에게 어떤 영향을 미칠지를 시뮬레이션 결과를 통해서 살펴본다.

2. 국토보유세의 장점

많은 사람들이 부동산 불로소득은 지가차액, 즉 자본이득이라고 생각하기 때문에 그에 대한 대책이라고 하면 부동산 자본이득세를 떠올린다. 우리나라에서는 1974년 이후, 실현된 부동산 자본이득에 과세하는 양도소득세가 도입되어 지금까지 부과되고 있다. 물론 양도소득세는 부동산 불로소득의 일부를 환수하는 역할을 하지만, 부동산 시장에 부정적인 영향을 끼치는 결함을 갖고 있다. 부동산 소유자로 하여금 보유 부동산의 매각을 꺼리게 만들어 부동산 거래를 위축시키는 동결효과(lock-in effect)를 발생시키기도 하고, 부동산 가격이 상승하는 국면에서는 세부담이 구매자에게 전가되어 가격 상승이 가속화되는 부작용을 수반하기도 한다. 지대소득은 전혀 건드리지 않고 실현된 자본이득의 일부만 환수한다는 점도 양도소득세의 한계다.

부동산 불로소득은, 발생한 다음에 자본이득세로 환수하는 것보다 아예 발생하지 않도록 사전에 차단하는 것이 현명하다. 부동산 불로소득의 사전 차단책으로 가장 좋은 방법은 토지보유세를 제대로 부과하는 것이다. 토지보유세는 부동산 소유자가 차지하는 지대소득을 줄인다. 게다가 부동산 가격을 하락시켜 부동산 자본이득도 줄인다. 양쪽에서 불로소득을 줄이는 작용을 하는 것이다. 올바로 설계하면 양도소득세처럼 동결효과가 발생하거나 조세가 전가되는 일은 일어나지 않는다.

사실 조세로서 토지보유세는 모든 조세 중에서 최상의 평가를 받는다. 토지보유세는 제대로 설계할 경우 다른 세금들이 유발하는 경제활동 위축 효과를 낳지 않고(중립성), 투명성, 경제성, 공평성 등의 기준에서 보더라도 매우 우수하다. 그래서 애덤 스미스, 존 스튜어트 밀, 알프레드 마샬, 아서 피구, 존 코먼스, 콜린 클라크, 윌리엄 비크리 등 쟁쟁한 경제학자들이 토지보유세의 우수성을 인정하거나 적극 지지했고, 세금 자체를 혐오하는 시카고 학파의 거두 밀턴 프리드먼조차 '가장 덜 나쁜 세금'이라는 '찬사'를 보냈다(전강수, 2012: 186).

현재 우리나라는 부동산 자본이득세도 부과하고 있고 토지보유세도 부과하고 있다. 부동산 자본이득세로는 앞서 말한 양도소득세가 대표적이고 그 외에 개발부담금 등 토지 관련 부담금이 있다. 토지보유세는 건물에도 부과되는 부동산보유세의 형태를 취하고 있는데, 국세로 종합부동산세, 지방세로 재산세를 부과하는 이원 구조로 운영되고 있다. 그런데 양도소득세와 토지 관련 부담금의 부동산 불로소득 환수 비율은 매우 낮은 것으로 드러나고 있고(전강수, 2011: 81), 불로소득을 사전에 차단하는 효과가 큰 보유세는 토지와 건물을 구별하지 않는 결함을 갖고 있을 뿐만 아니라 세부담이 다른 선진국에 비해 매우 가볍다는 문제를 안고 있다. 또 부동산 세제의 구조도 보유세 비중이 너무 낮고 거래세 비중이 높은 기형성을 드러내고 있다. 지금까지 우리나라에서 주기적으로 투기가 발생하고 부동산이 치부(致富)의 주요 수단이 된 것은 이러한 부동산 세제의 결함과 무관하지 않다.

노태우 정부는 종합토지세 도입으로, 김영삼 정부는 과표 현실화 정책으로, 노무현 정부는 과표 현실화와 종합부동산세 도입으로 부동산보유세를 강화했다. 특히 노무현 정부는 역대 정부 가운데 가장 적극적으로 보유세 강화 정책을 추진했다. '실효세율 1% 달성'이라는 목표는 그때 노무현 정부가 내걸었던 것이다. 그 결과 2007년과 2008년에는 "오랫동안 20% 전후를 오르내렸던 보유세/부동산세의 비율이 처음으로 30%를 넘어섰으며, 보유세/조세총액, 보유세/지방세 비율도 역사상 최고치를 기록했다."(전강수, 2011: 95)

그러나 이명박 정부는 2008년 11월 헌법재판소가 종합부동산세 일부 조항에 대해 위헌과 헌법 불합치 판정을 내린 것을 빌미로 집권 1년 만에 종합부동산세를 포함한 보유세 강화 정책을 무력화시켰다. 종합부동산세 과세 대상자는 대폭 축소되었고, 세부담은 크게 가벼워졌으며, 세수도 격감했다(〈그림 12-1〉 참조).

이명박 정부는 종합부동산세를 무력화시켰을 뿐만 아니라 노무현 정부가 실시했던 다주택자 양도소득세 중과를 유예하고, 개발이익환수 제도를 허물어뜨렸으며, 부동산 거래세도 인하했다. 그 이전 역대 정부 가운데 보유세를 후퇴시킨 것도, 모든 부동산세를 완화한 것도 이명박 정부가 처음이었다. 박근혜 정부는 이명박 정부가 법안 통과까지는 시키지 못했던 양도소득세 중과 제도를 폐지함으로써 이명박 정부의 부동산 세제 정책을 완성했다. 이명박 정부의 종합부동산세 무력화 조처로 보유세 부담은 다시 가벼워져서 노무현 정부 이전 수준으로 돌아가고 말았다. 2014년 현재 우리나라의 보유세 실효세율은 0.15%로, 미국(1.04%), 캐나다(0.91%), 일본(0.54%) 등 선진국에 크게 미달한다(남기업·이진수, 2017).

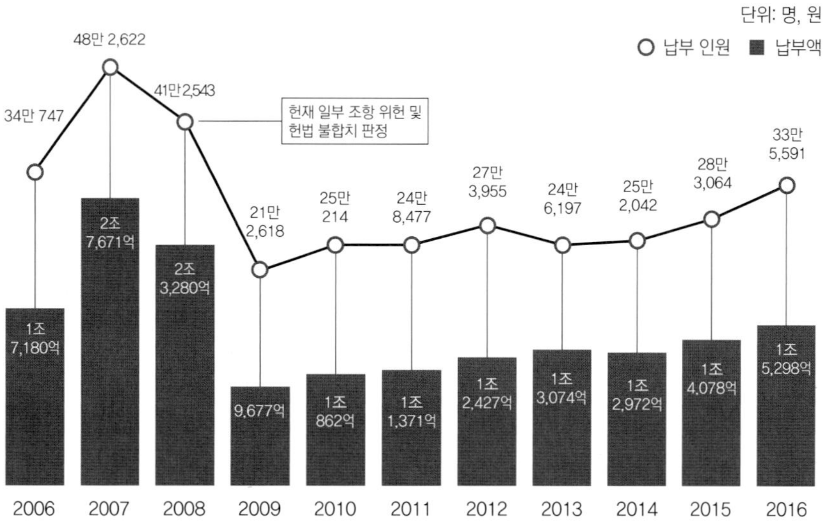

〈그림 12-1〉 연도별 종합부동산세 납부 인원과 납부액(법인 포함)
출처: 국세청, 『국세통계연감』 각 연도판.

이런 상황에서 최상의 부동산 불로소득 차단책으로 꼽히는 토지보유세를 다시 강화하려면 어떻게 해야 할까? 종합부동산세보다 더 좋은 내용을 가진, 그러면서도 조세저항을 쉽게 극복할 수 있는 방안을 마련하는 것이 관건이다. 이를 위해서는 노무현 정부의 정책을 복기해 볼 필요가 있다.

노무현 정부의 보유세 강화 정책은 우리나라 부동산정책의 역사에서 기념비적인 업적으로 꼽을 만하지만, 그렇다고 문제가 없었던 것은 아니다. '세금폭탄론'을 앞세운 조·중·동 등 보수 언론의 공격에 효과적으로 대처하지 못한 것도 문제이지만, 정책의 내용이나 추진 방법에도 실책이 있었다. 나대지, 영업용 건물, 주택 가운데 주택의 보유세 부담을 단기간에 급격히 끌어올리고, 쓸데없이 '대통령 대 강남'의 대결 구도를 연상시키는 발언을 해서 강남을 비롯한 '버블 세븐' 지역 주민들의 강한 반발을 야기했다. 2005년 시가 상응 과세를 구현할 목적으로 도입한 주택의 토지·건물 통합과세는 최상의 세금인 토지보유세와 함께, '나쁜 세금'으로 분류되는 건물보유세까지 강화하는 결과를 낳았다.

이에 우리는 종합부동산세보다 더 우수하고 조세저항도 완화할 수 있는 세금으로 국토보유세를 제안한다. 국토보유세는 현행 국세보유세인 종합부동산세를 대체하는 세금이다. 종합부동산세와 달리 토지에만 부과하고, 극소수의 부동산 과다 보유자가 아니라 전체 토지보유자에게 부과한다. 토지에만 부과해야 하는 이유는 다음과 같다. 첫째, 토지는 건물과 달리 사람이 만들지 않았고, 모든 국민에게 필요하며, 재생산이 불가능한 물건이다. 따라서 토지에 대한 권리는 모든 국민이 공평하게 누리도록 해야 하는데, 그러려면 토지보유세를 제대로 징수해서 모두에게 공평하게 혜택이 돌아가도록 사용해야 한다. 둘째, 토지가치가 발생하고 상승하는 것은 토지소유자의 노력 때문이 아니라 사회 발전과 정부 정책 덕분이다. 셋째, 토지에만 보유세를 부과하는 것이 효율적이다. 건물은 인간 노력의 산물이다. 건물에 세금을 부과하면 건축 활동이 위축되지만, 토지에 세금을 부과하면 투기적 보유가 억제되고 토지를 더 효율적으로 사용하게 된다. 조세저항 문제를 염려하겠지만 그것은 국토보유세 세수 순증분을 모든 국민에게 1인당 1/n씩 분배하는 토지배당으로 해결하면 된다. 국토보유세는 현행 보유세 제도의 근본 문제로 지적되는 용도별 차등과세를 폐지하고 모든 토지를 인별 합산하여 누진과세한다. 토지보유세를 모든 토지에 동일한 방식으로 부과할 경우 비례세로 부과할 때만큼은 아니어도 조세의 중립성이 어느 정도 구현되는 반면, 용도별 차등과세를 할 경우에는 토지이용에 왜곡이 발생해서 효율성이 저해된다는 것은 교과서에 나오는 이야기다. 게다가 지금의 용도별 차등과세는 주택 따로, 별도합산 토지 따로, 종합합산 토지 따로 나누어 각 범주 내에서 인별 합산 과세하기 때문에 여러 유형의 부동산을 두루 많이 보유한 사람들에게 유리하며, 특히 영업용 건물의 부속토지를 많이 보유한 금융기관과 대기업의 세부담을 가볍게 만든다는 문제도 안고 있다. 종합부동산세를 폐지하는 대신 국토보유세를 부과하는 세제 개편의 전체 윤곽에 대해서는 [표 12-1]을 참조하라.

[표 12-1] 국세보유세 개편 내용

<table>
<tr><th>구분</th><th>종합부동산세</th><th>국토보유세</th></tr>
<tr><td>과세 대상</td><td>토지+건물</td><td>토지</td></tr>
<tr><td>용도별 차등과세</td><td>주택, 별도합산 토지, 종합합산 토지로 용도 구분 차등과세</td><td>용도별 차등과세 폐지</td></tr>
<tr><td>과표</td><td>공시가격×공정시장가액비율</td><td>공시지가</td></tr>
<tr><td>인별 합산</td><td>인별 합산</td><td>인별 합산</td></tr>
<tr><td>과표 및 세율</td><td>용도별로 과표 및 세율 상이</td><td><table>
<tr><th>과세표준</th><th>세율(%)</th></tr>
<tr><td>1억 원 이하</td><td>0.1</td></tr>
<tr><td>1억 원 ~ 5억 원</td><td>0.3</td></tr>
<tr><td>5억 원 ~ 10억 원</td><td>1.0</td></tr>
<tr><td>10억 원 ~ 50억 원</td><td>1.5</td></tr>
<tr><td>50억 원 ~ 100억 원</td><td>2.0</td></tr>
<tr><td>100억 원 초과</td><td>2.5</td></tr>
</table></td></tr>
<tr><td>비과세·감면</td><td>있음</td><td>폐지</td></tr>
<tr><td>특이사항</td><td></td><td>국토보유세에서 토지분 재산세 환급</td></tr>
</table>

3. 국토보유세 도입 방안과 그 효과

이제 국토보유세 도입 방안, 세수 추계, 그리고 재분배효과를 중심으로 국토보유세 도입의 경제적 효과를 시뮬레이션한 결과를 살펴보자.

우선 국토보유세 도입은 다음과 같은 방법으로 추진한다. 첫째, 현행 국세보유세인 종합부동산세를 폐지한다. 둘째, 지방세인 재산세는 현행대로 유지한다. 셋째, 재산세 납부액 중 토지분은 환급한다. 넷째, 전국의 모든 토지를 용도 구분 없이 인별 합산해서 과세한다. 다섯째, 전체 토지소유자를 대상으로 과세한다. 여섯째, 공시지가를 과세표준으로 삼는다.[1] 일곱째, 비과세·감면은 원칙적으로 폐지한

1 현행 부동산 공시가격은 시가와 괴리되어 있을 뿐만 아니라 유형별·지역별로 그 괴리 정도, 즉 과표 현실화율에 큰 차이가 있다는 치명적인 결함을 안고 있다. 따라서 국토보유세 도입은 부동산 공시가격 평가제도의 개선과 함께 추진하지 않으면 안 된다.

[표 12-2] 국토보유세 세수 시산 결과

	과세표준	세율(%)	대상자 수(명)	세액(10억 원)
개인	1억 원 이하	0.10	10,846,015	418.3
	1억 원 ~ 5억 원	0.30	3,762,858	2,634.0
	5억 원 ~ 10억 원	1.00	463,655	1,901.0
	10억 원 ~ 50억 원	1.50	234,466	8,511.1
	50억 원 ~ 100억 원	2.00	13,074	1,520.5
	100억 원 초과	2.50	4,646	1,353.4
	계		15,324,714	16,338.3
	과세표준	세율(%)	대상자 수(명)	세액(10억 원)
법인	1억 원 이하	0.1	41,227	1.5
	1억 원 ~ 5억 원	0.3	37,644	26.4
	5억 원 ~ 10억 원	1.0	18,071	74.1
	10억 원 ~ 50억 원	1.5	27,507	998.5
	50억 원 ~ 100억 원	2.0	4,750	552.4
	100억 원 초과	2.5	5,701	1,660.7
	계		134,900	3,313.6

다. 여덟째, 국토보유세 도입에 따른 세수 순증분은 모든 국민에게 1/n씩 토지배당으로 분배한다. [표 12-1]에서는 국토보유세 세율체계의 모델을 소개하고 있다. 이 모델은 참여정부 당시의 종합부동산세 세율체계를 참조하여 한번 작성해 본 것이다. 실제 추진 과정에서 다른 세율체계를 도입하는 것은 얼마든지 가능하다. [표 12-2]는 이 모델을 2012년 과세 통계에 적용하여 국토보유세 세수를 시산한 결과이다.[2]

---

2 이 장에서 2012년 통계를 사용한 까닭은, 5년마다 토지소유 통계를 발표하는 국토교통부가 2013년 11월에 2012년 통계자료를 발표했기 때문이다. 공시지가를 과세표준으로 삼았고, 비과세·감면은 없는 것으로 계산했다.

[표 12-2]상의 수치는 토지분 재산세를 환급하기 전의 국토보유세 세수인데, 개인 소유 토지에서는 16조 3,383억 원, 법인 소유 토지에서는 3조 3,136억 원, 둘을 합쳐서 총 19조 6,519억 원이 될 것으로 추산되었다. 토지분 재산세 해당분이 5조 150억 원이기 때문에 이를 차감하면 국토보유세 실제 징수액은 14조 6,370억 원이 된다. 2012~2015년에 공시지가가 12.5% 상승했기 때문에 2018년까지는 20% 상승하는 것으로 가정하고 세수가 그것에 비례해서 변화하는 것으로 보면, 2018년의 국토보유세 수입은 17조 5,640억 원이 된다. 종합부동산세 폐지로 인한 국세보유세 세수 감소를 약 2조 원으로 보아서 그것을 빼 주면 국토보유세 도입에 의한 세수 순증분은 약 15.5조 원으로 추산된다.

이 세수 순증분은 전액 모든 국민에게 똑같이 토지배당으로 분배한다. 2018년 추정 인구로 나누면 1인당 연 30만 원이 된다. 이 토지배당은 다른 배당과 결합하여 기본소득을 구성할 수 있다(전강수·강남훈, 2017). 이와 같이 국토보유세 수입을 전액 토지배당으로 지급하는 이유는 무엇일까? 토지는 천부 자원으로서 모든 국민이 평등하게 권리를 누려야 할 공유자산의 성격을 갖기 때문이다. 마치 주식회사가 주주들에게 보유 주식 수만큼 배당을 지급하듯, 우리나라 국토에 대해서는 모든 국민이 평등한 권리를 갖고 있다고 보아 거기서 생기는 수입은 모든 국민에게 1/n씩 나누어 배당하는 것이다. 이렇게 할 경우 우리나라 국민 모두는 대한민국 국토의 실질적 주인이라는 지위를 확보하게 될 것이고, 민주공화국의 주권자라는 정치적 정체성을 경제적 정체성으로까지 승화할 수 있을 것이다.

국토보유세 세수 순증분을 토지배당으로 지급하면 제도 도입의 수혜자는 자신이 누리는 혜택이 바로 그 세금 때문임을 직접 인식하게 된다. 수혜액이 얼마인지도 바로 계산할 수 있다. 만일 전체 국민의 다수가 제도 도입으로 순수혜를 누리게 된다면, 그들은 당연히 국토보유세와 토지배당의 도입을 지지할 것이며 소수의 부담자들이 펼치는 조세저항에 대해 강력한 방파제의 역할을 할 것이다. 종합부동산세가 강남 등 일부 지역에 밀집한 소수 부동산 부자들의 조세저항을 견디지 못하고 좌초한 것은 과세를 통한 혜택을 수혜자들이 체감하였다 하더라도, 그것이 어디서 비롯되었는지 인식시키지 못했기 때문이다. 이처럼 조세저항을

[표 12-3] 국토보유세와 토지배당 도입에 따른 백분위 가구별 순수혜액 시뮬레이션 단위: 만 원

0%	1%	2%	3%	4%	5%	6%	7%	8%
−285.8	−164.5	−150.0	−148.5	−147.2	−140.5	−132.6	−122.0	−120.0
9%	10%	11%	12%	13%	14%	15%	16%	17%
−120.0	−120.0	−120.0	−120.0	−120.0	−118.8	−118.0	−117.4	−117.2
18%	19%	20%	21%	22%	23%	24%	25%	26%
−117.1	−115.9	−113.9	−111.2	−108.6	−106.5	−104.5	−102.6	−100.6
27%	28%	29%	30%	31%	32%	33%	34%	35%
−98.7	−95.8	−93.0	−90.0	−90.0	−90.0	−90.0	−90.0	−90.0
36%	37%	38%	39%	40%	41%	42%	43%	44%
−90.0	−88.7	−88.0	−87.4	−87.2	−87.1	−85.3	−83.4	−81.2
45%	46%	47%	48%	49%	50%	51%	52%	53%
−79.3	−77.2	−75.3	−72.8	−70.9	−67.8	−61.0	−60.0	−60.0
54%	55%	56%	57%	58%	59%	60%	61%	62%
−60.0	−60.0	−60.0	−60.0	−60.0	−59.4	−58.7	−58.1	−57.6
63%	64%	65%	66%	67%	68%	69%	70%	71%
−57.4	−57.2	−57.1	−55.2	−53.2	−50.5	−48.5	−45.8	−42.8
72%	73%	74%	75%	76%	77%	78%	79%	80%
−39.7	−36.2	−30.8	−30.0	−30.0	−30.0	−30.0	−30.0	−30.0
81%	82%	83%	84%	85%	86%	87%	88%	89%
−30.0	−30.0	−30.0	−30.0	−29.7	−29.0	−28.2	−27.4	−27.2
90%	91%	92%	93%	94%	95%	96%	97%	98%
−25.9	−21.7	−18.6	−14.4	−5.8	12.4	52.9	132.4	275.9
99%	100%							
622.8	13,025.8							

완화할 수 있는 장치를 내장하고 있다는 점에서도 국토보유세는 종합부동산세보다 우수한 세금이다.

[표 12-3]과 〈그림 12-2〉는 통계청의 '2016 가계금융·복지조사' 데이터를 사용하여 국토보유세를 걷은 후 토지배당을 지급할 경우 백분위 가구별 순부담(국

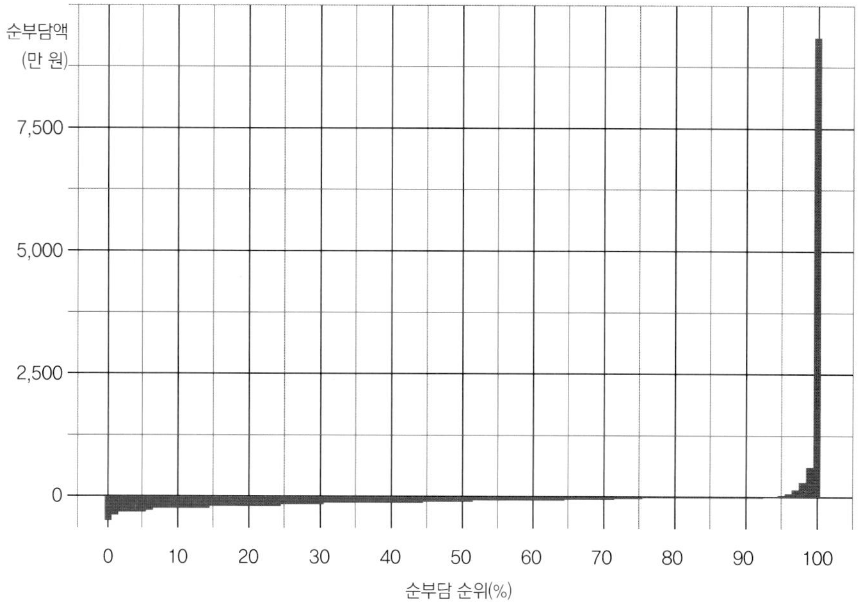

〈그림 12-2〉 시뮬레이션 결과 그래프

토보유세 금액-토지배당 금액)이 얼마가 될지를 시뮬레이션한 결과이다.[3] 이 데이터는 전국 18,000여 가구를 대상으로 금융자산, 부동산자산, 소득 등을 조사한 것으로, 국토보유세 부과와 토지배당 지급의 효과를 시뮬레이션하기에 적합하다.[4]

[표 12-3]에서 %는 순부담의 하위 백분위 가구 비율을 가리키며 그 아래 수치는 순부담 금액을 나타낸다. 순부담이 마이너스이면 순수혜 가구이다. 예를 들어 하위 1% 가구의 순수혜액은 164.5만 원이고, 99%인 가구의 순부담액은 622.8만 원이다. 시뮬레이션 결과는 국토보유세와 토지배당 도입으로 전체 가구의 95%

3 전강수·강남훈(2017)은 같은 방법으로 국토보유세를 도입하고 생애주기별 배당, 특수배당, 토지배당을 지급하는 경우의 백분위 가구별 순부담을 시뮬레이션했다.

4 자료에는 건물가치와 토지가치가 구분되어 있지 않아서 조사된 부동산 가치의 0.64를 토지가치라고 가정하였다. 0.64는 국민대차대조표상에 나타난 주택 토지분 가치 총액을 주택 전체 가치 총액으로 나누어 구했다.

가 순수혜를 누리게 될 것임을 보여 준다. 〈그림 12-2〉는 이 결과를 그림으로 표시한 것이다.

국토보유세와 토지배당은 일종의 부동산 가격 자동안정장치 역할을 할 수도 있다. 부동산 가격이 상승하면 세금과 배당이 증가하고, 부동산 가격이 낮아지면 세금과 배당도 감소한다. 국토보유세와 토지배당 도입은 특정 지역의 부동산 가격만 상승하여 지역 간 격차가 커지는 문제를 해결하는 데도 도움이 된다. 특정 지역의 부동산 가격이 많이 오르면, 그 지역 부동산 소유자들이 내는 국토보유세가 증가하고, 전 국민의 토지배당이 증가할 것이다. 특정 지역 가격 상승의 이득이 전 국민에게 확산되는 것이다.

4. 토지배당과 결합한 국토보유세가 하나의 대안이다

불평등의 가장 중요한 원인 중 하나가 부동산이다. 부동산에서 발생하는 소득이 매해 GDP의 30% 이상이라는 점에서, 그리고 부동산 소유 편중이 극심하다는 점에서 우리는 이를 유추할 수 있다. 더구나 부동산소득의 상당 부분(GDP의 21% 이상)은 불로소득이다. 그런데 이 불로소득은 부동산을 거의 소유하지 못한 하위계층에서 부동산을 과다하게 보유한 상위계층으로 이전된 소득이란 점에서 문제가 크다. 일반적으로 노력소득에 의한 불평등은 용인된다. 그러나 불로소득이 초래한 불평등은 정의감에 반하고 사회 통합을 해친다. 그렇다면 결론은 부동산 불로소득을 환수하는 것으로 모아진다. 가장 좋은 방안은 부동산보유세를 강화하는 것인데, 이렇게 하면 매매차익도 줄어들고 지대소득도 환수할 수 있게 된다. 이런 관점에서 우리는 기존의 국세보유세인 종합부동산세를 대체할 국토보유세와 토지배당을 제시했는데, 이것의 특징과 효과를 요약하면 다음과 같다.

첫째, 국토보유세는 토지에만 부과하는 세금이므로 건물까지 포함시킨 종합부동산세보다 효율적이다. 전술했듯이 건물에 세금을 부과하면 건물의 신축·개축·증축 등의 생산 활동에 부담을 준다. 반대로 건물이 아니라 토지에 집중시키면 투기적 보유 행태는 줄어들고 토지의 효율적 사용이 촉진된다. 또한 국토보유세는 용도별 차등과세도 폐지하기 때문에 이것이 초래한 비효율적 토지사용도 차단할 수 있다. 물론 투기적 보유행태를 완전히 근절하고 효율적 토지사용을 가장 잘 유도할 수 있는 방안은 제13장에서 제시하는 지대조세제와 이자 공제형 지대세이다.

둘째, 국토보유세는 보유세 실효세율을 획기적으로 높일 수 있고 나아가 부동산이 초래한 불평등 해소에 큰 도움이 된다. 국토보유세를 통해서 보유세를 강화하면 부동산 불로소득은 환수되고 불로소득의 상당 부분은 사전에 차단되기 때문이다.

셋째, 종합부동산세와 달리 국토보유세와 토지배당을 결합시키면 보유세 강화 과정에서 흔히 나타나는 조세저항을 극복할 수 있게 된다. 종합부동산세를 가장 많이 징수한 2007년이었는데, 당시 징수한 액수는 부가세인 농특세까지 합쳐서 3.3조 원이었다. 그럼에도 참여정부는 극심한 조세저항에 시달려야만 했다. 그런데 국토보유세로 15.5조 원을 징수하면 조세저항은 상상을 초월할 것이고 입법화는 난망할 것이다. 그러나 토지배당을 결합시킨 국토보유세를 실시하면 순수혜 가구가 95%나 되기 때문에 조세저항은 크게 줄어들고 따라서 입법의 성공 가능성은 높아진다. 만약 모든 가계가 합리적인 투표를 한다면 국토보유세와 토지배당에 대해서는 95%가 지지 의사를 표명할 것이다. 설령 일부 반대 여론에 휘둘려서 처음에 지지율이 낮다고 할지라도 일단 한 번만 국토보유세를 내고 토지배당을 받아 보면 자신에게 이득이 된다는 것을 알 수 있다. 그리고 보유세 강화를 통한 임대료의 하향 안정화는 영세 자영업자와 무급 가족 종사자들을 '국토보유세+토지배당' 정책의 탄탄한 지지 세력으로 만들 것이다.

결론적으로 국토보유세는 현행 종합부동산세의 결함을 보완한 더 나은 보유세일 뿐 아니라, 대한민국 국토는 국민 전체의 것이고 토지에서 발생하는 이익은 모두가 공평하게 누려야 한다는 평등지권(平等地權)의 이상을 실질적으로 구현하는 하나의 방안이며, 조세저항 완화 장치를 내장하여 보유세 강화 정책에 새로운 지평을 열 수 있는 세금이다. 소득과 자산의 불평등은 날로 심해지고 있고 지대추구 경향이 온 나라를 사로잡고 있으며, 그로 인해 저성장 기조가 고착화되는 현 상황에서 국토보유세와 토지배당의 도입을 늦출 이유는 어디에도 없다. 이를 기본소득제와 결합하여 우리나라의 불평등 문제를 해소하는 근본 정책으로 발전시키는 것은 시대적 과제라 하겠다.

● 제13장

기본소득과 국토보유세

등장 배경과 도입 방안, 그리고 예상 효과

전강수 · 강남훈

1. 다가오는 기본소득

국가가 모든 국민에게 1인당 얼마씩 정기적으로 지급한다고 해서 황당하게만 들리던 기본소득이 한국 정책 공론장의 중심에 들어왔다. 2016년까지만 해도 녹색당이나 노동당 등 군소 정당의 정책 공약에 불과했던 내용이 2017년 19대 대통령 선거 과정에서 주요 정책 이슈로 부상한 것이다. 다수의 대통령 후보들이 앞다투어 기본소득 도입을 약속하였으며, 그중 일부는 상당히 구체적인 도입 방안을 대선 공약으로 제시하기도 했다. 이 과정에서 외국의 기본소득 지지자들은 한국에서 기본소득 붐(boom)이 일어난 것을 흥미롭게 바라보았다.

사실 서구에서는 18세기 말 페인(Thomas Paine)과 스펜스(Thomas Spence)가 '권리로서의 복지'를 주창하며 기본자본과 기본소득의 도입을 제안한 이래 다양한 유형의 기본소득론이 출현했다. 19세기 중반 프랑스 사상가 푸리에(Charles Fourier)의 영향 아래 벨기에의 샤를리에(Joseph Charlier)가 제안한 토지배당, 20세기 전반 더글라스(Cliford H. Douglas)가 금융 시스템의 사회화를 통해 지급하자고 주장한 국민배당, 20세기 중반 스티글러(George J. Stigler)와 프리드먼(Milton Friedman)이 주창한 '부(負)의 소득세', 1930년대부터 줄곧 기본소득 지급을 주창한 미드(James E. Meade)의 사회배당, 불평등 연구의 대가 앳킨슨(Anthony B. Atkinson)이 제안한 참가소득 등이 모두 그 좋은 예이다(山森亮, 2009).

복지국가의 위기가 본격화하는 가운데 1980년대부터 기본소득은 기존 복지국가 모델의 대안으로 부각되어 지금까지 활발한 논의가 이어지고 있으며, 최근 스위스, 핀란드, 네덜란드, 캐나다 온타리오 주 등지에서는 국민투표나 실험이 실시되면서 도입 가능성이 높은 정책 의제로 다루어지고 있다.

이에 비해 한국에서 기본소득이 논의되기 시작한 것은 2000년대 후반~2010년대 초반이니 그 역사가 일천하다고 하지 않을 수 없다. 그런 한국에서 기본소득이 단기간에 대형 정책 의제로 발전한 것은 1990년대 후반 이후의 불평등 심화라는 객관적 상황과, 의제화를 위해 노력한 사회세력의 주체적 역량이 결합되었기 때문일 것이다. 지금은 한국 기본소득 논의의 진행 상황을 분석·정리하고 이 제도를 도입할 경우 예측할 수 있는 결과와 그 의의를 검토하는 것이 무엇보다 중요한 시기이다.

이 장의 목적은 한국 기본소득제 논의의 동향을 정리하고, 제도 도입 방안을 구체적으로 제시한 후 그 경제적 효과와 역사적 의의를 논하는 것이다. 특징적인 점은 지금까지 한국에서 나온 연구 결과와 정책 공약을 종합해서 두 가지 기본소득 모형을 제시하고, 통계청의 '2016 가계금융·복지조사' 데이터를 사용하여 두 모형의 재분배 효과를 분석한다는 것이다. 첫 번째 모형은 이른바 최소강령에 해당하고 두 번째 모형은 최대강령에 해당한다. 앞으로 한국에서 기본소득제를 도입한다면 이 두 모형 사이 어딘가에서 정책 내용을 결정해야 할 것이다. 한국에서 유력하게 부각된 기본소득론은 토지를 공유자산으로 보고 그 소득을 징수하여 모든 국민들에게 지급하자고 했던 페인, 스펜스, 샤를리에의 계열을 잇고 있다. 즉 기본소득 재원으로 토지와 환경을 중시하고 있는 것이다. 이 장에서 소개하는 두 모형도 페인, 스펜스, 샤를리에의 계열에 서 있음을 밝혀 둔다.

2. 한국의 기본소득 논의 동향

1) 기본소득·국토보유세 등장의 경제적 배경

한국에서 기본소득과 국토보유세가 주요 정책 이슈로 부상한 배경에는 다음과 같은 요인이 있다.

첫째, 소득불평등이 날로 심해지고 있으며 그로 인한 내수 부진은 저성장의 원인으로 작용하고 있다. 한국의 상위 10% 소득집중도는 1990년대 후반 이후 빠르게 높아졌다. 그 결과 2015년에는 소득 상위 1%가 전체 소득의 14.2%를 차지하고 소득 상위 10%가 전체 소득의 48.5%를 차지해, 소득집중도가 역대 최고치를 기록했다(〈그림 13-1〉 참조). 이는 OECD '최고 불평등' 국가인 미국의 수준(50%)에 육박하는 것으로, 한국의 소득불평등이 얼마나 심각해지고 있는지를 보여 준다.

사회 안전망이 취약한 상태에서 불평등이 심해지면 사회적 불안이 고조되고 소비 지출은 위축될 수밖에 없다. 작금의 저성장은 불평등이 초래한 내수 부진에

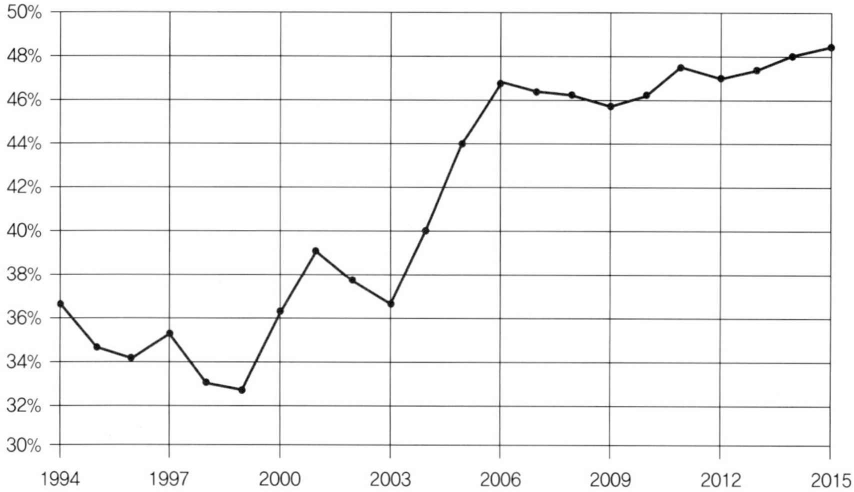

〈그림 13-1〉 소득 상위 10% 소득집중도의 추이
출처: 홍민기(2017).

기인하는 바가 크다.

둘째, 2000년대 이후 한국에서는 노동자의 지위가 지속적으로 악화되어 왔으며, 장차 4차 산업혁명의 진행에 따라 노동자들은 더욱 열악한 처지로 떨어질 가능성이 크다. 〈그림 13-2〉에 드러나 있듯이 2003~2015년 대기업 정규직 비중은 18%에서 13%로 감소했고, 2001~2015년 중소기업 정규직 비중도 55%에서 42%로 크게 감소했다. 반면, 같은 기간 동안에 중소기업 비정규직 비중은 완연한 상승세를 보여서 2015년에는 27%를 기록했다. 이는 중층적 하도급 관계를 통하여 대기업 정규직이 줄어들면서 중소기업 2차, 3차 하청 근로자가 증가하는 방식으로 일자리의 질 악화가 진행되고 있음을 의미한다(장지연, 2017: 4).

게다가 머지않은 장래에 4차 산업혁명 진행으로 인공지능과 로봇이 사람의 역할을 대신하게 되면, 생산은 증가하지만 일자리는 급격히 줄어들고 일자리 부문간 불균형도 심화될 것이다. 그럴 때 늘어난 생산량을 어떻게 분배하며, 일자리를 잃은 수많은 사람들을 어떻게 할 것인가? 보스턴 컨설팅 그룹 보고서에 따르면, 한국은 2025년까지 로봇에 의한 노동비용 감축 비율이 주요 26개국 중 최고가

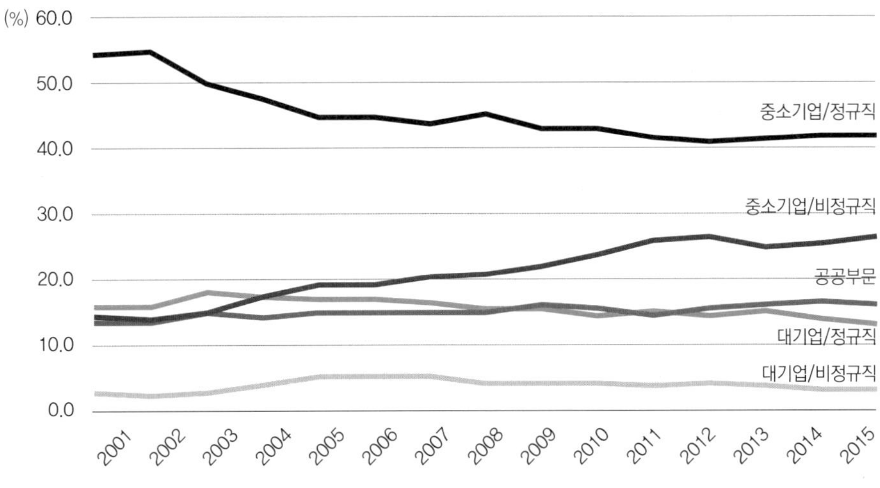

〈그림 13-2〉 임금 근로자 하위 집단별 비중의 추이
출처: 장지연(2017).

될 것으로 추정된다.

셋째, 한국은 해방 이후 지금까지 세계 최빈곤 국가에서 선진국으로 성장하는 기적을 이뤘지만, 그 과정에서 다양한 특권이 형성되었고, 그에 기초한 불로소득 취득이 가능한 지대추구 사회가 되고 말았다. 그간 한국에 뿌리내린 각종 특권으로는 부동산 소유 특권, 상위 1%가 누리는 과도한 소득, 재벌이 누리는 특권이익, 환경 및 자연자원 독점, 교육 특권 등이 있다. 이 특권들 가운데 대표적인 것은 역시 토지소유 특권이다. 해방 후 농지개혁으로 일시적이나마 국민 대다수가 토지 소유권을 가지는 평등한 상태(소위 평등지권)가 실현되었지만, 세월이 지나는 사이 그 평등성은 소멸했고 토지는 다시 소수의 지주에게 집중되었다. 그 결과, 한국의 토지소유는 2014년 현재 가액 기준으로 개인 토지소유자 중 상위 10%가 전체 개인 소유지의 64.7%를, 법인 토지소유자 중 상위 1%가 전체 법인 소유지의 75.2%를 소유할 정도로 불평등한 모습을 드러내게 되었다(김영주 의원실, 2016). 토지소유 상황의 변화 중에서도 2000년대 후반 이후 지금까지 재벌·대기업의 토지소유가 급증했다는 사실은 특별히 주목할 만하다. 2008~2014년 6년 사이에 상위 1% 기업이 소유한 부동산은 546조 원에서 966조 원으로 77%p나 증가했고, 상위 10개 기업이 소유한 부동산은 180조 원에서 448조 원으로 147%p나 폭증했다. 이는 재벌·대기업이 종합부동산세 무력화로 인한 보유세 부담 감소와 법인세 완화 덕분에 사내유보금을 토지 투기에 쏟아부은 결과다(김영주 의원실, 2016).

현재 한국에서는 매년 GDP의 30%를 초과하는 엄청난 규모의 부동산 불로소득이 발생하고 있는 것으로 추정된다. 제8장에서 분석했듯이, 2015년 실현된 부동산 자본이득과 부동산 임대소득을 합한 금액은 482조 원이었고, 발생한 자본이득, 즉 잠재적 자본이득과 부동산 임대소득을 합한 금액은 453조 원이었다. 전자는 그해 GDP의 31%에 해당하고, 후자는 그해 GDP의 29%에 해당한다. 부동산이 소수에게 집중된 상황에서 이처럼 엄청난 부동산 불로소득이 발생하면 소수의 부동산 과다 보유자가 대부분의 부동산 불로소득을 차지할 수밖에 없고, 그것은 소득불평등의 주요 원인이 된다. '부동산 공화국'이라는 오명은 괜히 붙은 것이 아니다.

넷째, 현재 한국은 다른 OECD 국가들에 비해 사회 안전망이 매우 취약하며, 재정의 소득 재분배 기능 또한 미약하다. 2015년 한국의 조세부담률은 18.5%로 OECD 평균 26.1%에 비해 7.6% 낮은 수준이며, 국민 부담률은 25.3%로 OECD 평균 34.3%에 비해 9% 낮은 수준이다. 같은 해 사회 지출도 GDP 대비 10.4%로 OECD 평균 21.6%의 절반 수준에 불과하다. 그러니 사회 안전망이 취약해지는 것은 불가피하다. 조세부담률이 낮고 복지 지출 비중도 낮으니 재정의 소득 재분배 기능도 미약할 수밖에 없다. 2011년 한국 재정의 소득 재분배 효과는 9%로 OECD 국가 평균인 34%에 크게 미달하며, OECD 34개국 중 33위를 기록했다. 여기서 소득 재분배 효과는 지니계수 개선도로 측정하는데, 계산식은 다음과 같다.

$$\frac{\text{시장소득 지니계수} - \text{가처분소득 지니계수}}{\text{시장소득 지니계수}} \times 100$$

특단의 개혁 조치가 단행되지 않는 한, 위의 네 가지 요인이 해소되거나 개선될 가능성은 낮다. 정책 공론장의 변방에 머물러 있던 기본소득과 국토보유세가 19대 대통령 선거를 거치면서 중심부로 진입한 것은 어찌 보면 필연적 귀결이다.

2) 한국에서 기본소득이 부상한 경위

한국에서 토지보유세를 강화해야 한다는 주장은 역사가 오래되었다. 1980년 후반 전국을 몰아친 투기 광풍의 여파로 경제정의실천시민연합(이하 경실련)이 창립되었는데, 이 단체가 부동산문제의 근본 해결책으로 토지보유세 강화를 내세운 것이 효시가 아닌가 생각한다. 조직의 중심인물이 교체되면서 경실련은 토지보유세 강화 정책을 점점 등한시했지만, 2005년 토지정의시민연대, 2007년 토지+자유연구소가 창립되어 토지보유세 강화로 불로소득을 차단해야만 한국의 부동산문제를 근본적으로 해결할 수 있음을 지속적으로 주장해 왔다. 토지정의시민연대와 토지+자유연구소를 중심으로 한 토지정의 세력의 운동은 노무현 정부의 부동산정책에 강한 영향을 미쳐서 종합부동산세를 비롯한 부동산 불로소득 차단·환수 정책 시행이라는 열매를 맺기도 했다.

하지만 이명박 정부가 들어서자마자 종합부동산세를 무력화시키고 다른 불로소득 환수 정책까지 모조리 후퇴시킨 후부터는 한국의 정책 공론장에서 토지보유세 강화론은 점점 힘을 잃어 갔다. 종합부동산세에 대한 조세저항이 얼마나 격렬한지 눈으로 보고 경험한 정치인과 정책가의 마음속에서 토지보유세의 중요성에 대한 인식이 희미해진 것이 큰 원인이었는데, 여기에 당시 부동산 시장이 비교적 안정된 모습을 보인 것도 한몫을 했다.

토지보유세 강화론은 19대 대통령 선거가 시작되면서 부활했다. 결정적인 특징은 국토보유세라고 하는 새로운 형태의 토지보유세가 설계됐을 뿐만 아니라 그것이 기본소득과 결합됐다는 것이다. 이는 주요 정책이 결합할 때 발휘될 수 있는 시너지 효과가 유감없이 드러난 경우이다. 이 과정의 중심축은 기본소득에 있으므로, 아래에서는 기본소득제가 한국의 정책 공론장에 등장하여 중심 이슈로 발전하게 된 경위를 중심으로 논의를 진행하기로 하자.

한국 기본소득 운동의 본산인 기본소득한국네트워크가 창립된 것은 2009년의 일로, 채 10년이 지나지 않았다. 이 단체는 2016년에 '제16회 기본소득지구네트워크 세계대회'를 서울에서 개최할 정도로 성장했다.

정치인 가운데 기본소득을 실제 정책으로 시행한 인물은 이재명 경기도 성남시장이었다. 2016년에 성남시에 3년 이상 거주한 만 24세 청년을 대상으로 1인당 연 100만 원(분기별 25만 원)의 청년배당을 지급한 것이다. 이재명 시장은 청년'배당'이라는 이름을 고집하며 자신의 정책이 기본소득제의 일환임을 분명히 했다. 특징적인 것은 청년배당을 '성남사랑상품권'이라는 지역 상품권으로 지급함으로써 성남 지역 골목 상권 활성화를 함께 도모한 점이었다. 이재명 시장의 청년배당 정책은 대상 범위가 좁고 지급 금액도 적었지만, 상당한 성과를 거둔 것으로 평가된다. 청년배당을 받은 2,866명을 대상으로 조사한 결과 96.3%가 '생활에 도움이 된다.'라고 응답했고(성남시 보건복지국, 2017), 성남 지역 자영업자들로부터도 호평을 받았다.

박원순 서울시장도 2016년에 기본소득이라 부를 만한 정책을 단행했다. 그것은 서울시 청년수당 정책으로, 서울시에 1년 이상 거주한 만 19세부터 29세까지의 미취업 청년 3,000명을 대상으로 최장 6개월간 매달 50만 원을 지급한다는 내용이었다. 이는 미취업 청년들에게 지급하는 구직 활동 지원금으로서 기본소득의 범주에 넣기는 어렵지만, 박근혜 정부의 보건복지부와 정면충돌하면서 추진된 터라 한국 사회에서 기본소득에 대한 관심을 고조시키는 역할을 했다.

박근혜-최순실 게이트로 박근혜가 탄핵되는 바람에 조기 실시된 19대 대통령 선거 과정에서 기본소득은 최대의 정책 이슈로 부각되었다. 더불어민주당의 이재명·박원순·김부겸·문재인 후보, 정의당의 심상정 후보, 정운찬 전 국무총리 등 다수의 대선 후보가 다양한 형태의 기본소득 도입을 공약했다. 그 가운데 기본소득의 기본 요건을 갖춘 공약을 제시한 사람은 이재명 후보뿐이었다. 문재인 후보는 더불어민주당 경선에서 승리한 후 이재명 후보의 기본소득 정신을 수용하겠다는 입장을 밝혔고, 2017년 5월 2일 열린 마지막 대선 후보 TV 토론에서는 '생애 맞춤형 기본소득'을 도입하겠다고 약속했지만, 실제로 이재명 후보의 기본소득제를 수용한 것으로 보기는 어렵다. 문재인 후보는 출산지원금, 아동수당, 청년 구직촉진 수당, 기초연금·장애인연금 증액 등을 합쳐서 '생애맞춤형 기본소득'이라 명명했는데, 이는 경선 승리 전에 이미 발표했던 개별 복지 공약들을 뭉뚱그린 것으로, 소득심사를 거치도록 되어 있거나, 한시적으로 지급하거나, 분명한 노동요구를 조건으로 거는 등 기본소득의 취지에 맞지 않는 내용을 포함하고 있었기 때문이다.

반면 이재명 후보의 공약은 ①정기적으로, ②현금으로, ③개인 단위로, ④(자산 조사 없이) 보편적으로, ⑤(노동 또는 노동 의사에 대한 요구 없이) 무조건적으로 지급한다는 점(정원호 외, 2016)에서 진정한 기본소득의 개념에 가장 근접했다. 이재명 후보는 더불어민주당 경선 과정에서 기본소득 도입을 주창하면서, 국가는 모든 국민에게 실질적 자유를 부여할 책무가 있고, 토지나 자연자원, 환경, 특권이익 등은 모든 국민의 공유자산이라는 성격을 가지며, 주식회사의 주주에게 주식 수만큼 배당금을 지급하듯이 공유자산에 대해서는 국민 한 사람이 한 주씩 갖고 있다고 보아 동일한 배당금을 지급해야 함을 역설했다. 아울러 취약한 사회 안전망과 미약한 소득 재분배 기능을 보완할 필요성이 지대하며 극심한 내수 부족을 완화할 대안이 절실히 요구된다는 점도 강조했다.

이재명 후보의 기본소득 공약은 1인당 지급 금액(최소 연 30만 원, 최대 연 230만 원)이 적어서 기본소득 정신을 충분히 구현하기에는 불충분하다는 비판을 받았지만, 금액이 수령자에게 최소 생활을 보장할 정도로 커야 한다는 것이 기본소득의 필요조건은 아니다(정원호 외, 2016). 나중에 보겠지만, 이재명 표 기본소득제는 실현 가능한 재원 마련 계획을 갖고 있기도 했다.

3. '국토보유세·지역상품권 연계형' 기본소득 모형(기본소득 모형 I)

2017년 2월 영국의 유력 일간지 『가디언(*The Guardian*)』은 핀란드의 기본소득 실험을 다룬 특집 기사에서 미국 실리콘밸리의 엘론 머스크(Elon Musk), 미국 클린턴 정부 노동장관 로버트 라이시(Robert Reich), 프랑스 사회당 대선 후보 브누아 아몽(Benoît Hamon)과 함께 이재명 성남시장을 세계적인 기본소득 주창자로 소개했다(*The Guardian*, 2017. 2. 19.). 실제로 이재명 후보는 한국의 19대 대선에서 국토보유세, 기본소득, 지역상품권을 결합한 대선 공약으로 화제를 불러일으켰다. 아래에서는 이재명의 기본소득제를 '국토보유세·지역상품권 연계형' 기본소득 모형(이하 기본소득 모형 I로 약칭함)이라 부르고 분석을 진행한다.

기본소득 모형 I의 기본 원칙은 다음과 같다. 첫째, 자산심사나 노동요구 없이 무조건 지급한다. 둘째, 기본소득 지급을 위해 확보하는 재원에는 꼬리표를 달아서 가급적 다른 용도에 사용하지 못하게 하는 제도적 장치를 마련한다. 셋째, 국토보유세와 기본소득을 결합하여, 전국의 모든 소유 토지를 인별 합산 후 누진세율로 과세하고 세수 순증분을 모든 국민에게 1/n씩 토지배당으로 분배한다. 넷째, 모든 기본소득은 매 분기 또는 매 반기에 지역화폐 역할을 하는 상품권으로 지급하여 지역 소상공인의 매출 증대를 도모한다.

기본소득 모형 I에서 가장 특징적인 요소는 국토보유세와 토지배당이다. 따라서 아래에서는 우선 새로운 토지보유세인 국토보유세를 소개한 후, 기본소득 모형 I의 세부 내용과 의의 그리고 경제적 효과를 검토한다.

1) 국토보유세의 내용과 도입 방안

사람이 만든 자본과는 달리, 토지, 자연자원, 환경 등은 천부자원으로서 사람의 힘으로 생산할 수 없기 때문에, 공유자산으로 취급하여 모든 국민이 평등하게 권리를 누리도록 하는 것이 옳다. 대한민국 현행 헌법도 토지공개념 조항(122조)을 두어 토지의 특별한 공공성을 인정하고 있다. 모든 국민에게 토지에 대한 평등한 권리를 보장하기 위해서는 굳이 토지 그 자체를 평등하게 분배할 것까지 없이 토지 지대를 조세로 징수하여 모두가 동일한 혜택을 누리게 사용하면 된다(George, 1879, 김윤상 역, 2016). 이 세금은 토지가치세 또는 지대세라 불리는데, 이를 제대로 부과하여 토지소유자에게 소유 규모에 상응하는 적정 대가를 징수할 경우 토지와 부동산에서 생기는 불로소득과 특권구조를 제도적으로 해소할 수 있다. 토지가치세에 가장 가까운 세금은 토지보유세이다.

한국은 토지보유세 부담이 상대적으로 낮은 편인데, 이는 주기적으로 발생하는 부동산 투기의 주요 원인으로 작용해 왔다. 김영삼 정부와 노태우 정부, 그리고 특히 노무현 정부가 보유세 강화를 위해 노력했지만, 이명박 정부의 부동산 보유세 강화 정책 무력화 조처로 한국의 토지보유세 세부담은 다시 낮아져서 노무현 정부 이전 수준으로 돌아가고 말았다. 2014년 현재 한국의 부동산보유세 실효세율은 0.15%로, 미국(1.04%), 캐나다(0.91%), 일본(0.54%) 등 선진국에 크게 미달한다(남기업·이진수, 2017).

한국에서 토지보유세를 강화하는 방법은 여러 가지가 있지만, 기본소득 모형 I에서는 기존 국세보유세인 종합부동산세를 폐지하는 대신 국토보유세를 신설하는 것을 상정한다. 2005년 이후 한국은 부동산보유세로 국세인 종합부동산세와 지방세인 재산세를 걷고 있다. 보유세 강화를 위해 현행 종합부동산세와 재산세를 강화하는 방법도 있지만, 종합부동산세 강화는 과세 대상 인원이 너무 적어서 사회적 논란만 크게 야기할 뿐 의미 있는 증세가 어렵고, 재산세 강화는 부동산 소유자 대부분을 대상으로 증세를 하는 것이어서 정부가 광범위한 조세저항을 극복하기 어렵다는 난점이 있다. 국토보유세는 토지에만 과세하고, 전체 토지보유자를 대상으로 삼으며, 용도별 차등과세를 원칙적으로 폐지한다는 점에서 종합부동산세보다 우수한 세금이다.

국토보유세 부과로 생기는 세수 순증분 전액은 모든 국민에게 1/n씩 나누어 토지배당으로 지급한다. 제12장에서 제시한 대로 국토보유세 세율체계를 만들 경우, 세수 순증분은 약 15.5조 원, 토지배당은 1인당 연 30만 원이 된다. 국토보유세는 소수의 부동산 과다 보유자가 아니라 전체 토지보유자에게 부과되는데도 조세저항을 피할 수 있는데, 이는 토지분 재산세를 환급하고 세수 순증분을 국민들에게 전액 토지배당으로 되돌려 주기 때문이다. 이처럼 기존 보유세보다 더 우수하면서도 조세저항 완화 장치를 내장하고 있다는 점에서, 국토보유세는 한국 보유세 정책에 새로운 지평을 열었다고 할 수 있다.

2) 기본소득 모형 I의 세부 내용

기본소득 모형 I은 '6배당+1토지배당' 체계이다. 6배당 중 네 배당은 생애주기별 배당으로, 0~12세에게 아동배당, 13~18세에게 청소년배당, 19~29세에게 청년배당, 65세 이상에게 노인배당을 1인당 연 100만 원씩 지급하는 것이다. 나머지 두 배당은 특수배당으로 장애인과 농민에게 매년 1인당 100만 원씩 지급하는 것이다. 장애인배당은 장애인의 어려운 처지를 특별히 감안하여 중복수혜를 인정한다. 토지배당은 위에서 말한 국토보유세 도입에 의한 세수 순증분 15.5조 원을 모든 국민에게 30만 원씩 똑같이 분배하는 것이다. 1인당 배당금 액수가 너무 적어서 기본소득 정신을 구현하기 어렵다는 비판도 나왔지만 가구당으로 계산하면 무시하기 어려운 금액이 될 수도 있다. 예를 들어 장애아를 포함한 2명의 자식과 노부모를 부양하는 농민 부부 가구의 배당금 총액을 계산해 보면, 농민배당 200만 원, 노인배당 200만 원, 아동배당 200만 원, 장애인배당 100만 원, 토지배당 180만 원(30만 원×6명), 합해서 연 880만 원이 된다.

2018년의 추정 인구수로 각 배당의 소요 예산을 계산해 보자. 우선 생애주기별 배당에는 아동배당 5.8조 원, 청소년배당 3.1조 원, 청년배당 7.6조 원, 노인배

[표 13-1] 기본소득 모형 I의 재원 확보 방안

재원 확보 방법	금액
재정관리 강화	30조 원
재벌·대기업 법인세 강화	15조 원
조세감면제도 개선	5조 원
초고액 소득자 소득세 강화	2.4조 원
국토보유세 도입	15.5조 원
합 계	**67.9조 원**

당 7.4조 원, 합해서 총 23.9조 원이 소요된다. 다음 특수배당에는 장애인배당 2.5조 원, 농민배당 1.7조 원, 합해서 4.2조 원이 소요된다. 마지막으로 토지배당에는 국토보유세 세수 순증분 15.5조 원이 소요된다. 따라서 이 제도가 설계대로 완전히 정착할 경우, 총 소요 예산은 약 43.5조 원이 될 것으로 추정된다. [표 13-1]은 이재명 후보가 더불어민주당 대선 후보 경선 과정에서 제시했던 재원 확보 방안이다. 그는 재정관리 강화, 재벌·대기업 법인세 강화, 초고액 소득자 소득세 강화 등의 방법으로 총 67.9조 원을 확보하여 자신의 기본소득제를 완전히 실행할 수 있다고 주장했다.

이재명 시장은 재정 관리 강화로 확보되는 30조 원으로 생애주기별 배당과 특수배당을 집권 첫 해부터 바로 지급하고, 토지배당은 국토보유세의 입법화와 제도 정착을 기다려 2단계로 지급한다는 계획을 세웠다. 모든 배당은 지역화폐 역할을 하는 상품권으로 지급하여 지역 소상공인의 매출 증대를 도모하고 경제 활성화의 마중물로 활용한다는 계획도 주요 내용으로 포함했다.

기본소득 모형 I에는 네 가지 철학이 담겨 있다. 첫째, 생애주기별 배당과 특수배당으로 2,800만 명의 국민에게 연 100만 원씩 지급하는 것은 모든 국민에게 실질적 자유를 부여하는 출발점으로서의 의미를 갖는다(Van Parijs, 1995). 둘째, 국토보유세를 걷어 1인당 연 30만 원씩 토지배당을 지급하는 것은 모든 국민에게 평등한 토지권을 인정한다는 의미를 갖는다(Spence, 1797).

셋째, 모든 기본소득을 지역 상품권으로 지급하는 것은 기본소득을 복지정책을 넘어 경제 활성화의 마중물로 활용하고자 하는 것이다. 넷째, 제도 도입 후에도 예산을 더 확보하여 기본소득 지급액을 늘려가고자 하는 것은 4차 산업혁명 시대를 대비하여 새로운 분배체계를 정착시키고자 하는 시도로서의 의미를 갖는다.

3) 기본소득 모형 I의 경제적 효과: 백분위 가구별 순수혜액 추정

이상에서 소개한 대로 국토보유세를 모든 토지보유자에게 부과하고, 6배당 대상자에게 1인당 연 100만 원씩 지급하는 동시에 모든 국민에게 1인당 연 30만 원씩 토지배당을 지급할 경우, 어떤 경제적 효과가 나타날까?

우선 재분배 효과부터 살펴보자. [표 13-2]는 통계청의 '2016 가계금융·복지조사' 데이터를 사용하여 제도 도입에 따른 백분위 가구별 순부담(가구별 국토보유세 금액에서 기본소득 금액을 뺀 값)을 추정한 결과이다. 이 데이터는 전국 18,000여 가구를 대상으로 금융자산, 부동산자산, 소득 등을 조사한 것으로, 국토보유세 부과와 기본소득 지급의 효과를 추정하기에 적합하다. 자료에는 건물가치와 토지가치가 구분되어 있지 않아서 조사된 부동산 가치의 0.64를 토지가치라고 가정하였다. 0.64는 한국은행과 통계청이 조사·발표한 '국민대차대조표' 상에 나타난 주택 토지분 가치 총액을 주택 전체 가치 총액으로 나누어 구했다. 정부는 국토보유세(15.5조 원)와 재정관리 강화 등으로 마련한 재원을 가지고 43.5조 원의 기본소득을 지급하는데, 이 경우 일반 가계는 국토보유세를 내는 대신 생애주기별 배당, 특수배당, 토지배당 등 기본소득을 받게 된다.

[표 13-2]에서 %값은 순부담이 가장 적은 가계부터 순서대로 배열하였을 때의 백분위 순서를 가리키며, 그 아래 수치는 순부담 금액을 나타낸다. 순부담이 마이너스이면 순수혜 가구이다. 예를 들어 하위 0% 가구의 순수혜액은 1,040만 원이고, 99% 가구의 순부담액은 465.9만 원이다. 추정 결과는 기본소득 모형 I의 도입으로 전체 가구의 96%가 순수혜 가구가 되는 것을 보여 준다. 즉 4%의 가구만 순부담을 지게 되는 것이다. 〈그림 13-3〉은 이 결과를 그림으로 표시한 것이다. 막대 그래프가 수평축 아래로 그려지는 가구가 순수혜 가구이고 수평축 위

[표 13-2] 기본소득 모형 Ⅰ의 도입에 따른 백분위 가구별 순수혜액 추정 단위: 만 원

0%	1%	2%	3%	4%	5%	6%	7%	8%
−1,040.0	−613.9	−547.7	−512.4	−453.4	−450.0	−447.2	−437.4	−426.8
9%	10%	11%	12%	13%	14%	15%	16%	17%
−420.0	−415.2	−402.8	−390.0	−369.7	−357.9	−342.1	−320.0	−320.0
18%	19%	20%	21%	22%	23%	24%	25%	26%
−320.0	−320.0	−320.0	−318.7	−317.4	−317.3	−317.1	−315.2	−312.5
27%	28%	29%	30%	31%	32%	33%	34%	35%
−309.9	−305.8	−303.5	−300.6	−298.7	−294.9	−291.6	−290.0	−290.0
36%	37%	38%	39%	40%	41%	42%	43%	44%
−288.2	−287.2	−283.9	−279.7	−276.6	−271.6	−260.0	−260.0	−258.7
45%	46%	47%	48%	49%	50%	51%	52%	53%
−257.4	−256.6	−248.5	−239.7	−230.0	−225.3	−215.7	−190.0	−190.0
54%	55%	56%	57%	58%	59%	60%	61%	62%
−190.0	−190.0	−187.7	−187.2	−185.2	−178.5	−173.5	−168.7	−160.1
63%	64%	65%	66%	67%	68%	69%	70%	71%
−160.0	−160.0	−159.1	−157.4	−154.3	−148.5	−141.6	−130.0	−130.0
72%	73%	74%	75%	76%	77%	78%	79%	80%
−130.0	−130.0	−130.0	−129.5	−128.5	−127.2	−120.5	−109.7	−90.0
81%	82%	83%	84%	85%	86%	87%	88%	89%
−77.2	−60.0	−60.0	−58.6	−57.2	−52.5	−42.8	−30.3	−30.0
90%	91%	92%	93%	94%	95%	96%	97%	98%
−30.0	−30.0	−30.0	−30.0	−27.7	−25.3	−16.4	10.7	139.7
99%	100%							
465.9	13,025.8							

로 그려지는 가구가 순부담 가구이다.

이상에서 소개한 기본소득 모형 Ⅰ에 대해서는 1인당 지급액이 과소하다는 지적도 있었고, 30~64세 인구를 생애주기별 배당 지급 대상에서 제외하는 이유가 불분명하다는 비판도 나왔다. 대안으로 6배당 대상자에게 1인당 연 100만 원을 지급하고, 비대상자, 즉 30~64세 비농어민과 비장애인에 한해 토지배당을 지급하는 방안을 생각해 볼 수 있다. 이 방안을 도입할 때의 재분배 효과를 추정한 결

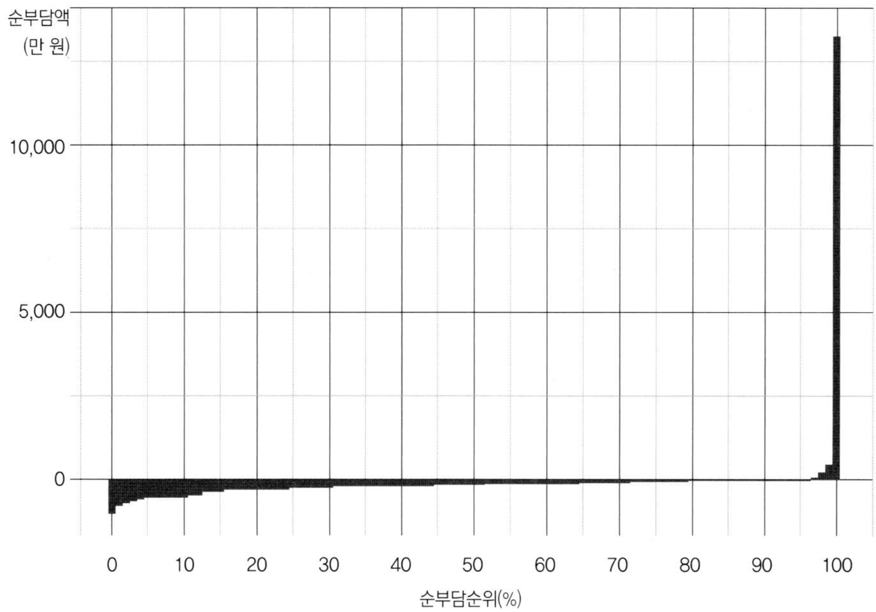

〈그림 13-3〉 백분위 가구별 순수혜액 추정 결과 그래프(기본소득 모형 I)

과, 순수혜 가구의 비중은 97%로 앞의 경우와 거의 동일하고 순수혜와 순부담의 금액에도 별 차이가 없었다. 그러나 생애주기별 배당과 특수배당을 제외하고 국토보유세 징수 및 토지배당 지급의 재분배 효과만을 추정한 결과에는 큰 차이가 있었다. 제12장 [표 12-3]에서 보았듯이 기본소득 모형 I의 경우 순수혜 가구의 비중이 95%로 매우 높은 반면 토지배당을 6배당 비대상자에게만 1인당 연 60만 원씩 지급하는 경우에는 순수혜 가구의 비중이 81%로 크게 줄어들었다. 이럴 경우 제도 도입에 대한 정치적 지지는 줄어들 수밖에 없다. 게다가 후자는 국토보유세와 토지배당이 모든 국민에게 평등한 토지권 보장이라는 이상을 실현하는 정책 방안이 아니라 기본소득 모형 I의 한계를 보완하는 수단으로 전락해 버린다는 근본적인 문제점도 안고 있다.

간단한 계산으로 기본소득 모형 I의 일자리 창출 효과와 내수 진작 효과도 추산할 수 있다. 우선 일자리 창출 효과부터 계산해 보자. 생애주기별 배당과 특수배당은 즉각 소득과 소비를 28조 원 증가시킬 것이다(기본소득을 현금이 아니라 상품권으로 지급하기 때문에 1단계에서는 기본소득 금액만큼 소비가 증가한다고 가정했다). 한국은행 2014년 산업연관표상 소비의 고용유발계수 15.2명/10억 원을 이용하여 고용 증가분을 구하면 약 43만 개가 된다.

토지배당은 국토보유세 세수 증가분으로 지급하므로 소비를 증가시키는 효과와 감소시키는 효과를 동시에 발휘한다. 국토보유세 징수로 인한 소비 감소분은 소득계층별 한계소비성향 추정치를 사용하여 계산한다. 둘을 모두 고려하여 소비 증가분을 계산하면 13.8조 원이 된다. 위에서와 마찬가지로 소비의 고용유발계수를 이용하여 고용 증가분을 구하면 약 21만 개가 된다. 따라서 3배당 전체의 일자리 창출 개수는 약 64만 개이다.

다음으로, 기본소득 모형 I의 내수 진작 효과를 추산해 보자. 기본소득 지급은 1단계로 소비를 41.8조 원(28조 원+13.8조 원) 증가시킬 것이다. 2단계 이후 소비 증가분은 평균 한계소비성향 0.3856을 적용하여 추산한다(전승훈·신영임, 2009: 153).

$$41.8\text{조 원} \times 0.3856 \div (1 - 0.3856) = 26.3\text{조 원}$$

단, 0.3856은 매우 저평가된 값이어서 2단계 이후 소비 증가분은 과소 추산된 것으로 봐야 한다. 결국 43.5조 원의 기본소득 지급은 최소한 총 68.1조 원의 소비 증가 효과를 발생시킬 것으로 예상되는데, 이는 2016년 민간 소비지출(798.4조 원)의 8.5%에 해당한다.

4. '토지세·환경세·시민세 연계형' 기본소득 모형(기본소득 모형 II)

1) '토지세 · 환경세 · 시민세 연계형' 기본소득 모형의 세부 내용

이 절에서는 기본소득 모형 I보다 기본소득의 철학에 좀 더 부합하고 양적으로는 현재까지 나온 방안들 중 최고 지급액을 약속한 모형을 소개하고, 그 경제적 효과를 분석하고자 한다. 이 모형은 다음과 같은 원칙으로 구성한다. 첫째,

모든 국민에게 개인 단위로 동일한 금액을 지급한다. 둘째, 가능한 한 기존 예산을 사용하지 않고 새로운 목적세를 도입하여 기본소득을 지급한다. 셋째, 토지와 환경에 대한 과세로 부동산문제와 환경문제의 해결을 함께 도모한다. 토지세는 비례세 방식으로 부과하여 중립성을 구현한다. 넷째, '모든 국민에게 1인당 연 360만 원(월 30만 원) 지급'을 목표로 설정한다. 이는 2016년 4·13 총선에서 노동당이 공약으로 내건 목표이다. 당시 녹색당은 노인, 장애인, 농어민, 청소년, 청년에게 연 480만 원(월 40만 원)을 지급하겠다는 공약을 제시했다.

마침 정원호 외(2016)가 제시하는 모형이 이 원칙에 상당히 부합하므로 이 절에서는 그 모형을 활용한다. 다만 수치상의 사소한 변화는 있다. 정원호 외(2016)가 제시하는 모형과의 차별성은, 여기서는 그들이 하지 못했던 백분위 가구별 순수혜액을 추정한다는 데 있다. 모형의 핵심은 기본소득 지급의 재원으로 토지세, 환경세, 시민세를 신설하는 것이므로, 이 절에서는 이를 '토지세·환경세·시민세 연계형' 기본소득 모형(이하 기본소득 모형 II로 약칭함)이라 부르기로 하자. 기본소득 모형II의 세부 내용은 다음과 같다.

첫째, '토지배당+환경배당+시민배당' 체계로 기본소득제를 운용한다. 토지배당과 환경배당은 모든 국민이 한국의 토지와 환경에 대해 평등한 권리를 갖고 있다는 이유로 지급하는 것이다.

둘째, 0.6%의 비례세율로 모든 토지보유자에게 토지세를 부과하고 그 세수로 모든 국민에게 1인당 연 60만 원씩 지급한다. 토지세 예상 세수는 31조 원으로 최소 강령 기본소득제하 국토보유세 세수의 두 배이다. 토지배당 금액이 두 배가 되는 것은 당연하다.

셋째, 토지배당과 마찬가지로 모든 국민에게 1인당 연 60만 원씩 환경배당을 지급한다. 환경세는 화석 연료의 사용에 부과하는 탄소세와 원자력 억제를 위한 원자력 안전세로 구성된다. 기존의 교통에너지환경세(2015년 13.5조 원)와는 별도로 GDP의 약 2%에 해당하는 31조 원을 징수하는 것이다.

넷째, 모든 국민에게 1인당 연 240만 원씩 시민배당을 지급한다. 이를 위해 국내 모든 소득에 소득 공제나 세액 공제 없이 10% 세율로 과세하는 비례세를 신

[표 13-3] 기본소득 모형 II의 재원 확보 방안

재원 확보 방법	금액
토지세	31조 원
환경세	31조 원
시민세	110조 원
기존 예산 대체	13조 원
합계	**185조 원**

설한다. 가계본원소득, 모든 유형의 증권과 부동산의 양도소득, 상속·증여소득 등 모든 소득이 과세 대상이다. 2015년 통계로 추정할 경우 시민세로 110조 원을 조달할 수 있다. 가계본원소득이란 국민소득(NI)에서 가계에 지급되지 않은 법인소득과 정부가 받은 이자, 임료 등을 뺀 금액을 가리킨다.

다섯째, 기존 복지 예산 중 기초생활보장에서 4조 원, 기초연금에서 8조 원, 근로 장려금에서 1조 원(합계 약 13조 원)은 시민배당 재원으로 전환한다.

기본소득 모형 II를 시행하기 위한 재원 확보 방안은 [표 13-3]에 정리해 두었다. 185조 원으로 모든 국민에게 토지배당(연 60만 원), 환경배당(연 60만 원), 시민배당(연 240만 원)을 지급한다.

기본소득 모형 II에 대해서는, 엄청난 예산이 추가적으로 소요되는데도 1인당 배당금이 적다는 비판이 있다. 그 돈을 저소득층에게 집중적으로 지원하면 빈곤 탈출에 효과가 크다는 이유에서다. 그러나 저소득층에게 집중적으로 지원하겠다는 목적으로는 이만한 재원을 마련하는 것이 정치적으로 불가능하다. 이 정도의 재원은 모든 국민에게 나누어 주겠다는 목적하에서만 마련할 수 있다. 그리고 이 제도는 저소득층 빈곤 탈출 효과는 다소 작지만 대다수 중산층의 생활을 안정·개선시키는 효과가 있다. 사실 중산층의 절반 이상이 비정규직으로 어려움에 직면해 있다는 점을 기억할 필요가 있다. 중산층을 수혜 대상에 포함하는 것은 제도의 지속 가능성을 높이기 때문에 장기적으로는 저소득층에게도 도움이 된다. 게다가 이 제도는 불평등 완화 효과가 매우 커서 불평등이 경제성장을 둔화시키는 현상을 해소하기도 한다.

2) 기본소득 모형 II의 재분배 효과: 백분위 가구별 순수혜액 추정

이 추정에 사용된 데이터는 제3절과 동일하다. 기본소득 지급액은 토지배당, 환경배당, 시민배당을 합해서 1인당 연 360만 원(월 30만 원)이다. 시민세는 가계본원소득 전체에 부과되는데, 추정 과정에서는 데이터에 있는 근로소득, 재산소득, 사업소득을 합한 금액을 과세 대상 소득으로 간주하였다. 시민세는 이 과세 대상 소득에 10%의 비례세율로 부과한다. 기본소득 모형 I의 국토보유세는 누진세율로 부과하지만, 기본소득 모형 II의 토지세는 0.6%의 비례세율로 부과한다. 환경세 31조 원 중 가계 부담분은 24조 원, 기업 부담분은 7조 원이라고 가정하였다. 또 환경세는 탄소 소비량 등 소비에 부과되지만 자료에는 소비가 조사되어 있지 않으므로, 환경세 부담은 소득에 비례한다고 가정하였다. 소비가 조사되어 있는 '가계동향조사'를 활용하여 행한 이전의 연구에서 환경세 부담이 소비에 비례한다고 가정한 경우와 소득에 비례한다고 가정한 경우 사이에 큰 차이가 없었다(강남훈, 2013). 이러한 가정하에 31조 원을 걷기 위한 환경세율은 2.887%가 된다. 이상의 내용을 전제로 백분위 가구별 순부담을 추정한 결과는 [표 13-4], 〈그림 13-4〉와 같다. 앞에서와 마찬가지로, 순부담액이 마이너스이면 순수혜 가구를 의미한다.

추정 결과 전체 가구의 82%가 순수혜 가구가 되고, 18%가 순부담 가구가 되는 것으로 드러났다. 기본소득 모형 I과 비교할 때, 순수혜 가구가 96%에서 82%로 감소하는데 이는 누진세가 아니라 비례세를 채택한 효과이다. 또한 최하위 가구의 순수혜액이 1,040만 원에서 3,265만 원으로 3배 이상 늘어나지만, 최상위 가구의 순부담액은 1억 3,025만 원에서 1억 3,479만 원으로 상대적으로 적게 늘어나는데, 이것도 비례세를 채택한 결과이다.

[표 13-5]는 기본소득 모형 I과 기본소득 모형 II의 특징을 비교한 표이다. 1인당 기본소득 지급액이 큰 만큼, 소득 재분배 효과도 기본소득 모형 II 쪽이 월등하게 크다. 소요 재원이 무려 185조 원에 달하고 필요한 증세액도 172조 원에 달하는 만큼 기본소득 모형 II는 실현 가능성이 떨어지지만, 토지세·환경세 등의 이

[표 13-4] 기본소득 모형 II의 도입에 따른 백분위 가구별 순수혜액 추정

단위: 만 원

0%	1%	2%	3%	4%	5%	6%	7%	8%
−3,264.7	−1,508.2	−1,366.1	−1,278.5	−1,207.2	−1,150.7	−1,098.9	−1,068.9	−1,036.9
9%	10%	11%	12%	13%	14%	15%	16%	17%
−1,006.1	−979.3	−948.6	−927.5	−902.5	−878.5	−858.2	−836.6	−812.9
18%	19%	20%	21%	22%	23%	24%	25%	26%
−795.0	−773.2	−757.5	−734.8	−720.0	−720.0	−707.2	−696.1	−683.5
27%	28%	29%	30%	31%	32%	33%	34%	35%
−672.1	−660.5	−650.0	−640.1	−629.1	−617.7	−605.2	−593.7	−581.8
36%	37%	38%	39%	40%	41%	42%	43%	44%
−569.4	−558.7	−545.8	−533.3	−519.6	−506.7	−493.5	−484.7	−466.6
45%	46%	47%	48%	49%	50%	51%	52%	53%
−455.1	−441.8	−429.0	−415.5	−403.3	−388.9	−372.6	−360.0	−360.0
54%	55%	56%	57%	58%	59%	60%	61%	62%
−360.0	−360.0	−356.0	−346.6	−337.0	−329.3	−320.4	−310.8	−300.6
63%	64%	65%	66%	67%	68%	69%	70%	71%
−289.4	−279.4	−267.9	−256.7	−243.4	−229.8	−216.5	−205.5	−187.0
72%	73%	74%	75%	76%	77%	78%	79%	80%
−171.3	−157.3	−141.0	−127.7	−107.4	−92.9	−75.7	−53.6	−40.1
81%	82%	83%	84%	85%	86%	87%	88%	89%
−24.2	−1.7	23.9	42.4	70.6	97.1	124.7	151.9	183.3
90%	91%	92%	93%	94%	95%	96%	97%	98%
220.7	266.8	318.5	378.5	444.3	536.4	672.7	831.7	1,097.0
99%	100%							
1,671.6	13,478.7							

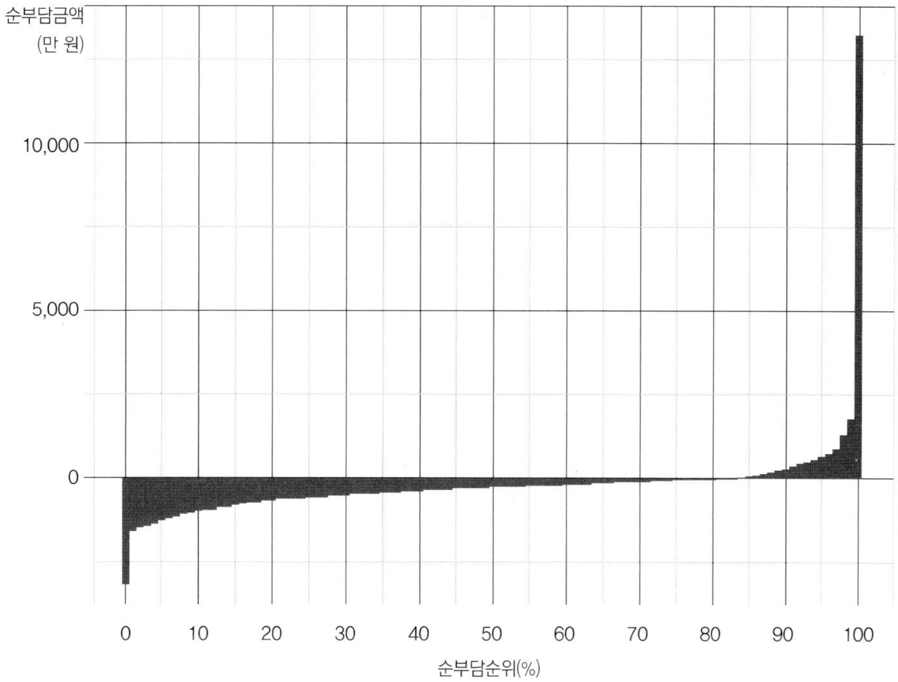

〈그림 13-4〉 백분위 가구별 순수혜액 추정 결과 그래프(기본소득 모형 II)

[표 13-5] 기본소득 모형 I과 기본소득 모형 II의 비교

구분	기본소득 모형 I	기본소득 모형 II
배당 종류	생애주기별 배당, 특수배당, 토지배당	토지배당, 환경배당, 시민배당
신설 조세	국토보유세(누진세)	토지세(비례세), 환경세, 시민세(비례세)
1인당 배당금(연간)	최소 30만 원, 최대 230만 원	360만 원
지니계수 변화 (균등화 가처분소득* 기준)	0.378 → 0.355	0.378 → 0.300
소득 재분배 효과 (지니계수 하락률)	6.1%	20.1%
소요 재원	43.5조 원	185조 원
증세액	15.5조 원	172조 원

*균등화 가처분소득이란 가처분소득을 가구원 수의 제곱근으로 나눈 값이다. 전체 인구를 모두 포함하여 불평등을 계산할 때는 이 균등화 가처분소득을 이용하는 것이 일반적이다. OECD 등 국제기구에서 그렇게 계산한다.

상적인 조세를 활용하고 재분배 효과도 크기 때문에 장차 세제 개편과 복지 정책 수립의 푯대로 삼을 수 있을 것이다.

5. 기본소득제 도입의 예상 효과

기본소득 도입의 가장 큰 장애는 명목상의 조세 액수이다. 기본소득 모형 II의 경우 172조 원의 증세가 필요하다. 조세 액수만 보면 실현 불가능하다고 느껴질 수 있다. 반대자들이 '세금폭탄론' 같은 프레임을 만들면 실현 가능성은 더욱 떨어진다. 그러나 조세의 명목적인 액수가 아니라 순수혜 가구의 비율을 보면 정반대의 판단을 내릴 수 있다. 기본소득 모형 I에서는 96%가 순수혜 가구가 되고, 기본소득 모형 II에서는 82%가 순수혜 가구가 된다. 1인 1표 민주주의하에서 기본소득이 국민투표에 부쳐진다면 압도적 다수의 찬성으로 통과될 가능성이 있는 것이다.

가까운 장래에 실현 가능한 기본소득제는 '국토보유세+기본소득+지역상품권' 3종 세트를 담고 있는 기본소득 모형 I이다. 이 제도가 실제 정책으로 시행될 경우 예상되는 효과는 여러 가지다. 배당으로 지급하는 지역상품권이 지역경제 활성화의 마중물 역할을 할 것이라는 사실은 자명하므로 제외하고, 다른 중요한 효과 몇 가지만 열거하자.

첫째, 국토보유세 부과는 부동산 공화국과 부동산 특권에 직격탄이 될 것이다. 이 세금이 본격적인 효과를 발휘할 단계가 되면, 현재 우리 사회에 만연하고 있는 지대추구 경향이 줄어들 것이며 그만큼 생산적 경제가 활성화될 것이다.

둘째, 국토보유세가 부과되면, 실제 이용 목적이 아닌 투기 목적으로 토지를 보유한 사람들은 필요 이상의 토지를 매각할 것이므로 토지소유 불평등을 완화하는 결과를 낳을 것이다. 2000년대 후반 이후 토지 매입에 몰두해 온 재벌·대기업들도 필요 이상의 토지를 처분할 것이고, 그만큼 생산적 투자가 증가할 것이다.

셋째, 모든 국민이 기본소득을 받게 되면 자신이 민주공화국의 실질적 주인이라는 의식이 고양될 것이다. 현행 헌법이 주권재민 조항과 함께 토지공개념 조항도 가지고 있다는 점을 기억하자. 국토보유세와 토지배당은 모든 국민을 국토의 실질적 주인으로 대접하여 현행 헌법의 정신을 구현한다.

넷째, 기본소득으로 중산층의 삶이 안정화되면 복지제도의 발전과 지속 가능성이 강화된다. 사실 1인당 연 30만~230만 원이라는 금액은 삶을 안정화하기에 턱없이 부족하다고 볼 수도 있다. 하지만 이처럼 미흡한 기본소득이라도 국민들이 일단 체험하기만 하면 제도에 대한 공감대가 급속히 확산될 것이고 장차 좀 더 충분한 기본소득을 지급할 수 있는 사회적 여건이 조성될 수 있다. 저소득층을 주요 타깃으로 하는 복지정책은 중산층의 반발과 외면을 불러와서 장기적으로는 제도 자체의 지속 가능성을 떨어뜨린다. 기본소득은 중산층도 수혜 대상으로 포함하므로 이와 같은 '재분배의 역설'을 피하고 제도의 지속 가능성을 높이는 효과가 있다.

제14장

시장친화적 토지공개념과 도입 전략

김윤상

지금까지 토지공개념과 연관된 정책 중에는 시장경제의 핵심인 가격이나 거래를 규제하는 것이 적지 않았다. 그래서 토지공개념을 반대하는 사람들은 이것이 좌파 정책이라거나, 시장경제와 상충된다는 식의 논리를 내세우곤 한다. 토지공개념을 지지하는 사람 중에도 토지공개념은 시장친화적이지 않지만 부동산 투기를 막기 위해 어쩔 수 없이 시행해야 한다고 생각하는 경우가 적지 않다. 그러나 진정한 시장경제를 위해서도 토지공개념이 필수적이다. 이런 관점에서 이 장에서는 다음과 같은 주제를 다룬다.

- '평등한 자유'라는 전제로부터 토지원리를 도출하고, 그에 부합하는 토지공개념 수단 중 지대환수는 시장친화적임을 밝힌다.
- 토지공개념은 지금도 합헌이지만 소모적 논란을 잠재우기 위해 헌법에 명시해야할 경우에 대비하여 개헌안을 제시한다.
- 이미 토지사유제가 정착한 사회에서 토지가치를 보유세로 환수하는 지대조세제를 연착륙시킬 수 있는 전략을 검토한다.

1. 토지원리와 자본주의

1) '평등한 자유'와 토지원리

흔히들 진보는 평등을, 보수는 자유를 추구한다고 한다. 그러나 합리적인 진보라면 평등의 이름으로 특혜받는 계층을 원하지 않을 것이고, 양식 있는 보수라면 약육강식의 정글형 자유를 원하지 않을 것이다. 어느 쪽이든 '한 사람의 자유는 다른 사람의 자유를 침해하지 않는 범위 내에서 인정된다.'라는 원리에 동의할 것이다. 이 원리는 너무나 상식적이기 때문에 같은 내용의 다른 표현이 많다.(기회균등, 역지사지(易地思之), 자신이 싫은 일은 남에게 하지 말라….) 이 원리는 더 이상 증명이 필요 없으며 다른 원리를 도출하기 위한 공통의 출발점이 된다는 점에서 '평등한 자유의 공리(公理)'라고 부를 수 있겠다.

이 공리로부터 '생산자 소유의 원칙'이 도출된다. 세상의 물자에는 자연물과 인공물이 있다. 인공물을 인공을 가한 사람 즉 생산자가 소유하지 못하면 결국 비생산자인 누군가가 소유하게 되는데, 이는 평등한 자유의 공리에 어긋난다. 또 평등한 자유의 공리와 생산자 소유의 원칙에 동의한다면 '교환에 의한 소유의 원칙'에도 동의할 것이다. 생산자가 자발적 합의에 의해 각자의 생산물을 교환할 경우 타인의 생산물이라고 해도 소유할 수 있다는 것이다. 그런데 이 두 가지 근거만으로는 아예 사람이 생산하지 않은 자연물에 대한 사적 소유가 인정될 수 없다. 바로 이것이 토지공개념의 철학적 근거가 된다. 여기에서 '토지'는 일상적인 의미의 토지 외에 천연자원, 환경 등 자연물 전체를 의미한다.

토지를 모든 국민이 공동으로 사용하고 그 결과를 공유하는 것도 평등한 자유를 보장하는 하나의 방법이 된다. 그러나 토지는 그 특성상 단독사용이 더 적절한 경우도 많다. 예를 들어 주택과 같은 사적 생활공간을 다른 사람에게도 개방한다면 프라이버시를 지키기 어렵다. 생산용 토지도 공동으로 사용하기보다 단독으로 사용할 경우에 생산성이 훨씬 높아질 수 있다. 이런 이유로 사회가 토지에 대한 사적 우선권을 설정하기로 합의할 경우에는 평등한 자유를 보장하기 위한 조건이 필요하다.

조건은 세 가지로 정리할 수 있다. 첫째, 모든 국민이 토지에 관한 우선권을 취득할 수 있는 균등한 기회를 가져야 한다. 그런데 이것만으로는 충분하지 못하다. 취득 기회가 균등하다고 해도 결과적으로 하나의 토지는 한 사람이 차지하게 되는데, 이때 생산자 소유의 원칙에 어긋나는 결과가 생길 수 있다. 예를 들어 토지를 추첨에 의해 배분한다면 형식적 기회균등은 보장되지만, 생산성이 높은 토지에 당첨된 자는 아무런 노력도 없이 더 많은 소득을 얻을 수 있게 된다. 이러한 문제를 해소하기 위해서는, 당첨자가 자신의 생산적 노력과 무관하게 다른 사람에 비해 유리해지는 정도를 반영하는 금액을 사회에서 환수하여 모든 국민을 위해 공평하게 사용하면 된다. 이렇게 하면 실질적 기회균등까지 보장할 수 있다. 이것이 두 번째 조건이다. 셋째, 토지에 관한 우선권은 사회적 필요에 의해 인정하는 것이므로 권리의 내용과 행사가 취지와 무관하게 확대되어서는 안 된다.

이상을 종합하여 토지에 관해 평등한 자유를 보장하기 위한 원리, 즉 '토지원리'를 정리하면 다음과 같다.

① (평등한 토지권) 모든 국민은 토지에 대해서 평등한 권리를 가진다.

② (합의에 의한 우선권 인정) 사회의 합의에 의해 특정인에게 우선권을 인정할 수 있다.

③ (우선권 인정의 조건) 특정인에게 우선권을 인정하려면 다음 조건을 충족시켜야 한다.

㉮ (취득 기회 균등) 모든 사람에게 우선권 취득 기회를 균등하게 보장한다.

㉯ (특별 이익 환수) 우선권에서 발생하는 특별 이익을 환수하여 공평하게 처리한다.

㉰ (사회적 제약) 우선권 내용과 행사는 우선권을 인정하는 취지에 부합해야 한다.

2) 이제는 근본 대책이 필요하다

토지원리 가운데 ㉰의 '사회적 제약'에 해당되는 각종 규제는 우리 사회에서 당연한 것으로 받아들여지고 있다. 경자유전의 원칙 등 소유 제한, 용도지역제나 건축허가제 같은 사용 제한, 전매 금지 같은 거래 제한 등이 별다른 저항 없이 시행되어 왔다. 그러나 ㉯의 '특별 이익 환수'에 대해서는 논란이 많았다.

우선권에서 생기는 특별 이익은 토지가치로 나타난다. 토지가치를 제대로 환수하지 않으면 토지에서 막대한 불로소득이 발생하며 그로 인해 투기, 부당한 빈부격차, 경제효율 훼손 등 심각한 사회적 병폐가 생긴다. 19세기 미국의 토지사상가 헨리 조지(Henry Goerge, 1839~1897)는 『진보와 빈곤(*Progress and Poverty*)』(1879) 등의 저서를 통해, 토지가치를 완전히 환수하면서 다른 조세를 대체하는 토지가치세제(land value taxation)를 제안하여 세계적인 주목을 받았다. 세금은 1년 단위로 징수하는 게 보통이므로 토지가치세의 징수액은 당해 연도의 임대가치가 된다. 매매가치와 임대가치의 비율은 토지마다 다르기 때문에 매매가치를 과표로 삼는 것은 적절하지 않다. 토지 임대가치는 교과서에서 지대라고 하므로 필자는 토지가치세보다 '지대조세제'라는 용어를 선호하며 세목도 '지대세'라고 부른다.

우리나라도 1960년대부터 부동산 투기가 빈발하면서 토지 불로소득의 병폐를 뼈저리게 겪은 나라다. 그래서 토지공개념에 대한 국민적 지지도가 늘 높았다. 이러한 국민의 여망을 다음과 같이 요약할 수 있을 것이다.

첫째, 이제 근본 대책이 필요하다. 실패를 되풀이하지 않는 확실한 대책을 세워야 한다. 땜질식 대책은 실패해 왔고 또 앞으로도 실패할 수밖에 없기 때문이다. 둘째, 근본 대책이라고 해서 정당한 사유재산을 침해하거나 시장의 자연스러운 흐름을 막아서는 안 된다. 사유재산과 시장원리를 침해하는 대책은 그 자체의 효과도 의문시되거니와 위헌 시비 등 역풍을 맞아 좋은 취지가 무산될 위험성도 크다. 이러한 여망을 바탕으로 하여, 부동산 관련 정책전문가와 학계는 시행착오와 연구를 거치면서 대체로 다음과 같은 합의에 도달한 것으로 보인다.

- 부동산문제의 핵심은 불로소득이고

• 부동산 불로소득은 건물이 아닌 토지에서 생기며
• 토지 불로소득은 보유세로 환수하는 것이 바람직하다.

3) 토지가치 환수는 자본주의에 위배되나?

위와 같은 합의는 토지원리 ㉯의 '특별 이익 환수'와 일치하지만, 토지가치의 완전 환수는 자본주의에 위배된다고 생각하는 사람도 있다. 자본주의의 핵심요소는 사유재산제와 시장경제이므로 토지가치 환수와 이 두 요소 간의 관계를 살펴보자.

첫째로, 토지가치 환수는 사유재산제에 위배되지 않는다. 사유재산제는 개인의 노력과 기여의 대가를 소유할 수 있도록 보장하는 제도다. 그러므로 세금도 가급적 노력과 기여의 대가를 보호하는 방식으로 부과해야만 사유재산제와 충돌하지 않는다. 사유재산제에 충실한 세제라면 우선 불로소득부터 징수하고, 그것만으로는 세수입이 부족할 경우에 한하여 노력과 기여의 결과에 과세하여야 한다. 토지가치는 본질적으로 불로소득이다. 토지는 사람이 생산한 것이 아니고, 토지가치는 토지소유자의 노력 및 기여와 무관한 요인, 즉 토지의 자연적 형질, 사회경제적 상황, 정부의 조치 등에 의해 주로 결정되기 때문이다. 이처럼 노력 및 기여와 무관하게 발생하는 토지가치를 환수하는 제도는 사유재산제에 충실한 제도다. 그런데 현행 세제에서 소득세는 노력과 기여에 의해 발생한 소득인지 그와 무관하게 발생한 불로소득인지를 따지지 않고 모두 과세 대상으로 삼는다. 부가가치세도 생산적 노력에 의해 증가한 가치에 과세한다. 이런 세제가 오히려 사유재산제에 위배된다.

둘째로, 토지가치 환수는 시장친화적이다. 시장 참가자들이 거래 대상에 대한 완전한 정보를 가지는 완전경쟁시장에서는 투기적 가수요가 발생하지 않는다. 단지 토지를 소유한다는 이유만으로는 이익을 얻을 수 없고 토지를 제대로 사용하지 않으면 오히려 손해를 본다. 그러나 현실 토지시장은 그렇지 못하므로, 정부가 불로소득을 차단하여 완전경쟁시장처럼 만들어 줄 필요가 있다. 정부가 택할 수 있는 가장 좋은 수단은 토지보유세다. 토지는 존재량이 일정하므로 보유세를 부과하더라도 공급되는 양이 변하지 않으며 토지소유자가 세금을 전가할 수도 없다. 이렇게 하면 시장은 정부 덕에 더 잘 작동하고, 정부는 시장 덕에 개입을 최소화할 수 있다.

이처럼 토지가치 환수가 자본주의에 어긋난다는 주장은 근거가 없다. 오히려 토지가치 환수야말로 사유재산제와 시장경제를 핵심으로 하는 진정한 자본주의에 부합하는 제도다. 그래도 토지공개념과 토지가치 환수가 반시장적이라고 오해하는 경제학자에게는 시장주의의 원조인 애덤 스미스(Adam Smith)나 시장주의의 대부 격인 하이에크(F. von Hayek)와 프리드먼(M. Friedman)을 소개하고 싶다. 애덤 스미스는 시장주의의 고전 『국부론』에서 지대세는 "어느 산업에도 지장을 주지 않는다. 사회의 연간 생산은 과세 전이나 후나 동일할 것이다.…좋은 정부가 있음으로 해서 존재할 수 있는 기금에 대해 과세하는 것은 매우 합리적이다."라고 하였다(김윤상, 2009: 459). 하이에크의 『자유헌정론』(Hayek, 1960: Ch. 22)에는 도시 토지의 이용이 이웃효과(neighborhood effect)를 발생시키기 때문에 토지이용을 개별 토지소유자에게 맡기면 비효율을 초래하며, 광역적 관점에서 토지이용을 결정하면서 개별 토지소유자에게서는 지대를 징수하는 것이 좋다는 언급이 나온다. 또한 프리드먼은 일생 동안 강연·인터뷰 등에서 여러 차례에 걸쳐 지대를 환수하는 세금은 "가장 덜 나쁜 세금(the least bad tax)" — 정부 개입과 세금을 싫어하는 그로서는 가장 좋은 세금이라는 뜻 — 이라고 하였다. 시장주의의 대가들이 왜 이런 말을 했는지 진지하게 생각해 보면 좋겠다.

또 우리 현실에서도 자연공개념이 시장원리에 따라 적용되고 있다. 주파수 경매 사례를 들어 보자. 현재 이동통신에 사용하는 주파수는 각 통신사의 소유가 아니라 정부가 임대한다. 2016년 5월 2일에도 10년 또는 5년 임차권을 경매했는데, 정부는 경매 종료를 알리면서 이렇게 발표하였다. "이번 경매는 과거 두 차례의 경매에서 제기되었던 과열 경쟁이나 경쟁사 네거티브 견제 없이 원만하게 진행되었으며, 각 사에 필요한 주파수가 시장원리에 따라 합리적으로 공급됨으로써…." 정부가 '시장원리에 따라' 공급했다고 표현한 점에 주목하기 바란다. 주파수와 토지는 모두 인간이 생산하지 않은 자연물이다. 그러므로 주파수의 공유가 옳다면 토지의 공유도 옳다. 주파수와 달리 토지는 과거에 어떤 식으로든 — 대부분 떳떳하지 못한 방식으로 — 사유화가 이루어졌다는 차이가 있을 뿐이다. 그 밖에 천연자원을 국유로 하거나 환경 오염자에게 부담금을 물리는 것도 자연공개념에 근거를 둔 제도인데, 이에 대해 반시장적이라고 트집 잡는 사람은 없다.

2. 토지공개념과 헌법

1) 토지공개념은 지금도 합헌

지금까지 토지공개념의 당위성을 철학적·경제학적 관점에서 검토하였는데 이제 법적인 관점에서 살펴보기로 한다. 토지공개념을 둘러싸고 위헌 공방이 있었고 일부 위헌 내지 헌법불합치 결정이 나기도 했기 때문에 토지공개념 자체가 위헌일 것이라는 생각을 가지고 있는 사람도 있다. 그러나 토지공개념은 현행 헌법에도 근거가 있고 헌법재판소 결정을 통해서도 합헌으로 확인되어 왔다. 먼저 현행 헌법에 담겨 있는 토지공개념의 근거부터 살펴보자.

> 제23조 [재산권의 보장과 제한] ① 모든 국민의 재산권은 보장된다. 그 내용과 한계는 법률로 정한다.
> ② 재산권의 행사는 공공복리에 적합하도록 하여야 한다.
> 제119조 [경제 질서의 기본, 규제와 조정] ① 대한민국의 경제 질서는 개인과 기업의 경제상의 자유와 창의를 존중함을 기본으로 한다.
> ② 국가는 균형 있는 국민경제의 성장 및 안정과 적정한 소득의 분배를 유지하고, 시장의 지배와 경제력의 남용을 방지하며, 경제주체 간의 조화를 통한 경제의 민주화를 위하여 경제에 관한 규제와 조정을 할 수 있다.
> 제120조 [자연자원의 채취, 개발 등의 특허 보호] ② 국토와 자원은 국가의 보호를 받으며, 국가는 그 균형 있는 개발과 이용을 위하여 필요한 계획을 수립한다.
> 제122조 [국토의 이용 제한과 의무] 국가는 국민 모두의 생산 및 생활의 기반

이 되는 국토의 효율적이고 균형 있는 이용·개발과 보전을 위하여 법률이 정하는 바에 의하여 그에 관한 필요한 제한과 의무를 과할 수 있다.

헌법재판소 결정에서도 토지공개념을 합헌으로 인정하고 있다.

토지의 자의적인 사용이나 처분은 국토의 효율적이고 균형 있는 발전을 저해하고 특히 도시와 농촌의 택지와 경지, 녹지 등의 합리적인 배치나 개발을 어렵게 하기 때문에 올바른 법과 조화 있는 공동체질서를 추구하는 사회는 토지에 대하여 다른 재산권의 경우보다 더욱 강하게 사회공동체 전체의 이익을 관철할 것을 요구하는 것이다.(헌재 1989. 12. 22. 88헌가13)

개발제한구역의 지정으로 인한 개발가능성의 소멸과 그에 따른 지가의 하락이나 지가상승률의 상대적 감소는 토지소유자가 감수해야 하는 사회적 제약의 범주에 속하는 것으로 보아야 한다. 자신의 토지를 장래에 건축이나 개발목적으로 사용할 수 있으리라는 기대가능성이나 신뢰 및 이에 따른 지가상승의 기회는 원칙적으로 재산권의 보호 범위에 속하지 않는다.(헌재 1998. 12. 24. 89헌마214 등)

과세 대상인 자본이득의 범위를 실현된 소득에 국한할 것인가 혹은 미실현이득을 포함시킬 것인가의 여부는 과세목적, 과세소득의 특성, 과세기술상의 문제 등을 고려하여 판단할 입법정책의 문제일 뿐, 헌법상의 조세 개념에 저촉되거나 그와 양립할 수 없는 모순이 있는 것으로는 볼 수 없다.(헌재 1994. 7. 29. 92헌바49).

위와 같은 헌법 조문이나 헌법재판소의 결정에 의하면 토지공개념 자체는 합헌이다. 다만 구체적인 수단 중 일부가 문제였을 뿐이다. 예를 들면 헌법재판소는 종합부동산세 자체가 아니라 가구의 부동산을 합산하여 과세한다는 점에서 일부위헌이라고 판단했었다.

2) 토지공개념 개헌안

그럼에도 불구하고 토지원리 ㉯에 따라 특별 이익을 환수할 경우 토지의 매매 가격이 하락할 수 있는데, 토지를 재산증식의 수단으로 여겨 온 우리 현실을 감안할 때 경제활동의 자유를 침해한다거나 재산권을 침해한다는 등의 이유로 위헌 시비가 제기될 가능성이 있다. 따라서 장래에 불거질 수 있는 소모적 논란을 사전에 차단하기 위해서, 현재 진행 중인 개헌 작업을 계기로 토지공개념을 헌법에 명기하는 것도 좋겠다.

우선, 토지공개념을 경제 질서의 일부로 선언한다는 의미에서 헌법 제119조에 다음과 같은 제3항을 추가한다.

[현행]

제119조 [경제 질서의 기본, 규제와 조정] ① 대한민국의 경제 질서는 개인과 기업의 경제상의 자유와 창의를 존중함을 기본으로 한다.

② 국가는 균형 있는 국민경제의 성장 및 안정과 적정한 소득의 분배를 유지하고, 시장의 지배와 경제력의 남용을 방지하며, 경제주체 간의 조화를 통한 경제의 민주화를 위하여 경제에 관한 규제와 조정을 할 수 있다.

[개정]

제119조 [경제 질서의 기본, 규제와 조정] ① ② 동일

③ 국가는 국토와 천연자원으로부터 소유자의 생산적 노력 및 투자와 무관하게 발생하는 이익을 환수할 수 있다.

제3항의 "환수할 수 있다."는 "환수해야 한다."가 되어야 옳지만, 지대환수의 근거만 마련하면 족하므로 표현을 누그러트렸다.

국토에 초점을 맞추고 있는 헌법 제122조도 제119조와 상응하는 개정이 필요

하다. 제119조 제2항에 관해 정부의 간섭을 기피하고 규제 완화를 원하는 측의 개정 요구가 있어 온 점을 고려하여 아예 손을 대지 않음으로써 논란을 피하기로 한다면 제122조의 개정은 더욱 중요하다.

[현행]

제122조 [국토의 이용 제한과 의무] 국가는 국민 모두의 생산 및 생활의 기반이 되는 국토의 효율적이고 균형 있는 이용·개발과 보전을 위하여 법률이 정하는 바에 의하여 그에 관한 필요한 제한과 의무를 과할 수 있다.

[개정]

제122조 [국토의 이용 **등에 관한** 제한과 의무] ① 국민 모두의 생산 및 생활의 기반이 되는 국토의 효율적이고 균형 있는 이용·개발·보전 **및 불로소득 환수**를 위하여 법률이 정하는 바에 의하여 그에 관한 필요한 제한과 의무를 과할 수 있다.

② 제1항의 구체적인 수단은 시장친화적이 되도록 노력하여야 한다.

제2항은 헌법의 정신이나 제119조 제1항에 비추어 볼 때 당연한 내용이지만, 토지공개념은 반시장적이라는 오해를 불식시키는 동시에 토지공개념을 빙자한 정부의 자의적 규제를 예방하기 위해 두는 조문이다.

아울러 조세의 대원칙을 확인하고 토지보유세를 강화하는 정책에 대한 불필요한 시비를 차단하기 위해 제59조를 다음과 같이 개정하면 더욱 바람직하다.

[현행]

제59조 [조세의 종목과 세율] 조세의 종목과 세율은 법률로 정한다.

[개정]

제59조 [조세의 종목과 세율] ① 동일

② 조세는 토지보유세 등 형평성과 효율성이 높은 종목을 우선해야 한다. 다만, 특별한 정책적 목적을 달성하기 위해 필요한 경우에는 예외로 할 수 있다.

조세에 관한 조항인 제59조를 이렇게 개정하면, 생산적 노력에 의해 취득한 "국민의 재산권을 보장"하는 헌법 제23조 및 "개인과 기업의 경제상의 자유와 창의를 존중"하는 헌법 제119조 제1항에도 불구하고 국민의 노력과 기여의 산물인 소득과 부가가치를 주 대상으로 과세하는 잘못된 현행 조세 체계를 바로잡을 수 있다.

3. 지대조세제 도입 전략

1) 이자 공제형 지대세부터 도입

지금까지 보았듯이 지대환수는 진정한 시장경제를 위해서 필수적이며 우리 헌법에도 충실하다. 그러나 제도를 개혁할 때는 단기적 충격이나 부작용도 고려하여야 한다. 토지사유제가 상당 기간 지속되어 온 우리 현실에서 지대의 거의 100%를 환수하는 지대세를 일거에 도입하는 것이 좋을까?

지대세를 부과하면 지가, 즉 토지 매매가격이 이론상 0이 되므로 지대세를 단기간에 도입하면 지가가 곤두박질친다. 잘못된 토지제도를 개혁하는 과정에서 발생하는 경제적 부담을 현재의 토지소유자가 몽땅 떠안게 되는 셈이므로, 재산권 보호와 관련된 위헌 시비가 일어나게 된다. 또 금융기관이 부동산을 대출 담보로 많이 활용해 온 사회에서 부동산 가격이 급락하면 대출을 회수하기가 어려워진다. 2008년 미국발 금융위기에서 보았듯이 일부 금융기관이 파산하면 그 여파가 실물경제 전체로 파급되어 경제위기를 초래할 수 있다.

이런 문제를 예방하면서 지대세를 도입하는 전략에는 점증형, 누진형, 이자 공제형이 있다. 점증형은 장기간에 걸쳐 서서히 지대세율을 높여 가는 전략이다. 이 경우 지가 폭락은 막을 수 있지만, 세율이 상당히 높아지기 전까지는 토지 불로소득이 야기하는 폐단, 즉 투기, 부당한 빈부격차, 경제효율 훼손 등 심각한 사회문제가 계속된다. 누진형은 소유 토지의 가치가 높을수록 높은 세율을 적용하는 전략이다. 종합부동산세처럼 고액 소유자에게만 누진적으로 중과세하는 세금도 여기에 속한다. 이 전략은 중소 토지소유자의 부담을 덜어 주자는 정치적 고려가 배경에 깔려 있지만, 토지 불로소득의 폐단을 제대로 해결하지 못하면서 계층 갈등까지 야기한다는 단점이 있다.

이자 공제형은 지대를 전부 환수하지 않고, 제도 도입 시점의 지가를 등록해 두고 등록지가에 대한 이자를 공제하고, 나머지만 환수하는 전략이다. 매년 '토지의 임대가치-매입지가에 대한 이자'를 토지보유세로 징수한다는 것이다. 필자는 이런 세금을 '이자 공제형 지대세' 또는 '지대이자차액세'라고 부른다.

현재와 같은 토지사유제에서 토지소유자는 토지의 매입과 매각을 통해 매매차액을 얻고 토지보유 기간 동안에는 지대를 향유하는 대신 매입지가에 대한 이자를 비용으로 부담한다. 따라서 단지 토지를 소유한다는 이유만으로 얻을 수 있는 이익, 즉 토지 불로소득은 '매매차액+지대이자차액'과 같다. 지대이자차액세를 징수하면 누가 토지를 소유하든 토지소유자가 토지보유 기간 동안 얻을 수 있는 이익은 등록지가에 대한 이자뿐이다. 따라서 지가는 그 이자에 상응하는 원금, 즉 등록지가도 거의 고정되어 토지 불로소득 중 지가차액이 거의 0이 된다. 또 토지소유자는 세후 토지이익인 이자도 비용으로 부담하기 때문에 토지 불로소득 전체가 거의 0이 된다. 즉 토지를 매입하는 경우의 이익과 매입지가를 저축하여 이자를 얻는 경우의 이익이 같아지므로 토지를 통해 재테크를 할 이유가 없어진다. 그 결과 토지 투기와 그로 인한 각종 사회문제가 도입 즉시 사라지며, 지가 폭락으로 인한 사회경제적 충격도 전혀 없다. 또한 토지를 제대로 활용하지 않아 지대소득이 지대세 과표에 미치지 못하면 그 차액만큼 오히려 손해를 보게 되므로, 토지시장은 투기적 가수요가 사라지고 실수요만 존재하는 완전경쟁시장이 된다.

이처럼 이자 공제형이 가장 바람직한 전략이지만 이자 공제형 지대세가 지대를 어느 정도 환수할 수 있는지는 지대상승률에 따라 달라진다. 실시 초기에 지

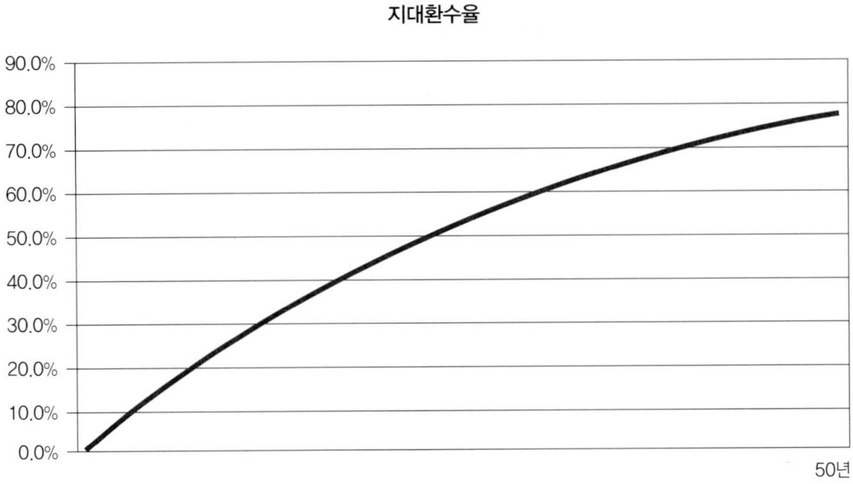

〈그림 14-1〉 50년간 지대환수율 추이(지대상승률 연 3%인 경우)

대와 이자가 같아 징수액이 0이며 이후 이자율이 일정하다고 가정하고 50년간의 지대환수율을 시뮬레이션해 보면 지대상승률이 연 3%일 경우 지대의 77%를 환수하게 되고(〈그림 14-1〉 참조), 지대상승률이 연 4%일 경우에는 86%를 환수하게 된다. 시뮬레이션에 대한 자세한 설명은 다른 곳으로 미룬다(김윤상, 2009: 329~330).

이처럼 지대환수율이 높아지는 데 상당한 시간이 걸릴 가능성이 큰 상황에서는 지대의 대부분을 환수하는 완전한 지대세로 나아가려면 우선 이자 공제형 지대세를 도입하여 토지보유세의 우수성에 대해 국민의 이해를 높인 다음 점증형 전략으로 전환하는 것이 좋다고 본다.

2) 나쁜 조세의 감면 또는 복지 재원으로 활용

세수 증가가 특별히 필요한 경우가 아니라면 지대세 수입이 증가함에 따라 다른 나쁜 조세를 감면하는 것이 원칙이다. 현재 우리나라 정부의 중요 세원은 부가가치세와 소득세인데 이 중 부가가치세부터 감면하는 것이 좋다고 본다. 소득에는 노력소득 외에 불로소득도 들어 있는 반면 부가가치는 모두 생산적 노력에 의해 발생한 가치이므로 정의 관점에서나 시장경제의 관점에서나 부가가치세가 더 나쁜 세금이기 때문이다. 그뿐이 아니다. 소득세는 누진적인 데 비해 세율이 일정한 부가가치세는 소득 대비 역진적이어서 저소득층에 무겁게 부과된다. 바로 이 점 때문에 다양한 기초생활 필수 재화·용역과 국민후생을 위한 재화·용역 등에 광범위하게 면세를 규정하고 있기는 하지만 그래도 역진성이 사라지지 않는다는 실증연구가 있다.

> 부가가치세, 주세, 개별소비세 및 교통세의 부담액과 그 합계액이 가구 소득에서 차지하는 비율은 상위 소득계층일수록 작아져서 일관된 역진성을 나타냈다.(전병욱, 2010: 95)

이런 이유에서 두 조세 중 하나만 선택하라면 우선 부가가치세를 감면하는 것이 좋다. 다만, 소득 중에서 노력소득과 불로소득을 구분할 수 있다면 노력소득에 대한 소득세도 부가가치세와 같은 순위로 감면하는 것이 논리적이다.

한편, 지대세 수입이 늘어나면 다른 조세를 감면하기보다는 이를 복지 재원으로 활용하자는 의견도 있다. 지대와 같은 특권이익에 대해서는 모든 국민이 동일한 지분을 가지고 있기 때문에 이를 활용하여 복지제도를 만들면 국민 누구나 자기 돈으로 자기 삶을 보장할 수 있기 때문이다. 그 방식으로는 빈곤자를 선별하여 지급하는 보험 방식(김윤상, 2013)과 누구에게나 동일한 금액을 지급하는 기본소득 방식이 있다. 보험 방식은 필요한 사람에게 혜택을 집중할 수 있다는 장점이 있고, 기본소득 방식은 지대세 증가의 혜택을 체감하는 국민을 늘려 정치적 지지 기반을 넓힐 수 있다는 장점이 있다. 기본소득 방식에 대해서는 제13장(기본소득과 국토보유세)을 참조하기 바란다.

● 제15장

종합부동산세의 역사와 의의, 그리고 한계

이태경

1. 종합부동산세가 등장하게 된 이유

1) 부동산문제는 불로소득 때문에 발생한다

한국사회의 구성원 대부분을 옭죄는 문제 가운데 부동산문제만 한 것이 있을까? 별로 없을 것이다. 그렇다면 부동산문제는 도대체 어디에서 기인하는 것일까? 문제의 원인을 정확히 진단해야 해법을 찾을 수 있는 법이다. 이는 마치 의사가 환자의 병명과 증상을 정확히 알아야 그에 맞는 치료를 할 수 있는 것과 같은 이치이다. 곰곰이 생각하면 금방 알 수 있는 일이지만 부동산문제의 근본원인은 부동산의 소유 및 처분 시에 발생하는 불로소득이다. 수없이 많은 국민들이 부동산 투기에 휩쓸리는 것도, 기업들이 연구·생산보다 부동산 투기에 열을 올리는 것도 따지고 보면 모두 이 불로소득 때문이다. 따라서 부동산문제를 근본적으로 해결하기 위해서는 불로소득(특히 토지 불로소득)을 제도적으로 차단해 부동산을 투기의 대상으로 삼을 유인(誘因)을 제거하는 것이 최선이다. 그리고 불로소득을 제도적으로 차단할 수 있는 최적의 정책수단이 바로 보유세다.

특기할 것은 대한민국판 보유세라 할 종합부동산세(이하 종부세)에 대해 대표적 수구 언론인 조·중·동이 저주에 가까운 독설을 퍼붓고, 대한민국 주류에 해당하는 사람들이 증오의 감정을 숨김없이 드러냈다는 사실이다. 이들의 가장 중요한 물적 토대가 부동산자산이라는 점, 보유세 현실화가 부동산 시장에 미칠 영향력을 이들이 가장 정확히 알고 있다는 점 등을 감안할 때 역설적이지만 이들의 반응을 통해 보유세의 효과를 확인할 수 있다 할 것이다.

2) 역대 정부와 참여정부의 보유세 정책 비교

보유세 강화는 역대 정부들의 숙원이었다. 그럼에도 불구하고 보유세 강화는 기득권층의 완강한 저항에 봉착해 번번이 실패하곤 했다. 보유세를 강화하려는 움직임이 본격화한 것은 1980년대 말부터였던 것으로 보인다. 1980년대 말부터 창궐한 부동산 투기로 인해 정치권과 시민사회 내에서 부동산 투기를 막으라는 요구가 봇물처럼 쏟아지자 노태우 정부는 종합토지세를 도입해 이에 부응하고자 했으나, 기득권층의 반발로 소기의 성과를 거두지 못하고 토지공개념 3법(택지소유상한제, 토지초과이득세제, 개발부담금제)을 신설하는 수준에 머물고 만다. "부동산을 가지고 있는 것이 고통이 되도록 하겠다."라고 호언장담했던 문민정부도, 경제정의 실현의 일환으로 토지보유세를 강화하여 토지 불로소득을 공적으로 징수한다는 방침을 천명했던 국민의 정부도 토지보유세 강화에는 실패하고 말았다. 참여정부 이전의 정부들이 보유세(토지보유세) 강화가 부동산문제 해결에 필수불가결하다는 사실을 잘 알았음에도 불구하고 이를 실천하지 못한 가장 큰 이유는 무엇보다 기득권층의 강력한 저항 때문이었다.

한편 참여정부 최대의 정책적 오류가 부동산정책이라는 세간의 평가와는 달리 참여정부의 부동산정책은 높은 평가를 받을 만한 대목들이 많다. 이를 대략 나열해 보면 불황기에도 부동산 경기부양책을 쓰지 않은 것, 부동산 과다 보유자에 대해 양도세를 강화한 것, 부동산 거래의 투명성을 제고한 것, 서민용 장기임대주택 공급 확대를 추진한 것, 토지소유 분포 통계를 대한민국 역사상 최초로 공개한 것 등이 되겠다. 그러나 참여정부 부동산정책의 최대 치적은 단연 부동산 보유세를 현실화시킨 것이 될 것이다. 이는 역대 어떤 정부도 감히 해내지 못한 업적이다. 참여정부는 부동산보유세 현실화를 통해 부동산 철학과 정책의 신기원을 열었다.

참여정부는 2003년과 2004년에는 과표 현실화를 통해, 2005년부터는 부동산 보유세 체계의 개편, 과표 적용률[1] 인상, 공시지가 시가 반영비율 인상을 통해 보유세를 강화하고자 했다. 2004년 연말에 국회를 통과한 보유세 관련 법안들은 보유세 체계를 개편하기는 했지만 보유세 강화의 효과를 발휘하기에는 역부족이었다. 정부 원안이 입법화 과정에서 크게 후퇴했기 때문이다. 하지만 얼마 지나지 않아 참여정부는 다시 보유세 강화 정책을 적극적으로 추진하기 시작했다. 2005년의 '5·4 대책'에서는 우리나라 역사상 처음으로 보유세 강화의 장기 목표와 시간계획이 제시되었으며,[2] 같은 해 나온 '8·31 대책'에서는 과세 기준의 인하(주택의 경우 공시가격 9억 원→6억 원, 토지의 경우 공시지가 6억 원→3억 원), 과표 적용률 인상, 세대별 합산 과세, 세부담 상한 조정 등을 통해 종합부동산세를 강화하는 동시에 종부세 과세 기준 이하에 대해 부과되는 재산세도 과표 적용률의 인상 등을 통해 점진적으로 강화한다는 방침이 발표되었다. '8·31 대책'은 정부 원안대로 입법화되어 시행되었으나 이명박 정부에 의해 완전히 형해화되었다. [표 15-1]과 [표 15-2]를 보면 역대 정부(노태우 정부, 문민정부, 국민의 정부)와 참여정부의 보유세 정책이 얼마나 큰 차이가 있었던지 쉽게 알 수 있다.

참여정부의 보유세 현실화 노력은 실증적으로도 확인된다. [표 15-3]은 1986년 이후 보유세 비중의 변화 추이를 보여 주고 있는데, 이것을 보면 역대 정부와 참여정부의 보유세 현실화 노력이 극명하게 대비된다. 과표 현실화 정책을 시도했던 노태우 정부와 문민정부 임기 중에는 보유세가 부동산세, 지방세, 조세총액에서 차지하는 비중이 모두 상승하지만, 그 정도가 미미할 뿐 아니라 1986년과 비교할 때는 '보유세/조세총액' 비율만 올라갈 뿐 '보유세/부동산세', '보유세/지

---

1 과표 적용률이란 공시가격으로부터 과표를 계산해 내기 위해 적용하는 비율을 가리킨다.

2 보유세 실효세율을 2003년 0.12%, 2008년 0.24%, 2013년 0.5%로 점차 인상하여 2017년에는 1.0% 수준으로 끌어올린다는 장기계획이 발표되었다.

[표 15-1] 과표 적용률의 변화

단위: %

연도	'90	'93	'97	'98	'99	'00	'01	'02	'03	'04	'05	'06	'07	'08
적용률	15.0	21.3	30.5	29.2	29.3	32.2	32.4	33.3	36.1	39.2	50.0	50.0 (70.0)	50.0 (80.0)	55.0 (90.0)

주: (　) 안의 수치는 종합부동산세의 경우.
출처: 행정자치부(손낙구, 2005에서 재인용 후 보완).

[표 15-2] 공시지가 시가 반영비율의 변화

연도	2000	2001	2002	2003	2004	2005
반영비율	54%	55%	56%	67%	76%	91%

출처: 건설교통부(손낙구, 2005에서 재인용).

[표 15-3] 보유세 비중의 변화 추이

단위: 억 원, %

연도	'86	'91	'96	'01	'02	'03	'04	'05	'06	'07
조세 총액	154,161	383,549	823,549	1,224,577	1,354,935	1,477,971	1,519,974	1,634,426	1,793,374	1,965,871
지방세	18,098	80,351	173,947	266,649	315,257	331,329	342,017	359,769	412,937	435,243
부동산세 (①+②)	12,013	46,272	98,166	126,993	162,743	169,682	167,814	183,485	224,552	235,935
①보유세	4,343	12,065	27,217	33,301	34,919	39,154	46,995	49,158	68,382	90,784
• 재산세	2,658	2,755	5,323	7,632	8,175	9,034	10,178	25,874	31,227	37,551
– 공동시설세	446	1,055	2,397	3,509	3,749	4,109	4,648	4,464	5,162	5,433
– 도시계획세	1,239	3,073	6,972	8,510	8,938	9,985	11,853	13,525	16,062	18,828
• 종토세	–	5,182	12,525	13,650	14,057	16,026	20,316	–	–	–
• 종부세	–	–	–	–	–	–	–	4,413	13,275	24,143
– 농특세								882	2,656	4,829
②거래세	7,670	34,207	70,949	93,692	127,824	130,528	120,819	134,327	156,170	145,151
• 취득세	3,711	15,257	30,412	37,825	52,782	55,028	53,661	66,490	76,674	72,615
• 등록세	3,959	18,950	40,537	55,867	75,042	75,500	67,158	67,837	79,495	72,536
보유세/부동산세	36.2	26.1	27.7	26.2	21.5	23.1	28.0	26.8	30.5	38.5
보유세/지방세	24.0	15.0	15.6	12.5	11.1	11.8	13.7	13.7	16.6	20.9
보유세/조세총액	2.8	3.1	3.3	2.7	2.6	2.6	3.1	3.0	3.8	4.6

주: 1) 각 세액은 부과액(Assessment Amount)이 아닌 징수액(Collection Amount)임.
　2) 농특세의 징수액은 '종부세×0.2'를 통하여 산출했음.
출처: 국세청, 『국세통계연보』 각 연도판; 행정자치부, 『지방세정연감』 각 연도판.

방세' 비율은 크게 떨어진 것으로 나타나 90년대 전반기의 성과가 별 것 아니었음을 보여 준다. 근근이 이어지던 보유세 강화 정책은 국민의 정부 시기에 완전히 중단되었을 뿐 아니라 오히려 완화되는 방향으로 진행된다. 이로 인해 보유세의 비중은 과표 현실화가 추진되기 이전보다 더 못한 수준으로 떨어져 버렸다. 반면 참여정부의 보유세 강화 정책은 분명히 성과를 거두고 있음을 알 수 있다. 중간에 잠시 주춤하긴 했지만 2002년 각각 21.5%, 11.1%로 떨어졌던 '보유세/부동산세', '보유세/지방세' 비율이 2006년에 각각 30.5%, 16.6%로 크게 상승했고, 특히 '보유세/조세총액' 비율은 3.8%로 상승하여 1986년 이후 최고의 수치를 기록한 것이다.

2. 종부세는 어떤 세금인가?

1) 종부세의 도입 배경

2002년까지 우리나라 부동산 세금은 '낮은 보유세, 높은 거래세'의 전형이었다. 보유세가 전체 세금에서 차지하는 비율이 2% 정도로 OECD 국가 중 최하위권에 속했다. 더구나 당시에는 주택 재산세의 기준이 되는 '기준시가'가 주로 면적에 따라 결정됨으로써, 강남의 소형 재건축 아파트는 고가였음에도 불구하고 지방의 싼 중대형 아파트보다 세금을 적게 내는 일이 벌어졌다. 이처럼 보유세 자체가 너무 적어 부동산 과다 보유에 장애가 되지 않았고, 지역 간 형평성에도 심각한 문제점이 있었다.

따라서 2003년 1월 초 출범한 참여정부의 대통령직 인수위원회는 보유세 현실화를 중점과제로 설정하고, 당시 30% 수준에 머물던 과표 현실화율을 임기 말까지 50% 수준으로 올리는 동시에 형평성을 기하는 것을 목표로 정했다. 이에 따라 참여정부는 ①보유세를 연차목표(로드맵)에 맞춰 올리고 그 성과에 따라 거래세를 인하하며, ②각 지역별 보유세 현실화율 격차를 조정해 형평성을 기하는 것을 목표로 삼았다. 그런데 당시 재정경제부, 행정자치부, 국세청, 청와대의 담당자들은, 보유세를 온전히 지방세로 둔 채로는 앞의 두 가지 목표를 달성하는 것이 불가능하다는 결론에 이르게 되었다. 잘 알다시피 보유세는 시군구가 거두어 쓰는 지방세다. 따라서 서울의 강남권은 이미 중앙정부의 지원도 받지 않을 만큼 충분한 재원이 있기 때문에 보유세를 올릴 이유가 없다는 점이 가장 큰 걸림돌이 된 것이다. 반면 재원이 부족한 지방의 경우 보유세를 더 올렸을 때 상대적 부담률이 서울보다 더 높아질 수도 있었다.

따라서 정부는 보유세를 지방세인 재산세와 국세인 종합부동산세로 이원화하는 방안을 모색했다. 즉, 저가의 부동산은 지자체가 재산세 형태로 저율의 세금을 거두어 쓰고, 고가의 부동산은 중앙정부가 고율의 종합부동산세를 거두어 이를 다시 지방에 나누어 준다는 구도였다. 이는 당시 시행되고 있던 종합토지세의 과세 방식이 서울 등 수도권에 오히려 혜택을 준다는 지적에 따른 것이었다.

결국 보유세를 강화하고, 형평성을 기하려는 국가적 과제가 지자체에 맡겨진 상태에서는 근본적인 한계가 있었기 때문에, 종부세를 도입하여 일부를 국세화한 것이라고 할 수 있다.

2) 종부세의 도입 과정

2003년 9월 1일, 당시 노무현 대통령은 비공개 회의를 열어 재산세와는 별개로 국세인 종합부동산세를 2006년부터 도입하기로 방침을 확정했다. 그런데 그해 가을 부동산 시장이 불안정해지면서, 정부는 10월에 소위 '10·29 종합대책'을 발표하게 된다. 1가구 3주택 양도세 중과, 주택거래신고제 도입 등이 포함된 이 종합대책에서는 당초 예정된 종합부동산세 도입 시기를 1년 앞당겨 2005년부터 시행하기로 하고, 세부 시행계획을 준비하기 위한 추진단을 구성키로 했다.

이에 따라 2004년 초, 재경부 부동산세제 실무기획단이 실무준비에 들어갔다. 그런데 시행준비를 하는 과정에서 새로운 문제가 발생했다. 주택을 건물과 부속토지로 나누어 각각 평가하다 보니, 토지와 건물의 가격을 따로 매기기가 간단치 않았고, 거래가 빈번한 아파트 등 공동주택과 가격을 파악하기 힘든 단독주택 간의 형평성 문제가 대두되었다. 특히 일상적 거래가 토지, 건물을 포함한 주택

단위로 이뤄지기 때문에 국민들의 상식과도 부합할 필요가 있었다. 보유세 이론으로 본다면 토지를 건물에 비해 상대적으로 중과할 필요가 있지만, 이러한 현실적 문제를 고려하여 주택에 한해서는 통합평가 및 과세하는 것으로 바뀌게 된다.

이에 따라 종합부동산세 구조는 〈그림 15-1〉에서 보는 바와 같이 주택은 주택대로 전국적으로 인별 합산하여 과세하고, 토지는 별도로 합산하는 것으로 정해졌다.

2004년 말, 이와 같은 기본 틀을 가진 종합부동산세법이 국회를 통과했다. 이때 종부세 부과기준은 개인별로 전국에 산재한 부동산의 가액을 합산해서, 주택은 9억 원 이상, 나대지 등 토지는 6억 원 이상, 사업용 토지는 40억 원 이상으로

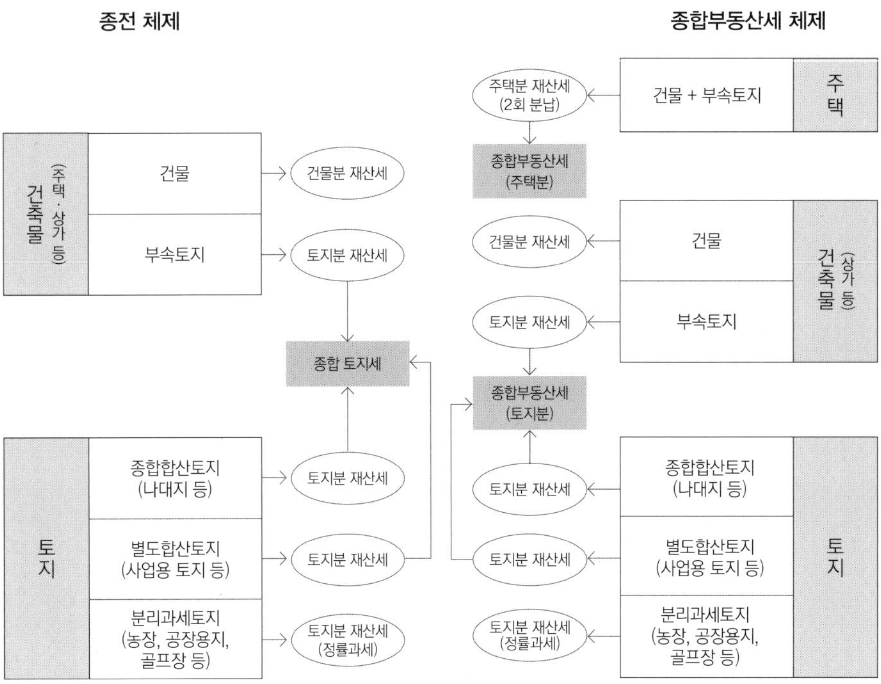

〈그림 15-1〉 종합토지세와 종합부동산세 체제 비교

주: 1) 종합합산토지–나대지 등 일반적인 토지로 건물부속토지 등과 합산하여 종합토지세나 종합부동산세(토지분)를 부과.
2) 별도합산토지–사업용 토지 등은 세율이 높아지지 않도록 별도 합산하되, 종부세의 경우 기준금액이 다름.
3) 분리과세토지–농지와 공장용지는 누진세율이 아니고 낮은 세율로 과세하고, 골프장 등은 높은 세율로 과세. 종부세 대상이 아님.

정해졌다. 또 전년 대비 최대 인상 폭을 50%로 하고, 과표 적용률도 전국적 형평성을 기하기 위해 50%로 확정했다.

이렇게 종합부동산세는 제도화되었지만, 그 첫 세금이 부과되기도 전에 부동산 시장이 다시 한 번 요동쳤다. 강남 재건축 아파트 가격 상승과 판교 분양을 계기로 수도권 부동산 시장이 흔들리게 된 것이다. 이에 따라 참여정부는 2005년 8월 31일, 소위 '8·31 대책'으로 알려진 「서민주거안정과 부동산 투기 억제를 위한 부동산제도 개혁방안」을 발표하였다. 이 정책에서는 종부세가 약하다는 그동안의 비판을 받아들여 ①소유 부동산을 세대별로 합산하고, ②기준금액을 주택은 6억 원, 토지는 3억 원으로 낮추었으며, ③전년 대비 인상 상한 폭을 300%로 올렸고, ④특히 과표 현실화율 강화계획을 법에 담아 2006년에 70%를 적용한 후 매년 10%p씩 올려 2009년 100%로 올리는 방안을 확정하게 되었다. 이와 함께 재산세도 과표 적용률을 매년 5%p씩 올려 2015년까지 단계적으로 100%로 만드는 장기계획도 포함하게 되었다. 그리고 이러한 안이 2005년 12월 31일, 국회에서 원안 통과됨으로써 아래와 같은 모습의 종합부동산세가 탄생하게 되었다.

이른바 '8·31 대책'을 통해 변화된 종합부동산세의 내용을 간략히 정리한 것이 [표 15-4]와 [표 15-5]이다.

3) 종부세의 구조

종합부동산세는 앞에서 설명한 대로, 주택은 주택대로, 토지는 토지대로 세대별로 합산해서 일정가액(각각 6억 원, 3억 원) 이상이면 부과하는 세금이다. 그런데 종부세는 그 뿌리가 재산세에 있으므로, 종부세 기준금액 이하 금액에 대해서는 재산세를 납부하면 되고, 그 이상 초과분에 대해서만 종부세를 적용받는다. 즉, 10억 원의 주택이라면 6억 원까지는 재산세 세율을 적용받고 재산세를 납부하면 되고, 그 이상인 4억 원에 대해서만 종부세 세율로 종부세를 납부하는 것이다(정확한 표현으로는 주택분 종부세는 전체 세액에서 "6억 원 이하의 재산세액 부분을 공제"한다). 다소 복잡해 보이는 이 방식은 재산세와 종부세의 이중과세를 피하고, 고액부분에 대한 세금만 국세로 하기 위한 방법이다. 이를 그림으로

[표 15-4] 8·31 정책으로 변화된 종합부동산세 내용

<table>
<tr><td rowspan="4">주 택</td><td>합산 방식</td><td>세대별</td></tr>
<tr><td>과세기준금액</td><td>6억 원</td></tr>
<tr><td>세율(4단계)</td><td>1%(0~3억 원)
1.5%(3~14억 원)
2%(14~94억 원)
3%(94억 원~)</td></tr>
<tr><td>세부담 상한</td><td>3배</td></tr>
<tr><td rowspan="4">나대지·잡종지 등
(종합합산)</td><td>합산 방식</td><td>세대별</td></tr>
<tr><td>과세기준금액</td><td>3억 원</td></tr>
<tr><td>세율(3단계)</td><td>1%(17억 원)
2(17~97억 원)
4%(97억 원 초과)</td></tr>
<tr><td>세부담 상한</td><td>3배</td></tr>
<tr><td rowspan="3">사업용 토지
(빌딩·상가·사무실 부속토지) 등
(별도 합산)</td><td>합산 방식</td><td>인별</td></tr>
<tr><td>과세기준금액</td><td>40억 원</td></tr>
<tr><td>세율(3단계)</td><td>0.6%(160억 원 이하)
1%(160억 원~960억 원)
1.6%(960억 원 초과)</td></tr>
</table>

[표 15-5] 8·31 정책의 과표 적용률 계획

과세구분 \ 연도		2007년	2008년	2009년	2010년	2015년
종합 부동산세	주택	80%	90%	100%	100%	100%
	종합합산토지	80%	90%	100%	100%	100%
	별도합산토지	60%	65%	70%	75%	100%
재산세	토지·상가 등	60%	65%	70%	75%	100%
	주택분 재산세	50%	55%	60%	65%	90%

주: 1) 서민들의 급격한 세부담을 완화시키려고 인상기한을 연장하여 2017년 100%에 도달하도록 함.
2) 매년 올릴 수 있는 상한선도 3억 원 이하 5%, 6억 원 이하 10%로 제한.

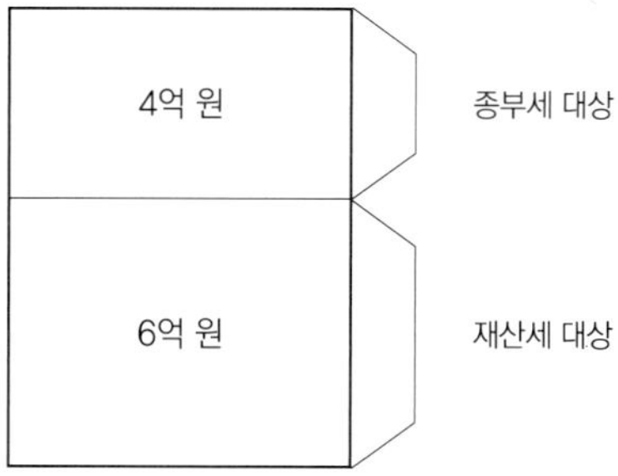

〈그림 15-2〉 공시가격 10억 원 주택의 재산세와 종부세 구조

나타내면 〈그림 15-2〉와 같다.[3]

특기할 것은, 세대별 합산 시 결혼하거나 노부모를 모시기 위해 합가한 경우 등은 각각 소유부동산이 있다 하더라도 2년간 합산배제를 한다는 점이다. 세대 합산의 무리한 적용을 막기 위해 2년간의 유예기간을 준 셈이다. 또한 등록된 임대사업자나 호텔 등 토지를 많이 필요로 하는 업종에 대해서는 종부세를 조건부로 완화·면제하기도 한다.

4) 종부세, 누가 얼마나 납부했는가?

종합부동산세는 2005년도부터 과세를 시작하여, 2006~2007년도에는 강화된 체제로 바꿔서 징수했다. 참여정부의 뒤를 이은 이명박 정부가 종부세를 식물 상태로 만들었기 때문에 종부세의 실제 세수 실적을 보려면 2005~2007년도까지를 보는 것이 옳다. [표 15-6]이 보여 주듯 종부세의 총 세액은 2005년 6,426억 원에서 2007년 2조 8,560억 원으로 증가했고, 특히 주택분은 391억 원에서 1조 2,416억 원으로 늘어났다.

종부세 납부 대상은 얼마나 될까? 먼저 종부세 대상이 전체 세대 중에서, 그

---

3 그런데 여기서 조금 더 복잡한 요소가 가미되는데, 과표 적용률이 변하기 때문이다. 즉, 공시가격 10억 원 주택은 과표 적용률이 80%일 경우, 세액을 계산하는 기준가액은 8억 원이 되는 것이다.

[표 15-6] 종합부동산세 징수 내역

구분	2005	2006	2007
전체 종부세	6,426억 원	1조 3,275억 원	2조 8,560억 원
주택분 종부세	391억 원	5,222억 원	1조 2,416억 원

주: 1) 전체 종부세는 징수액임.
2) 주택분 종부세는 신고액임. 실제 징수액은 이보다 낮을 수 있음.
출처: 국세청, 『국세통계연보』(2007년은 추정액) / 각 연도 국세청 보도자료.

리고 주택을 소유한 세대 중에서 얼마나 되는지 파악해 보자. 종합부동산세 납부 인원(그동안은 신고납부였으므로, 정확히는 신고 대상 인원)은 2007년 기준으로 48만 6,000명이며, 주택분은 38만 3,000명이다. 주택분에서 법인을 제외하면 세대로는 37만 9,000세대로 주민등록상 전체 세대의 2.0%(2006년은 1.3%)에 해당하는 수준이다. 이들이 부담하는 종부세의 실효세율도 극히 낮다. 공시가격 10억 원 주택(시가 약 12~13억 원)이 0.52%에 불과하니 말이다. 특기할 것은 주택분 종부세 대상자 중 다주택자가 엄청나게 많다는 사실이다. 종부세 대상자 중 '다주택 보유자'는 23만 2,000세대로, 개인 주택분 37만 9,000세대의 61.3%이며, 세액 점유율은 71.6%에 해당한다. 또한 다주택자가 소유하고 있는 주택 수는 97만 8,000호로 전체 종부세 과세 대상 주택 112만 5,000호의 86.9%에 이른다.

5) 종부세의 실시 효과

그렇다면 종부세는 어떤 효과를 발휘했는가?

첫째, 자신의 능력에 적합한 부동산 소유를 유도하는 데 기여했다. 예를 들어 어떤 자동차를 구입할 것인가를 결정할 때, 합리적인 경제 행위자라면 구입비용과 유지비용을 고려할 것이다. 고소득 계층의 경우에는 비싼 자동차를 비싼 유지비를 내고 사용하겠지만, 소득이 낮은 자는 그 소득에 맞게 자동차를 구입·유지하는 것처럼, 종부세는 시장참여자들로 하여금 납부 능력에 맞게 부동산을 소유하도록 유도하는 기능을 한다. 그러나 종부세가 후퇴하게 되면 투기를 목적으로 능력에 맞지 않는 소유를 할 가능성이 커진다.

둘째, 공급을 확대하고 투기수요를 억제하는 효과를 발휘했다. 보유세는 소유자에게 비용으로 작용하기 때문에 그 부동산을 통해서 비용 이상의 수익이 발생할 것이라 예상되지 않으면 소유자는 투기 목적으로 보유하고 있는 주택을 시장에 내놓게 되고, 불로소득을 기대하는 투기적 가수요는 줄어들게 된다. 이렇게 되면 종부세 과세 대상 주택의 가격은 자연스럽게 하락한다. 국토해양부가 2008년 4월 29일 발표한 자료에 따르면, 전국 933만 가구의 공동주택(아파트·연립·다세대주택) 가격을 전수 조사한 결과 2008년 1월 1일 기준 전년 대비 평균 2.4% 상승한 것으로 나타났다. 이는 2006년(16.4%)과 2007년(22.7%)에 비해 가격 상승폭이 크게 둔화된 것인데, 참여정부가 취한 대출 억제와 함께 보유세 강화가 효력을 발휘한 때문으로 풀이된다. 특히 서울 강남(-1.0%)·서초(-1.3%)·송파(-2.4%)·양천(-6.1%)구와 경기 분당(-7.3%)·평촌(-5.0%)·용인(-6.3%)·일산(-8.3%)·과천(-9.5%) 등 종부세 대상 부동산이 밀집한 지역의 공시가격이 하락한 것을 보면 종부세가 가격하락에 영향을 주었다고 강하게 추정할 수 있다. 그 결과로 2007년도 종부세 과세 대상자 중에서 1만 5,421가구가 2008년에는 제외되었다. 종부세의 투기수요억제 기능은 최근 나온 기사(「MB정부 종부세 완화 이후 '집부자' 크게 늘었다」, 『세계일보』, 2018. 1. 21.)를 봐도 명확히 증명된다. 이 기사에 따르면 이명박 정부가 종부세를 개악한 이후 종부세 부과 대상자 중에서 다주택자 비중이 급증했다는 것이다. 쉽게 말해 종부세가 완화돼 주택 소유에 대한 부담이 크게 줄자 재력이 있는 사람들이 주택 소유를 크게 늘린 것이다. 근년 들어 맹위를 떨치고 있는 강남 아파트 가격 폭등과 투기수요의 창궐은 종부세가 형해화된 후 필연적으로 발생할 수밖에 없었던 현상이라고 보는 것이 합리적일 것이다.

셋째, 국토균형발전과 취약지역의 복지·교육재정에 도움을 줬다. 종부세는 지자체의 재정상황과 복지·교육수요를 감안하여 배분한다. 한 예로 전라북도의 경우, 2007년도분 종부세를 소관 시·군별로 약 80억 원씩 배정받아 모두 1,174억 원을 더 쓸 수 있게 되었다. 이는 전라북도 자체수입 전체의 12%에 해당할 정도로 큰 금액이다.

3. 이명박 정부와 한나라당, 그리고 헌법재판소가 종부세를 형해화시키다

1) 종부세를 난도질한 이명박 정부와 한나라당

이명박 전 대통령과 한나라당이 종부세에 대해 가지고 있던 적개심과 혐오는 상상을 초월하는 수준이었다. 종부세를 세금폭탄으로 규정해 맹공을 퍼붓던 자들이 정권을 잡자마자 한 일이 종부세를 난도질하는 것이었다. 이명박 정부와 한나라당은 2008년 12월 26일 종부세법을 아래 표와 같이 개정해 노무현 대통령의 참여정부가 심혈을 기울여 만든 종합부동산세를 산산조각으로 만들었다.

[표 15-7]~[표 15-9]를 보면 주택분, 사업용 부동산, 종합합산토지에 부과되는 종부세의 과세기준, 과세표준 구간, 세율 등의 전 부문에서 극도의 개악이 이뤄진 걸 알 수 있다. 여기에 더해 헌법재판소가 위헌으로 결정한 부부별 합산과세가 인별과세로 개악되었고, 종부세 과표적용률 역시 80%로 동결된데다, 종부세부담의 상한액은 전년 대비 150%로 낮춰졌다. 이쯤 되면 이명박 전 대통령과 한나라당은 종부세를 식물 상태로 만들었다고 말해도 과언이 아닐 것이다. 2014년 이후 지금까지 계속되고 있는 부동산 투기와 부동산 가격 상승의 원인 중 하나가 제기능을 못하는 종부세라고 할 때 이명박 전 대통령과 한나라당이 한 일이 공동체에 얼마나 심각한 해악이었는지를 알 수 있다.

2) 종부세 무력화의 충실한 조연, 헌법재판소

종부세 무력화의 주연이 이명박 정부와 여당이라면 헌법재판소는 충실한 조연이었다. 헌재는 2008년 11월 13일에 열린 종부세 위헌 사건 선고 시 세대별 합산에 대해 위헌 결정을, 1주택자에 대한 종부세 부과에 대해 헌법불합치 결정을 내려 종부세에 치명타를 날렸다. 물론 헌재가 원본잠식, 이중과세 등의 나머지 쟁점들에 대해서는 합헌 결정을 내렸지만 초미의 관심사였던 세대별 합산에 대해 위헌 결정을 내림으로써 종부세를 떠받치고 있던 기둥이 사실상 무너진 것이다.

헌재가 세대별 합산과세에 대해 위헌을 결정한 이유는 다음과 같다.

[표 15-7] 주택분 종부세

개정 전	현행
□ 주택 과세기준금액 ○ 공시가격 6억 원 □ 주택분 과세표준 및 세율 과세표준: 3억 원이하 / 3~14억 원 / 14~94억 원 / 94억 원초과 세율: 1% / 1.5% / 2% / 3% 〈신설〉	□ 과세기준금액 인상 ○ 공시가격 6억원(1주택자 9억 원) □ 과세표준 조정 및 세율 인하 과세표준: 6억 원이하 / 6~12억 원 / 12~50억 원 / 50~94억 원 / 94억 원초과 세율: 0.5% / 0.75% / 1% / 1.5% / 2.0% □ 1세대 1주택 고령자에 대한 세액 공제 ○ 공제율 •(60세 이상~65세 미만) 10% •(65세 이상~70세 미만) 20% •(70세 이상) 30% □ 장기보유 공제 5년 이상(20%), 10년 이상(40%)

[표 15-8] 사업용 부동산(별도합산토지) 종부세

개정 전	현행
□ 사업용 부동산(별도합산토지)분 과세표준 및 세율 과세표준: 160억 원이하 / 160~960억 원 / 960억 원초과 세율: 0.6% / 1% / 1.6% ○ 과세기준금액: 40억 원 ○ 일부 서비스업용 토지는 2백억 원 초과분에 대해 0.8% 과세	□ 과세표준 조정 및 세율 인하 과세표준: 200억 원이하 / 200~400억 원 / 400억 원초과 세율: 0.5% / 0.6% / 0.7% ○ 과세기준금액 인상: 80억 원 ○ 폐지: 세율인하와 함께 기본세율에 통합

[표 15-9] 나대지 등 종합합산토지

개정 전	현행
□ 나대지(종합합산토지)분 과세표준 및 세율 과세표준: 17억 원이하 / 17~97억 원 / 97억 원초과 세율: 1% / 2% / 4% ○ 과세기준금액: 3억 원	□ 과세표준 조정 및 세율 인하 과세표준: 15억 원이하 / 15~45억 원 / 45억 원초과 세율: 0.75% / 1.5% / 2% ○ 과세기준금액 인상: 5억 원

> …이 사건 세대별 합산규정은 생활실태에 부합하는 과세를 실현하고 조세회피를 방지하고자 하는 것으로 그 입법 목적의 정당성은 수긍할 수 있으나 가족 간 증여를 통해 재산 소유 형태를 형성했다고 해서 모두 조세회피 의도가 있다고 단정할 수 없다. 또 정당한 증여의 의사에 따라 가족 간 소유권을 이전하는 것도 국민 권리에 속하는 것이며 민법은 부부별산제를 채택하고 있고 배우자를 제외한 가족의 재산까지 공유한다고 추정할 근거 규정이 없으며, 공유재산이라 해서 세대별로 합산해 과세할 당위성도 없다. 아울러 부동산 가격 앙등은 여러 요인이 복합적으로 작용해 발생하는 것으로 오직 세제 미비로 발생하는 것만이 아니고, 이미 헌재는 자산 소득에 대해 부부간 합산과세에 위헌 선언한 바 있다. 또 부동산실명법 규정에 의해 조세회피 방지라는 입법 목적을 충분히 달성할 수 있어 필요한 수단이라고 할 수 없다. 세대별 합산 규정으로 인한 조세부담 증가라는 불이익은 이를 통해 달성하고자 하는 조세회피 방지 등 공익에 비해 훨씬 크고 조세회피의 방지와 부동산 가격 안정이라는 공익은 입법정책상의 법익인 데 반해 혼인과 가족생활 보호는 헌법적 가치란 것을 고려할 때 법익의 균형성도 인정하기 힘들다. 따라서 세대별 합산 규정은 혼인한 자 또는 가족과 함께 세대를 구성한 자를 비례의 원칙에 반해 개인별로 과세되는 독신자, 사실혼 관계의 부부, 세대원이 아닌 주택 등의 소유자에 비해 불리하게 차별 취급하고 있어 헌법에 위반된다.(헌재 2008. 11. 13. 2006헌바 112등)

위에서 살핀 것처럼 헌재는 세대별 합산규정이 지닌 입법 목적의 정당성은 인정하나, 방법이 적정하지 않고 이를 통해 달성되는 공익보다 침해되는 사익이 더 크다는 이유를 들어 세대별 합산 규정에 대해 위헌 결정을 내렸다.

그러나 세대별 합산이 아니고는 조세회피를 막을 길이 사실상 없다는 점에서 헌재의 결정은 잘못된 것이다. 아마 헌재는 부부 또는 세대원 간의 인위적인 명의분산 같은 가장행위 등은 상속세 및 증여세법상 증여의제·증여추정 등을 통하여 막을 수 있다고 생각하는지 모르겠지만 부동산 과다 보유자에 대한 종합부동산세 과세의 실효성을 기하기 위해서는 부부간, 세대 간 합산과세의 현실적인 필요성이 존재하는 점, 부부간 증여의 경우 6억 원이라는 공제가 인정되고 증여세가 단계별 누진세율을 채택하고 있어 과세표준이 5억 원 이하인 경우 세율이 20%에 불과해 장기간의 높은 종합부동산세의 부담을 피하려는 목적으로 증여세 제도를 이용할 가능성이 높은 점, 종부세 논의가 본격화되던 2003년 이후 증여가 폭주해 증여세징수액이 급증한 점 등을 감안할 때 증여세 등 기존의 제도로는 부부 또는 세대원 간의 인위적인 명의 분산과 같은 가장행위 등을 막을 수 없다.

한편 헌재는 "부동산실명법 규정에 의해 조세회피 방지라는 입법 목적을 충분히 달성할 수 있다."라고 설시하고 있지만 이 또한 그릇된 판단이다. 이자소득·배당소득·부동산임대소득과 같은 자산소득과 마찬가지로 우리나라에서는 이미 오래전부터 부부나 직계존·비속 간에 부동산을 분산 소유하는 것이 관행처럼 굳어져 왔다. 특히 부부 상호 간에는 명의신탁이 광범위하게 이루어져 왔기 때문에 현행 부동산 실권리자 명의 등기에 관한 법률 제8조는 부부간에 이루어지는 명의신탁행위의 법률적 효력을 인정하고 있다. 결국 이 규정은 부부간의 명의신탁행위를 통해 부동산을 취득하는 것이 우리나라에서 오랜 관행에 해당하는 것이므로 조세포탈이나 강행법규의 회피 등의 목적이 없다면 부부간의 명의신탁행위를 적법한 것으로 보고 그에 따르는 법적 효과를 부여하겠다는 취지를 갖는다. 그런데 부동산 실권리자 명의 등기에 관한 법률은, 조세포탈, 강제집행의 면탈 또는 법령상 제한의 회피를 목적으로 하는 경우에는 부부간에 이루어지는 명의신탁의 법적 효력을 부인하고 있으나, 이를 과세관청이 입증하기 어려운 경우가 대부분이라는 치명적인 약점을 지니고 있다. 즉, 부동산 실권리자 명의 등기에 관한 법률을 가지고는 부부 또는 세대원 간의 인위적인 명의분산과 같은 가장행위 등을 방지하는 데 명백한 한계가 있는 셈이다.

금융 소득과 부동산을 구별하지 못하는 헌재의 단견도 근심스럽다. 토지는 예금이나 주식과는 다른 성격의 재화로서 생산이나 대체가 불가능하고 공급이 제한되어 있으며 모든 국민의 생산 및 생활의 기반이기에 공동체의 이익이 보다 강하게 관철되어야 한다는 점, 주택 역시 토지의 공급제약 및 효율적인 도시계획

등의 제한을 받으므로 공급이 제한되어 있다는 점, 토지 및 주택에 있어 수요·공급의 심각한 불균형으로 인해 토지 및 주택가격의 상승과 투기 현상이 예금이나 주식 등 다른 재산권에 비해 현저하다는 점, 대한민국 헌법이 토지재산권에 대한 광범위한 입법형성권을 부여하고 있다는 점, 부부 자산소득합산과세의 입법취지는 인위적인 소득분산에 의한 조세회피행위를 방지하는데 있는 반면, 종부세 세대별 합산과세의 취지는 단순히 조세회피방지라는 기술적·행정적 목적이 아니라 투기 목적의 주택보유를 막고 실거주 목적의 주택보유를 유도·형성하기 위한 정책유도적에 주목적이 있고, 이러한 목적은 일련의 헌법규정에 의하여 뒷받침된다는 점 등을 감안할 때 헌재의 생각이 얼마나 잘못된 것인지를 알 수 있다.

세대별 합산규정이 협의의 비례원칙에 어긋난다는 헌재의 결정을 보노라면 말문이 막힐 뿐이다. 종부세는 공공재산적 성격이 강한 부동산을 과다 보유한 극소수의 사람들에게만 부과되는 세금이기 때문에 설령 세대별 합산으로 인한 차별취급이 발생한다 해도 이로 인해 달성되는 공익 — 공공복리, 균형 있는 국민경제의 성장 및 안정과 적정한 소득의 분배 유지, 국토의 효율적이고 균형 있는 이용·개발과 보전, 부동산의 가격안정을 통한 지방재정의 균형발전과 국민경제의 건전한 발전 등 — 이 그로 인해 침해되는 사익에 비해 훨씬 우월하다고 할 것이다. 이런 관점에서 보면 종부세의 세대별 합산이 협의의 비례원칙을 충족한다는 데 이견이 있을 수 없는 것이다.

끝으로 헌재는 "조세회피의 방지와 부동산 가격 안정이라는 공익은 입법정책상의 법익인 데 반해 혼인과 가족생활 보호는 헌법적 가치란 것을 고려할 때 법익의 균형성도 인정하기 힘들다."라고 설시했는데, 조세회피방지는 헌법 제11조의 실현을 위해 매우 중요하다는 점, 종부세법이 부동산의 가격안정을 도모함으로써 지방재정의 균형발전과 국민경제의 건전한 발전에 이바지함을 목적으로 하고 있는데 이는 헌법 제117조 및 제119조의 근본취지에 부합한다는 점을 감안할 때 헌재는 헌법현실과 헌법규범 사이의 거리를 인지하지 못한 채 문언에만 기계적으로 매몰됐다 할 것이다.

또한 헌재는 1주택자 종부세 과세에 대해 헌법불합치 결정을 내리면서, 주거

목적으로 한 채의 주택만 장기보유한 자나, 주택 외에 별다른 재산이나 수입이 없어 납세 능력이 낮은 자의 경우 종부세 납세의무의 예외를 두거나 감면해 줘야 함에도 무차별적으로 누진세율을 적용하는 것은 과도하게 재산권을 제한한다고 설시했다. 이러한 판단은 매우 잘못된 것이다. 먼저 헌재는 보유세의 성격을 전혀 이해하지 못하고 있다. 보유세는 사회적 서비스에 대한 대가라는 성격이 강하다. 그런 측면에서 보면 주거 목적의 고가 1주택자라고 해서 보유세를 감면해야 할 이유는 어디에도 없다. 정 담세능력이 없는 사람이 있다면 이들을 대상으로 종부세 납부유예제를 시행하면 될 일이다. 아울러 고가 1주택자에 대한 감세 혹은 면세 혜택은 저가의 주택을 다수 보유한 사람과 형평성 측면에서 맞지 않으며, 결과적으로 고가 주택에 대한 수요를 폭증시켜 자산 배분을 왜곡시킬 가능성이 높다. 국민의 기본권을 실질적으로 보장하고 확장해야 할 헌법적 의무가 있는 헌법재판소가 투기억제와 불로소득 환수와 자산 재분배 등의 핵심적 기능을 담당하는 종합부동산세를 형해화시킨 데 큰 역할을 한 것은 헌법재판소의 흑역사로 죽백에 기록될 것이다.

이명박 정부와 한나라당 그리고 헌법재판소가 합작해 종부세를 무력화시킨 결과가 어떠한지는 〈그림 15-3〉이 극명히 보여 준다. 종부세 납세대상과 납부액이 격감한 것이다. 2014년 이후 종부세 납부대상자와 납부액이 증가추세에 있는 것은 부동산 가격 폭등으로 인한 것으로 환영할 일이 결코 아니다.

4. 종부세의 의의와 한계

1) 종부세의 의의

종부세는 대한민국 역대 정부의 숙원이던 보유세를 현실화했다는 점에서 높은 평가를 받아 마땅하다. 이미 살핀 것처럼 보유세는 지대추구경향의 근절, 부동산 투기 억지, 불로소득 환수, 자산 양극화 해소, 토건 시스템 극복 등의 정책목표를 달성하는 데 반드시 필요한 정책수단이다. 참여정부는 종부세를 도입해

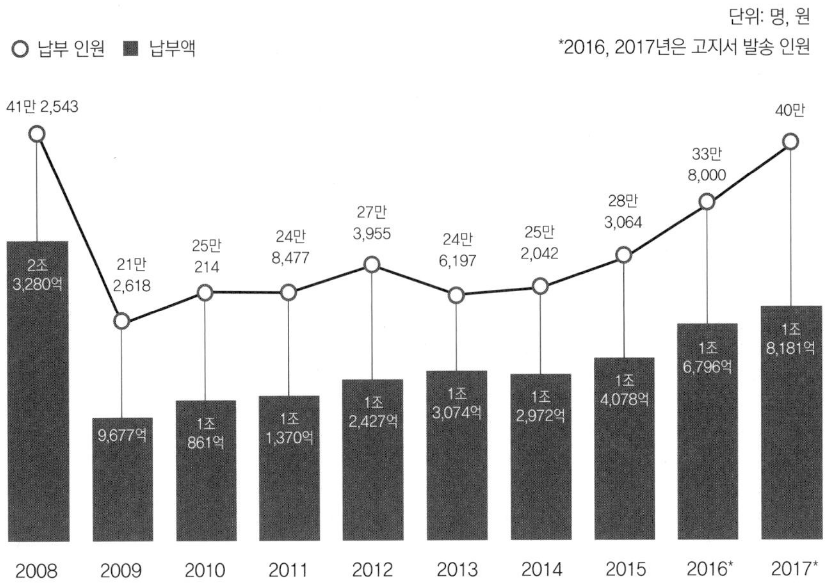

〈그림 15-3〉 연도별 종부세 납부 인원 및 납부액 추이(법인 포함)
출처: 국세청.

이런 정책목표들을 추구함과 동시에 박정희 이래 이어져 온 투기공화국에 작별을 고했다. 노무현 대통령의 참여정부가 종부세를 도입해 보유세를 현실화한 것은 실로 부동산 철학과 정책의 코페르니쿠스적 전환이라고 평가해야 맞다. '증세는 정치인의 무덤'이라는 말이 있다. 더구나 종부세는 대한민국 메인스트림의 역린을 건드리는 세금이다. 종부세를 도입할 당시 청와대, 정부, 여당 내에도 반대 의견이 압도적으로 많았다. 사정이 이러함에도 불구하고 노무현 대통령은 대한민국의 미래를 위해 종부세를 관철시켰다. 진정한 리더의 모습이 무엇인지, 역사와 대화하는 자세가 어떤 것인지 노무현 대통령은 보여 주었다.

참여정부 당시로 국한시켜 논의를 전개해도 종부세의 의의는 우뚝하다. 2000년 이후 전개된 전 세계적 유동성 과잉과 주거 자본주의로 불릴 정도로 부동산이 투기의 주된 소재가 된 객관적 상황에서 선진국들의 부동산 가격은 천정부지로 급등했다. 전 세계적 부동산 가격 폭등의 폭풍우 속에 대한민국 부동산 시장

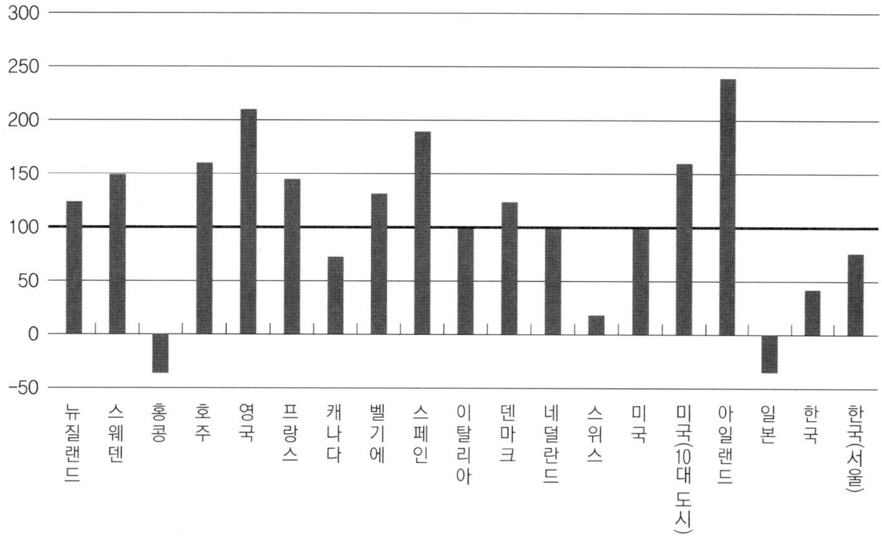

〈그림 15-4〉 주요 국가들의 10년간 주택가격 변화(1997~2006)

출처: "America's housing malaise is slowly spreading", *Economist*, 2007년 12월 6일 자.
한국은 국토해양부 홈페이지 통계자료에서 작성(김수현, 2008에서 재인용).

이 놀라울 정도의 안정세를 유지한 건 〈그림 15-4〉가 보여 주듯 엄연한 사실이다. 종부세가 거기에 일조한 점에 대해서는 이제라도 제대로 평가하는 것이 온당할 것이다.

2) 종부세의 한계

종부세의 한계는 정책의 차원과 정치의 차원에서 살펴볼 수 있을 것이다. 우선 정책의 측면에서 종부세의 한계를 지적하자면, 토지세를 중심으로 삼아야 한다는 보유세의 본령을 위반해 건물에도 과세한 점(토지와 건물은 완전히 다른 재화다. 토지는 천부의 것이고 생산할 수 없으며 시간이 지날수록 가치가 증가하는 반면, 건물은 인간 노동의 결과이고 생산 가능하며 시간이 지날수록 가치가 줄어든다. 따라서 보유세는 토지에만 부과하고 건물에는 부과하지 않는 것이 옳다), 전체 부동산 보유자의 2% 남짓만 과세 대상으로 삼아 부유세 프레임에 휘말린 점, 과세를 위해 부동산 소유액을 합산할 때 종합합산, 별도합산, 분리과세

등의 칸막이를 만들어 결과적으로 부동산 과다 보유자의 세부담을 줄여 준 점, 납세자와 수혜자가 완벽히 불일치한 점(종부세 과세 대상자들은 세금폭탄이라며 종부세를 증오한 반면, 지방교부세 형태로 수혜를 입은 불특정 다수의 유권자들은 종부세로 인해 수혜를 입는다는 사실조차 인지하지 못하였고 따라서 종부세가 형해화될 때 이를 저지할 조직적 노력에 나서지 않았다) 등을 꼽을 수 있을 것이다. 종부세를 발전적으로 지양하는 보유세를 디자인함에 있어서 종부세가 지녔던 정책적 흠결들을 반드시 기억해 이를 극복할 수 있도록 설계하는 것이 긴절하다.

정치의 차원에서 종부세의 한계를 지적하자면 정권 재창출에 실패해 종부세가 계승되지 못하고 단절됐다는 점을 먼저 들어야 할 것이다. 아무리 좋은 정책이라도 계승되지 못하면 소용이 없다는 사실을 종부세는 뼈아프게 알려 준다. 그다음에 지적할 대목은 대통령을 위시한 정부 당국자들이 종부세 전선에서 과도하게 공세적이고 호언하는 태도를 보였다는 점이다. 노무현 대통령은 "강남이 불패면, 대통령도 불패다."라며 강남과 대결하는 자세를 보였으며, '8·31 대책' 발표 당시 한덕수 부총리는 "부동산 투기는 끝났다."라고 단언했다. 노무현 대통령의 태도는 종부세 과세 대상자들이 대거 밀집한 강남을 불필요하게 자극했다는 점에서 패착이었고, 한덕수 부총리의 호언은 이후 2006년 가을 부동산 시장이 다시 한 번 요동치면서 실언으로 증명됐다. 노무현 대통령은 "강남에 사는 여러분들이 대한민국을 이끄는 분들 아닙니까? 대한민국의 미래를 위해, 함께 사는 대한민국을 위해 여러분들이 기쁜 마음으로 보유세를 내 주십시오."라고 곡진하게 호소하는 편이, 한덕수 부총리는 "정부가 혼신의 노력을 다해 '8·31 대책'을 만들었습니다. 그러나 이 대책이 성공하기 위해서는 국민 여러분들의 도움이 절대적으로 필요합니다. 부동산 투기와 부동산 불로소득은 망국의 지름길입니다. 대한민국의 미래를 위해 국민 여러분께서 정부를 도와주십시오."라고 겸손하게 도움을 요청하는 편이 옳지 않았을까 싶다. 정책 특히 부동산정책에 관한 한 대통령을 위시한 정부 당국자들은 겸손하면서도 신중한 언행을 유지하기를 바란다.

●제16장

중국과 북한의 경제체제 전환을 위한 공공토지임대제

조성찬

헨리 조지(Henry George, 1839~1897)를 조금이라도 이해하고 있는 이들은 그의 지대공유 이론 및 지대공유제가 주로 토지가 사유화된 자본주의 국가를 대상으로 한다고 생각하는 경향이 강하다. 이러한 생각은 헨리 조지의 이론체계 전체를 정확히 이해하지 못한 것이다. 그의 이론체계는 자본주의 국가만큼이나 경제체제 전환을 도모하는 사회주의 국가의 토지정책에도 중요한 시사점을 던진다. 이런 관점에서 이 장은, 헨리 조지가 이론적 차원에서 제시한 근본적인 접근법인 토지공유 및 임대라는 처방책을 '공공토지임대제'라는 이론적 틀로 정리한 후, 북한의 지속가능한 경제체제 전환을 위한 공공토지임대제 적용 방안을 모색한다. 이를 위해 북한의 토지개혁에 중요한 영향을 주고 있는 중국의 경험을 먼저 비판적으로 살펴본다.

1. 사회주의 경제체제 전환을 위한 헨리 조지의 공공토지임대제

1) 토지소유제도의 4가지 유형

김윤상(2009)은 민법이 규정하고 있는 소유권의 세 가지 권능, 즉 사용권, 수익권, 처분권 중 어떤 권능을 사적 주체에게 귀속시킬 것인가에 따라 토지소유제

[표 16-1] 토지소유제도의 유형

소유권의 권능	토지사유제	지대조세제	공공토지임대제	토지공유제
사용권	사	사	사	공
처분권	사	사	공	공
수익권	사	공	공	공

출처: 김윤상(2009: 38), 〈표 2.1〉

도를 구분하고, 국가 단위에서 실제로 의미 있는 토지소유제도의 유형으로 토지사유제, 지대조세제, 토지공유제, 공공토지임대제 4가지를 제시했다.

토지사유제는 사용권, 처분권, 수익권 모두 사적 주체에게 귀속되는 제도로, 남한의 자본주의적 토지소유제도에 가깝다. 헨리 조지가 주창한 것으로 유명한 지대조세제는 토지사유제의 폐단인 토지 불로소득 문제를 해결하기 위한 대안으로 제시된 것으로, 토지소유 주체는 그대로 둔 채 수익권에 해당하는 지대를 조세 형식으로 환수하려는 것이 핵심이다. 토지공유제는 세 권능 모두 국가 또는 공공에게 귀속되는 것으로, 북한의 토지국유제와 유사하다. 마지막으로, 공공토지임대제는 토지공유제와 시장경제 시스템을 결합하기 위해 토지사용권을 일정 기간 개인에게 임대하고 지대를 받는 제도이다. 이 방식은 특히 토지가 국유화된 사회주의 계획경제 국가들이 시장경제로 전환하기 위해 선택할 수 있는 가장 적합한 방식이다.

2) 헨리 조지의 공공토지임대제 이론

헨리 조지는 그의 저서인 『진보와 빈곤』을 통하여 진보 속의 빈곤 문제를 해결하기 위한 지대조세제 시행을 주창한 것으로 알려져 있다. 지대조세제란 토지 소유자에게서 시장임대료에 해당하는 지대를 매년 조세로 징수하여 가장 우선적인 정부수입으로 삼는 제도를 말한다. 그런데 헨리 조지가 지대조세제를 주장하기에 앞서 보다 근본적인 처방책으로 사유화된 토지를 공유로 되돌린 후 토지사용권을 최고지대 청약자에게 분배하는 공공토지임대제(public land leasing system)를 실시해야 한다고 주장한 점은 잘 알려져 있지 않다.

> 빈곤을 타파하고 임금이 정의가 요구하는 수준 즉 노동자가 벌어들이는 전부가 되도록 하려면 토지의 사적 소유를 공동소유로 바꾸어야 한다. 그 밖의 어떠한 방법도 악의 원인에 도움을 줄 뿐이며 다른 어떤 방법도 희망이 없다.(George, 김윤상 역, 1997: 313~314)

> 우리는 일거에 토지의 사적 소유권을 철폐하고 토지의 공유를 선언한 후 토지개량물에 대한 사적 권리를 완전히 보호한다는 조건하에 각 필지마다 최고가격 청약자에게 임대한다면, 정의의 법칙도 만족시키고 경제성도 충족시킬 수 있다. … 토지를 가장 잘 이용할 수 있는 사람에게 사용권을 주어 최대의 생산을 확보할 수 있다.(George, 김윤상 역, 1997: 390)

그리고 헨리 조지는 토지의 사적 소유를 인정하지 않고 국가나 시 정부가 모든 토지를 소유하면서 토지사용자로부터 지대를 징수하는 공공토지임대제를 실시할 경우 토지사용 및 개량이 제대로 이루어질 것인가라는 일반적인 염려에 대해 다음과 같이 대답했다.

> 토지사용에 필요한 것은 토지의 사적 소유가 아니라 개량물에 대한 보장이다. 토지의 경작과 개량을 유도하기 위해서 '이 땅은 당신의 것'이라고 할 필요가 없다. 단지 '이 땅에서 당신이 노동과 자본을 들여 생산한 것은 당신의 것'이라고 하면 족하다.(George, 김윤상 역, 1997: 384)

헨리 조지가 『진보와 빈곤』에서 제시하고 있는 공공토지임대제의 핵심 원칙은 다섯 가지다. ①토지사용권은 경매를 통해 최고가 청약자에게 이전, ②지대의 '매년' 환수, ③사회 전체를 위한 지대의 사용, ④토지사용권의 확실한 보장, ⑤노동과 자본의 투입으로 생긴 개량물의 확실한 보호가 그것이다. 헨리 조지 외에도, 공공토지임대제의 경제적 타당성은 Léon Walras(1880), Richard J. Arnott and Joseph E. Stiglitz(1979), Masahisa Fujita(1989), 정운찬(2009) 등이 설득력 있게 논했다.

이상의 간략한 논리 전개로, 우리는 다음과 같은 실천적 결론에 도달할 수 있다. 토지사유제가 완성된 나라에서는 행정편의상 지대를 조세의 일종으로 다루어 환수하는 지대조세제를 실시하며, 토지가 공유인 나라에서는 지대를 임대료로 파악하여 '공공토지임대제'를 실시하는 것이다. 두 제도 모두 지대의 공적 환수라는 핵심에 있어서는 동일하다. 단지 적용 방법에 차이가 있을 뿐이다.

3) 지대 납부 방식의 중요성

공공토지임대제의 세부 유형은 다양할 수 있지만 실질적인 의미에서 구분할 수 있는 기준은 지대 납부 방식이다. 주요국의 공공토지임대제 실시 사례를 분석한 Steven C. Bourassa and Yu-Hung Hong(2003)의 연구에 따르면, 사례국들의 공공토지임대제 유형을 구분하는 핵심적인 변수는 바로 지대 납부 방식이었다. 호주 캔버라의 경우 지대를 매년 납부하는 방식에서 일시불로 변경하면서 토지사용권을 토지소유권화함으로써 제도의 취지가 무색해졌다. 중국은 공공토지임대제를 일시불 방식인 토지출양제(土地出讓制)와, 매년 납부 방식인 토지연조제(土地年租制)로 구분하는데, 개방개혁 초기부터 일시불 방식을 시행한 중국은 지가 급등, 부동산 투기, 토지사용권 진입장벽, 금융과의 연계 등 이로 인한 문제의 심각성을 인식하고 1990년대 후반 이후 미약하게나마 토지연조제를 실시하고 있다. 최근에는 지대를 일시불로 환수하는 토지출양제의 한계를 극복하기 위해 보유세에 해당하는 부동산세 논의를 진행하고 있다.

이런 맥락에서 헨리 조지가 두 번째 공공토지임대제 원칙으로 제시한 '지대 매년 납부'가 매우 중요하다. 물론 이 원칙도 기계적으로 적용하는 것이 아니라 제도를 추진하는 실제 상황을 고려할 필요는 있다.

2. 중국에 영향을 끼친 헨리 조지

1) 최초로 중국 산동성 자오저우만에서 지대조세제 16년간 실시

헨리 조지가 지대공유를 위한 처방책으로 제시한 지대조세제가 가장 먼저 실현된 곳이 바로 중국 산동성 자오저우만(胶州湾) 일대이다. 실현된 시기는 청조(清朝) 말이자 헨리 조지 사후 1년 뒤인 1898년으로, 이때 자오저우만은 독일의 조차지(租借地)였다. 이 제도는 독일이 청나라와 조약을 체결해 자오저우만 일대 1,036km^{2}를 99년간 조차한 1898년부터 자오저우만이 일본에 점령당한 1914년까지 약 16년간 실시되었다. 자오저우만은 산동반도의 남쪽 연안에 있는 만으로, 황해로 나가는 입구에 칭다오가 있다.

실시 배경은, 독일이 아프리카 식민경영 과정에서 식민지 개발에서 생기는 상당한 이득이 토지 투기자에게 돌아가는 현상을 경험했기 때문이다. 이러한 문제를 해결하고자 독일 토지개혁연맹(Bund für Bodenbesitzreform)은 1894년과 1895년 두 차례에 걸쳐 당국에 개혁건의서를 제출했고, 이러한 내용이 독일 해군 장교들에게 영향을 주었다. 여기에는 자오저우만 일대를 점령한 디드릭스(Otto von Diedrichs) 해군제독도 포함되었다.

자오저우만이 본국 식민지관리청이 아닌 해군 당국의 관할로 유지되자 디드릭스 제독은 모든 토지거래는 해군 당국의 사전 동의를 얻도록 포고령을 내리고, 지대조세제를 추진하였다. 이를 주도하고 구체화한 인물은 독일인 쉬라마이어(Ludwig Wilhelm Schrameier, 1859~1926) 박사로, 그는 「토지 및 조세에 관한 법률(Land and Tax Statute)」을 입안했으며, 이 법률은 이후 자오저우만 일대의 토지제도와 조세제도의 근거가 되었다. 중요 내용은 다음과 같다.

- 첫째, 연간 토지세액은 토지소유자가 가한 개량물의 가치를 제외한 지가의 6%로 한다.
- 둘째, 지가는 정기적으로 재평가한다.
- 셋째, 지가상승에 대해서 토지양도 시 또는 25년마다 과세한다.

• 넷째, 25년 동안 토지양도가 없을 경우에는 지가차액의 3분의 1을 징수한다.

이 법률이 시행된 초기에는 토지세 이외의 징수액이 거의 없어 단일세제에 가까웠으며 후에 관세가 추가되었을 뿐이다. 이 제도는 매우 성공적이어서 어촌에 불과했던 칭다오가 무역항으로 발전하는 데 중요한 기여를 했다.

쉬라마이어 박사는 1924년 쑨원(孫文, 1866~1925)의 초청으로 중국에 가서 토지개혁과 토지세제 개혁에 관한 자문 역할을 하였다. 그는 1926년 광동(廣東)에서 교통사고로 사망하였는데, 당시 광동 시장이었던 쑨원의 아들이 묘석을 세워 그의 공을 기렸다. 묘비명은 자오저우만에서 지대조세제를 실시하는 데 헨리 조지의 영향을 받았음을 분명히 밝히고 있다. "자오저우만의 독일 조차지에서 쉬라마이어가 담당했던 주 업무는 토지제도의 확립이었으며 이 제도는 토지개혁에 대한 헨리 조지의 사상이 최초로 구현된 제도였다."

당시 자오저우만보다 앞선 1841년에 영국의 식민지로 전락한 홍콩은 "지가 상승에 따른 투기가 예상되기 때문에 좋은 부지를 확보하고 미래 발전을 보장하기 위해" 공공토지임대제를 실시했다(Endacott, 은은기 역, 2006: 43). 중국은 홍콩의 경험과 자오저우만의 경험이 중첩되면서, 두 가지 제도를 모두 실시하는 독특한 경험을 갖게 되었다. 두 경험의 공통점은 모두 식민지라는 점, 그리고 권력을 쥔 이들이 토지의 중요성을 이해하고 있었다는 점, 마지막으로 식민지 지배 초기에 경제적 이해관계가 형성되지 않아 지대공유 정책을 추진하기가 수월했다는 점이다. 이후 홍콩의 경험은 1970년대 말부터 개혁개방을 추진한 중국 대륙에 전파되었다. 또한 자오저우만의 경험은 2000년대 초반, 중국 정부가 부동산 투기를 억제하기 위해 도입을 준비 중인 부동산세 추진의 밑거름이 되었다.

2) 헨리 조지에 영향받은 쑨원이 평균지권 원칙을 중국과 대만에 실현

자오저우만 사례는 서울시만 한 비교적 좁은 지역에서 실시된 사례였다. 이에 반해 우리에게 비교적 잘 알려진 쑨원의 이야기는 중국과 대만이라는 국가 전체에 적용된 것이다. 쑨원은 반청운동에 가담하여 1895년 10월 광저우에서 거병하였으나 실패하여 1896년(헨리 조지의 영국방문 12년 후) 런던으로 망명했다. 이때 쑨원은 영국의 톨스토이주의자를 통해 헨리 조지를 알게 되었으며, 『진보와 빈곤』을 읽고 크게 감명을 받았다. 당시 중국이 자본주의 발전과정에서 부닥친 문제는 ①서양 자본주의의 문제점을 어떻게 해결하고, ②기존에 남아 있는 봉건(군벌) 세력이 차지한 땅을 어떻게 균등하게 분배할 것인가였다. 이에 대한 해결책으로 쑨원은 1년간 영국에 머무르며 헨리 조지의 토지사상에 기초하여 삼민주의(민족, 민권, 민생) 중 민생주의를 구상하였다.

쑨원은 "토지세는 정부재정 확보를 위한 유일한 수단으로서 대단히 정의롭고 합리적이며 공정 분배된 세금이고, 우리는 이 위에 새로운 사회체제를 형성할 것이다."라고 하였다. 그의 민생주의는 '평균지권(平均地權)'과 '경자유전(耕者有其田)'으로 압축된다. 핵심 원리는 ①토지소유자로 하여금 스스로 지가를 신고하도록 하고, ②신고 지가를 기초로 토지보유세를 거두며, ③신고 지가가 지나치게 낮을 때는 정부가 매수한다. ④증가한 지가는 사회가 환수한다(韦杰廷, 1991: 126~130). 지대세를 중심으로 하면서 필요한 경우 국가가 매수하는 전략을 쓰는 쑨원의 민생주의 사상은 그의 민족·민권 사상에 비해 사회주의 요소가 많이 함유되어 있었다. 이에 마오쩌둥을 대표로 하는 중국공산당은 쑨원의 민생주의 사상을 농민의 토지 요구 문제를 해결하는 방안으로 삼았다. 그런데 중국의 농지개혁은 후에 마르크스-레닌주의에 기초한 사회주의 집체화로 이행했다는 점에서 쑨원의 본래 원칙과 차이가 분명하다. 쑨원의 삼민주의는 대만의 토지정책에도 영향을 주어 대만 헌법에 '평균지권'이 명시되는 등 중요한 철학 및 정책 기조로 이어져 오고 있다.

3. 중국의 토지개혁 및 평가

1) 도시 토지개혁

(1) 개혁 추진 배경

신중국 성립(1949년) 후부터 1978년도 개혁기 이전까지 중국 토지사용제도는 기본적으로 무상·무기한·무유통이라는 3무(無) 방식이었다. 정부기관과 국유기업을 중심으로 토지를 사용하되, 토지사용료와 사용기한이 없으며, 사용권 유통도 허용되지 않았다. 그러다 토지이용 체계가 한계에 이르렀고, 문제의 심각성을 느낀 덩샤오핑은 1978년 12월, 중국 공산당 제11기 3중 전회를 통해 「토지법」을 신속하게 제정·공포할 것을 건의했다. 또한 전국인민대표대회 제5기 제4차 회의에서 "모든 토지를 소중히 여기고, 합리적으로 이용하며, 경지를 잘 보호해야 한다."라고 건의했다. 이후, 중국의 토지사용 방식에 커다란 변화가 일어나기 시작했다. 이때 가장 중요한 영향을 준 것이 영국 식민지 홍콩이 실시하고 있던 공공토지임대제 방식이었다.

중국의 도시 토지개혁은 1982~1987년에 선전, 무순 등의 도시에서 처음으로 토지사용료를 징수하면서 시작되었다. 1987년 9월 9일에는 선전 경제특구에서 중국 최초로 토지사용권 양도방식을 이용해 50년 기한의 주택용지를 건설기업에 양도했다. 이때 50년에 해당하는 토지사용료를 '일시불'로 받았다. 같은 해 12월 1일에는 최초로 경매 방식으로 토지사용권을 양도했다. 이후 1990년부터 이러한 방식의 토지사용권 유상양도 방식(출양 방식)이 전국 도시에 적용되었다.

(2) 도시 토지제도 현황

현재 중국에서 시행되고 있는 토지사용권 배분 방식은 크게 행정배정(劃撥) 방식, 출양(出讓) 방식, 연조(年租) 방식, 기업출자 방식, 수탁경영 방식의 5가지다. 토지를 사용하려는 정부기관이나 기업, 개인은 이러한 5가지 방식을 통해 국가로부터 토지사용권을 획득하게 되는 것이다. 이 중 앞의 세 가지 방식을 살펴보자.

행정배정 방식은 개혁·개방 이전의 방식과 동일하며 주로 국가기관용지, 군사용지, 도시기반시설용지, 공익사업용지, 국가가 중점을 두는 에너지·교통·수리 등 기초시설용지 및 기타 법률 및 행정규정이 정한 용지를 배분하는 것이다. 무상으로 사용하며, 사용기간은 제한이 없고, 허가 없이는 재양도, 임대, 저당 등을 할 수 없다.

출양 방식은 국가의 토지소유권을 대표하는 현·시 인민정부가 토지사용권을 토지사용자에게 양도하고, 토지사용자는 지방정부에 토지출양금을 일시에 지불하는 방식이다. 토지사용권 출양은 국유토지에 한해서 이루어지며, 농민 집체소유의 토지는 국유토지로 전환시킨 후에 가능하다. 출양 방식은 토지유상사용 방식 중 가장 주된 방식이다. 토지사용권은 양도·저당 등 물권적 행위를 포함한다. 「도시국유토지사용권 출양과 재양도 임시조례」는 토지사용권 출양의 최고기한을 용도별로 정하고 있다. 주거용지는 70년, 공업용지는 50년, 교육·과학기술·문화·위생·체육용지는 50년, 상업·여행·오락용지는 40년, 종합 혹은 기타용지는 50년이다.

연조 방식은 출양 방식의 한계를 보완하기 위해 1990년대부터 적용되기 시작한 토지유상사용 방식이다. 출양 방식과의 가장 큰 차이점은 토지사용료를 '매년' 납부한다는 점이다. 일반적으로 토지사용권의 임대기간은 길지 않고, 임대기간 내에는 매년 토지소유자에게 임대료를 납부한다. 토지사용료 매년 납부라는 방식은 급속한 경제성장과 도시화가 진행되고 있는 중국에서 큰 의미를 갖는다. 출양 방식의 경우, 초기에 토지사용료를 일시불로 납부하면 그 이후 오르는 토지가치는 토지사용권자에게 귀속되나, 연조 방식의 경우 매년 오르는 토지사용

[표 16-2] 토지사용권 배분 방식에 따른 비교

구분 배분 방식	유/무상	기한	유통	배분대상	장/단점	비고
행정배정	무상	무기한	유통 가능 (허가 필요)	공공시설용지	-부정부패 -지대손실 -토지이용 저효율	개혁기 이전 방식
출양(出让) (일시불)	유상	유기한 (장기)	유통 가능	개발용지 등	-간접적인 임대제 -정부 재정수입 확충 -토지이용 효율성 증대 -협상 방식은 문제	공공토지임대 (한계 많음)
연조(租赁) (매년 납부)	유상	유기한 (중단기)	유통 가능	행정배정 용지 등	-직접적인 임대제 -안정적인 재정수입 -토지이용 효율성 증대	공공토지임대 (가장 바람직)
기업출자	무상	무기한	유통 불가	주식회사화 국유기업	-토지가치평가의 자의성 큼	국가 토지 현물출자
수탁경영	무상	무기한	유통 불가	국유대형기업	-해당기업 특혜 및 부패의 소지 큼	행정배정 용지 자체개발

출처: 조성찬(2012), 〈표 1〉을 수정함.

권 가치에 기초하여 사용료를 납부하기 때문에 토지가치 상승분의 공공 귀속이 가능하다. 이러한 점 때문에 출양 방식보다 이론적으로 더 바람직한 방식이다.

중국은 이러한 이유로 매년 지대를 납부하는 연조제 방식을 강화하는 실험을 전개 중이다. 중국은 1998년에 「토지관리법 실시조례(土地管理法实施条例)」 제29조를 개정하여 국유토지유상사용 방식으로 토지출양제 외에 토지연조제 방식도 포함시켜 법적 지위를 부여하였다. 이어서 1999년 8월 1일 국토자원부가 「국유토지임대 규범화에 관한 약간의 의견(规范国有土地租赁若干意见)」을 발표하고, 신규 건설용지 공급방식에 있어서 토지출양제 방식을 주된 방식으로 삼으면서도, 토지연조제 방식을 토지출양제 방식의 '보조적인' 방식으로 적용할 수 있도록 위상을 정립하였다. 토지연조제 실험은 선전(深圳)과 상하이의 푸동신구(浦东新区) 등 여러 도시에서 진행되고 있다.

(3) 중국의 토지 관련 세제

중국은 공공토지임대제라는 큰 틀에서 토지출양금 또는 토지연조금을 통한 지대환수 외에 조세 방식을 통해서도 지대를 환수하는 병렬적 시스템을 갖추고 있다. 토지와 직접적으로 관련된 재산세로는 도시토지사용세, 토지증치세, 경지점용세 3가지가 있으며, 토지와 간접적으로 관련된 세제로는 영업세, 도시유지건설세, 기업소득세(외상투자기업및외국기업소득세 통합), 개인소득세, 인지세, 가옥세, 계약세, 고정자산투자방향조절세 8가지가 있다. 이 중에서 도시 토지와 직접적으로 관련된 도시토지사용세와 토지증치세를 자세히 살펴보자.

도시토지사용세는 토지를 사용하는 기관·기업·개인에 부가되는 것으로 점유토지면적을 과세 근거로 한다. 세율은 해당 토지 소재 도시의 등급과 해당 토지의 등급에 따라 결정된다. 국가기관, 인민단체, 군대 사용 토지, 공공용지 등은 토지사용세가 면제된다. 토지사용세는 큰 틀에서 토지보유세에 해당한다. 토지사용세를 규정하는 근거는 1988년에 제정된 「중화인민공화국 도시토지사용세 임시 조례」이다. 이후 1차 수정을 거쳐 2007년 1월 1일부터 적용된 세율(조례 제4조)은 [표 16-3]와 같다.

[표 16-3] 도시토지사용세의 m²당 연간 세액

등급	연간 세액범위(위안/m²)
대도시(50만 명 이상)	1.5~30
중등도시(20만~50만 명)	1.2~24
소도시(20만 명 이하)	0.9~18
현정부소재지, 건제진, 공광업 지구	0.6~12

도시토지사용세는 원리상 헨리 조지가 강조한 지대조세제 성격에 해당한다. 그런데 한계도 분명해 보인다. 간략하게나마 이 조세제도를 평가하면, 물론 토지 등급별로 세액 범위가 달라지기는 하지만, 과세 기준이 가치(지대)가 아닌 면적이라는 한계가 있다. 또한 10년 전에 수정된 세액 범위가 지금도 그대로 적용되고 있어 현실적인 지대환수 장치로는 상당히 미흡하다. 가령, 베이징 시의 보통 아파트(100m²)를 대상으로 세액을 계산한다고 할 때 이 아파트의 토지 지분율(20%로 가정)에 최고 세액인 30위안을 곱한다고 해도 매년 납부하는 토지사용세는 600위안으로 터무니없이 낮다. 물론 아파트 소유자들은 이미 토지출양금을 납부했기 때문에 자기 의무를 다했다고 항변할 것이다.

도시토지사용세가 투기를 막는 효과가 미약하자, 중국 정부는 토지 투기를 막기 위해 1993년 12월 13일에 「토지증치세 임시조례」를 공포하고 1994년 1월 1일부터 징수를 시작했다. 납세자는 국유토지사용권, 지상건축물 및 그 부속물을 유상양도하여 수익을 얻는 단위와 개인으로, 과세 대상은 그 양도차액이다. 이때 양도차액은 부동산을 양도하면서 얻은 수입에서 토지사용권 취득 시 지불 금액, 토지개발비용, 새로 건설한 건물 및 부설설비의 원가와 비용 또는 구 건물 및 건축물의 평가가격, 양도부동산과 관련된 세금, 재정부가 규정한 기타 공제 항목 등을 공제한 후의 금액이다. 그리고 구체적인 세율은 토지가치증가액의 공제액을 초과한 금액, 즉 과세표준액과 공제액의 비율에 따라 4등급으로 구분하여 이 비율이 50% 이하면 세율 30%를, 200%를 초과하면 60%를 적용하는 초과누진세율 구조다([표 16-4] 참조). 토지증치세는 1990년대 말까지 제대로 기능하지 못

[표 16-4] 토지증치세의 세율구조

급수	토지가치증가액의 공제항목을 초과한 금액의 비율(%)	세율(%)
1	<50	30
2	50~200	40
3	100~200	50
4	≥200	60

출처: 王春雷(2009: 169).

하다가 2007년에 403.1억 위안을 환수하면서, 같은 해의 도시토지사용세 수입인 385.5억 위안을 넘어섰다. 그런데 도시토지사용세가 징수 수준이 미약하기 때문에 두 제도를 비교하는 것이 큰 의미는 없어 보인다.

도시토지사용세 및 토지증치세의 한계가 명확하고 특히 부동산 투기를 예방하는 효과가 미약하자 중국 정부는 원리상 도시토지사용세와 유사한 보유세이면서도 부동산을 대상으로 하는 부동산세(물업세)를 도입하겠다고 밝혔다. 2003년 10월에 중공 제16기 3중전회(3中全會)에서 결의한 「중공중앙의 시장경제체제 개선을 위한 약간의 문제에 대한 결정」에서 "조건이 갖추어지는 대로 부동산에 대해 통일된 부동산세(물업세)를 징수하며, 이에 따라 관련된 세제와 비용을 폐지한다."라고 밝혔다. 이후 중국 정부는 2005년에 베이징, 선전(深圳), 총칭(重庆), 닝샤(宁夏), 랴오닝(辽宁), 장쑤(江苏) 등 6곳을 1차 시범 연구도시로 선정했으며, 2차로 2007년 9월에 안후이(安徽), 허난(河南), 푸젠(福建)과 톈진(天津) 등 4곳을 추가로 선정하여 정책 도입을 위한 연구를 진행하여 왔다(박인성·조성찬, 2011: 284~285). 그러나 아직까지 부동산세가 법적·정책적으로 체계화되지는 못하고 있다.

(4) 지대 유실 문제

지대와 관련하여 중국 토지사용권 시장의 핵심적인 문제는 크게 두 가지다. 첫째, 개혁개방 이전 행정배정 방식을 통해 무상으로 토지사용권을 획득한 기업들이 개혁개방 이후에도 지속적으로 지대를 향유하는 구조다. 정부도 국유기업

개혁 과정에서 이러한 문제를 해결하고자 지대를 매년 납부하는 방식으로 유상화하려고 하지만 쉽지 않은 과제다.

둘째, 출양 방식은 지대를 일시불로 납부하기 때문에 지방정부의 입장에서 일시에 막대한 재정수입을 확보하여 도시개발의 재원으로 활용할 수 있다는 장점이 있는 반면 다음과 같은 단점도 있다(박인성·조성찬, 2011, 395~397). ①지속적이며 안정적인 재정수입의 근원을 포기해야 한다. ②일시불로 지대를 납부하기 때문에 토지개발업자와 부동산 구입자들은 큰 재정적 부담을 지게 된다. ③재정적 부담을 해결하기 위해 불가피하게 부동산 담보대출을 받아야 하는데 이는 부동산 거품을 조장한다. ④현재 시점에서 미래 수십 년 후의 지대를 예측하여 총지대액을 결정하기 때문에 불완전한 지대추정이 이루어지고, 그 결과 재정수입 유실을 초래한다. ⑤이러한 원인이 총체적으로 결합하여 부동산 투기를 부추긴다. 현재 급속한 경제성장을 보이고 있는 중국 부동산시장의 이면에는 위에서 언급한 5가지의 문제점이 모두 노출되어 있다.

선전의 최초 유상 양도 사례는 앞서 언급한 두 번째 문재를 상징적으로 보여준다는 점에서 흥미롭다. [표 16-5]의 사례에서, 선전경제특구는 1987년 9월 9일 최초로 협의방식을 통해 면적 5,412m^2의 주택용지를 50년 기한으로 108.24만 위안(m^2당 200위안)에 양도했다. 당시 「선전경제특구 토지관리 임시규정」은 지대를 일시불로 납부하는 출양 방식 외에도 매년 납부하는 방식을 규정하고 있었다. 만약 매년 납부 방식으로 환수했다면 최소 811.8만 위안에서 최고 1,623.6만 위안

[표 16-5] 일시불 방식 및 매년 납부 방식의 지대총액 차이 분석

사례분석		공급면적 (m^2)	표준 (위안)	연한 (년)	임대료 총액 (만 위안)	차이	사유화 비율 (차이/임대료 총액)
협의출양(실제)		5,412	200/50年	50	108.24(A1)	–	
매년 지대납부 (가정)	주택용지 최저	5,412	30/1年	50	811.8(B1)	703.56 (B1–A1)	86.7%
	주택용지 최고	5,412	60/1年	50	1,623.6(C1)	1,515.36 (C1–A1)	93.3%

출처: 조성찬(2011: 328), 〈표 2〉를 수정함.

을 환수할 수 있었다. 즉 실제 금액과의 차액만큼 사유화된 것이다. 사유화된 수치는 이후 중국이 보여 준 높은 경제성장률을 감안하지 않은 것이니, 이것까지 감안하면 사유화된 지대총액은 놀라울 것이다.

2) 농촌 토지개혁

신중국 성립(1948년) 이후 중국 농촌의 토지소유제 개혁 과정은 크게 4단계로 진행되어 왔다. 1단계는 1949년부터 1953년까지 진행된 '농지 개인소유제' 단계로, 정권을 획득한 중국공산당은 지주의 토지를 무상으로 몰수하여 농민들에게 나눠 주었다. 이때 쑨원의 경자유전 원칙이 중요한 지침이 되었다.

2단계는 1953년부터 1957년까지 진행된 '노동 군중 집체소유제' 단계로, 1단계에서 드러난 문제를 해결하고 사회주의로의 개혁을 향한 발걸음을 시작한 단계다. 2단계는 다시금 세 단계로 나뉜다. 2-1단계는 호조조(互助组) 개혁 단계로, 토지는 여전히 농민의 재산으로 남아 있었으며, 농민들은 노동력만을 교환했다. 2-2단계는 초급농업합작사(初级农业合作社) 개혁 단계로, 농민들은 초급농업합작사에 토지를 출자하고, 출자한 토지면적에 따라 이익을 분배받았다. 초급농업합작사는 통일경영방식으로 운영되었으며, 토지소유권과 경영권이 분리되었다. 2-3단계는 고급농업합작사(高级农业合作社) 개혁 단계로, 초급농업합작사의 기초 위에서 농민의 토지소유권을 집체소유로 귀속시키고 이익분배를 없앴다. 농민은 단지 고급농업합작사의 직원 신분으로 임금을 받았다.

3단계는 1958년부터 1976년까지 진행된 '인민공사 집체소유제 단계'로, 2-3단계인 고급농업합작사의 기초 위에서 합작화의 최고 단계를 완성한 것이다. 그러나 인민공사 집체소유제로의 개혁은 개인의 재산권을 모두 박탈하여 노동생산성을 자극하지 못했다. 농민의 노동을 감독하는 일이 어려웠으며, 강제적으로 농민의 퇴출권을 박탈하였다. 이는 결과적으로 무임승차 행위를 초래하여, 집체경제 활동 효율성을 크게 저해했다.

최근의 4단계는 1977년부터 현재까지 진행되고 있는 '가정생산승포책임제 단계'이다. 토지의 집체소유라는 전제하에 각 가정이 생산의 기본단위가 되고, 농지

[표 16-6] 토지원리에 기초한 중국 농촌 토지재산권 구조 변화 분석

4단계 \ 4원칙		토지공유(평균지권)	단독사용(적법사용)	지대회수(지대공유)	사용자 처분
제1단계: 농지 개인소유제		**부합**	**부합**	**부합**	**부합**
제2단계	호조조	**부합**	**부합**	**부합**	**부합**
	초급사(初级社)	**부합**	부합하지 않음	부합하지 않음	**부합**
	고급사(高级社)	부합하지 않음	부합하지 않음	부합하지 않음	부합하지 않음
제3단계: 인민공사 집체소유제		부합하지 않음	부합하지 않음	부합하지 않음	부합하지 않음
제4단계: 가정연산승포책임제		**부합**	**부합**	농업세 폐지 후 부합하지 않음	불완전 현재 **부합**

출처: 赵诚赞(2008: 87~90).

경작권을 다시금 농민에게 나누어 주어 경자유전의 원칙으로 되돌아온 제도이다. 농민은 우선적으로 국가와 집체에 약정된 농업생산물을 납부하면 계속해서 토지사용권과 잉여생산물 수취권을 향유할 수 있다.

그런데 최근 변화가 발생했다. 2006년 농업세가 폐지되면서 농민의 부담은 크게 줄어든 반면 수익이 더 보장되는 것처럼 보였지만, 농지 보유의 부담이 사라지고 도시화가 진행되자 농민공들이 자기 농지를 방치하고 도시로 떠나면서 4단계의 가정연산승포책임제 역시 생산성이 떨어지는 한계에 노출되었다. 게다가 농지 경작권을 양도하는 것도 쉽지 않아 유휴 농지의 효율적인 이용이 어려웠다. 이러한 배경에서 중국은 농지 경작권의 처분권을 강화하고 농민으로 하여금 경작권을 자유로이 농업합작사(농업협동조합)에 출자하는 방식으로 새로운 농업 경영을 시도하기 시작했다. [표 16-6]은 김윤상(2009: 23~24)의 토지원리를 기초로 중국 농촌 토지재산권 변화 과정을 평가한 것이다.

3) 중국의 실질적인 토지 사유화 경향

중국 토지출양 방식의 핵심 원리는 최소 40년(상업용지)에서 최대 70년(주거용지) 동안 토지를 사용할 수 있는 권리이다. 즉 토지사용권을 지방 정부로부터 양

도받아 사용하되, 사용 대가는 토지출양금이라는 이름으로 '일시불'로 납부하는 것이다. 이러한 토지사용권은 용익물권에 해당하는 것으로, 양도와 저당 등 토지 소유권의 기능을 대부분 가지고 있다. 여기서 문제가 되는 것은 일시불로 토지 출양금을 납부하게 되면서, 매년 납부해야 할 토지사용료(지대)를 토지사용 기간만큼 합산(지대자본화)한 것으로 이해되는 토지출양금이 사실은 '작은 지가'가 된다는 것이다. 그 결과 몇 가지 측면에서 실질적인 의미의 토지 사유화 경향이 진행되었다. 이러한 문제를 해결하는 것은 중국이 추진하고 있는 공공토지임대제의 중요한 과제다. 이러한 지점들은 북한에도 중요한 시사점을 준다.

첫째, 지대가 사유화된다. 중국의 급격한 도시성장으로 인한 미래지대 추정의 불확실성 때문에, 지방정부가 일시불로 받은 토지사용료가 실제 토지사용 기간 동안 회수해야 할 금액에 크게 못 미치는데, 이때 나머지 차액은 지대추구의 대상이 되어 민간에게 귀속된다. 이것이 가장 핵심적인 사유화다.

둘째, 주택건설용지 토지사용권이 자동 연장된다. 토지출양제가 주택의 사유화 및 상품화와 결합되면서 주택소유자는 토지사용권의 무기한 소유를 요구하게 되었다. 그 결과 2007년에 공공토지 사유화 경향을 확실하게 보여 주는 결정이 「물권법(物权法)」 제정을 통해 이루어졌다. 이는 주택 소유자들의 욕구와 염려를 반영한 것으로, 70년 기한의 주택건설용지 토지사용권을 자동으로 연장하겠다는 결정이다. 중국 부동산 시장에서의 주택구입 및 투기는 암묵적으로 토지사용권의 지속적인 소유, 즉 실질적인 토지소유에 기초했던 것인데, 이것이 정책으로 공식화된 것이다. 「물권법」은 기간 연장 이후의 토지사용료 지불 기준과 방법에 대한 명확한 규정을 포함하지 않았으며 향후의 정책연구 과제로 남겨 놓는다고 밝혔다.

셋째, 도시 근교 농촌 집체건설용지에 지어진 도시주택이 합법화되었다. 중국은 현재 급속한 도시성장에 따른 토지수요를 주로 도시 주변의 농촌 집체건설용지 개발을 통해 해결하고 있다. 그런데 관련법에서 규정한 집체건설용지의 국유화 과정을 거치지 않은 채 건설업자들이 이곳에 도시용 주택을 건설하여 분양하고 있다. 이를 '소재산권 주택(小产权房)'이라고 하는데 엄연한 현행법 위반이었다.

그럼에도 불구하고 이해관계자가 많아지면서, 2008년 10월 12일 중공 제17기 중앙위원회 제3차 전체회의를 통해「농촌 개혁발전 추진에 관한 약간의 중대 문제 결정」을 발표하고, 집체건설용지에 건설되어 '법적 보호를 충분히 받지 못했던 주택'을 합법화하였다.

넷째, 토지사용권 만기에 따른 토지출양금 재납부 여부가 논쟁의 대상이 되고 있다. 2016년 4월경 원저우(温州) 시에서 출양 방식의 토지사용권 만기가 도래하면서 토지사용료 재납부 여부가 중요한 사회문제가 되었다. 20년 전에 주택 사유화 실험을 전개한 원저우 시가 20년 기한의 토지사용권과 주택(건물) 소유권을 결합한 상품주택을 시장에 공급했는데, 토지사용권 기한이 다가오면서 매매가의 45%에 해당하는 30만 위안(우리 돈 약 5천2백만 원)의 토지사용료 재납부가 문제가 된 것이다. 현재 토지사용권 연장 방식에 대한 중국 학계의 논의는 크게 부동산 완전 소유화, 토지사용권 무상 연장, 1년마다 계약 갱신이다. 중국 최초의 경제특구 선전에서는 이미 유사 사례가 발생했다. 1980년 8월에 특구가 설립되고, 20년 기한의 토지사용권을 분배했는데, 이것이 2000년이 되면서 문제가 생겼다. 이 사안에 대해 선전 정부는「선전시 만기도래 부동산 계약연장에 관한 규정」을 제정(2004. 4. 23.)하고, 만기 토지에 대해 '토지출양금 납부'를 원칙으로 제시했다. 이때 납부 금액은 당시 기준지가의 35%로 정했다(제3조,『뉴스핌』, 2016. 4. 18.). 그런데 원저우와 선전 사례는 차이가 존재한다. 선전 사례의 토지는 행정배정(즉, 무상)을 통해 확보한 토지였기에 당시 기준지가의 35%로 납부하도록 요구할 수 있었지만, 원저우 시나 앞으로 나타날 사례들은 상품주택에 대해 이미 높은 수준의 토지사용료를 대출을 통해 일시 납부하고 구입한 경우로서, 높은 수준의 토지사용료 재납부 요구는 큰 저항을 가져올 것이 분명하다. 이런 지점에서 토지사용권 계약 갱신 시 토지출양제 방식을 토지연조제 방식으로 전환하는 것이 설득력이 있으며 학계에서도 토지연조제 방식의 타당성을 강조하고 있다.

4. 북한의 토지개혁 및 과제

1) 토지개혁 연혁

북한이 추진한 토지개혁 과정도, 중요한 맥락과 본질적인 문제에서는 중국과 같은 성격을 가지며, 큰 틀에서 비슷한 방식과 절차를 거쳤다. 즉, 해방 이후에 북한지역에서 진행된 토지개혁 과정은, ①일정 규모 이상의 개인소유 토지 무상몰수 및 무상분배, ②매우 짧은 기간 동안 토지사유권 인정, ③농업집단화 사업을 통한 국가토지소유제 확립으로 요약된다.

1946년부터 북한지역에서 추진된 토지개혁 과정에서는 토지에 대한 사유권(私有權)을 완전히 부인하지는 않고, 일정 면적(5정보) 이상의 개인소유 토지만을 대상으로 토지를 무상으로 몰수하고, 무상으로 분배했다. 1946년 3월 5일 북조선인민위원회가 「토지개혁에 관한 법령」을 공포해 즉시 토지개혁을 단행하고, 1946년 3월 8일에는 「토지개혁법령에 관한 세칙」을 공포해 1946년 3월 말까지 토지개혁을 완료하도록 요구해, 20여 일 만에 무상몰수 방법으로 토지개혁을 완료했다(김상용, 2006). 이후 1954년부터 시작한 '농업 집단화 사업'을 1958년에 완성함으로써, 북한지역 내에서 토지사유권을 완전히 소멸시키고 사회주의적 토지소유제를 확립했다. 토지에 대한 사유권을 착취적인 소유권으로 간주해 소멸시키고, 토지소유제를 국가소유권과 협동단체소유권으로 구분한 것은 중국의 전민소유 및 집체소유와 그 구조가 같다.

토지개혁 후에 농업을 집단화해 토지에 대한 사회주의적 토지소유제를 확립했고, 또한 토지개혁에서 제외된 토지에 대해 강제 몰수 또는 강압적인 분위기하에 그 소유자로 하여금 자발적으로 소유권을 포기하거나 토지를 협동농장에 기부하게 한 것도, 중공이 추진한 토지개혁 당시의 분위기와 방식 등 모든 면에서 본질적으로 같다고 할 수 있다. 또한 이 같은 토지개혁을 혁명운동의 일환으로 먼저 실행한 뒤 추후에 제도적으로 추인하는 방식으로 진행된 점도 중국의 상황과 같다. 즉, 북한 공산당도 토지개혁과 사회주의적 토지소유제를 실질적으로 확립한 후, 1963년에 「토지법」을 제정했고, 1972년에는 헌법에서 다시 추인했다. 1977

년에 「토지법」을 제정해, 토지를 혁명의 고귀한 전취물로 규정하고(제1조), 모든 토지를 국가 및 협동단체 소유로 규정하고(제9조 제1항), 토지에 대한 매매를 금지했다(제9조 제2항). 그리고 민법에서 토지에 대한 국가소유권과 사회협동단체 소유권만을 규정하고 있으며, 토지의 용익 및 담보로서의 활용에 관한 규정은 없다.

2) 개혁과 개방을 위한 토지제도 변화

북한 조선노동당도 중공과 같이 개혁과 개방을 위한 시도를 시작했다. 첫 시도는 1984년에 외국인 투자를 유치하기 위해 「합영법」을 제정한 것이다. 그 후 1992년에 「외국인투자법」을 제정·공포하고, 제 15조에서 외국의 투자기업 또는 개인투자자에게 토지이용권 설정 가능성을 인정했다. 토지부문 개혁에서 가장 중요한 변화는 1993년에 「토지임대법」을 제정(1999년 개정)한 것과 이에 근거한 토지이용권의 인정이라 할 수 있다. 토지이용권 제도는 사회주의적 토지소유제에 의해 이념적으로 토지소유권은 국가 또는 협동단체에 속하지만, 외국기업이 장기간 토지이용권을 설정받아 토지를 사용할 수 있는 권리를 보장해 주는 것이다. '임대'라고 부르지만 실제적으로는 '토지이용권'의 설정이라고 할 수 있다. 그리고 북한에 투자하는 외국의 기업과 개인 및 합영·합작기업에 출자하려는 북한의 기관, 기업소, 단체는 토지이용권을 설정받을 수 있도록 했다(「토지임대법」 제2조, 제5조). 그 전제로, 「합영법」을 개정해 토지이용권을 합영기업에 출자할 수 있도록 했다(「합영법」 제11조). 토지이용권은 토지관리기관과의 임대계약에 의해 최장 50년까지 설정할 수 있다.

북한은 1992년 헌법 개정 이후, 1998년에 다시 헌법을 개정해 개혁과 개방을 좀 더 넓게 추진할 수 있는 헌법적 기초를 마련했다. 1998년 개정 헌법에서는, 생산수단의 소유주체로 종래에는 국가와 협동단체만 인정했던 것을 국가와 사회협동단체로 확대했으며, 도로, 해상운송 분야의 건설 및 운영사업에 외국인 또는 외국기업이 진출할 수 있도록 하기 위해 교통부문에 있어 국가소유의 대상을 철도, 항공운수로 제한했고, 중국의 경제특구와 같은 '특수경제지대' 창설을 위한 헌법적 근거를 마련했다.

북한이 추진하고 있는 개혁·개방 정책의 핵심은, 중국이 추진했던 큰 틀의 경제체제 개혁보다는, 당면한 경제적 난관을 벗어나기 위해 외자를 유치하는 차원에서 대외개방에 치중하고 있다는 점이다. 이러한 이유로 토지사용권 유상사용은 주로 경제특구(개발구 포함) 내에서 이루어지고 있다. 한편, 2002년 7월 1일에 발표된 「7·1 경제관리개선조치」와, 같은 해 7월 31일에 발표된 「토지사용료 납부규정」 이후, 농민들이 농업생산물 중 일부를 지대로 국가에 납부하는 현물지대 납부 방식의 토지유상사용이 초보적으로 적용되기 시작했다.

3) 경제특구 토지제도의 특징

기본적으로 북한 경제특구 토지제도는 토지의 국유를 유지하면서 토지이용권만 분리해 유상설정해 주는 방식이다. 이는 앞에서 고찰한 중국의 '토지사용권 출양'과 유사한 성격이라고 할 수 있다. 단, 북한은 아직까지는 '토지이용권의 설정'을 전면적으로 허용하지 않고 라선경제무역지대, 신의주특별행정구, 개성공업지구, 금강산관광지구 같은 특구와 최근 설립한 지방급 개발구에서만 허용하고 있으므로, 중국의 개혁·개방 초기 실험단계를 크게 벗어나지 못하고 있다. 북한의 「토지임대법」은 특구가 아니라 하더라도 토지이용권의 설정이 가능하다고 규정하고 있다. 이와 같이 토지이용권을 확대 설정할 수 있는 법적장치는 마련되어 있으나, 실질적인 토지이용권의 설정은 허용되지 아니하며, 구체적인 토지이용권의 설정은 특구 및 개발구에서만 이루어지고 있다. 또한, 외국투자기업 및 외국의 개인투자자를 주 대상으로 하고, 북한 내에서는 합영·합작기업에 출자하는 북한의 기관, 기업소 및 단체로 제한된다.

북한 경제특구의 토지유상사용 방식을 핵심적으로 정리하면 선전의 이전 모델인 '토지출양제(토지개발비 포함)+토지사용료 납부' 모델이다. 즉, 50년 단위의 토지이용권을 매각하면서 일시에 임대료를 받고, 매년 토지사용료를 납부하는 방식이다. 구체적인 내용에 있어서도 토지이용권 등기 등을 통해 물권적 규정을 두고 있는 점, 토지사용권 기한을 50년으로 하여 비교적 충분한 기간을 설정하고 있다는 점, 토지사용권 계약은 일반적으로 협의방식을 적용하면서도 나진선봉 자유무역지구의 경우 입찰·경매방식을 적용할 수 있는 점, 토지사용자의 권리를 보호하기 위한 규정을 두고 있는 점, 저당대출이 가능한 점 등 토지유상사용제도가 갖추어야 할 체계들을 그 나름대로 취하고 있다.[1] 또한, 토지사용권의 유상사용은 주로 외국기업 및 외국인에게 국한되어 있으며, 용도변경이 어렵다는 점, 「토지법」이나 「토지임대법」에서 아직 토지사용권을 물권의 일종으로 명확하게 규정하고 있다는 점 등을 특징으로 한다.

4) 최근 지대추구 동향

주지하다시피, 북한 내에는 이미 빠른 속도로 시장이 확산되고 있다. 북한 정부가 주민들의 시장 활동을 억제하지 않을 뿐만 아니라, 소규모 농민에게 논과 밭을 할당하여 경작하도록 하는 포전담당제를 비롯, 기업경영책임제 등 시장 기능을 활용하는 정책을 구사하고 있다(동용승, 2017: 53).

이와 더불어 최근 김정은 정부가 부동산 개발에 열을 올리면서 주택 매매 및 지대추구 현상이 진행되고 있다. 북한에서도 시장이 형성 및 활성화되면서 소위 '돈주'라는 자본가가 형성되었는데, 이들이 급기야 정부 관료와 결탁해 아파트 등 부동산 개발을 통해 막대한 부를 창출하고 있다(문흥안, 2017; 2017 서울도시건축비엔날레 「평양전」). 핵-민생경제 병진노선을 채택한 김정은 정권은 미래과학자 거리와 려명거리를 새롭게 개발하면서 아파트 신축 등 건설사업을 활발하게 추진하고 있는데, 이때 해당 부서에서 자체적으로 자재를 조달하고 건설을 책임지는 방식을 적용하고 있다. 그러다 보니 해당 단위들은 자재 확보를 위해 지하자원을 수출하거나 다른 사업을 전개하기도 한다. 여기에 더해 돈주들에게 이권을 보장하는 식으로 주택건설 사업 등 대형 사업에 투자하도록 유도하고 있

1 북한의 「토지임대법」에서는 중국의 '토지사용권'이라는 용어 대신 '토지이용권'이라는 용어를 사용하며, 대신 매년의 토지지대는 '토지사용료'라고 부르고 있다.

다(동용승, 2017: 53; 임을출, 2016). 현재 북한 내에서 가장 수익성이 높은 사업은 아파트 건축사업과 부동산 임대사업이라는 이야기가 돌고 있다. 법률상 주택 매매가 불법이지만 돈주들이 정부 관료와 결탁하는 방식으로 매매를 하고 있으며, 막대한 투기적 이익을 향유하고 있다.

북한은 공공토지임대제가 보편적으로 확산되지도 않은 상황에서, 지대환수 장치가 미약하다는 제도적 허점을 활용하여 비공식시장에서 지대추구가 진행되고 있다. 이러한 지대추구는 향후 지속가능한 경제체제 전환을 방해하는 주범이 될 수 있다. 따라서 북한은 당장의 경제난을 해결하는 것에만 주력할 것이 아니라, 보다 장기적인 관점에서 지속가능한 경제체제로의 전환을 도모할 필요가 있다.

5) 북한 토지개혁의 일반 원칙

북한에서 지속가능한 경제체제 전환을 도모하기 위해서는 먼저 토지사용제도 개혁을 위한 일반원칙을 확립할 필요가 있다. 현재 진행되고 있는 불로소득 추구 행위를 용인하게 되면 사회적으로 이러한 현상이 관성화되어 제어하기 힘들어진다. 따라서 경제특구와 개발구는 물론이고 도시지역 내에서 일반인 및 일반기업을 대상으로 토지사용제도 개혁을 진행하면서 토지 불로소득 추구를 제어할 수 있는 장치들을 도입해야 한다. 그래야만 건강하고 지속가능한 발전이 가능하다.

이러한 관점에서 토지 및 지대에 있어서 사회적으로 타당한 토지개혁의 일반원칙을 제시할 필요가 분명해진다. 이를 위해 필자는 앞서 살펴본 공공토지임대제 이론을 기초로 삼고 중국의 토지개혁 실험의 한계와 성과들을 참고하여 북한의 현행 경제특구를 포함해 도시지역에 대한 토지사용제도 개혁원칙을 구상해 보았다. 구체적으로 제시하면 보면 다음과 같다.[2] 이 원칙들을 농촌 협동농장에 적용하려는 경우에는 농촌지역 상황에 맞도록 재조정할 필요가 있다.

---

2 북한 경제특구를 위한 토지연조제 개혁원칙의 도출과정과 내용은 조성찬(2010) 참고.

① 핵심원칙

• [평등지권] 모든 사람(후대를 포함)은 평등한 토지사용권을 가진다.

② 토지사용권의 분배 및 이용 원칙

• [시장경쟁방식을 통한 토지사용권 분배] 토지의 가장 효율적인 이용을 위해 경매, 입찰 등 시장경쟁방식을 통해 토지사용권 분배를 실시한다. 이때 매년 납부할 지대를 결정한다.
• [용익물권 성질의 토지사용권 처분] 토지사용권은 용익물권의 일종으로, 토지사용자는 자신의 토지사용권과 지상 개량물을 양도, 재임대, 저당, 증여, 상속할 수 있다.
• [재산권 보호] 공공이익 또는 도시계획상의 필요를 제외한 개인, 기업 및 공동체의 합법적인 토지사용권을 보호한다. 불가피하게 회수하게 되는 경우, 남은 사용권 기한과 건축물의 가치에 합당한 보상을 실시한다.
• [토지사용권 기한] 토지사용권 기한은 해당 지역 또는 경제특구의 도시계획 수립 주기에 맞추어 그 배수로 설정한다. 가령 20년마다 도시계획을 수립하는 경우, 토지사용권 기한은 20년, 40년, 60년이 될 수 있다.
• [토지사용권 연장] 기존 토지사용자가 계속해서 토지를 사용하고자 할 경우와 정부의 토지사용권 회수의 필요가 없는 경우에는, 재평가되었거나 재조정된 시장지대를 납부한다는 조건하에, 기존 토지사용자가 계속 사용할 수 있는 권리를 부여한다.

③ 지대납부 방식

• [지대납부 주체] 개인과 기업 및 공공기관 모두 상응하는 지대를 납부한다. 다만 공공기관의 경우는 회계상 지대를 납부하도록 한다. 이는 경제 전체에서 지대총액의 규모를 파악하고 토지의 효율적인 이용을 도모하기 위한 것이다.
• [매년 지대징수] 도시경영의 수요를 만족시키고 부동산 투기와 부동산거

품을 예방하기 위해 시장경쟁방식으로 결정된 '시장지대'를 매년 징수한다.

- [조세대체] 토지사용자가 매년 지대를 납부하는 동시에, 납부자가 부담해야 할 근로소득세나 법인세 또는 상품간접세 등에서 이미 납부한 지대를 공제한다.
- [토지출양제를 토지연조제로 전환] 이전에 토지출양 방식으로 토지사용권을 취득한 경우, 토지사용권 연장 시 토지연조제 방식으로 전환한다.
- [지대 재평가] 최초 입찰·경매 등을 통해 결정된 시장지대는 매년 재평가한다. 재평가 방식은 지대에 생계비지수 또는 물가상승률, 경제성장률 중 최적의 지표를 연동시켜 재조정한다.

5. 통일한국의 토지개혁 방향

토지독점 문제는 오늘날의 남북 분단에 중요한 원인으로 작용했다. 조선 말 조정의 부패와 무능, 그리고 특권층의 토지 독점에 따른 농민 수탈로 우리는 일제에 나라를 빼앗겼다. 이후 일제가 만든 지주-소작제로 인해 해방 이후 사회갈등은 최고조에 달했다. 그 결과 토지문제 해결에 서로 다른 접근법을 보인 남과 북이 갈라져 이념적으로 대립하다가 6·25 전쟁을 거치면서 지금과 같은 분단이 초래되었다. 건강한 토지제도는 한 나라의 안정을 가져오는 필수적인 조건일 뿐만 아니라, 남과 북으로 분단된 우리에게도 필수적인 선결 조건이다.

우리는 이 장을 통해 헨리 조지가 제시한 지대공유 이론 및 처방책이 토지가 사유화된 자본주의 국가뿐만 아니라 경제체제 전환을 도모하고 있는 사회주의 국가에서도 생명력을 발하고 있음을 알 수 있었다. 더 나아가 헨리 조지의 이론체계는 통일한국의 토지정책 대안이 될 수 있다. 남측은 현재 지대개혁을 요구하는 시민 및 정치계의 움직임에 맞추어 지대조세제로 개혁해 나가고, 북측은 점진적으로 공공토지임대제로 개혁해 나가면 결국 두 국가 모두 '지대공유'에서 만나기 때문이다. 이것이 토지의 관점에서 제시할 수 있는 핵심적인 통일전략이다. 여기서 북한 토지의 사유화를 전제로 하는 기존 '흡수통일' 방식은 전혀 어울리지 않는다. 토지문제 해소에 통일방안을 함께 고민해야 하는 이유다.

이제 북한은 중국 경험의 핵심적인 한계로 지적된 지대 일시불 납부 방식에 따른 지대사유화 문제를 예방할 수 있는 보다 안정적인 공공토지임대제를 추진할 필요가 있다. 이런 점에서 앞서 제시한 '일반 원칙'이 지침이 될 수 있을 것이라고 생각된다. 북한은 향후 이런 원리를 경제특구와 개발구는 물론이고 일반 도시 및 농촌에서 개인과 기업을 대상으로 확대 적용할 필요가 있다. 지대를 매년 납부하는 방식의 공공토지임대제는 사회주의 경제체제 전환국의 토지제도로 가장 바람직한 방식이다.

참고문헌

강남훈 (2013) "생태기본소득의 가구별 재분배 효과", 『사회이론』, 43.
곽태원 (2005) 『토지는 공유되어야 하는가?』, 한국경제연구원.
구찬동·오정일 (2011) "우리나라의 포괄소득 측정 및 정책적 함의", 『행정논총』, 49(3).
국토교통부 (2013) "전국 토지소유 현황을 한눈에… 통계 작성 공표", 2013년 11월 5일 보도자료.
김수현 (2008) 『주택정책의 원칙과 쟁점: 시장주의를 넘어』, 한울.
김영주 의원실 (2016) "1% 기업 부동산 보유액 966조 원, 상위 10개 기업 부동산 보유액 6년 새 147% 폭증", 2016년 8월 30일 보도자료.
김윤상 (2005) "지공주의를 옹호한다", 『역사비평』, 72: 140~169.
김윤상 (2009) 『지공주의: 새로운 토지 패러다임』, 경북대학교출판부.
김윤상 (2012) "토지는 하나님의 것이라", 『월간 기독교사상』, 2012년 10월호.
김윤상 (2013) 『특권 없는 세상: 헨리 조지 사상의 새로운 해석』, 경북대학교출판부.
김윤상 (2017) 『이상사회를 찾아서』, 경북대학교출판부.
김윤상·조성찬·남기업·반영운·이태경 (2012) 『토지정의, 대한민국을 살린다: 한국 사회의 핵심 모순 토지문제의 해법』, 평사리.
김정호 (1997) 『토지세의 경제학: 미신과 현실』, 한국경제연구원.
김정호 (2005) 『왜 우리는 비싼 땅에서 비좁게 살까?』, 삼성경제연구소.
김정호 (2006) 『땅은 사유재산이다: 사유재산권과 토지공개념』, 나남출판.
김종현 (1996) 『근대경제사』, 경문사.
김태동·이근식 (1989) 『땅, 투기의 대상인가 삶의 터전인가』, 비봉출판사.
김형태 (2017) 『부채 트릴레마』, 북이십일.
남기업 (2007) "'토지가치 공유'의 관점에서 본 자유지상주의의 새로운 가능성", 『대한정치학보』, 14(3): 345~366.
남기업 (2014) "롤스의 정의론을 통한 지대기본소득 정당화 연구," 『공간과 사회』, 24(1): 113~141.
남기업·이진수 (2017) "주요국의 부동산 세제 비교 연구 ① : 보유세 실효세율 비교", 토지+자유리포트 2017-3 (14호).
남기업·전강수·강남훈·이진수 (2017) "부동산과 불평등 그리고 국토보유세", 『사회경제평론』, 54.
뉴스핌 (2016) "중국식 시장경제 '토지사용권' 만료 임박에 부동산 시장 긴장", 2016년 4월 18일.
동용승 (2017) "김정은의 북한, 무엇이 달라졌나?", 『새 정부의 대북·통일 정책』, 2017 평화재단 평화연구원 심포지엄, 2017년 6월 13일.
류동민·주상영 (2014) "피케티 이후의 마르크스 비율", 『사회경제평론』, 45.
문흥안 (2017) "북한 살림집법 관련 법제를 통해 본 북한 부동산시장의 변화", 북한법연구회 제238회 월례발표회, 2017년 8월 31일.
민경국 (2007) "롤스와 하이에크: 서민층과 자유주의," 『철학과 현실』, 제73호: 119~132.
박순성 (1998) "사회정의와 정치경제학: 맑스, 롤스, 센", 『사회경제평론』, 11: 93~118.
박인성·조성찬 (2011) 『중국의 토지개혁 경험』, 한울.
박호정 (2002) "헨리 조지의 생애," 이정우 외, 『헨리 조지: 100년 만에 다시 보다』, 경북대학교출판부.
서승환 (1994) 『한국 부동산시장의 거시 계량분석』, 홍문사.
서울도시건축비엔날레 (2017) 평양전.
성남시 보건복지국 (2017) 성남시 청년배당 사업 설명 자료.
손낙구 (2005) 『통계로 보는 부동산 투기와 한국경제』, 진보정치연구소 연구보고서.
손낙구 (2008) 『부동산계급사회』, 후마니타스.
안홍철 (1999) 『헨리 조지의 기독교적 사회정의』, 서강대학교대학원 문학석사학위논문.
이병희 외 (2014) 『노동소득 분배율과 경제적 불평등』, 한국노동연구원 연구보고서, 2014-04.
이병희 외 (2015) 『경제적 불평등 실태와 정책 대응』, 한국노동연구원 연구보고서, 2015-01.
이재율 (2001) "토지가치세의 공정성 문제", 『국제경제연구』, 7(2): 245~265.

이재율 (2002) “헨리 조지의 분배이론”, 이정우 외, 『헨리 조지: 100년 만에 다시 보다』, 경북대학교출판부.
이재율 (2012) “헨리 조지와 존 롤스의 분배적 정의론 비교연구: 최근의 복지 논쟁을 중심으로”, 『사회과학논총』(계명대 사회과학연구소), 31(1): 307~323.
이정우 (1991) “한국의 부, 자본이득과 소득불평등”, 『경제논집』, 30(3).
이정우 (2014) “피케티 현상, 어떻게 해석해야 하나?”, 『한국경제포럼』, 7(3).
이정우 외 (2002) 『헨리 조지: 100년 만에 다시 보다』, 경북대학교출판부.
이정전 외 (2009) 『위기의 부동산: 시장만능주의를 넘어서』, 후마니타스.
이준구 (2011) 『재정학』, 제4판, 다산출판사.
이준구 (2014) “21세기 자본과 경제학”, 류이근 외, 『왜 자본은 일하는 자보다 더 많이 버는가』, 시대의 창.
이진수·남기업 (2017) “주요국의 토지가격 장기추이 비교”, 토지+자유리포트 2017-5(16호).
이태경 (2009) “좌절된 보유세 혁명, 종부세”, 이정전 외, 『위기의 부동산』, 후마니타스: 181~209.
임종철 (1985) “땅은 누구의 것인가?”, 황명찬 편, 『토지정책론』, 경영문화원.
장지연 (2017) 『고용 형태 다양화와 노동시장 불평등』, 고용·노동브리프, 69호, 한국노동연구원.
장하성 (2015) 『왜 분노해야 하는가: 한국 자본주의 Ⅱ』, 헤이북스.
전강수 (2002) “헨리 조지 경제사상의 배경과 의의”, 이정우 외, 『헨리 조지: 100년 만에 다시 보다』, 경북대학교출판부.
전강수 (2011) “공공성의 관점에서 본 한국 토지보유세의 역사와 의미”, 『역사비평』, 제94호.
전강수 (2012) 『토지의 경제학: 경제학자도 모르는 부동산의 비밀』, 돌베개.
전강수 (2015가) “헨리 조지의 눈으로 본 토마 피케티의 『21세기 자본』,” 『경제발전연구』, 21(1): 1~20.
전강수 (2015나) “헨리 조지와 토마 피케티, 그리고 종합부동산세”, 한국행정학회 학술발표 논문집.
전강수·강남훈 (2017) “기본소득과 국토보유세—등장 배경, 도입 방안, 그리고 예상 효과”, 『역사비평』, 120호.
전강수·한동근 (2000) “한국의 토지문제와 경제위기”, 『경제학연구』, 48(2): 125~153.
전강수·한동근 (2002) “한국의 토지문제와 경제위기”, 이정우 외, 『헨리 조지: 100년 만에 다시 보다』, 경북대학교출판부.
전강수·남기업·이태경·김수현 (2008) 『부동산 신화는 없다』, 후마니타스.
전병욱 (2010) 『부가가치세 등 간접세의 소득계층별 실질 부담 수준』, 국회입법조사처.
전승훈·신영임 (2009) 『가계의 소비 구조, 소비 불평등, 한계소비성향의 변화와 정책 시사점』, 국회예산정책처.
정원호·이상준·강남훈 (2016) 『4차 산업혁명 시대 기본소득이 노동시장에 미치는 효과 연구』, 한국직업능력개발원.
정의철·김진욱·하두나 (2009) “부동산소득이 소득불평등에 미치는 영향 분석”, 『주택연구』, 17(2).
조성찬 (2010) 『中国城市土地年租制及其对朝鲜经济特区的适用模型研究』, 中国人民大学 박사논문.
조성찬 (2011) “선전경제특구 공공토지임대제 개혁과정에서 지대납부 방식의 중요성 연구”, 『현대중국연구』, 13(1): 315~358.
조성찬 (2012) “중국 토지연조제 실험이 북한 경제특구 공공토지임대제에 주는 시사점”, 『한중사회과학연구』, 22: 253~283.
조성찬 (2016) “중국의 도시화와 공공토지 사유화”, 『역사비평』, 116(가을호): 98~125.
조태형·최병오·장경철·김은우 (2015) 『우리나라의 토지자산 장기시계열 추정』, 한국은행 경제리뷰.
토지공개념위원회 (1989) 『토지공개념연구위원회 보고서』.
한국은행, 『국민대차대조표』(ecos.bok.or.kr), 각 연도.
한국은행·통계청 (2014) 『국민대차대조표 편제를 위한 비금융자산 자본스톡 추계방안』.
행정자치부, 『지방세정연감』, 각 연도.
홍민기 (2017) “2015년까지의 최상위 소득 비중”, 『월간 노동리뷰』, 한국노동연구원.
홍훈 (2014) “ 피케티의 소득분배 가설에 대한 이론사적인 조망”, 『사회경제평론』, 45.
황주홍 (1989) “Robert Nozick 의 John Locke 에 대한 오해”, 『한국정치학회보』, 23(2): 138~152.
山森亮 (2009) 『ベ—シク·インカム入門』, 東京: 光文社.
王春雷 主编 (2009) 『税法』, 北京: 经济科学出版社.
韦杰廷 (1991) 『孙中山民生主义新探』, 黑龙江教育出版社.
张清勇 (2010) 『中国农地转用开发问题研究』, 中国人民大学 土地管理学博士论文.
井出多加子, 倉橋透 (2010) “不動産バブルとマクロ経済”, 『土地総合研究』, 年夏号: 19~42.
赵诚赞 (2008) “根据土地原理评价中国近现代农村土地使用制度”, 『经济问题』, 第七期, 87~90.

中国社会科学院 财务经济研究所 外 (1992)『中国城市土地使用与管理』, 北京: 经济科学出版社.
Andelson, Robert V., ed. (2003, vol. 1; 2004, vol. 2) *Critics of Henry George: An Appraisal of Their Strictures on Progress and Poverty*, 2nd. ed., Rutherford, New Jersey: Fairleigh Dickinson University Press.
Andelson, Robert V., James M. Dawsey (1992) *From Wasteland to Promised Land*, New York: Orbis Books. 전강수 역 (2009)『희년의 경제학』, 대한기독교서회.
Andrews, D., A. Caldera Sánchez, Å. Johansson (2011) "Housing Markets and Structural Policies in OECD Countries," OECD Economics Department Working Paper, no. 836.
Arnott, Richard J. and Joseph E. Stiglitz (1979) "Aggregate Land Rents, Expenditure on Public Goods, and Optimal City Size," *The Quarterly Journal of Economics*, XCIII(4).
Bonnet, O., Pierre-Henry Bono, G. Chapelle and E. Wasmer (2014) "Does Housing Capital Contribute to Inequality? A Comment on Thomas Piketty's Capital in the 21st Century," Sciences Po, Discussion Paper 2014-07.
Boone, Peter (1989) *Perspectives on the High Price of Japanese Land*, Economic Research Institute.
Bourassa, Steven C. and Yu-hung Hong, eds. (2003) *Leasing Public Land: Policy Debates and International Experiences*, Cambridge, M.A.: Lincoln Institute of Land Policy.
Bruchey, Stuart (1972) "The Twice 'Forgotten' Man: Henry George," *American Journal of Economics and Sociology*, 31-2.
Cirillo, Renato (1984) "Léon Walras and Social Justice," *American Journal of Economics and Sociology*, 43(1): 53-60.
Cohen, G. A. (1986) "Self-ownership, World-ownership, and Equality," in Frank S. Lucash, ed., *Justice and Equality Here and Now*. Cornell University Press: 108-135.
Cort, John C. (1988) *Christian Socialism*, New York: Orbis Books.
Davis, Harry L. (1907) *The Labor Question*, New York: Robert Schalkenbach Foundation.
de Mille, Anna George (1950) *Henry George: Citizen of the World*, Don C. Shoemaker, ed., Chapel Hill, North Carol.: University of North Carolina Press.
Endacott, G. B. *A History of Hong Kong*. 은은기 역 (2006)『홍콩의 역사』, 한국학술정보.
Foldvary, Fred E (2008) "The Marginalists Who Confronted Land," *American Journal of Economics and Sociology*, 67(1): 89-117.
Friedman, Milton, *Capitalism and Freedom*. 최정표 역 (1990)『자본주의와 자유』, 형설출판사.
Fujita, Masahisa (1989) *Urban Economic Theory: Land Use and City Size*, Cambridge University Press.
Gaffney, Mason (1994a) "Land as a Distinctive Factor of Production," in Nicolaus Tideman, ed., *Land and Taxation*, Shepheard-Walwyn.
Gaffney, Mason (1994b) "Neo-classical Economics as a Stratagem Against Henry George," in Mason Gaffney & Fred Harrison, eds., *The Corruption of Economics*, Shepheard-Walwyn.
George, Jr., Henry (1900) *The Life of Henry George*. New York: Doubleday and McClure.
George, Henry (1878) "Moses." 김윤상 (2013)『특권 없는 세상』, 경북대학교출판부: 146~161.
George, Henry (1879) *Progress and Poverty*. 김윤상 역 (1997, 2016)『진보와 빈곤』, 비봉출판사.
George, Henry (1883) *Social Problems*. 전강수 역 (2013)『사회문제의 경제학』, 돌베개.
George, Henry (1890) "Justice the Objective - Taxation the Means." 김윤상(2013)『특권 없는 세상』, 경북대학교출판부: 237~256.
George, Henry (1891) *The Condition of Labor: An Open Letter to Pope Leo XIII*. 김윤상 역 (2012)『노동 빈곤과 토지 정의』, 경북대학교출판부.
Goldsmith, Raymond W. (1985) *Comparative National Balance Sheets: A Study of Twenty Countries, 1688-1979*. University of Chicago Press.
Hanna, Christopher H. (2006) "Tax Theories and Tax Reform," *SMU Law Review*, 59.
Harrison, Fred (1998) "The Systemic Crisis," in Fred Harrison, ed., *The Losses of Nations: Deadweight Politics versus Public Rent Dividends*, Othila.
Hayek, Friedrich von (1960) *The Constitution of Liberty*, London: Routledge & Kegan Paul.
Henry, John F. (1995) *John Bates Clark : The Making of a Neoclassical Economist*, Macmillan Press, Ltd.
Homburg, Stefan (2015) "Critical Remarks on Piketty's Capital in the Twenty-first Century," *Applied Economics*, 47-14.

Hudson, Michael (2014) "Piketty vs. the Classical Economic Reformers," *Real-world Economics Review*, 69.

Hunt, E. K. 김성구·김양화 역 (1983) 『경제사상사 Ⅱ』, 풀빛.

Keynes, J. M. 조순 역 (1997) 『고용, 이자 및 화폐의 일반이론』, 비봉출판사.

Kuznets, Simon (1955) "Economic Growth and Income Inequality," *American Economic Review*, 45: 1-28.

Kuznets, Simon (1966) *Modern Economic Growth*, Yale University Press. 박승 역 (1986) 『근대경제성장론』, 한국경제신문사.

Kymlicka, Will. 장동진 역 (2006) 『현대 정치철학의 이해』, 동명사.

Kyriazi, Harold (2000) *Libertarian Party at Sea on Land*, New York: Robert Schalkenbach Foundation.

Locke, John. 이극찬 역 (1990) 『통치론』, 삼성출판사.

Marx, Karl. 김태호 역 (2002) "토지 국유화에 관하여", 『칼 맑스, 프리드리히 엥겔스 저작 선집 제4권』, 박종철출판사.

Marx, Karl. 최인호 역 (1995) "고타강령 초안 비판", 『칼 맑스, 프리드리히 엥겔스 저작 선집 제4권』, 박종철출판사.

Milanovic, B. (2014) "The Return of 'Patrimonial Capitalism': Review of Thomas Piketty's Capital in the 21st Century," *Journal of Economic Literature*, 52(2).

Mill, John Stuart. 박동천 역 (2010) 『정치경제학 원리 4』, 나남.

Nozick, Robert (1974) *Anarchy, State, and Utopia*, 강성학 역 (1991) 『자유주의의 정의론』, 대광문화사.

OECD (2016) Revenue Statistics 1965-2015.

OECD/Eurostat (2015) "Eurostat-OECD Compilation Guide on Land Estimations," Eurostat.

Parramore, Lynn (2014) "Joseph Stiglitz on Why the Rich Are Getting Richer and Why It Could Get Much Worse," http://www.alternet.org, Dec. 19, 2014.

Phang, Sock-Yung (2000) "Hong Kong and Singapore," in R. V. Andelson, ed., *Land-Value Taxation Around the World*, Oxford: Blackwell Publishers.

Piketty, Thomas (2014) *Capital in the Twenty-First Century*. Cambridge: Harvard University Press. 장경덕 외 역 (2014) 『21세기 자본』, 글항아리.

Pyo, Hak K. (1992) "A Synthetic Estimate of the National Wealth of Korea, 1953~1990," Korea Development Institute, Working Paper, No. 9212.

Rawls, John. (1971, 1999) *A Theory of Justice*, Cambridge, Mass.: Belknap Press. 황경식 역 (1985) 『사회정의론』, 서광사. 황경식 역 (2003) 『정의론』, 이학사.

Rawls, John (1993) *Political Liberalism*, New York: Columbia University Press.

Rawls, John (2001) *Justice as Fairness: A Restatement*. 김주휘 역 (2016) 『공정으로서의 정의: 재서술』, 이학사.

Ricardo, David. 정윤형 역 (1991) 『정치경제학 및 과세의 원리』, 비봉출판사.

Rognlie, Matthew (2014) "A Note on Piketty and Diminishing Returns to Capital," MIT working paper.

Rousseau, Jean-Jacques. 최현 역 (1995) 『인간불평등 기원론』, 집문당.

Rowthorn, R. (2014) "A Note on Piketty's Capital in the Twenty-First Century," *Cambridge Journal of Economics*, 38(5).

Schumpeter, Joseph A. 김균 외 역 (2013) 『경제분석의 역사 3』, 한길사.

Smith, Adam. 김수행 역 (1998) 『국부론 (상), (하)』, 동아출판사.

Spence, Thomas (1797) "The Rights of Infants," in G. I. Gallop ed. (1982) *Pigs' Meat: Selected Writings of Thomas Spence - Radical and Pioneer Land Reformer*, Nottingham: Spokesman.

Stiglitz, Joseph. 이순희 역 (2013) 『불평등의 대가』, 열린책들.

Tideman, Nicolaus and Florenz Plassmann (2004) "Knight: Nemesis from the Chicago School," *American Journal of Economics and Sociology*, 63(2): 381-409.

Van Parijs, Philippe (1995) *Real Freedom for All: What (If Anything) Can Justify Capitalism?*, Oxford: Oxford University Press. 조현진 역 (2016) 『모두에게 실질적 자유를』, 후마니타스.

Walras, Léon (2010) *Studies in Social Economics*, trans. Jan van Daal and Donald A. Walker, Routledge.

Wenzer, Kenneth C., ed. (1999) *Land-Value Taxation: The Equitable and Efficient Source of Public Finance*, M. D. Sharpe.

Williamson, Jeffrey G. (1991) *Inequality, Poverty, and History: Kuznets Memorial Lectures*, Blackwell.

Yanosky, Ronald W. (1993) *Seeing the Cat: Henry George and the Rise of the Single Tax Movement, 1879~1890*, Ph.D. Dissertation, UC Berkeley.

이 책의 몇몇 장은 저자가 논문 등의 형태로 이미 발표한 글을 부분적으로 혹은 대폭 수정·보완한 것입니다. 해당 장과 저본이 된 글을 다음과 같이 밝힙니다.

❖ **제1장** 헨리 조지의 경제사상(전강수)
전강수(2002; 2012)를 수정하여 재구성.

❖ **제2장** 헨리 조지 사상의 잠재력(김윤상)
이정우 외(2002) 제13장(다시 보는 헨리 조지)에 김윤상(2013)을 가미하여 수정·보완.

❖ **제4장** 존 롤스의 정의론과 토지정의(남기업)
남기업(2014)을 수정·보완.

❖ **제5장** 자유지상주의와 토지정의(남기업)
남기업(2007)을 수정·보완.

❖ **제8장** 부동산과 불평등(남기업·전강수·강남훈·이진수)
남기업·전강수·강남훈·이진수(2017)를 수정·보완.

❖ **제9장** 주요 국가별 토지가격 장기 추이 비교(이진수)
이진수·남기업(2017)을 수정·보완.

❖ **제10장** 피케티 현상을 어떻게 볼까?(이정우)
이정우(2014)를 수정.

❖ **제11장** 헨리 조지의 눈으로 본 『21세기 자본』(전강수)
전강수(2015가)를 수정·보완. 단, 2절은 전강수(2015나) Ⅲ절의 내용으로 대체하고 일부 내용 추가.

❖ **제12장** 국토보유세, 부동산 불평등 해결의 열쇠(전강수·남기업·강남훈·이진수)
남기업·전강수·강남훈·이진수(2017)를 수정·보완.

❖ **제13장** 기본소득과 국토보유세: 등장 배경과 도입 방안, 그리고 예상 효과(전강수·강남훈)
전강수·강남훈(2017)을 수정·보완. 특히 기본소득 모형의 재분배 효과를 추정하는 부분은 2016년 데이터를 사용하여 새로 분석.

❖ **제15장** 종합부동산세의 역사와 의의, 그리고 한계(이태경)
이태경(2009)를 수정·보완.

❖ **제16장** 중국과 북한의 경제체제 전환을 위한 공공토지임대제(조성찬)
다음 문헌을 참고하여 수정·보완.
· 292쪽 2) 헨리 조지의 공공토지임대제 이론. 박인성·조성찬(2011): 389~390.
· 295쪽 1) 중국 산동성 자오저우만 지대조세제 사례. 김윤상(2009): 382~385.
· 297쪽 3. 중국의 토지개혁 및 평가. 박인성·조성찬(2011); 조성찬(2016).
· 300쪽 (3) 중국의 토지 관련 세제. 박인성·조성찬(2011): 275~283.
· 308쪽 4. 북한의 토지개혁 및 과제. 박인성·조성찬(2011): 383~388.